高等职业教育建设工程管理类专业系列教材

GAODENG ZHIYE JIAOYU JIANSHE GONGCHENG GUANLILEI ZHUANYE XILIE JIAOCAI

JIANSHE GONGCHENG FAGUI SHIWU

建设工程法规实务

（第2版）

主　编／杨陈慧　杨甲奇

参　编／尹　容　周玉莲　陈诗颖
　　　　鲁佳婧　常　辉　秦　榛

主　审／吴大平　黄全文

重庆大学出版社

内容提要

本书以建设工程程序为载体,将教学内容整合设计为6个学习模块。全书基于AI学习图谱构建内容体系,将整合内容以典型案例引入,以引导问题为线索,以任务完成为目标,将相关知识穿插在任务的完成过程中,力求做学结合,实现课程目标。

学习模块1"初识建设法规实务"主要建立该门课程的知识体系,初步认知建设法规所涉及的工作内容和流程,为进入后5个学习模块的训练作好准备。学习模块2至5按照建设工程程序要求和工作流程,由浅入深,由单一到综合进行设置,包括建设工程许可法律实务、建设工程发承包法律实务、建设工程安全管理法律实务、建设工程质量管理法律实务。学习模块6"建设工程相关法律实务",介绍了与建设工程相关的公司、保险、税务、环境保护与节能、劳动保护等法律法规。

本书可作为高等职业院校建设工程管理、建筑工程技术、工程造价等专业的教学用书,也可作为相关技术人员的参考用书。

图书在版编目(CIP)数据

建设工程法规实务 / 杨陈慧,杨甲奇主编. -- 2 版.
重庆:重庆大学出版社,2024. 8. -- (高等职业教育建设工程管理类专业系列教材). -- ISBN 978-7-5689-4698-8

Ⅰ. D922.297
中国国家版本馆 CIP 数据核字第 2024T9M629 号

高等职业教育建设工程管理类专业系列教材
建设工程法规实务
(第 2 版)
主 编 杨陈慧 杨甲奇
主 审 吴大平 黄全文
责任编辑:刘颖果 版式设计:刘颖果
责任校对:邹 忌 责任印制:赵 晟
*
重庆大学出版社出版发行
出版人:陈晓阳
社址:重庆市沙坪坝区大学城西路 21 号
邮编:401331
电话:(023) 88617190 88617185(中小学)
传真:(023) 88617186 88617166
网址:http://www.cqup.com.cn
邮箱:fxk@ cqup.com.cn(营销中心)
全国新华书店经销
重庆博优印务有限公司印刷
*
开本:787mm×1092mm 1/16 印张:18 字数:462 千
2016 年 8 月第 1 版 2024 年 8 月第 2 版 2024 年 8 月第 5 次印刷
印数:6 631—9 000
ISBN 978-7-5689-4698-8 定价:49.00 元

前　言

　　本书紧跟《中华人民共和国民法典》、建设工程资质改革、招投标管理、绿色双碳等新规，主动适应数字化、智能化等行业新业态，响应"二十大"报告提出的新时代新征程全面依法治国的总体要求。针对同类教材罗列法条、脱离专业职业背景、"岗课赛证"融通度不够、课程思政未落地等问题，配套国家十四五职业教育精品在线开放课程建设，以"线上预习，线下实操，线上拓展，线下夯实"为编写与实践路径，致力打造纸媒互促、双循环保障的融媒体、个性化教材。

　　本书具有以下特点：

　　(1)岗课融合，设计整体编写体系，教材适应性强

　　对接岗位要求，基于典型工作领域，构建人工智能(AI)学习图谱，设计6大学习模块，16个典型工作任务。引入典型案例，以案说法、冲刺职业考试。从细心(知法)→恒心(守规)→精心(经世济民)→责任心(诚信服务)，引导学生修身、齐家、治国、平天下(有操守、有情怀、有创新)。

　　(2)赛证融合，设计模块任务式编写体例，教材实用性强

　　各模块按典型工作任务设计工作场景，增强学习者职业体验感。任务驱动，形成任务接单—任务导读—任务目标—知识准备—任务实施与评价—任务拓展(课后训练)的编写体例。按照实际工作流程，将知识点、能力点、赛点、考点、思政元素分别融入任务实施过程。以典型案例导入，通过引导问题引导学生做学交替，步步探究，按任务进程推送学习内容。根据学习习惯插入相关链接、特别提示、应用案例、专家评析，答疑解惑。

　　(3)需求驱动，个性化可拆可合，教材支撑度高

　　教材可按多种需求，可拆可合。教材按职业面向，可分工程管理与工程咨询2大板块；按建设程序，可分职业准备、许可申报、发承包、安全、质量、运营管理6大模块；按典型工作任务，在6大模块下分16个任务活页；按考证板块，可分X证书、建造师、造价师等考证模块。学习者可按照自选职业角色，个性化组合式学习。

　　(4)两同步建设，双循环改进，教材质量诊改快

　　纸质教材建设与精品在线开放课程、课程思政示范课程建设同步，纸媒资源互补更新，确

保教材的前沿性和先进性。校内与校外双循环保障教材质量。依托校内外大数据诊改平台，运用关键质量因子诊改模型，动态诊改校内教材使用的质量状态。通过线上线下行业、企业、学校、学习者回访，持续提升教材质量。

教材编写团队成员来自学校、行业、企业与知名律所，具有丰富的川藏地区与援非工程管理、法律服务经验和广阔的国际视野。本书由四川交通职业技术学院杨陈慧、杨甲奇主编，中铁信托有限责任公司吴大平、四川致高律师事务所黄全文主审。中建鸿腾集团有限公司人力资源部尹容，四川交通职业技术学院周玉莲、陈诗颖、鲁佳婧、常辉、秦榛等参与了教材编写。本书在编写过程中，得到了中国建筑第二工程局有限公司刘小飞、中信国安实业集团有限公司何跃、成都衡泰工程管理有限责任公司薛昆、四川志和工程咨询管理有限公司刘江等企业专家的真诚帮助，在此表示衷心的感谢！

由于实践数据分析不足，本书还存在诸多问题，我们将通过线上线下教材质量诊改平台，动态查找教材质量缺陷，交流教材教法改革经验，动态更新教学资源，持续改进教材质量。对使用本书、关注本书，以及提出修改意见的同行们表示深深的感谢！

编　者

2024 年 3 月

目　录

学习模块 1　初识建设法规实务

任务 1　建设工程法规入门准备

从热点案例
谈行业发展

【建工先读】

请扫码观看视频,谈谈如何在行业转型升级中体现建工人的务实创新与责任担当?

【引例 1】

"十四五"建筑业发展规划目标

(一)2035 年远景目标。以建设世界建造强国为目标,着力构建市场机制有效、质量安全可控、标准支撑有力、市场主体有活力的现代化建筑业发展体系。到 2035 年,建筑业发展质量和效益大幅提升,建筑工业化全面实现,建筑品质显著提升,企业创新能力大幅提高,高素质人才队伍全面建立,产业整体优势明显增强,"中国建造"核心竞争力世界领先,迈入智能建造世界强国行列,全面服务社会主义现代化强国建设。

(二)"十四五"时期发展目标。对标 2035 年远景目标,初步形成建筑业高质量发展体系框架,建筑市场运行机制更加完善,营商环境和产业结构不断优化,建筑市场秩序明显改善,工程质量安全保障体系基本健全,建筑工业化、数字化、智能化水平大幅提升,建造方式绿色转型成效显著,加速建筑业由大向强转变,为形成强大国内市场、构建新发展格局提供有力支撑。

——国民经济支柱产业地位更加稳固。高质量完成全社会固定资产投资建设任务,全国建筑业总产值年均增长率保持在合理区间,建筑业增加值占国内生产总值的比重保持在 6% 左右。新一代信息技术与建筑业实现深度融合,催生一批新产品新业态新模式,壮大经济发展新引擎。

——产业链现代化水平明显提高。智能建造与新型建筑工业化协同发展的政策体系和产业体系基本建立,装配式建筑占新建建筑的比例达到 30% 以上,打造一批建筑产业互联网平台,形成一批建筑机器人标志性产品,培育一批智能建造和装配式建筑产业基地。

——绿色低碳生产方式初步形成。绿色建造政策、技术、实施体系初步建立,绿色建造方式加快推行,工程建设集约化水平不断提高,新建建筑施工现场建筑垃圾排放量控制在每万平方米 300 t 以下,建筑废弃物处理和再利用的市场机制初步形成,建设一批绿色建造示范工程。

——建筑市场体系更加完善。建筑法修订加快推进,法律法规体系更加完善。企业资质管理制度进一步完善,个人执业资格管理进一步强化,工程担保和信用管理制度不断健全,工程造价市场化机制初步形成。工程建设组织模式持续优化,工程总承包和全过程工程咨询广泛推行。符合建筑业特点的用工方式基本建立,建筑工人实现公司化、专业化管理,中级工以上建筑工人达1 000万人以上。

——工程质量安全水平稳步提升。建筑品质和使用功能不断提高,建筑施工安全生产形势持续稳定向好,重特大安全生产事故得到有效遏制。建设工程消防设计审查和验收平稳有序开展。城市轨道交通工程智慧化建设初具成效。工程抗震防灾能力稳步提升。质量安全技术创新和应用水平不断提高。

【引导问题1】 我国目前建筑市场的发展趋势有哪些?

【引例2】

目前,在对基本建设工程审计过程中,我们发现工程建设程序极不规范,主要表现在:一是工程项目不履行招投标程序,工程造价由建设方按市场最低平方造价给定,谁给的价低让谁干,其后果是工程质量差。二是表面上按工程建设程序进行招投标,实质上暗箱操作,串通标的。如在对某政府投资2 000万元水厂基础设施项目审计时,不仅发现标的多计工程造价30万元,还存在招投标文件和图纸答疑内容不完整、标的编制程序不规范等问题。三是冒名顶替资深建筑工程企业承揽建设工程。如在对某市新城区3条交通要道道路工程审计中,招标文件明确规定,必须由拥有施工总承包一级资质的企业承担,而审计中发现3个中标企业的资质全部不合格,更不用说提供审计所需资料。四是存在政府直接经营投资项目的现象。政府投资的工程,政府直接负责招投标,政府采购材料、选择施工企业,仅对建设工程前期控制,而对重要的工程施工、验收不管不问,造成前期程序规范,重要的施工期、竣工验收期无人过问,从而导致工程质量隐患。

【引导问题2】 阅读引例2,讨论下列相关问题:

①目前我国建设市场存在的主要问题有哪些?

②何谓工程建设程序?我国工程建设程序分为哪几个阶段?

③工程建设程序哪些环节是必需的?

④工程建设的参与主体有哪些?常见法律关系有哪些?

⑤常见的建设工程纠纷有哪些?

1.1 任务导读

工程建设有着产品体积庞大、建造场所固定、建设周期长、占用资源多等特点。在建设过程中,存在内外协作关系复杂、活动空间有限和后续工作无法提前进行的矛盾。它必须分阶段、按步骤、按既定程序进行各项工作。工程建设程序是根据工程建设客观规律,工程建设全过程中各项工作都必须遵守的先后次序,也是工程建设各个环节相互衔接的顺序。

在建设过程中,有众多的主体参与工程建设,形成各种法律关系。建设工程纠纷是指建设工程各个阶段,建筑关系主体行使权利和履行义务过程中产生的各种争议和纠纷。建设工程纠纷的发生不利于工程建设的顺利进行,有损于工程各方当事人的经济利益和以后的合作与发展。如你现在要为一家施工企业提供法律实务服务,需要先完成1.2节的任务目标,并为进入下一任务的学习做好准备。

1.2　任务目标

①了解建设工程市场现状；
②掌握我国建设市场和工程建设程序的阶段划分、各阶段的工作内容和要求；
③列出建设工程参与主体的种类和名称；
④识别建设工程法律关系三要素和工程常见纠纷种类；
⑤列出引发建设工程纠纷的常见原因；
⑥为进入下一任务的学习做好准备。

1.3　知识准备

工程建设程序

1.3.1　工程建设程序阶段的划分

我国工程建设程序共分 5 个阶段，每个阶段又包含若干环节，见表 1.1。各阶段、各环节的工作应按规定顺序进行。当然，在具体执行时，由于工程项目的性质不同、规模不一，同一阶段内各环节的工作会有一些交叉，有些环节还可省略，因此，在遵守工程建设程序的大前提下，可根据本行业、本项目的特点，灵活开展各项工作。

表 1.1　我国工程建设程序

工程建设程序的阶段划分	各阶段的环节划分
(1)工程建设决策分析阶段	①投资意向
	②投资机会分析
	③项目建议书
	④可行性研究
	⑤审批立项
(2)工程建设准备阶段	①规划
	②获取土地使用权
	③工程勘察设计
	④设计文件审批
	⑤拆迁
	⑥报建
	⑦工程发包与承包
	⑧施工准备与许可
(3)工程建设实施阶段	①工程施工
	②生产准备
(4)工程竣工验收与保修阶段	①竣工验收
	②工程保修

续表

工程建设程序的阶段划分	各阶段的环节划分
(5)工程终结阶段	①生产运营
	②投资后评价

1.3.2　各程序阶段的主要建设内容

1)工程建设决策分析阶段

该阶段主要是对工程项目投资的合理性进行考察和对工程项目进行选择,包含投资意向、投资机会分析、项目建议书、可行性研究、审批立项5个环节。

(1)投资意向

作为工程建设活动的起点,投资意向是投资主体发现社会存在合适的投资机会所产生的投资愿望。

(2)投资机会分析

投资机会分析是投资主体对投资机会进行的初步考察和分析,以决定在机会合适、有良好预期效益时采取进一步的行动。

(3)项目建议书

项目建议书是投资机会分析结果文字化后形成的书面文件,以方便投资决策者分析、抉择。项目建议书应对拟建工程的必要性、客观可行性和获利的可能性逐一进行论述。

相关链接

　　大中型和限额以上项目的投资项目建议书,经行业归口主管部门初审后,再由国家发展和改革委员会审批。小型项目的项目建议书,按隶属关系由主管部门或地方发展和改革委员会审批。

(4)可行性研究

可行性研究是指项目建议书被批准后,对拟建项目在技术上是否可行、经济上是否合理等内容所进行的分析论证。广义的可行性研究还包括投资机会分析。

可行性研究应对项目所涉及的社会、经济、技术问题进行深入的调查研究,对各种各样的建设方案和技术方案进行发掘并加以比较、优化,对项目建成后的经济效益、社会效益进行科学的预测及评价,提出该项目建设是否可行的结论性意见。对可行性研究的具体内容和所应达到的深度,有关法规都有明确的规定。

特别提示

　　可行性研究报告必须经有资格的咨询机构评估确认后,才能作为投资决策的依据。

（5）审批立项

审批立项是有关部门对可行性研究报告的审查批准程序，审查通过后即予以立项，正式进入工程项目的建设准备阶段。

2）工程建设准备阶段

该阶段主要进行建设现场、建设队伍、建设设备等方面的准备工作，主要涉及规划许可、土地使用权、房屋征收、报建、工程发包与承包等环节，最终为勘察、设计、施工创造条件。

（1）获取规划许可

在城市规划区内进行工程建设的，必须符合城市规划或村庄、集镇规划的要求。其工程选址和布局，必须取得城乡规划主管部门的同意、批准，依法先后领取城乡规划主管部门核发的"选址意见书""建设用地规划许可证""建设工程规划许可证"，方能进行获取土地使用权、设计、施工等相关建设活动。

（2）获取土地使用权

工程建设用地必须通过国家对土地使用权的出让或划拨而取得。通过国家出让而取得土地使用权的，应与市、县人民政府土地主管部门签订书面出让合同，缴纳出让金，并按合同规定的年限与要求进行工程建设。由国家划拨取得土地使用权的，虽不向国家支付出让金，但要承担城市拆迁费用或对农村、郊区土地原使用者的补偿费和安置补助费，其标准由各省、自治区、直辖市规定。

（3）完成房屋征收

在城市进行工程建设，一般都要对建设用地上的原有房屋和附属物进行征收和补偿。房屋征收部门和被征收人应签订书面协议，房屋征收部门对被征收人应依法给予补偿，并对被征收房屋的使用人进行安置。对违法建筑、超过批准期限的临时建筑的被征收人和使用人，则不予补偿和安置。

（4）报建

完成上述准备工作后，建设单位或其代理机构必须持工程项目立项批准文件、银行出具的资信证明、建设用地的批准文件等资料，向当地建设行政主管部门或其授权机构进行报建。

特别提示

凡未报建的工程项目，不得办理招标手续和发放施工许可证，设计、施工单位不得承接该项目的设计、施工任务。

（5）进行工程发包与承包

完成建设工程报建后，建设单位或其代理机构须对拟建工程进行发包，择优选定工程勘察设计单位、施工单位或总承包单位。工程发包与承包有招标投标和直接发包两种方式。

特别提示

为鼓励公平竞争，建立公正的竞争秩序，《中华人民共和国招标投标法》规定某些工程必须采用招投标的形式建立发承包关系。

(6)工程勘察设计

勘察设计是工程项目建设的重要环节。在工程选址、可行性研究、工程施工等各阶段,必须进行必要的勘察,勘察工作服务于工程建设的全过程。设计文件是实现投资者意愿的关键,是制订建设计划、组织工程施工和控制建设投资的依据。设计与勘察是密不可分的,设计必须在完成工程勘察,取得足够的地质、水文等基础资料之后才能进行。

(7)施工准备

施工准备分别指施工单位技术、物资方面的准备和建设单位办理施工许可方面的准备。

①施工单位技术、物资方面的准备。施工单位在接到施工图后,必须做好细致的施工准备工作,以确保工程顺利建成。主要工作涉及熟悉、审查图纸,编制施工组织设计,向下属单位进行计划、技术、质量、安全、经济责任交底,下达施工任务书,准备工程施工所需的设备、材料等。

②办理施工许可。建筑工程开工前,建设单位应按照国家有关规定向工程所在地县级以上人民政府建设行政主管部门申请领取施工许可证。

特别提示

> 未取得施工许可证的建设单位不得擅自开工。已取得施工许可证的,建设单位应自领取施工许可证之日起3个月内开工,因故不能按期开工的,应当向发证机关申请延期,延期以2次为限,每次不超过3个月。既不开工又不申请延期或超过延期时限的,施工许可证自行废止。

3)工程建设实施阶段

(1)工程施工

工程施工是施工队伍具体配置各种施工要素,将工程设计物化为建筑产品的过程。该阶段投入劳动量最大,耗时较长,施工管理水平的高低、工作质量的优劣决定了建设项目的质量和所能产生的效益。

工程施工管理具体包括以下几方面的内容:

①施工调度是进行施工管理,掌握施工情况,及时处理施工中存在的问题,严格控制工程施工质量、进度和成本的重要环节。施工单位的各级管理机构均应配备专职调度人员,建立和健全各级调度机构。

②施工安全是指施工活动中,为保障职工身体健康与安全、机械设备使用安全及物资安全而采取的各项措施。

相关链接

> 根据国家有关安全生产和劳动保护的法规规定,施工单位必须建立安全生产责任制,加强规范化管理,进行安全交底、安全教育和安全宣传,严格执行安全技术方案,定期检修、维修各种安全设施,做好施工现场的安全保卫工作,建立和执行防火管理制度,切实保障工程施工的安全。

③文明施工是指施工单位运用现代管理方法,科学组织施工,以保证施工活动整洁、有序、合理地进行。

相关链接

文明施工具体内容有:按施工总平面布置图设置各项临时设施,施工现场设置明显标牌,主要管理人员要佩戴身份标志;机械操作人员要持证上岗;施工现场用电线路、用电设施的安装使用,现场水源、道路的设置要符合规范要求等。

④环境保护是指施工单位按有关环境保护的法律、法规,采取措施控制各种粉尘、废气、噪声等对环境的污染和危害。

(2)生产准备

生产准备是指为保证建设项目能及时投产使用,在工程施工临近结束时所进行的准备活动。如招收和培训必要的生产人员,组织人员参加设备安装调试和工程验收,组建生产管理机构,制定规章制度,收集生产技术资料和样品,落实原材料、外协产品、燃料、水、电的来源及其他配合条件等。

4)工程竣工验收与保修阶段

竣工验收制度

(1)工程竣工验收

工程项目按设计文件规定的内容和标准全部建成,并按规定将工程内外全部清理完毕,称为竣工。竣工验收的依据是已批准的可行性研究报告、初步设计或扩大初步设计、施工图和设备技术说明书,以及现行施工验收规范和主管部门(公司)有关审批、修改、调整的文件等。工程验收合格后,方可交付使用。此时承发包双方应尽快办理固定资产移交手续和工程结算,将所有工程款项结算清楚。《建设项目(工程)竣工验收办法》规定,凡新建、扩建、改建的基本建设项目(工程)和技术改造项目,按批准的设计文件所规定的内容建成,符合验收标准的,必须及时组织验收,办理固定资产移交手续。

相关链接

《建设工程质量管理条例》第十六条规定,建设工程竣工验收应当具备下列条件:
①完成建设工程设计和合同约定的各项内容;
②有完整的技术档案和施工管理资料;
③有工程使用的主要建筑材料、建筑构配件和设备的进场试验报告;
④有勘察、设计、施工、工程监理等单位分别签署的质量合格文件;
⑤有施工单位签署的工程保修书。

(2)工程保修

工程竣工验收交付使用后,在保修期限内,承包单位要根据《中华人民共和国建筑法》及《建设工程质量管理条例》等相关法律法规的规定,对工程中出现的质量问题承担保修与赔偿责任。

保修制度

5)工程终结阶段

建设项目投资后评价是工程竣工投产、生产运营一段时间后,对项目的立项决策、设计施工、竣工投产、生产运营等全过程进行系统评价的一项技术经济活动。它既是工程建设管理的一项重要内容,也是工程建设程序的最后一个环节。它可使投资主体达到总结经验、吸取教训、改进工作、不断提高项目决策水平和投资效益的目的。

相关链接

世界各国家和国际组织的工程项目建设程序大同小异,都要经过投资决策和建设实施两个发展时期。这两个发展时期又可分为若干个阶段,它们之间存在着严格的先后次序,可以进行合理的交叉,但不能任意颠倒次序。

世界银行贷款项目建设程序:

我国工程项目建设程序:

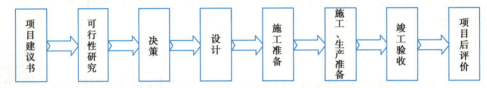

【应用案例1】 A公司于2023年10月对危旧厂房实施技改。此次技改项目主要包括围墙改造、浇筑钢柱预埋、厂区东侧拆旧建新等,共计占用河道管理范围内面积13 810.8 m²。因建设工期紧,A公司在未得到立项许可的情况下,便开始进场施工。施工过程中水务等相关执法、监管人员多次到现场制止。2024年1月12日管理方送达《限期改正违法行为通知书》,要求A公司停止违法行为,拆除技改建设建筑物、构筑物并恢复原状。

【应用案例1评析】 本案是典型的未批先建的违法案件。建设方在项目投资决策、准备、实施、竣工、后评价等阶段必须严格遵守工程建设程序要求,办理相关行政许可手续。未得到立项许可的项目可能作为违章建筑被拆除,建设方为赶工期违规建设,往往得不偿失。

【应用案例2】 "11·22"中石化东黄输油管道泄漏爆炸事故共造成62人遇难。从事故现场看,爆炸是由于占压引起管线变形,加上管线年久失修,到达可燃条件,又触碰到燃气管线,才引发这么大的事故。11月26日补充,爆炸的应为排污管线,不是燃气管线。导致事故的最重要因素是占压,以及占压带来的各种维护问题。

【问题】 阅读应用案例2,回答以下问题:
①该项目建设存在哪些问题?
②该项目建设给我们带来了哪些启示?

【应用案例2评析】 应用案例2出现的问题是违反工程建设程序进行建设引发的。如果案例2项目在实施建设前,建设方能进行详细的勘察设计,管理机构能进行认真的规划设计审查,就能避免相关损失了。

【引例3】

发承包双方于2020年3月签订了施工合同,合同约定了承包范围:市政管网、中庭广场施工图内全部工程。合同价暂定为 145 万元(合同约定按实结算),合同工期为 120 天。申请人于 2020 年 3 月开工,于 2020 年 10 月竣工验收。申请人于 2023 年以被申请人一直未办理结算为由,向××仲裁委员会申请仲裁。

【引导问题 3】　阅读引例 3,讨论以下问题:
①列出引例 3 中工程参与主体的名称;
②列出建设工程参与主体的名称;
③建设工程法律关系三要素有哪些? 列出引例 3 中的法律关系及其要素。

1.3.3　建设法律关系

建设法律关系是法律关系中的一种,是由建设法律规范确认和调整的,在建设管理和建设活动中所产生的权利和义务关系。它包括建设活动中所发生的行政管理关系、经济协作关系及其相关的民事关系,如建设工程承包合同关系。

建设法律关系

1)建设法律关系的种类

(1)建设活动中的行政管理关系

国家及其建设行政主管部门在对建设活动进行管理时,与建设单位(业主)、设计单位、施工单位、建筑材料和设备的生产供应单位及建设监理等中介服务单位产生的管理与被管理关系。

(2)建设活动中的经济协作关系

因工程建设的复杂性,众多单位和人员在建设活动中,通过相互协作而产生的权利和义务关系。

(3)建设活动中的民事关系

在建设活动中,因涉及土地征用、房屋拆迁、从业人员及相关人员的人身与财产的伤害、财产及相关权利的转让等而在国家、单位和公民之间产生的民事权利与义务关系。

2)建设法律关系的特征

①调控法规的综合性。建设行政法律、建设民事法律和建设技术法规 3 种法律规范在调整建设活动中相互作用、综合运用。

②权利义务关系的广泛性和复杂性。

③计划性和程序性。建设法律关系是以受国家计划制约的建设管理、建设协作过程中形成的权利和义务为内容的。建筑业的法律调整是以行政管理法律规范为主,建设行政法律关系决定、制约、影响着有计划因素的建设协作关系。建设民事法律规范调整建设活动是由建设行政法律关系决定的,并受其制约。如建设单位与勘察设计单位签订的勘察设计合同,在执行过程中,因国家法律认可的国家建设计划变更或解除,则建设单位的合同也要变更或解除。同时,建设活动必须严格执行基本建设程序,如项目没有经过立项、报建是不能进行招投标,不能建立发承包关系的。

3)建设法律关系的构成要素

建设法律关系的构成要素是建设法律关系不可缺少的组成部分,它由建设法律关系主体、建设法律关系客体和建设法律关系内容 3 个要素构成。

(1)建设法律关系主体

建设法律关系主体是指建设活动的参加者,或者说是建设法律规范所调整的在法律上享有权利、承担义务的当事人。在建设活动中可能出现的主体如下。

①国家机关。

a. 国家权力机关。国家权力机关是指全国人民代表大会及其常务委员会和地方各级人民代表大会及其常务委员会。国家权力机关参加建设法律关系的职能是审查批准国家建设计划和国家预决算,制定和颁布建设法律,监督检查国家各项建设法律的执行。

b. 国家行政机关。国家行政机关是依照国家宪法和法律设立的,依法行使国家行政职权,组织管理国家行政事务的机关。它包括国务院及其所属各部、各委,地方各级人民政府及其职能部门。参加建设法律关系的国家行政机关主要如下:

Ⅰ. 国家计划机关:主要是国家发展和改革委员会以及各级地方人民政府发展和改革委员会。其职权是负责编制长、中期和年度建设计划,组织计划的实施,督促各部门严格执行工程建设程序等。

Ⅱ. 国家建设主管部门:主要指住房和城乡建设部以及各级地方建设行政主管部门。其职权是制定建设法规,对城市建设、村镇建设、工程建设、建筑业、房地产业、市政公用事业进行组织管理和监督。如管理基本建设勘察设计部门和施工队伍;进行城市规划;制定工程建设的各种标准、规范和定额;监督勘察、设计、施工安装的质量;规范房地产开发;市政建设等。

Ⅲ. 国家建设监督部门:主要包括国家财政机关、中国人民银行、国家审计机关、国家统计机关等。

Ⅳ. 国家建设各业务主管部门:如交通运输部、水利部等部门,负责本部门、本行业的建筑管理工作。

②建设单位。建设单位作为工程的需要方,是建设投资的支配者,也是工程建设的组织者和监督者,主要是指进行工程投资建设的国家机关、企业或事业单位,一般被称为业主或甲方。由于建设项目的多样化,工业企业、商业企业、文化教育部门、医疗卫生单位、国家各机关等都可能成为建设单位。

特别**提示**

　　国家机关广义上还应包括审判机关和检察机关。但作为国家机关组成部分的审判机关和检察机关不以管理者的身份成为建设法律关系的主体,而是建设法律关系监督与保护的重要机关。

　　建设单位作为建设活动的权利主体,是从设计任务书批准开始的。在建设项目设计任务书没有批准,建设项目尚未被正式确认之前,任何一个社会组织是不能以权利主体资格参加工程建设的。当建设项目编有独立的总体设计并单独列入建设计划,获得国家批准时,这个社会组织方能成为建设单位,以已经取得的法人资格及自己的名义对外进行经济活动和法律行为。

③承包单位。承包单位是指有一定生产能力、机械设备、流动资金,具有承包工程建设任务的营业资格和具备相应资质条件,在建筑市场中能够按照业主的要求,提供不同形态的建筑产品,并最终得到相应工程价款的建筑企业,一般被称为建筑企业或乙方,在国际工程承包中习惯上被称为承包商。

相关链接

承包单位种类的划分

①按照生产主要形式,承包单位可分为勘察设计企业,建筑安装施工企业,建筑装饰施工企业,混凝土构配件、非标准预制件等生产厂家,商品混凝土供应站,建筑机械租赁单位,以及专门提供建筑劳务的企业等。

②按照提供的主要建筑产品,可分为土建、水电、铁路、冶金、市政工程等专业公司。

④中介组织。中介组织是指具有相应的专业服务资质,在建筑市场中受发包方、承包方或政府管理机关的委托,对工程建设进行估算测量、咨询代理、建设监理等高智能服务,并取得服务费用的咨询服务机构和其他中介服务组织。在市场经济运行中,中介组织作为政府、市场、企业之间联系的纽带,发挥着重要的作用。从市场中介组织的工作内容和作用来看,可分为多种类型。

相关链接

建筑市场中介组织的划分

①按照工作内容,可分为建筑业协会及其下属的设备安装、机械施工、装饰施工、产品厂商等专业分会,建设监理协会。

②按照发挥作用,可分为为工程建设服务的专业会计事务所、律师事务所、资产与资信评估机构、公证机构、合同纠纷的仲裁调解机构、招标代理机构、工程技术咨询公司、监理公司,质量检查、监督、认证机构,以及其他产品检测、鉴定机构等。

⑤公民个人。公民个人作为建筑市场的主体,主要从3种途径参与建设活动:第一,取得相关执业资格证参与建筑活动、房地产经营活动,如取得注册建筑师、注册建造师、注册造价工程师、注册监理工程师、注册房地产估价师、注册房地产经纪人等资格证;第二,获得相关知识产权参与工程建设,如提供个人完成的设计软件、预决算软件等与单位确立法律关系;第三,同企业单位签订劳动合同,建筑企业职工成为建设法律关系主体。

(2)建设法律关系客体

建设法律关系客体是指参加建设法律关系的主体享有的权利和承担的义务所共同指向的对象。在通常情况下,建设主体都是为了某一客体,彼此才设立一定的权利、义务,从而产生建设法律关系。建设法律关系客体分为物、行为和智力成果。

①物(包括财)。法律意义上的物是指可为人们控制的并具有经济价值的生产资料和消费资料。在建设法律关系中表现为物的客体一般是建筑材料、机械设备、建筑物或构筑物等有形实体。某个建设项目本身也可以成为工程建设法律关系的客体。财一般指资金及各种有价证券。在建设法律关系中表现为财的客体主要是建设资金,如基本建设贷款合同的标的,即一定数量的货币。

②行为。法律意义上的行为是指人的有意识的活动。在建设法律关系中,行为多表现为完成一定的工作,如勘察设计、施工安装、检查验收等活动。如勘察设计合同的标的(客体),即完成一定的勘察设计任务;建设工程承包合同的标的,即按期完成一定质量要求的施工

行为。

③智力成果。法律意义上的智力成果是指人类通过脑力劳动的成果或智力方面的创作，也称非物质财富。在建设法律关系中，如设计单位提供的具有创造性的设计成果，该设计单位依法可以享有专有权，使用单位未经允许不能无偿使用；如个人开发的预决算软件，开发者对之享有版权(著作权)。

(3)建设法律关系内容

建设法律关系的内容即建设活动参与者具体享有的权利和应当承担的义务。建设法律关系的内容是建设主体的具体要求，决定着建设法律关系的性质，它是连接主体的纽带。

①建设权利。建设权利是指建设法律关系主体在法定范围内，根据国家建设管理的要求和自己业务活动的需要，有权进行各种工程建设活动。权利主体可要求其他主体做出一定的行为和抑制一定的行为，以实现自己的工程建设权利，因其他主体的行为而使工程建设权利不能实现时，有权要求国家机关加以保护并予以制裁。

②建设义务。建设义务是指工程建设法律关系主体必须按法律规定或约定应负的责任。工程建设义务和工程建设权利是相互对应的，相应主体应自觉履行建设义务，义务主体如果不履行或不适当履行，就要承担相应的法律责任。

4)建设法律关系的产生、变更和终止

建设法律关系的产生，是指建设法律关系的主体之间形成了一定的权利和义务关系。如某建设单位与某勘察设计单位签订了勘察设计合同，受建设法律规范调整的建设法律关系由此产生，主体双方随之确立了相应的权利和义务关系。

建设法律关系的变更，是指建设法律关系的3个要素发生变化。主体变更可以是建设法律关系主体数目增多或减少，也可以是主体本身的改变。客体变更是指建设法律关系中权利义务所指向的事物发生变化，包括法律关系范围和性质的变更。建设法律关系主体与客体的变更必然导致相应的权利和义务的变更，即内容的变更。

建设法律关系的终止，是指建设法律关系主体之间的权利义务不复存在，彼此丧失了约束力。它包括自然终止、协议终止、违约终止。建设法律关系的产生、变更和终止是由法律事实引起的。

相关链接

法律事实

法律事实是指能够引起建设法律关系产生、变更和消灭的客观现象和事实。建设法律事实按是否包含当事人的意志分为两类，即事件和行为。

事件是指不以当事人意志为转移而产生的自然现象(如地震、台风、水灾、火灾等)，以及战争、暴乱、政府禁令等社会现象，都可成为建设法律关系产生、变更或终止的原因。

行为是指人有意识的活动，包括积极的作为或消极的不作为，两者都会引起建设法律关系的产生、变更或终止。行为通常表现为以下几种：

①合法行为：是指实施了建设法规所要求或允许做的行为，或者没有实施建设法规所禁止做的行为。合法行为受到法律的肯定和保护，将产生积极的法律后果，如依法签订建设工程合同、依法定程序进行招标投标等行为。

②违法行为:是指受法律禁止的侵犯其他主体的建设权利和义务的行为。违法行为要受到法律的矫正和制裁,如不履行建设工程合同等行为。

③行政行为:是指国家授权机关依法行使对建筑业的管理权而发生法律后果的行为。如国家建设管理机关下达立项批文,自然资源和规划局验线的行为、出让土地使用权的行为。

④立法行为:是指国家机关在法定权限内通过规定的程序,制定、修改、废止建设法律规范性文件的活动。如国家制定或颁布建设法律、法规、条例、标准、定额等行为。

⑤司法行为:是指国家司法机关的法定职能活动。如人民法院作出对完工建设工程进行拍卖、对工程价款优先受偿的判决行为。

相关测试

不定项选择题

1.发电厂甲与施工单位乙签订了价款为5 000万元的固定总价建设工程承包合同,则这笔5 000万元工程价款是(   )。

    A.工程建设法律关系主体　　　　　　B.工程建设法律关系客体

    C.工程建设法律关系的内容　　　　　D.工程建设法律关系内容中的义务

2.消费者王某从某房地产开发公司开发的小区购买了一栋别墅,半年后发现屋顶漏水,于是向该公司提出更换别墅。在这个案例中,法律关系的主体是(   )。

    A.该小区　　　　　　　　　　　　　B.王某购买的别墅

    C.别墅的屋顶　　　　　　　　　　　D.王某和该房地产开发公司

3.下列不属于法律事实中事件的是(   )。

    A.海啸　　　　B.暴雨　　　　C.战争　　　　D.盗窃

4.下列选项中属于非物质财富的是(   )。

    A.股票　　　　B.100元人民币　　　C.建筑图纸　　　D.建筑材料的商标

    E.太阳光

5.引起建设法律关系发生、变更、终止的情况称为法律事实,按照是否包含当事人的意志,法律事实可以分为(   )。

    A.事件　　　　B.不可抗力事件　　　C.无意识行为　　　D.意外事件

    E.行为

6.建设法律关系的变更包括(   )。

    A.建设法律关系主体的变更　　　　　B.合同形式的变更

    C.纠纷解决方式的变更　　　　　　　D.建设法律关系客体的变更

    E.建设法律关系内容的变更

【引例4】

2019年4月19日,天宇公司作为发包单位,豪杰公司作为承包单位,双方签订了施工承包合同,约定:天宇公司将某住宅小区工程项目发包给豪杰公司。2020年5月,豪杰公司将第一期工程交付给天宇公司。后由于所交付的房屋在雨后出现墙面、地下室等渗水现象,天宇公司指出豪杰公司交付的第一期工程存在渗水、漏水等质量问题,并提出相应整改意见。其中与本案相关的1号101室有多次渗水报修记录,另该房屋与2号102室伸缩缝之间有建筑垃圾。

2024 年初,第一期工程项目中的 1 号 101 室业主和 2 号 102 室业主以天宇公司所售房屋存在渗水等质量问题,造成房屋内装修损害为由,分别向法院提起诉讼,要求天宇公司赔偿装修损失,天宇公司分别向两户业主作出了赔偿。现天宇公司以豪杰公司施工存在质量问题为由,提起诉讼,请求判令豪杰公司承担因房屋施工质量问题造成天宇公司赔偿的装修损失及承担本案诉讼费。

与此同时,行政主管部门对豪杰公司工程质量问题作出了行政处罚,豪杰公司认为处理依据不足,提起了行政诉讼。

【引导问题4】 阅读引例 4,讨论以下问题:

①常见建设工程纠纷有哪些?

②本案的争论焦点是什么?

1.3.4 工程建设常见纠纷

1)行政纠纷

行政纠纷是指行政管理机关在管理过程中,对其他建设工程法律主体作出的行政行为而引发的纠纷,如立项许可纠纷、招标管理纠纷、土地管理纠纷、城市规划管理纠纷、质量安全管理纠纷等。

2)合同纠纷

常见合同纠纷如下:

(1)施工合同主体纠纷

①因承包商资质不够导致的纠纷;

②因无权代理与表见代理导致的纠纷;

③因联合体承包导致的纠纷;

④因"挂靠"问题导致的纠纷。

(2)施工合同质量纠纷

以下原因都可能导致施工合同质量纠纷:

①建设单位不顾实际降低造价,缩短工期,不按工程建设程序运作;

②在设计或施工中建设单位提出违反法律、行政法规和建筑工程质量、安全标准的要求;

③将工程发包给没有资质的单位或者将工程任意肢解进行发包;

④建设单位未将施工图设计文件报县级以上人民政府建设行政主管部门或者其他有关部门审查;

⑤建设单位采购的建筑材料、建筑构配件和设备不合格或给施工单位指定厂家,明示或暗示使用不合格的材料、构配件和设备;

⑥施工单位脱离设计图纸,违反技术规范以及在施工过程中偷工减料;

⑦监理制度不严格;

⑧施工单位未履行属于自己的在施工前进行产品检验的责任;

⑨施工单位对在质量保修期内出现的质量缺陷不履行质量保修责任。

(3)施工合同分包与转包纠纷

①因资质问题产生的纠纷;

②因履约范围不清产生的纠纷;

③因转包产生的纠纷；

④因配合与协调问题产生的纠纷；

⑤因违约和罚款问题产生的纠纷；

⑥因各方对分包管理不严产生的纠纷。

(4)施工合同竣工验收纠纷

①隐蔽工程竣工验收产生的纠纷；

②未经竣工验收提前使用产生的纠纷。

(5)施工合同审计纠纷

①有关各方对审计监督权的认识偏差；

②审计机关的独立性得不到保证。

(6)建设工程物资采购合同质量、数量纠纷

①合同约定不明确；

②检查验收不严格、不及时。

(7)建设工程物资采购合同履行期限、地点纠纷

①合同约定不明确；

②不按合同约定履行。

(8)建设工程物资采购合同价款纠纷

①合同约定不明确；

②履行期间价格变动。

(9)建设工程勘察、设计纠纷

①建设工程勘察、设计质量纠纷；

②建设工程勘察、设计期限纠纷；

③建设工程勘察、设计变更纠纷。

(10)建设工程监理合同纠纷

①监理工作内容纠纷；

②监理工作缺陷纠纷。

3)侵权纠纷

①相邻关系纠纷。没有正确处理截水、排水、通行、通风、采光等方面的相邻关系而引起的纠纷。

②环境保护纠纷。建设项目施工对环境的影响主要体现在两个方面：一方面是对自然环境造成了破坏；另一方面是施工产生的粉尘、噪声、振动等对周围生活居住区的污染和危害。基于此而产生的纠纷。

③施工中安全措施不当产生的损害赔偿纠纷。工程施工过程中没有按照需要设置明显标志等安全措施而造成人、物损害。

④施工中搁置物、悬挂物造成损害赔偿纠纷。施工中搁置物、悬挂物管理不当，给他人造成人身和财产损害。

1.4　任务实施与评价

①此次任务完成中存在的主要问题有哪些？
②问题产生的原因有哪些？请提出相应的解决方法。
③你认为还需要加强哪些方面的指导(实际工作过程及理论知识)？

知识回顾

本任务要点包括三大块：一是工程建设程序，涉及5个阶段，包括工程建设决策分析阶段、工程建设准备阶段、工程建设实施阶段、工程竣工验收与保修阶段、工程终结阶段；二是建设法律关系三要素，即主体、客体和内容；三是常见工程纠纷，分为行政纠纷、合同纠纷和侵权纠纷。

课后训练

一、案例分析

【案例1】　某旅游文化有限公司(以下简称"甲公司")与某建设集团有限责任公司(以下简称"乙公司")于2022年10月13日签订建设工程施工合同,合同约定:甲方公园大门售票房、管理用房、石屋工程由乙公司承建,工程实行包工包料,合同工期共24天,工程要求优良,工程逾期1天,按工程造价的万分之一计罚等。

合同签订后,乙公司开始施工,施工过程中,工程监理单位多次对乙公司的工程质量问题提出整改意见。乙公司多次要求甲公司及时办理相关手续,甲公司则要求乙公司加紧施工,及时完工。2023年1月28日××市质检站向乙公司发出停工通知书,载明乙公司在承建甲方公园工程过程中,存在质量管理和质量保证方面的问题,要求乙公司及时整改,但乙公司对整改意见置之不理,也不再通知质检站进行隐蔽工程检查,从而使工程埋下隐患。后由于双方就工程施工许可证及工程质量问题发生纠纷,乙公司遂向法院提起诉讼。在审理过程中,甲公司提出反诉。乙公司以甲公司无法提供施工许可证,导致无法施工为由提出一系列诉讼请求,而甲公司则以乙公司承建的甲方公园大门售票房、管理用房、石屋存在诸多质量问题为由要求解除合同,并要求乙公司赔偿损失。

在原审诉讼期间,甲公司经有关部门批准取得了工程的土地使用权和建设工程规划许可证,并办理了施工许可证。双方当事人对甲公司在起诉前未办理施工许可证等问题无异议,但对工程的质量问题意见不一,乙公司申请对工程造价进行审计,甲公司要求对工程质量进行鉴定。原审法院遂委托××省建设工程质量监督检查站对工程质量进行了鉴定。

问题：
①该案例涉及的建设活动应有哪些必备程序？
②该案例工程建设程序存在哪些问题？
③该案例涉及几对法律关系？
④该案例涉及哪类建设纠纷？纠纷争论的焦点有哪些？

【案例2】　2021年4月22日,某水泥厂与某建筑公司签订建设工程施工合同,双方约定:由某建筑公司承建某水泥厂第一条生产线主厂房及烧成车间等配套工程的土建项目。开工日期为2022年5月15日。建筑材料由某水泥厂提供,某建筑公司垫资150万元人民币,在合同订立 15 日内汇入某水泥厂账户。某建筑公司付给某水泥厂 10 万元保证金,进场后再付 10 万元押图费,待图纸归还某水泥厂后再予退还等。双方在订立合同和工程施工时,尚未取得建设用地规划许可证和建设工程规划许可证。厂房工程如期于 2022 年 9 月竣工并交付使用。由于水泥厂急需使用,在没有经过正式验收的情况下,于 2022 年 10 月就提前使用了厂房工程。在使用了 8 个月之后,厂房内承重墙体出现较多裂缝,且屋面漏水严重。

水泥厂为维护企业的合法权益,多次与建筑公司交涉要求其处理工程质量问题。而建筑公司以上述工程质量问题是由于水泥厂提前使用造成为由,不予处理。由此,水泥厂于 2023 年 10 月诉至人民法院。

问题:

①该案例涉及的建设活动应有哪些必备程序?

②该案例工程建设程序存在哪些问题?

③什么是工程的竣工验收?其依据有哪些?

④施工方是否可以免除保修责任?

二、建工拓展与感悟

请扫码观看视频,思考建工行业未来发展趋势。

2023年智能建造和
BIM技术政策汇总

任务 2　建设工程基本法律制度识读

【建工先读】

请扫码观看视频,了解造价新规和建筑行业的发展趋势,谈谈如何做守法合规、有操守的建工人?

【引例 1】

A 建筑公司是甲省的一家建筑施工企业。2023 年,A 建筑公司参与了乙省的某大型基础设施建设项目的投标。为了能够在竞争中胜出,A 建筑公司提出了由自己垫付建设资金的优惠条件。经过多方努力,2023 年 5 月 12 日,A 建筑公司收到建设单位发来的中标通知书。为了集中精力完成主体工程建设,A 建筑公司经建设单位同意,将劳务作业分包给 B 建筑公司。分包合同约定由 B 建筑公司为其施工现场的从事危险作业的人员办理意外伤害险,A 建筑公司不承担劳务工程的一切施工风险。后 B 建筑公司因违章操作,出现安全事故,A 建筑公司拒绝承担一切责任。

【引导问题 1】　阅读引例 1,讨论以下问题:

①引例 1 纠纷适用哪些法律法规?

②建设工程基本法律制度有哪些?

③引例 1 涉及哪些法律制度?

④引例 1 涉及哪些焦点问题? 你认为该如何解决?

2.1　任务导读

建设工程基本法律制度包括法人制度、代理制度、监理制度、物权制度、债权制度、担保制度、知识产权制度、法律责任制度。本任务通过学习建设法规体系的构成与适用原则,以及 8 项法律制度,解决相关法律事务,完成 2.2 节的任务目标。

2.2　任务目标

①列出建设法规体系及适用原则;

②运用建设工程法人制度、代理和监理制度,解决相关问题;

③运用建设工程物权、债权制度,解决相关问题;

④运用建设工程担保制度、知识产权制度,解决相关问题;

⑤运用建设工程法律责任制度,明确相关责任;

⑥为进入下一个任务的学习做好准备。

2.3　知识准备

2.3.1　建设法规体系构成与适用原则

1)建设法规体系构成

法规体系的构成,是指法规体系采取的结构形式。我国建设法规体系采用的是梯形结构,以宪法为最高指导(不在实务中直接适用),建设法律为龙头,以建设行政法规为主干,建设部门规章和地方性建设法规规章为枝干,由 5 个层次构成。

法的效力层级

(1)建设法律

建设法律是建设领域法律体系的适用阶段的最高层次,是由全国人民代表大会及其常务委员会制定颁行的属于国务院建设行政主管部门主管业务范围的各项法律的总称。它们是建设法规体系的核心和基础,其主要内容涉及建设领域的基本方针、政策,建设领域的根本性、长远性和重大的问题,如《中华人民共和国建筑法》《中华人民共和国招标投标法》《中华人民共和国民法典》《中华人民共和国城乡规划法》和《中华人民共和国城市房地产管理法》等。

(2)建设行政法规

建设行政法规是指国务院依法制定并颁布的建设领域行政法规的总称,处于建设法律制度中的第二层次,是对建设法律条款的进一步细化,以便于法律的实施,如《建设工程安全生产管理条例》《物业管理条例》《住房公积金管理条例》《国有土地上房屋征收与补偿条例》《建设工程勘察设计管理条例》《建设工程质量管理条例》等。

(3)建设部门规章

建设部门规章是指住房和城乡建设部或国务院有关部门根据国务院规定的职责范围,依法制定并颁布的建设领域的各项规章,其效力低于行政法规。它是法律、行政法规规定的进一步细化和补充,以便法律、法规更好地贯彻执行,并为有关政府部门的行为提供依据,如《工程建设项目施工招标投标办法》《建设工程勘察质量管理办法》等。

(4)地方性建设法规

地方性建设法规是指由省、自治区、直辖市人民代表大会及其常务委员会制定颁行的或经其批准颁行的由下级人民代表大会及其常务委员会制定的建设法规。其在所管辖的行政区域内具有法律效力,如《四川省〈中华人民共和国土地管理法〉实施办法》《辽宁省水污染防治条例》等。

(5)地方性建设规章

地方性建设规章是指由省、自治区、直辖市人民政府制定颁行的或经其批准颁行的由其所辖城市人民政府制定的建设规章。如《重庆市建设工程造价管理规定》《呼和浩特市建设工程施工安全管理规定》等。

(6)国际公约、国际惯例和国际标准

国际公约、国际惯例和国际标准主要指我国参加或与国外签订的国际公约、双边条约,以及国际惯例、国际通用建筑技术规程。如涉外建设工程承包合同非常复杂,它涉及有形贸易、无形贸易、信贷、委托、技术规范、保险等诸多法律关系,这些法律关系的调整必须遵守我国承认的国际公约、国际惯例及国际通用技术规程和标准。

2)适用原则

在建设法规体系中,层次越高,效力越高,层次越往下的法规其法律效力越低。建设法律的效力最高。法律效力低的建设法规不得与比其法律效力高的建设法规相抵触;否则,其相应规定将被视为无效。同一部门新法效力优于旧法。同等效力法规,特别法优于一般法。如果地方性建设规章与建设部门规章发生冲突,应报给国务院裁决;如果地方性建设法规与建设部门规章发生冲突,应首先上报国务院,最后提请全国人民代表大会常务委员会裁决。

相关测试

单项选择题

1. 法的形式主要为以宪法为核心的各种规范性文件,下列选项中不属于法的是( )。

   A. 某省人大制定的地方性法规

   B. 某经济特区人民政府制定的规范性文件

   C. 某市高级人民法院发布的判例

   D. 我国参加的国际条约

2. 法律效力等级是正确适用法律的关键,下述法律效力排序正确的是( )。

   A. 国际条约>宪法>行政法规>司法解释

   B. 法律>行政法规>地方政府规章>地方性法规

   C. 行政法规>部门规章>地方性法规>地方政府规章

   D. 宪法>法律>行政法规>地方政府规章

3. 当地方性法规、规章之间发生冲突时,下述解决办法中正确的是( )。

   A. 部门规章之间不一致的,适用新规定;同时颁布的,由双方协商

   B. 同一机关制定的新的一般规定与旧的特别规定不一致时,由制定机关裁决

   C. 部门规章与地方政府规章之间对同一事项的规定不一致时,由全国人大常委会法工委(全国人民代表大会常务委员会法制工作委员会)裁决

   D. 地方性法规与部门规章之间对同一事项的规定不一致时,由国务院裁决

2.3.2　建设工程法人制度

解读建设工程
法人制度

法人分为营利法人、非营利法人和特别法人,应当具备的条件:一是必须依法成立;二是要有必要的财产或者经费;三是要有自己的名称、组织机构和场所;四是能够独立承担民事责任。

项目法人责任制是指经营性建设项目由项目法人对项目的策划、资金筹措、建设实施、生产经营、偿还债务和资产的保值增值实行全过程负责的一种项目管理制度。国有单位经营性大中型建设工程必须在建设阶段组建项目法人。项目法人可设立有限责任公司(包括国有独资公司)和股份有限公司等形式。

项目经理部不具有法人资格,是非常设下属机构,无法独立承担民事责任,其法律后果由施工企业承担。项目经理由企业法人委派。

相关测试

单项选择题

1. 以下( )不是法人的基本特征。

   A. 名称　　　B. 固定住址　　　C. 财产　　　D. 自由登记　　　E. 独立承担责任

2. 以下说法正确的是( )。

   A. 法人类型可分为营利法人和非营利法人,建筑企业一般为非营利法人

   B. 建设工程实行项目法人制

   C. 项目经理是企业法人的独立管理者,具有法人地位

   D. 项目经理部的法律后果由项目部承担

3.关于法人责任承担方式,下列说法错误的是(　　)。

A.法人以法人财产承担有限责任

B.法人资不抵债,法人破产

C.法人合并、分立后,由新法人承担原权利和义务

D.法人以法人财产承担无限责任

4.甲公司对丁公司有 40 万元货款未付,出于营业需要,从甲公司分出新公司 C。甲公司与 C 公司达成债务分配协议,约定丁公司的债权由 C 公司承担。丁公司的债权 40 万元,应当(　　)。

A.由甲公司承担清偿责任

B.由 C 公司承担清偿责任

C.由甲公司和 C 公司承担连带清偿责任

D.由甲公司和 C 公司按约定比例承担清偿责任

【引例 2】

2020 年年底,A 公司将工程项目分包给施工队 B,并成立了项目经理部,刻制了项目经理部印章。据该项目经理部的项目经理回忆,该项目的印章一直由其保管,未使用项目经理部的印章对外签订任何分包合同,也未将项目经理部的印章交由 B 使用。2023 年,某工程队 C 持有一份盖有该项目经理部印章的分包合同和有 B 签认的分包工程结算单,将 B 和 A 公司一起告上法庭,要求两者共同支付欠付的分包工程款 60 多万元。在案件审理过程中,A 公司主张该分包合同上的项目经理部印章是 B 私刻的。但 C 举出相关证据证明,该分包合同上项目经理部的印章和 A 公司项目经理部与工程发包方办理中间计量时使用的项目经理部印章一致。

法院判决认为,该工程分包合同上加盖的项目经理部印章和 A 公司与工程发包方办理中间计量时使用的项目经理部印章一致,A 公司主张的项目经理部印章是 B 私刻缺乏相应证据,该分包合同应为 A 公司项目经理部与 C 签订的,因项目经理部无独立法人资格,无独立承担民事责任的能力,A 公司应承担给付该分包工程款的责任。

【引导问题 2】　阅读引例 2,讨论以下问题:

①什么是工程代理制度?

②引例 2 中 C 的行为属无权代理还是表见代理,为什么?

③表见代理的法律后果是什么?

④该案给工程管理带来了哪些思考?

2.3.3　建设工程代理制度

1)代理的概念

所谓代理,是指代理人在被授予的代理权限内,以被代理人的名义与第三人实施民事法律行为,其法律后果直接由被代理人承担的民事法律制度。

建设工程代理
制度综述

2)代理的特征

①代理人必须在代理权限内实施代理行为;

②代理人应该以被代理人的名义实施代理行为;

③代理行为必须是具有法律意义的行为;

④代理行为的法律后果归属于被代理人。

3）代理的主要种类

代理的主要种类：委托代理、法定代理。

4）建设工程代理行为的设立

建设工程代理
制度案例分析

《中华人民共和国民法典》（以下简称《民法典》）规定，依照法律规定、当事人约定或者民事法律行为的性质，应当由本人亲自实施的民事法律行为，不得代理。民事法律行为的委托代理，可以用书面形式，也可以用口头形式。建设工程的承包活动不得委托代理。《中华人民共和国建筑法》（以下简称《建筑法》）规定，禁止承包单位将其承包的全部建筑工程转包给他人，禁止承包单位将其承包的全部建筑工程肢解以后以分包的名义分别转包给他人。施工总承包的，建筑工程主体结构的施工必须由总承包单位自行完成。建设工程代理行为主体必须取得相应法定资格，方可从事代理行为。

5）建设工程代理行为的终止

《民法典》规定，有下列情形之一的，委托代理终止：

①代理期限届满或者代理事务完成；

②被代理人取消委托或者代理人辞去委托；

③代理人丧失民事行为能力；

④代理人或者被代理人死亡；

⑤作为代理人或者被代理人的法人、非法人组织终止。

建设工程代理行为的终止，主要是第①、②、⑤3 种情况。有下列情形之一的，法定代理终止：

①被代理人取得或者恢复完全民事行为能力；

②代理人丧失民事行为能力；

③代理人或者被代理人死亡；

④法律规定的其他情形。

6）无权代理与表见代理

（1）无权代理

无权代理是指行为人不具有代理权，但以他人名义与第三人实施民事法律行为。无权代理一般存在 3 种表现形式：没有代理权、超越代理权、代理权已终止。

无权代理

（2）表见代理

表见代理是指行为人虽无权代理，但由于行为人的某些行为造成了足以使善意第三人相信其有代理权的表象，而与善意第三人进行的代理行为。表见代理除需符合代理的一般条件外，还需具备以下特别构成要件：一是须存在足以使相对人相信行为人具有代理权的事实或理由；二是须本人存在过失；三是须相对人为善意。

7）不当或违法行为应承担的法律责任

①损害被代理人利益应承担的法律责任。代理人不履行或者不完全履行职责而给被代理人造成损害的，应当承担民事责任。代理人和第三人恶意串通，损害被代理人合法利益的，代理人和第三人应当承担连带责任。

②第三人故意行为应承担的法律责任。第三人知道或应当知道行为人没有代理权、超越代理权或者代理权已终止，还与行为人实施民事行为给他人造成损害的，第三人和行为人按照各自的过错承担责任。

③违法代理行为应承担的法律责任。代理人知道或应当知道被委托代理的事项违法仍然实施代理行为,或者被代理人知道或应当知道代理人的代理行为违法未作反对表示的,被代理人和代理人应当承担连带责任。

【引例2评析】

此案例涉及表见代理制度,同时反映出项目经理部印章管理问题。为避免项目经理部印章管理出现类似问题,杜绝因项目经理部公章管理不善引发的纠纷,在项目管理过程中应做到:

①项目经理部的印章应由局(子公司)统一刻制,以局名义承接的项目由局统一刻制,以子公司名义承接的项目由子公司统一刻制。局(子公司)成立项目经理部的文件中应附有项目经理部的印模。提倡将项目经理部印章报有关机关进行备案。

②局(子公司)成立项目经理部的文件必须明确抄送业主、监理、质检、银行等部门和机构,项目经理部必须及时将相关文件交送到有关机构和部门,以便有相关证据证明我方刻制印章的唯一性,防止分包队伍私刻项目经理部印章。

③未经局(子公司)同意,项目经理部一律不准刻制分部或工区印章,不准发文成立分部或工区。

④严禁项目经理部将项目印章、项目合同专用章、财务专用章出借给分包单位使用。

⑤项目经理部的印章使用必须经过严格的审批程序,并做好详细的印鉴使用记载。

⑥未经批准,严禁在空白的合同书、授权委托书、介绍信等上加盖项目经理部印章。

相关测试

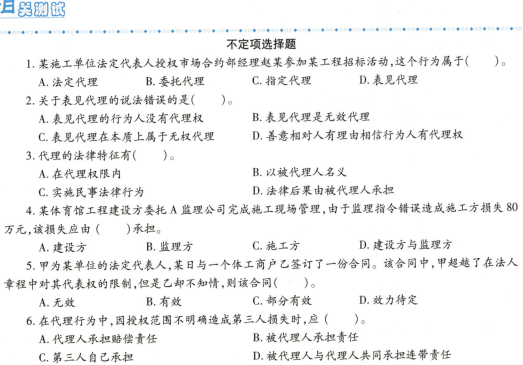

不定项选择题

1.某施工单位法定代表人授权市场合约部经理赵某参加某工程招标活动,这个行为属于(　　)。

  A.法定代理　　　B.委托代理　　　C.指定代理　　　D.表见代理

2.关于表见代理的说法错误的是(　　)。

  A.表见代理的行为人没有代理权　　　B.表见代理是无效代理

  C.表见代理在本质上属于无权代理　　　D.善意相对人有理由相信行为人有代理权

3.代理的法律特征有(　　)。

  A.在代理权限内　　　B.以被代理人名义

  C.实施民事法律行为　　　D.法律后果由被代理人承担

4.某体育馆工程建设方委托A监理公司完成施工现场管理,由于监理指令错误造成施工方损失80万元,该损失应由(　　)承担。

  A.建设方　　　B.监理方　　　C.施工方　　　D.建设方与监理方

5.甲为某单位的法定代表人,某日与一个体工商户乙签订了一份合同。该合同中,甲超越了在法人章程中对其代表权的限制,但是乙却不知情,则该合同(　　)。

  A.无效　　　B.有效　　　C.部分有效　　　D.效力待定

6.在代理行为中,因授权范围不明确造成第三人损失时,应(　　)。

  A.代理人承担赔偿责任　　　B.被代理人承担责任

  C.第三人自己承担　　　D.被代理人与代理人共同承担连带责任

【引例3】

业主委托某监理单位对某建设工程项目实施施工阶段的监理。在委托监理合同中,对业主和监理单位的权利、义务和违约责任所作的部分规定如下:

①在施工期间,任何工程设计变更均须经过监理单位审查、认可,并发布变更指令方为有效,才能实施变更。

②监理单位应在业主的授权范围内对委托的建设工程项目实施施工监理。

③监理单位发现工程设计中的错误或不符合建筑工程质量标准的要求时,有权要求设计单位改正。

④监理单位仅对本工程的施工质量实施监督控制,业主则实施进度控制和投资控制。

⑤监理单位在监理工作中仅维护业主的利益。

⑥监理单位有审核批准索赔权。

⑦监理单位对工程进度款支付有审核签认权;业主有独立于监理单位之外的自主支付权。

⑧在合同责任期内,监理单位未按合同要求的职责履行约定的义务,或业主违背合同约定的义务,双方均应向对方赔偿造成的经济损失。

⑨当事人一方要求变更或解除合同时,应当在42日前通知对方,因解除合同使一方遭受损失的,除依法免除责任的外,应由责任方负责赔偿。

⑩当业主认为监理单位无正当理由而又未履行监理义务时,可向监理单位发出其未履行义务的通知。若业主发出通知后21日内没有收到答复,可在第一个通知发出后35日内发出终止委托监理合同的通知,合同即行终止。监理单位承担违约责任。

⑪在施工期间,因监理单位的过失发生重大质量事故,监理单位应付给业主相当于质量事故经济损失20%的罚款。

⑫监理单位有发布开工令、停工令、复工令等指令的权力。

【引导问题3】 阅读引例3,讨论以下问题:

①引例3涉及的监理制度包括哪些?

②建设工程涉及监理纠纷的有哪些?

③如引例3所述,监理方的主要职责有哪些?

2.3.4 监理制度

建设工程监理是我国一项基本法律制度。监理单位受建设单位委托,根据法律法规、工程建设标准、勘察设计文件及合同,在施工阶段对建设工程质量、造价、进度进行控制,对合同、信息进行管理,对工程建设相关方的关系进行协调,并履行建设工程安全生产管理法定职责的服务活动。建设工程监理单位是依法成立并取得建设主管部门颁发的工程监理企业资质证书,从事建设工程监理与相关服务活动的服务机构。

1)建设工程强制监理的范围

①国家重点建设工程;

②大中型公用事业工程;

③成片开发建设的住宅小区工程;

④利用外国政府或者国际组织贷款、援助资金的工程;

⑤国家规定必须实行监理的其他工程。

2)建设工程强制监理的规模、标准

(1)国家重点建设工程

国家重点建设工程是指依据《国家重点建设项目管理办法》所确定的对国民经济和社会发展有重大影响的骨干项目。

(2)大中型公用事业工程

大中型公用事业工程具体包括项目总投资额在 3 000 万元以上的下列工程项目：

①供水、供电、供气、供热等市政工程项目；

②科技、教育、文化等项目；

③体育、旅游、商业等项目；

④卫生、社会福利等项目；

⑤其他公用事业项目。

学校、影剧院和体育场馆项目，不管总投资额是多少，都必须实行监理。

(3)成片开发建设的住宅小区工程

①建筑面积在 5 万 m² 以上的住宅建设工程必须实行监理；

②建筑面积在 5 万 m² 以下的住宅建设工程，可以实行监理，具体范围和规模标准由省、自治区、直辖市人民政府建设行政主管部门规定；

③为了保证住宅质量，对高层住宅及地基、结构复杂的多层住宅应当实行监理。

(4)利用外国政府或者国际组织贷款、援助资金的工程

①使用世界银行、亚洲开发银行等国际组织贷款资金的项目；

②使用国外政府及其机构贷款资金的项目；

③使用国际组织或者国外政府援助资金的项目。

(5)国家规定必须实行监理的其他工程

国家规定必须实行监理的其他工程是指项目总投资额在 3 000 万元以上关系社会公共利益、公众安全的下列基础设施项目：

①煤炭、石油、化工、天然气、电力、新能源等项目；

②铁路、公路、管道、水运、民航以及其他交通运输业等项目；

③邮政、电信枢纽、通信、信息网络等项目；

④防洪、灌溉、排涝、发电、引(供)水、滩涂治理、水资源保护、水土保持等水利建设项目；

⑤道路、桥梁、地铁和轻轨交通、污水排放及处理、垃圾处理、地下管道、公共停车场等城市基础设施项目；

⑥生态环境保护项目；

⑦其他基础设施项目。

为贯彻落实中央城市工作会议精神和《国务院办公厅关于促进建筑业持续健康发展的意见》(国办发〔2017〕19 号)，完善工程监理制度，更好发挥监理作用，促进工程监理行业转型升级、创新发展，住房和城乡建设部在建市〔2017〕145 号文中，提出逐步形成以市场化为基础、国际化为方向、信息化为支撑的工程监理服务市场体系，明确了推动监理企业依法履行职责、引导监理企业服务主体多元化、创新工程监理服务模式、提高监理企业核心竞争力、优化工程监理市场环境、强化对工程监理的监管、充分发挥行业协会作用等 7 大任务。

相关测试

不定项选择题

1.按照《建设工程监理范围和规模标准规定》的要求,达到一定规模的大中型公用事业工程必须实行监理,其中"大中型公用事业工程"是指(   )。

A.项目总投资额在1 500万元以上的供水、供电等市政工程项目

B.项目总投资额在3 000万元以上的卫生、社会福利等项目

C.项目总投资额在2 500万元以上的体育、旅游、商业等项目

D.项目总投资额在2 000万元以上的科技、教育、文化等项目

E.项目总投资额在3 000万元以上的供气、供热等市政工程项目

2.监理单位与被监理单位是通过(   )来确立关系的。

A.法律、法规的规定

B.政府建设主管部门的要求

C.项目法人与被监理单位签订的合同

D.项目法人与监理单位签订的合同

E.监理单位与被监理单位之间的协商

3.在《建设工程委托监理合同(示范文本)》(GF-2012-0202)中,纲领性的法律文件是(   )。

A.建设工程委托监理合同

B.建设工程委托监理合同标准条件

C.双方共同签署的修正文件

D.建设工程委托监理合同专用条件

4.在委托监理的工程范围内,委托人与承包人的任何意见和要求均须先向(   )提出。

A.业主代表　　　　B.监理人　　　　C.总监理工程师　　　　D.工程师

【引例4】

甲某和乙某是上下楼邻居。甲某对其卫生间进行了改造。不久,甲某因卫生间排水不畅,在征得物业管理公司同意下改动了单元楼内的下水管道。可是由于施工不当,甲某改动的下水管道在使用过程中出现渗漏现象,渗漏的水破坏了楼下乙某家的装修。乙某找甲某和物业管理公司多次协商未果,遂将甲某和物业管理公司一并告上了法庭。

【引导问题4】　阅读引例4,讨论以下问题:

①引例4涉及纠纷是否属于物权纠纷? 物权制度包括哪些内容?

②建设工程涉及哪些物权纠纷?

③该案应如何处理?

2.3.5　物权制度

物权制度

物权是指权利人依法对特定的物享有直接支配和排他的权利。它是一项基本民事权利,也是大多数经济活动的基础和目的。建设单位对建设工程项目的权利来自于物权中最基本的权利——所有权。

1)物权的法律特征

物权是支配权、绝对权、财产权,具有排他性。

2）物权的种类

物权包括所有权、用益物权、担保物权和建筑物区分所有权。

（1）所有权

所有权是指所有权人依法对自己财产（包括不动产和动产）所享有的占有、使用、收益和处分的权利。它是一种财产权，又称财产所有权。财产所有权的权能是指所有人对其所有的财产依法享有的权利，它包括占有权、使用权、收益权、处分权。

（2）用益物权

用益物权是指权利人对他人所有的不动产或者动产，依法享有占有、使用和收益的权利。其包括土地承包经营权、建设用地使用权、宅基地使用权、居住权和地役权（具体规定见任务 5）。

（3）担保物权

担保物权是指权利人在债务人不履行到期债务或者发生当事人约定的实现担保物权的情形，依法享有就担保财产优先受偿的权利，如质押权、抵押权、留置权。

（4）建筑物区分所有权

解析建筑物区分所有权

建筑物区分所有权是指业主对建筑物的与其他部分区别开来的某一特定部分所享有的所有权。所有权人的所有权不及于建筑物的全部，只能及于其所有的部分。该所有权的客体和使用上均具有独立性。建筑物区分所有权的内容，包括区分所有建筑物专有部分的单独所有权、共有部分的共有权，以及区分所有权人的共同关系所生的管理权。

①专有部分的单独所有权。专有部分是在一栋建筑物内区分出的住宅或者经营性用房等单元。该单元须具备构造上的独立性与使用上的独立性。业主对其专有部分享有单独所有权，即对该部分为占有、使用、收益和处分的排他性的支配权，性质上与一般的所有权并无不同。但此专有部分与建筑物上其他专有部分有密切的关系，彼此休戚相关，具有共同的利益，因此区分所有权人就专有部分的使用、收益、处分不得违反各区分所有权人的共同利益。例如，就专有部分的改良、使用，足以影响区分所有建筑物的安全时，不得自行为之。再如，就专有部分为保存、改良或管理的必要时，有权使用他人的专有部分。

②共有部分的共有权。共有部分是指区分所有的建筑物及其附属物的共同部分，即专有部分以外的建筑物的其他部分。共有部分既有由全体业主共同使用的部分，如地基、屋顶、梁、柱、承重墙、外墙、地下室等基本构造部分，楼梯、走廊、电梯、给排水系统、公共照明设备、贮水塔、消防设备、大门、通信网络设备以及物业管理用房等公用部分，道路、停车场、绿地、树木花草、楼台亭阁、游泳池等附属公共设施，也有仅为部分业主共有的部分，如各相邻专有部分之间的楼板、隔墙，部分业主共同使用的楼梯、走廊、电梯等。其中，对于建筑区划内的道路、绿地、物业服务用房，以及车位、车库的归属，《民法典》作出明确规定：首先，建筑区划内的道路属于业主共有，但属于城镇公共道路的除外；建筑区划内的绿地属于业主共有，但属于城镇公共绿地或者明示属于个人的除外；建筑区划内的其他公共场所、公用设施和物业服务用房属于业主共有。其次，建筑区划内规划用于停放汽车的车位、车库应当首先满足业主的需要；建筑区划内规划用于停放汽车的车位、车库的归属，由当事人通过出售、附赠或者出租等方式约定；占用业主共有的道路或者其他场地用于停放汽车的车位属于业主共有。

3）物权的设立、变更、转让、消灭

（1）不动产物权的设立、变更、转让、消灭

不动产物权的设立、变更、转让和消灭，应当依照法律规定登记，自记载于不动产登记簿时发生效力。依法属于国家所有的自然资源，所有权可以不登记。不动产登记，由不动产所在地的登记机构办理。物权变动的基础往往是合同关系，需要注意的是，当事人之间订立有关设立、变更、转让和消灭不动产物权的合同，除法律另有规定或者合同另有约定外，自合同成立时生效；未办理物权登记的，不影响合同效力。

（2）动产物权的设立和转让

动产物权的设立和转让，应当依照法律规定交付，自交付时发生效力，但法律另有规定的除外。船舶、航空器和机动车等的物权的设立、变更、转让和消灭，未经登记，不得对抗善意第三人。

4）物权保护

物权保护是指通过法律规定的方法和程序保障物权人在法律许可范围内对其财产行使占有、使用、收益、处分权利的制度。物权受到侵害的，权利人可以通过和解、调解、仲裁、诉讼等途径解决。因物权的归属、内容发生争议的，利害关系人可以请求确认权利。无权占有不动产或者动产的，权利人可以请求返还原物。妨害物权或者可能妨害物权的，权利人可以请求排除妨害或者消除危险。造成不动产或者动产毁损的，权利人可以依法请求修理、重作、更换或者恢复原状。侵害物权，造成权利人损害的，权利人可以依法请求损害赔偿，也可以依法请求承担其他民事责任。对于物权保护方式，可以单独适用，也可以根据权利被侵害的情形合并适用。

【引例4评析】

【引例4】是建筑物区分所有权中因"共有权"引起的纷争。

对共同共有的财产，各区分所有权人应不按份额、共同合理使用，而对按份共有的财产，则各区分所有权人应按照确定的份额使用、收益。任何一方所有权人超越权利范围而使用，将侵害他方权益，应停止侵害并赔偿损失。各共有人对共有财产和设施共同负有维护、保护、管理、改良等义务，对共有财产的使用方式必须合理，必须按照共有财产的目的和性质加以使用或收益，任何一方因使用不当、擅自改建共有物或造成共用物被损害的，应停止侵害、恢复原状、赔偿损失。本案例中对于共有部分的墙壁、楼地板及共有部分内的管线，区分所有权人就不可以擅自以自己的行为妨碍其他建筑物区分所有人对共有物的使用。甲某恰恰违背了这项义务，改动了单元楼内的下水管线且施工不当造成对乙某权利的侵害，在这期间物业管理公司又因越权同意甲某改动楼道内的下水管道，在一定程度上也造成了损坏的发生。所以，最后法院判令甲某"恢复原状"并赔偿乙某的损失，也是应该的。

相关测试

不定项选择题

1. 物权的种类有（   ）。

    A. 所有权   B. 用益物权   C. 担保物权   D. 使用权

2.所有权 4 种权能中最基本、最核心的权能是(　　)。

  A.收益权　　　　　B.占有权　　　　　C.处分权　　　　　D.使用权

3.用益物权包括(　　)。

  A.土地承包经营权　B.建设用地使用权　C.宅基地使用权　D.地役权

4.甲公司将在乙公司办公楼附近实施基坑爆破,爆破前乙公司有权采取的物权保护方法是(　　)。

  A.请求确认权利　　B.请求恢复原状　　C.请求消除危险　　D.请求损害赔偿

【引例 5】

  2023 年 8 月,A 公司与 B 交通设计院签订建设工程施工合同,合同约定 A 公司将某路面改造工程承包给 B 交通设计院总承包施工。B 交通设计院于同年 9 月与个人黄某签订某路面改造工程施工合同,将其总承包的工程肢解后分包给黄某组织的施工队施工,B 交通设计院按分包价的 4.5% 收取管理费,其他一切费用及税金由黄某承担。此后,B 交通设计院从黄某处收取管理费 20 万元。在实施过程中由于发生重大安全事故,导致 180 万元的对第三人的损害赔偿,双方对赔偿金的承担不能达成一致。结算阶段,双方又对结算金额发生分歧,最后双方将争议诉至法院。

【引导问题 5】　阅读引例 5,讨论以下问题:

  ①引例 5 涉及纠纷是否属于债权纠纷?

  ②债权制度包括哪些内容?

  ③引发建设工程债权纠纷的主要事由有哪些?

2.3.6　债权制度

  《民法典》规定,民事主体依法享有债权。债权是因合同、侵权行为、无因管理、不当得利以及法律的其他规定,权利人请求特定义务人为或者不为一定行为的权力。享有权利的人是债权人,负有义务的人是债务人。债是特定当事人之间的法律关系。债权人只能向特定的人主张自己的权利,债务人只需向享有该项权利的特定人履行义务,即债的相对性。

解读建设工程债权制度

1)债的内容

  债的内容,是指债的主体双方间的权利与义务,即债权人享有的权利和债务人负担的义务,即债权与债务。债权是相对权;债务是指根据当事人的约定或者法律规定,债务人所负担的应为特定行为的义务。

2)建设工程债的发生依据

(1)合同

  任何合同关系的设立,都会在当事人之间产生债权债务的关系。合同引起债的关系,是债发生的最主要、最普遍的依据。合同产生的债被称为合同之债。

(2)侵权

  侵权是指公民或法人没有法律依据而侵害他人的财产权利或人身权利的行为。侵权行为一旦发生,即在侵权行为人和被侵权人之间形成债的关系。侵权行为产生的债权称为侵权之债。《民法典》规定,建筑物、构筑物或者其他设施及其搁置物、悬挂物发生脱落、坠落造成他人损害,所有人、管理人或者使用人不能证明自己没有过错的,应当承担侵权责任。所有人、管理人或者使用人赔偿后,有其他责任人的,

解读建设工程特殊侵权制度

有权向其他责任人追偿。建筑物、构筑物或者其他设施倒塌、塌陷造成他人损害的,由建设单位与施工单位承担连带责任,但建设单位与施工单位能够证明不存在质量缺陷的除外。

相关链接

> **与建设工程相关的特殊侵权行为**
>
> ①从事高空、高压、易燃、易爆、剧毒、高放射性、高速轨道运输工具等对周围环境有高度危险的作业造成他人损害;
>
> ②因污染环境、破坏生态造成他人损害;
>
> ③在公共场所、道旁或者通道上挖坑、修缮安装地下设施等,没有设置明显标志和采取安全措施造成他人损害;
>
> ④建筑物、构筑物或者其他设施及其搁置物、悬挂物发生脱落、坠落造成他人损害。

(3)无因管理

无因管理是指没有法定的或者约定的义务,为避免他人利益损失而进行管理的行为。无因管理人员或者服务人员与受益人之间形成了债的关系。

(4)不当得利

不当得利是指没有法律上或者合同上的依据,有损于他人利益而自身取得利益的行为。由于不当得利造成他人利益的损害,在得利者与受害者之间形成债的关系。得利者应当将所得的不当利益返还给受损失的人。

3)建设工程债的常见种类

常见的建设工程债的种类包括:

①施工合同债:发生在建设单位和施工单位之间的债。施工合同的义务主要是完成施工任务和支付工程款。

②买卖合同债:在建设工程活动中,会产生大量的买卖合同,主要是材料设备买卖合同。

③侵权之债:在侵权之债中,最常见的是施工单位的施工活动产生的侵权。如施工噪声或者废水废弃物排放等扰民行为,可能对工地附近的居民构成侵权。

相关测试

> **单项选择题**
>
> 1. 在债的发生依据中,既未受人之托,也不负有法律规定的义务,而自觉为他人管理事务或提供服务的行为是(   )。
>
> A. 无权代理　　　　B. 不当得利　　　　C. 侵权行为　　　　D. 无因管理
>
> 2. 物权和债权的性质分别可以表述为(   )。
>
> A. 相对权,绝对权　　B. 相对权,相对权　　C. 绝对权,相对权　　D. 绝对权,绝对权
>
> 3. 就法律关系的主体而言,债的主体(   )。
>
> A. 双方都是特定的　　　　　　　　　　B. 双方都不是特定的
>
> C. 债权人是特定的,债务人是不特定的　　D. 债务人是特定的,债权人是不特定的
>
> 4. 建设工程债发生的最主要的依据是(   )。
>
> A. 侵权　　　　　　B. 合同　　　　　　C. 不当得利　　　　D. 无因管理

【引例 6】

总包单位 C 将工程分包给 A 单位,A 单位在施工时需要加工一批钢护筒,于是找到钢结构加工单位 B。B 担心 A 的履约实力,要求 C 为其提供担保。经 A 多次要求,同时考虑工期比较紧,急需钢护筒,C 遂同意为 A 提供担保。后 A 未能及时向 B 支付加工费,B 发来律师函要求 C 承担担保责任,否则将诉讼解决。

【引导问题 6】   阅读引例 6,讨论以下问题:

①引例 6 中的纠纷是否涉及工程担保制度?担保制度包括哪些内容?

②建设工程涉及哪些担保纠纷?

③本案例给工程管理带来哪些启示?

2.3.7 担保制度

担保活动应遵循平等、自愿、公平、诚实信用的原则。担保合同是主合同的从合同,主合同无效,担保合同无效。在 5 种担保形式中,保证的担保人只能是第三人,抵押和质押的担保人可以是债务人也可以是第三人,留置和定金的担保人只能是债务人。

合同担保的方式有以下几种:

(1)保证

解读建设工程
保证制度

保证人与债权人可就单个主合同分别订立保证合同,也可以协议在最高债权额限度内就一定期间连续发生的借款合同或某项商品交易合同订立一个保证合同。保证的范围包括主债权及其利息、违约金、损害赔偿金和实现债权的费用。机关法人不得为保证人,但经国务院批准为使用外国政府或者国际经济组织贷款进行转贷的除外。以公益为目的的非营利法人、非法人组织不得为保证人。保证的方式包括一般保证和连带责任保证。保证人与债权人未约定保证期间或者约定不明确的,保证期间为主债务履行期限届满之日起 6 个月。在保证期间,债权人和债务人未经保证人书面同意,协商变更主债权债务合同内容,减轻债务的,保证人仍对变更后的债务承担保证责任;加重债务的,保证人对加重的部分不承担保证责任。债权人未经保证人书面同意,允许债务人转移全部或者部分债务,保证人对未经其同意转移的债务不再承担保证责任。

相关链接

《民法典》节选

第六百八十五条 保证合同可以是单独订立的书面合同,也可以是主债权债务合同中的保证条款。

第三人单方以书面形式向债权人作出保证,债权人接收且未提出异议的,保证合同成立。

第六百八十六条 保证的方式包括一般保证和连带责任保证。

当事人在保证合同中对保证方式没有约定或者约定不明确的,按照一般保证承担保证责任。

第六百八十七条 当事人在保证合同中约定,债务人不能履行债务时,由保证人承担保证责任的,为一般保证。

(2)抵押

抵押是债务人或第三人不转移对财产的占有,将该财产作为债权的担保,抵押权人具有优先受偿权。对于将建筑物和其他土地附着物、建设用地使用权、海域使用权抵押的或者正在建造的建筑物抵押的,应当办理抵押登记,抵押权自登记时设立。以动产抵押的,抵押权自抵押合同生效时设立,未经登记,不得对抗善意第三人。抵押期间,抵押人可以转让抵押财产。当事人另有约定的,按照其约定。抵押财产转让的,抵押权不受影响。抵押人转让抵押财产的,应当及时通知抵押权人。

解读建设工程
抵押与质押

(3)质押

质押是债务人或者第三人将其动产出质给债权人占有,将该动产作为债权的担保。质权自出质人交付质押财产时设立。可以出质的权利包括汇票、本票、支票、债券、存款单、仓单、提单,可以转让的基金份额、股权,可以转让的注册商标专用权、专利权、著作权等知识产权中的财产权。以汇票、本票、支票、债券、存款单、仓单、提单出质的,质权自权利凭证交付质权人时设立;没有权利凭证的,质权自办理出质登记时设立,法律另有规定的,依照其规定。以基金份额、股权出质的,质权自办理出质登记时设立。

(4)留置

因保管合同、运输合同、加工承揽合同发生的债权,债务人不履行债务的,债权人有留置权。

(5)保证金

建设工程保证金的种类贯穿建设工程始终,其种类包括投标保证金、履约保证金、支付保证金、预付款保证金、农民工工资支付保证金、建设工程质量保证金。投标保证金由投标人缴纳,一般不得超过合同估算价的2%。履约保证金一般不得超过合同签约价的10%。发包人应按照合同约定方式预留保证金,保证金总预留比例不得高于工程价款结算总额的3%。缴纳保证金方如出现约定违规事项,将丧失保证金;如未出现约定违规事项,保证期届满,收受保证金方将退还保证金。

(6)定金

定金应以书面形式约定,定金数额不得超过主合同标的额的20%。定金合同从实际交付定金之日起生效。债务人履行债务后,定金应当抵作价款或者收回。给付定金方不履行合同,无权要求返还定金;收受定金方不履行合同,应双倍返还定金。

相关测试

单项选择题

1.保证合同是( )签订的合同。

    A.债权人与债务人   B.债权人与保证人

    C.债务人与保证人   D.保证人与被保证人

2.某项目勘察费用为40万元,合同中约定定金为20%,也约定了违约金为5万元,请分析在下列情况下违约方应承担的违约责任。

(1)如果发包人尚未支付定金,承包人因自身原因不能按约定履行合同,其应支付给发包人( )万元。

    A.4   B.5   C.8   D.9

(2)发包人按承包人的请求支付了20万元定金,承包人亦不能按照合同约定履行合同导致合同解除,那么承包人应支付给发包人( )万元。

A.40　　　　　B.28　　　　　C.20　　　　　D.16

3.甲、乙二人签订了一份买卖合同,由丙作为乙在收到货物后支付货款的保证人,但合同对保证方式没有约定。现在乙收到货物后拒不付款,丙承担保证责任的方式应为(　　)。

A.一般保证责任

B.连带保证责任

C.由丙与甲重新协商确定保证责任的方式

D.由甲、乙和丙重新协商确定保证责任的方式

4.下列选项中,(　　)属于担保形式的一种。

A.动员预付款　　　B.材料预付款　　　C.定金　　　D.罚金

5.财产抵押权设置后,将限制的是财产的(　　)。

A.占有权　　　B.使用权　　　C.收益权　　　D.处分权

6.当事人以房地产进行抵押,抵押合同自(　　)之日起生效。

A.签字盖章　　　B.抵押登记　　　C.债务人不履行债务　　　D.主合同生效

7.动产质押合同从(　　)时生效。

A.登记之日　　　　　　　　　B.签字之日

C.质押物移交质权人占有　　　D.债务人不履行合同之日

8.乙向甲借款 10 万元,由丙提供保证,后乙与丁签订转让合同,把还款的义务转移给了丁,并取得了甲的同意,下列选项中正确的是(　　)。

A.债务转移无效　　　　　　　　　B.丙继续承担保证责任

C.经丙书面同意后才继续承担保证责任　　　D.经丙口头同意后才继续承担保证责任

【引例 6 评析】

引例 6 主要涉及承包人擅自为分包人提供担保问题。在工程管理过程中,为避免因对外担保导致损失,必须做到以下几点:

①未经公司主管领导同意,严禁项目经理部为分包人提供担保。

②对于已经为分包人提供担保的,在项目经理部向分包人支付工程款时,必须督促分包人先行支付该部分款项,或者由分包人出具相应的委托手续后,项目经理部从分包人工程款中直接支付。

③严格执行协作队伍履约保证金制度,通过履约保证金来约束协作队伍履行项目经理部为其担保的债务,降低项目经理部自身风险。

2.3.8　知识产权制度

建筑企业知识产权保护方面的注意事项

知识产权可以分为两大类:一类是著作权,包括邻接权;另一类是工业产权,主要包括专利权和商标专用权。按照《民法典》的规定,我国的知识产权包括著作权(版权)、专利权、商标专用权、发现权、发明权以及其他科技成果权。其中,前 3 种权利构成了我国知识产权的主体,在建设工程活动中也主要是这 3 种知识产权。

知识产权具有四大法律特征:一是财产权和人身权的双重属性;二是专有性;三是地域性;四是期限性。

1）著作权

著作权是指作者及其他著作权人依法对文学、艺术和科学作品所享有的专有权。在我国，著作权等同于版权。

（1）建设工程活动中常见的著作权作品

著作权保护的客体是作品，在建设工程活动中会产生许多具有著作权的作品。

（2）著作权主体

著作权的主体是指从事文学、艺术、科学等领域的创作出作品的作者及其他享有著作权的自然人、法人或者非法人组织。在特定情况下，国家也可以成为著作权的主体。

（3）著作权的保护期

著作权的保护期由于权利内容以及主体的不同而有所不同：

①作者的署名权、修改权、保护作品完整权的保护期不受限制。

②自然人的作品，其发表权、使用权和获得报酬权的保护期，为作者终生及其死后50年，截止于作者死亡后第50年的12月31日。如果是合作作品，截止于最后死亡的作者死亡后第50年的12月31日。

③法人或者非法人组织的作品、著作权（署名权除外）由法人或者非法人组织享有的职务作品，其发表权、使用权和获得报酬权的保护期为50年，截止于作品首次发表后第50年的12月31日，但作品自创作完成后50年内未发表的，不再受《中华人民共和国著作权法》（以下简称《著作权未能》）保护。

（4）计算机软件著作权的保护期限

自然人的软件著作权，保护期为自然人终生及其死亡后50年，截止于自然人死亡后第50年的12月31日；软件是合作开发的，截止于最后死亡的自然人死亡后第50年的12月31日。法人或者非法人组织的软件著作权，保护期为50年，截止于软件首次发表后第50年的12月31日，但软件自开发完成之日起50年内未发表的，不再受到《计算机软件保护条例》的保护。

2）专利权

专利权包括发明、实用新型和外观设计。《中华人民共和国专利法》（以下简称《专利法》）规定，发明是指对产品、方法或者其改进所提出的新的技术方案。实用新型是指对产品的形状、构造或者其结合所提出的适于实用的新的技术方案。它与发明相似，都是一种新的技术方案，但发明专利的创造性水平要高于实用新型。外观设计是指对产品的整体或者局部的形状、图案或者其结合以及色彩与形状、图案的结合所作出的富有美感并适于工业应用的新设计。

（1）授予专利权的条件

①授予专利权的发明和实用新型，应当具备新颖性、创造性和实用性。

②授予专利权的外观设计，应当不属于现有设计；也没有任何单位或者个人就同样的外观设计在申请日以前向国务院专利行政部门提出过申请，并记载在申请日以后公告的专利文件中。授予专利权的外观设计与现有设计或者现有设计特征的组合相比，应当具有明显区别；授予专利权的外观设计不得与他人在申请日以前已经取得的合法权利相冲突。

（2）专利的申请、专利权的期限及专利权人的权利

①专利的申请。申请发明或者实用新型专利的，应当提交请求书、说明书及其摘要和权利要求书等文件。国务院专利行政部门收到专利申请文件之日为申请日。如果申请文件是邮寄的，以寄出的邮戳日为申请日。

②专利权的期限。发明专利权的期限为 20 年，实用新型专利权和外观设计专利权的期限为 15 年，均自申请日起计算。

③专利权人的权利。发明和实用新型专利权被授予后，除《专利法》另有规定的以外，任何单位或者个人未经专利权人许可，都不得实施其专利，即不得为生产经营目的制造、使用、许诺销售、销售、进口其专利产品，或者使用其专利方法以及使用、许诺销售、销售、进口依照该专利方法直接获得的产品。外观设计专利权被授予后，任何单位或者个人未经专利权人许可，都不得实施其专利，即不得为生产经营目的制造、销售、进口其外观设计专利产品。

3）商标专用权

商标是指企业、事业单位和个体工商业者，为了使其生产经营的商品或者提供的服务项目有别于他人的商品或者服务项目，用具有显著特征的文字、图形、字母、数字、三维标志和颜色组合以及上述要素的组合来表示的标志。商标可以分为商品商标和服务商标两大类。商标专用权是指企业、事业单位和个体工商业者对其注册的商标依法享有的专用权。

（1）商标专用权的内容以及保护对象

商标专用权是指商标所有人对注册商标所享有的具体权利。同其他知识产权不同，商标专用权的内容只包括财产权，商标设计者的人身权受《著作权法》保护。商标专用权包括使用权和禁止权两个方面。商标专用权的保护对象是经过国家商标管理机关核准注册的商标，未经核准注册的商标不受《中华人民共和国商标法》（以下简称《商标法》）保护。

（2）注册商标的续展、转让和使用许可

注册商标的有效期为 10 年，自核准注册之日起计算。注册商标有效期满，需要继续使用的，商标注册人应当在期满前 12 个月内按照规定办理续展手续；在此期间未能办理的，可以给予 6 个月的宽展期。期满未办理续展手续的，注销其注册商标。每次续展注册的有效期为 10 年，自该商标上一届有效期满次日起计算。

4）建设工程商标权的保护

《商标法》规定，注册商标的专用权，以核准注册的商标和核定使用的商品为限。有下列行为之一的，均属侵犯注册商标专用权：

①未经商标注册人的许可，在同一种商品上使用与其注册商标相同的商标的；

②未经商标注册人的许可，在同一种商品上使用与其注册商标近似的商标，或者在类似商品上使用与其注册商标相同或者近似的商标，容易导致混淆的；

③销售侵犯注册商标专用权的商品的；

④伪造、擅自制造他人注册商标标识或者销售伪造、擅自制造的注册商标标识的；

⑤未经商标注册人同意，更换其注册商标并将该更换商标的商品又投入市场的；

⑥故意为侵犯他人商标专用权行为提供便利条件，帮助他人实施侵犯商标专用权行为的；

⑦给他人的注册商标专用权造成其他损害的。

相关测试

单项选择题

1.我国知识产权的主体包括著作权、专利权和( )。

A.发现权 　　B.商标专用权 　　C.发明权 　　D.其他科技成果权

2.甲建设单位委托乙设计单位设计工程图纸,但未约定该设计著作权归属。乙设计单位注册建筑师王某被指派负责该工程设计,则该工程设计图纸许可使用权归( )享有。

A.甲建设单位 　　B.乙设计单位 　　C.注册建筑师王某 　　D.甲、乙两单位共同

3.王某经长期研究发明了高黏度建筑涂料胶粉,2011年3月5日委托某专利事务所申请专利,3月15日该专利事务所向国家知识产权局申请了专利,5月15日国家知识产权局将其专利公告,2013年2月13日授予王某专利权。该专利权届满的期限是( )。

A.2021年3月5日 　　　　　　　　　B.2021年3月15日

C.2021年5月15日 　　　　　　　　　D.2023年2月13日

4.注册商标的有效期为10年,其计算起始日为( )。

A.核准注册之日 　　B.提出申请之日 　　C.续展申请之日 　　D.初审公告之日

5.某建设单位委托设计院进行一个建设工程项目的设计工作,合同中没有约定工程设计图的归属。设计院委派李某完成了这一设计任务,该设计图纸的著作权属于( )。

A.建设单位 　　B.李某 　　C.施工单位 　　D.设计院

6.商标权的客体是( )。

A.商标 　　B.注册的商标 　　C.文字和图案 　　D.商标的图像

【引例7】

某厂新建车间,分别与市设计院和市建某公司签订设计合同和施工合同。工程竣工后厂房北侧墙壁产生裂缝。为此某厂向法院起诉市建某公司。经勘验,裂缝是由于地基不均匀沉降引起的。结论是结构设计图纸所依据的地质资料不准,于是某厂又起诉市设计院。市设计院答辩,设计院是根据某厂提供的地质资料设计的,不应承担事故责任。经法院查证:某厂提供的地质资料不是新建车间的地质资料,而是与该车间相邻的某厂的地质资料,事故前设计院也不知该情况。

【引导问题7】 阅读引例7,讨论以下问题:

①工程建设法律责任有哪些分类?

②工程建设法律责任的构成要件有哪些?

2.3.9 工程建设法律责任

1)工程建设法律责任的概念

法律责任是由特定法律事实所引起的一种特殊义务,旨在对损害予以赔偿、补偿或接受惩罚。工程建设法律责任是指工程建设法律关系主体由于违反工程建设法律而应依法承担的对损害予以赔偿、补偿或接受惩罚的义务。该责任是一种国家强制性义务,是维护建筑市场良好秩序的可靠保障。

工程建设法律责任

2）工程建设法律责任的构成要件

工程建设法律责任的构成要件是指主体承担建设法律责任一般应当具备的条件。通常情况下，建设主体承担建设法律责任应符合以下条件：

(1)存在建设违法行为或违约行为

违法行为或违约行为是法律责任产生的前提条件，有行为才可能有责任。如串通投标、伪造资质、非法转包等建设违法；或者违反合同约定，如发包方不按约定时间提供工程预付款、施工方不按约定作好施工准备等违约行为。

相关链接

违法行为或违约行为包括作为和不作为两类。作为是行为主体主动积极的身体活动，行为人从事了法律所禁止或合同所不允许的事情，如投标人损害招标人或其他投标人的权益；不作为是人的消极身体活动，行为人能够履行自己应尽义务的情况下不履行该义务，也应承担法律责任，如隐蔽工程在隐蔽前，施工方通知建设单位及时验收，而建设单位不及时验收造成工期延误。

(2)存在损害事实

损害事实就是违法行为对法律所保护的社会关系和社会秩序造成的侵害。不存在损害事实，则不构成法律责任。

特别提示

损害结果是建设违法行为或违约行为侵犯他人或社会的权利和利益所造成的损失和伤害。它可以是人身损害、财产损害或者精神损害，如施工单位强令冒险作业造成人员伤亡的，即可能承担精神损害赔偿责任。损害事实与损害结果是两个不同的概念，有损害事实不一定有损害结果。有些违法行为尽管没有损害结果，但已经侵犯了一定的社会关系或社会秩序，因而也要承担法律责任，如犯罪的预备、未遂、中止等。

(3)违法行为与损害事实之间存在因果关系

因果关系是归责的基础和前提，是认定法律责任的基本依据。因果关系是指建设违法或违约行为与损害事实之间的必然联系。它是一种引起与被引起的关系，即某一结果的出现是由于先前存在的另一事实行为引起的。如某事故人身伤亡事实是甲企业违章操作所直接引起的。

(4)违法者主观上存在过错

主观过错是指行为人实施建设违法行为或违约行为时的主观心理状态。不同的主观心理状态对认定某一行为是否有责及承担何种法律责任有着直接的联系。主观过错包括故意和过失两类。如果行为人在主观上既没有故意也没有过失，则行为人对损害结果一般不必承担法律责任。

3）工程建设法律责任的分类

根据追究法律责任的部门为依据，将建设法律责任分为建设行政法律责任、建设民事法律责任和建设刑事法律责任。

(1)工程建设行政法律责任

工程建设行政法律责任是建设法律关系主体因违反建设行政法律规范或因行政法规定的事由而应当承担的法定的不利后果。其主体既包括行政机关及其工作人员、授权或委托的组织及其工作人员，也包括自然人、社会组织等行政相对或相关人。行政管理者违法失职、滥用职权、行政不当或行政相对或相关人违反行政法律都可能产生行政责任。

建设行政法律责任承担方式包括行政处分和行政处罚。前者是指对违反法律规定的国家机关工作人员或被授权、委托的执法人员所实施的惩罚措施,根据法律规定,行政处分有警告、记过、记大过、降级、撤职、开除等;后者是指由建设行政主管机关对违反建设法律法规的责任主体依法实施的惩罚措施,根据《中华人民共和国行政处罚法》(以下简称《行政处罚法》)规定,有警告、罚款、没收违法所得、没收非法财物、责令停产停业、暂扣或吊销许可证、暂扣或吊销执照、行政拘留及其他处罚措施。

(2)工程建设民事法律责任

工程建设民事法律责任是建设法律关系主体因违反民事法律规范或因法律规定的其他事由而依法承担的不利后果,它主要为补偿性的财产责任。建设民事法律责任主要是侵权责任,也有违约责任和违反其他义务而产生的责任。

(3)工程建设刑事法律责任

工程建设刑事法律责任是指建设法律关系主体违反刑法规定,实施了刑事犯罪行为所应承担的不利后果,它是最严厉的法律责任。刑事责任的承担方式是刑罚,根据《中华人民共和国刑法》(以下简称《刑法》)规定,刑罚分为主刑和附加刑,主刑有管制、拘役、有期徒刑、无期徒刑和死刑五类,附加刑有罚金、剥夺政治权利和没收财产3类。

特别提示

法律责任认定的特殊情形

①违约责任是一种严格责任,不以主观过错为前提。如企业在施工过程中由于建材供应方没有按约供应建材,造成停工,从而延误了工期,在这种情况下施工方不能以自己没有主观过错拒绝承担违约责任。

②对于产品质量责任、国家机关及其工作人员执行职务、建筑主体从事高度危险作业致人损害时,侵权人应承担无过错责任。

相关链接

建设工程知识产权侵权的法律责任

1)民事责任

《民法典》规定,承担民事责任的方式主要有:①停止侵害;②排除妨碍;③消除危险;④返还财产;⑤恢复原状;⑥修理、重作、更换;⑦继续履行;⑧赔偿损失;⑨支付违约金;⑩消除影响、恢复名誉;⑪赔礼道歉。以上承担民事责任的方式,可以单独适用,也可以合并适用。

2)行政责任

《商标法》第六十条规定,工商行政管理部门处理时,认定侵权行为成立的,责令立即停止侵权行为,没收、销毁侵权商品和主要用于制造侵权商品、伪造注册商标标识的工具,违法经营额5万元以上的,可以处违法经营额5倍以下的罚款,没有违法经营额或者违法经营额不足5万元的,可以处25万元以下的罚款。对5年内实施两次以上商标侵权行为或者有其他严重情节的,应当从重处罚。销售不知道是侵犯注册商标专用权的商品,能证明该商品是自己合法取得并说明提供者的,由工商行政管理部门责令停止销售。

赔偿损失的数额有4种确定方法:①侵权的赔偿数额按照权利人因被侵权所受到的实际损失确定;②实际损失难以确定的,可以按照侵权人因侵权所获得的利益确定;③权利人的损失或者侵权人获得的利益难以确定的,参照该知识产权许可使用费的倍数合理确定;④权利人的损失、侵权人获得的利益和专利许可使用费均难以确定的,人民法院可以根据专利权的类型、侵权行为的性质和情节等因素,确定给予一定数额的赔偿。

3)刑事责任

触犯《刑法》第二百一十三条至第二百二十条规定的,将视情节轻重受到相应处罚。

【应用案例】　某日晚,A 公司某公路项目过江大桥引桥下的公路上发生一起交通事故,事故受害人(过路人)陈某经抢救无效死亡。肇事车逃逸,查找未果。同年,死者家属将 A 公司告上法庭,其诉由为:该桥施工以来由于施工单位原因,桥下公路上人行道一片狼藉,材料违规堆放,重型施工车辆辗压成坑,行人难以通行,特别是下雨天积水成片,行人为了通行不得不在行车道上行走,导致多起也包括本起事故的发生。因施工单位的不文明施工占用和损坏了人行道,行人为通行而被迫走上行车道,直接导致了事故的发生,要求 A 公司与业主、路政部门连带承担死者医疗费、丧葬费、死亡赔偿金等共计 30 万元。

A 公司派人积极应诉,各方当事人之间就人行道的损坏原因及人行道的损坏与交通事故的发生有无直接或间接的因果关系展开了激烈辩论。为了斩断对方提出的因果关系链,A 公司认真收集证据,向法庭充分陈述了抗辩理由,原告不能举证证明人行道的损坏是 A 公司所为,人行道的损坏与交通事故无任何法律上的因果关系等观点。

一审法院认为:路面不平,雨天积水没有证据表明由 A 公司造成,同时路段附近积水的存在与事故的发生不存在法律意义上的因果关系,驳回原告的诉讼请求。原告在法定期内未上诉,判决生效。

【问题】　阅读应用案例,回答以下问题:

①该案是否属于侵权纠纷?属于哪类侵权纠纷?谁承担举证责任?

②该案给工程管理带来了哪些思考?

【应用案例评析】　施工过程中要与各个方面发生联系,难免会发生侵权行为。本案属于一般侵权案件,适用过错责任进行归责。一般侵权责任构成要件为:损害事实、违法行为、因果关系、主观过错。因此,本案被告从因果关系方面着手,切断了因果关系链,得以胜诉。

安全生产、文明施工不仅仅是一句口号,应当落到实处:

①安全文明施工,处理好相邻关系,避免侵权行为发生,不伤害他人、不被他人伤害。发生纠纷要积极面对,寻找合适的抗辩理由,否则将面临一定的法律风险。

②项目经理部应尽可能在施工现场及周边设置显著警示标志和标牌;在周边居民点张贴施工公告和安全注意事项;项目经理部安全管理人员除负责内部职工和分包单位人员安全管理外,还应注意向外部人员告知接近或进入项目经理部施工区域的安全风险。

③项目经理部应积极投保第三者责任保险,发生事故后由保险公司承担责任,降低项目损失。

2.4　任务实施与评价

①此次任务完成中存在的主要问题有哪些?

②问题产生的原因有哪些?请提出相应的解决方法。

③您认为还需要加强哪些方面的指导(实际工作过程及理论知识)?

知识回顾

本次任务涉及知识点包括建设法规体系构成及适用原则、建设工程八大基本法律制度。我国建设法规体系以宪法为最高指导,以建设法律为龙头,以建设行政法规为主干,建设部门规章和地方性建设法规规章为枝干,由5个层次构成。建设工程八大基本法律制度包括法人制度、代理制度、监理制度、物权制度、债权制度、担保制度、知识产权制度、法律责任制度,应重点学习八项制度在工程实践中的运用。

课后训练

一、案例分析

【案例1】 2022年7月,甲建筑公司(以下简称"甲公司")中标某大厦工程,负责施工总承包。2023年5月,甲公司将该大厦装饰工程施工分包给乙装饰公司(以下简称"乙公司")。甲公司驻该项目的项目经理为李某,乙公司驻该项目的项目经理为王某。李某与王某是多年的老朋友。2023年6月,甲公司在该项目上需租赁部分架管、扣件,但资金紧张。李某听说王某与丙材料租赁公司(以下简称"丙租赁公司")关系密切,便找到王某帮忙赊租架管、扣件。王某答应了李某的请求。随后李某将盖有甲公司合同专用章的空白合同书及该单位的空白介绍信交给王某。同年7月10日,王某找到丙租赁公司,出具了甲公司的介绍信(没有注明租赁的财产)和空白合同书,要求租赁脚手架。丙租赁公司经过审查,认为王某出具的介绍信与空白合同书均盖有公章,真实无误,确信其有授权,于是签订了租赁合同。丙租赁公司依约将脚手架交给王某,但王某将脚手架用到了由他负责的其他工程上。后丙租赁公司多次向甲公司催要价款无果后,将甲公司诉至人民法院。

问题:

①本案的争论焦点是什么?涉及哪些基本法律制度?

②本案应如何解决?

【案例2】 徐某承包A建筑公司的脚手架工程,在承包期间,徐某与B公司、A建筑公司下属的项目部签订建筑周转材料租赁合同,约定徐某向B公司租用建筑周转材料。合同签订后,项目部在合同上加盖印章,为徐某提供连带保证担保。租赁期限届满后,徐某欠原告租金等各项费用总计24万元,B公司索要无果,遂将徐某和A建筑公司诉至法院,要求徐某支付租金,A建筑公司承担连带保证责任。

问题:

①本案的争论焦点是什么?涉及哪些基本法律制度?

②本案应如何解决?

二、建工拓展与感悟

观看视频,思考建工人如何经世济民?

致敬"最美科技
工作者"赵淳生

任务 3　建设工程纠纷解决方式认知

最美工人夏思元

【建工先读】

请扫码观看视频,谈谈在工程建设中,建工人在工程纠纷处理过程中如何诠释责任担当?

【引例 1】

德州市陵城区正辰农业开发有限公司、江苏大都建设工程有限公司建设工程施工合同纠纷案件,案号为(2020)鲁 14 民终 3343 号,案涉项目为 20 MW 光伏大棚发电 EPC+M(设计采购施工+管理)项目。该判决于 2020 年 12 月 1 日在中国裁判文书网公开。该案件中,山东省德州市中级人民法院认为,现行法律虽未要求从事建设工程总承包的单位必须同时具备设计、施工等多项资质,但当前符合国家规定的工程总承包要求的企业类型,要么有设计资质,要么有施工资质。司法审判实务中,拥有合法设计资质或者施工资质的单位,签订的工程总承包合同合法有效。从本案的现有证据来看,双方当事人以及案外人中船公司均不具备有效的电力工程施工总承包或电力行业(含新能源)工程设计资质,案涉《EPC 总承包合同》违反法律、行政法规的强制性规定,应属无效协议。

【引导问题 1】 阅读引例 1,讨论以下问题:

①列出引例 1 中该类纠纷属于哪类纠纷?

②纠纷解决方式有几种? 引例 1 用的是哪类解决方式?

③引例 1 属于哪类诉讼? 列出诉讼相关程序。

3.1　任务导读

工程建设纠纷有三大类,即民事纠纷、行政纠纷和刑事纠纷。本任务内容主要涉及民事和行政纠纷。民事纠纷的解决方式主要有和解、调解、仲裁和诉讼 4 种。和解与调解均以当事人自愿为前提,且和解协议与调解协议在尚未履行或未经双方签收之前并不具有强制执行力,其运用带有较大的灵活性,因而本任务重点学习工程建设纠纷的仲裁与诉讼制度。行政纠纷的主要解决方式有行政复议和行政诉讼。通过本任务的学习,你需完成 3.2 节的任务目标。

3.2　任务目标

①列出建设工程纠纷处理方式和名称;

②根据纠纷具体特点选择处理方式;

③根据仲裁程序要求,熟练做好相关资料准备和人员安排;

④根据诉讼程序要求,熟练做好相关资料准备和人员安排;

⑤根据行政复议程序要求,熟练做好相关资料准备和人员安排;

⑥为进入下一任务的学习做好准备。

3.3 知识准备

3.3.1 民事纠纷的解决方式

1）工程建设纠纷的和解

（1）和解的概念

和解是指工程建设纠纷的当事人通过自愿、平等协商，在互谅互让的基础上解决工程建设纠纷的活动。

（2）和解的特征

①和解在当事人之间进行，没有第三人参与；

②和解以当事人自愿平等协商为基础；

③和解协议不具有强制执行力。

2）工程建设纠纷的调解

（1）调解的含义与特征

调解是解决纠纷的一种方式，它是指由中立的第三者在当事人之间调停疏导，帮助交换意见，提出解决纠纷的建议，引导当事人达成解决纠纷的合意。调解具有以下几个特征：

①中立的第三者在当事人中进行工作；

②调解对纠纷的解决在根本上取决于当事人的合意；

③调解不仅能确定当事人各自的利益，而且可修复因纠纷而受损的关系；

④调解具有经济性，可省时省力。

（2）调解的方式

不同的调解方式具有不同的法律效力，在我国主要有以下几种方式：

①法院调解。法院调解是在案件诉讼过程中，由法院审判人员对当事人进行调解。这种调解有利于当事人的和解与案件的执行，可节约救济资源。法院调解必须遵循自愿合法的原则，调解达成协议并经当事人签收调解书后即发生法律效力。

②仲裁调解。仲裁调解是指仲裁庭在裁决前进行庭前调解，调解达成协议的，仲裁庭应制作调解书，调解书经当事人签收后即发生法律效力。

③行政调解。行政调解是指有权的国家行政机关根据当事人的申请，调解解决当事人之间的纠纷。它是最廉价的一种权利救济方式。行政调解通常要经过申请调解、征求意见、调查事实、协商和制作并送达协议几个阶段。

④民间调解。民间调解主要以人民调解委员会的调解为主。这种调解在未履行之前不具有法律效力，它在我国权利救济方面发挥着积极作用。

3）工程建设纠纷的仲裁

（1）仲裁的概念及特征

仲裁是指发生争议的双方当事人，根据其在争议发生前或争议发生后所达成的协议，自愿将该争议提交给中立的第三者进行裁判的争议解决制度和方式。作为一种解决财产权益纠纷的民间性裁判制度，仲裁既不同于解决同类争议的司法、行政途径，也不同于人民调解委员会的调解和当事人的自行和解，它具有自愿性、专业性、灵活性、保密性、快捷性、经济性和独立性等特点。

解析建设工程
仲裁的适用要点

（2）仲裁程序

①申请与受理。签订有仲裁协议的双方当事人,在发生合同纠纷或财产权益纠纷后,任何一方均可向选定的仲裁委员会申请仲裁。仲裁委员会收到仲裁申请书之日起 5 日内,认为符合受理条件的,应当受理,并通知当事人;认为不符合受理条件的,应当书面通知当事人不予受理,并说明理由。

②组成仲裁庭。仲裁庭包括合议仲裁庭和独任仲裁庭两种。合议仲裁庭由 3 名仲裁员组成,设首席仲裁员;独任仲裁庭由 1 名仲裁员组成,即由 1 名仲裁员对争议案件进行审理并作出裁决。

③仲裁审理。在开庭审理中,一般按下列程序进行:

a.首席仲裁员或独任仲裁员宣布开庭;

b.进行庭审调查和庭审辩论;

c.进行调解,调解达成协议的,仲裁庭应制作调解书或根据双方协议结果制作裁决书;

d.调解未达成协议的,由仲裁庭按照多数仲裁员的意见作出裁决,不能形成多数意见时,按首席仲裁员的意见作出裁决。

特别提示

　　仲裁应当开庭进行。当事人协议不开庭的,仲裁庭可以根据仲裁申请书、答辩书以及其他材料作出裁决。

④执行。调解书或裁决书生效后,当事人应当履行裁决。一方当事人不履行的,对方可向有管辖权的人民法院申请强制执行。

特别提示

　　①当事人申请仲裁、仲裁委员会受理案件以及仲裁庭对仲裁案件的审理和裁决,都必须根据双方当事人所订立的有效的仲裁协议,没有仲裁协议就无从引发仲裁。

　　②仲裁协议约束双方当事人对纠纷解决方式的选择权,排除法院的司法管辖权,授予仲裁机构仲裁管辖权并限定仲裁的范围。

　　③仲裁与诉讼是两种不同的争议解决方式,在两者之间,当事人只能选择其一加以采用。

　　④仲裁裁决一经作出,即为终局裁决,当事人就同一纠纷再申请仲裁或者向人民法院起诉,仲裁委员会或者人民法院不予受理。

4）工程建设纠纷的诉讼

诉讼是指在人民法院审判人员的主持下,依法解决当事人之间纠纷的一种活动。

（1）民事诉讼

建设活动过程中所发生的工程建设纠纷大多是平等主体之间的纠纷,属于民事纠纷。民事诉讼是指法院在当事人和其他诉讼参与人的参加下,依法解决民事纠纷的活动以及由这些活动产生的各种诉讼关系的总和。民事诉讼具有公权性、强制性和程序性等特征。

（2）民事诉讼的管辖

民事诉讼管辖是指上下级人民法院之间和同级人民法院之间受理第一审民事案件的分工和权限。民事诉讼管辖有以下几种：

①级别管辖。级别管辖就是要确定第一审民事案件由我国四级法院组织中哪一级法院管辖。一般来说，除法律规定由上级人民法院管辖的以外，第一审民事案件均由基层人民法院管辖。

②地域管辖。地域管辖是指划分同级人民法院之间受理第一审民事纠纷案件的权限和分工。它包括一般地域管辖、特殊地域管辖和专属管辖3种情形。一般地域管辖通常是以被告住所地或经常居住地为标准确定管辖法院；特殊地域管辖则以诉讼标的或当事人所在地来确定管辖法院；专属管辖是法律规定某些诉讼标的特殊案件由特定的人民法院管辖。

③移送管辖和指定管辖。移送管辖是指没有管辖权的人民法院将已受理的案件移送给有管辖权的人民法院审理。接受移送的法院不得再自行移送。有管辖权的人民法院由于特殊原因，不能行使管辖权的，或者两个以上人民法院因管辖权发生争议的，由上级人民法院指定管辖的法院。

（3）民事诉讼当事人和代理人

诉讼代理中，最常见的是委托诉讼代理人。诉讼代理人代为承认、放弃、变更诉讼请求，进行和解、提起反诉或上诉，必须有委托人的特别授权，授权委托书仅写"全权代理"而无具体授权情形的，不能认定为诉讼代理已获特别授权。

（4）民事诉讼的证据和诉讼时效

①民事诉讼的证据。

a. 证据的种类：包括当事人的陈述、书证、物证、视听资料、电子数据、证人证言、鉴定意见、勘验笔录等。

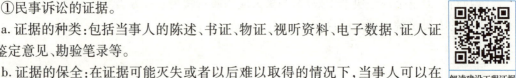

b. 证据的保全：在证据可能灭失或者以后难以取得的情况下，当事人可以在诉讼过程中向人民法院申请保全证据，人民法院也可以主动采取保全措施。因情况紧急，在证据可能灭失或以后难以取得的情况下，利害关系人可以在提起诉讼或申请仲裁前，向证据所在地、被申请人住所地或有管辖权人民法院申请保全证据。申请证据保全，需要提供担保。

c. 证据的应用：包括证明对象、举证责任、证据收集、证明过程、证明标准等。所有证据必须在有效举证期限内举证。民事纠纷的一般举证原则是"谁主张谁举证"。

Ⅰ. 举证期限。人民法院指定举证期限的，适用第一审普通程序审理的案件不得少于15日，当事人提供新的证据的第二审案件不得少于10日。适用简易程序审理的案件不得超过15日，小额诉讼案件的举证期限一般不得超过7日。

Ⅱ. 质证。质证是指当事人在法庭的主持下，围绕证据的真实性、合法性、关联性，进行质疑、说明、辩驳。证人出庭作证，不得旁听法庭审理，审判人员和当事人可以对证人询问。鉴定人应出庭接受当事人质询。经法庭许可，当事人可以向证人、鉴定人、勘验人发问。

Ⅲ. 认证。认证是指法院对证据的审核认定和审查判断。审核认定的规则如下：

第一,对单一证据的审核认定。主要包括证据与案件的关联程度、各证据之间的联系综合审查判断。

第二,非法的、瑕疵证据不能作为或不能单独作为认定案件事实依据的证据。

相关链接

《最高人民法院关于民事诉讼证据的若干规定》第十条规定,下列事实,当事人无须举证证明:

①自然规律以及定理、定律;

②众所周知的事实;

③根据法律规定推定的事实;

④根据已知的事实和日常生活经验法则推定出的另一事实;

⑤已为仲裁机构的生效裁决所确认的事实;

⑥已为人民法院发生法律效力的裁判所确认的基本事实;

⑦已为有效公证文书所证明的事实。

前款第②、③、④、⑤项事实,当事人有相反证据足以反驳的除外;第⑥、⑦项事实,当事人有相反证据足以推翻的除外。

【引例 2】

2016 年 12 月,A 公司与 B 公司签订了建设工程施工合同,工程完工后双方于 2014 年底办理了竣工决算,A 公司应向 B 公司支付工程款 50 万元,最后付款时间为 2019 年 6 月。其后 4 年,B 公司一直未向 A 公司追索欠款。至 2023 年 6 月 B 公司来人来函要求 A 公司支付欠款,A 公司拒付,由此引发诉讼。

由于 B 公司无法提供资料证明 2019—2023 年其向 A 公司主张过债权,B 公司起诉时已经超过诉讼时效期间,其已经丧失了胜诉权,受理此案的法院以超过诉讼时效为由驳回 B 公司的诉讼请求。

【引导问题 2】　阅读引例 2,讨论以下问题:

①什么是诉讼时效? 诉讼时效有哪些规定?

②诉讼时效给引例 2 中的当事人带来了哪些影响?

③该案给工程管理带来哪些启示?

②诉讼时效。时效是指一定事实状态在法律规定期间的持续存在,从而产生与该事实状态相适应的法律效力。时效一般可分为取得时效和消灭时效。诉讼时效是指权利人在法定期间,未向人民法院提起诉讼请求保护其权利时,法律规定消灭其胜诉权的制度。

诉讼时效实务解答

A. 诉讼时效期间。

权利人向人民法院请求保护民事权利的诉讼时效期间为 3 年。法律另有规定的,依照其规定。但自权利受到损害之日起超过 20 年的,人民法院不予保护,有特殊情况的,人民法院可以根据权利人的申请决定延长。诉讼时效期间届满的,人民法院不得主动适用诉讼时效的规定,义务人可以提出不履行义务的抗辩。诉讼时效期间届满后,义务人同意履行的,不得以诉讼时效期间届满为由抗辩,义务人已经自愿履行的,不得请求返还。

B.诉讼时效的起算。

诉讼时效期间自权利人知道或者应当知道权利受到损害以及义务人之日起计算。法律另有规定的,依照其规定。《民法典》第一百八十九条规定,当事人约定同一债务分期履行的,诉讼时效期间自最后一期履行期限届满之日起计算;第一百九十条规定,无民事行为能力人或者限制民事行为能力人对其法定代理人的请求权的诉讼时效期间,自该法定代理终止之日起计算。

C.诉讼时效中止。

在诉讼时效期间的最后6个月内,因下列障碍,不能行使请求权的,诉讼时效中止:

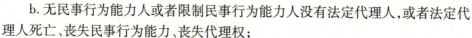

解析诉讼时效的中断与中止

a.不可抗力;

b.无民事行为能力人或者限制民事行为能力人没有法定代理人,或者法定代理人死亡、丧失民事行为能力、丧失代理权;

c.继承开始后未确定继承人或者遗产管理人;

d.权利人被义务人或者其他人控制;

e.其他导致权利人不能行使请求权的障碍。

自中止时效的原因消除之日起满6个月,诉讼时效期间届满。

D.诉讼时效中断的情形。

有下列情形之一的,诉讼时效中断,从中断、有关程序终结时起,诉讼时效期间重新计算:

a.权利人向义务人提出履行请求;

b.义务人同意履行义务;

c.权利人提起诉讼或者申请仲裁;

d.与提起诉讼或者申请仲裁具有同等效力的其他情形。

相关测试

甲某2022年7月1日因交通事故身体受到伤害,截至2022年11月1日没有行使请求权,2022年11月1日又发生了其他障碍,导致无法行使请求权,直至2023年1月31日障碍消除,该情况诉讼时效期间终止时间为( )。

A.2023年9月30日 B.2023年7月31日 C.2024年9月30日 D.2024年7月31日

【专家评析】 此题中,2023年1月1日是诉讼时效期间的最后6个月的开始时刻,所以从这时发生诉讼时效中止,到2023年1月31日障碍消除,诉讼时效中断1个月,所以诉讼时效期间终止时间为2023年7月31日。

E.不适用诉讼时效的情形。

a.请求停止侵害、排除妨碍、消除危险;

b.不动产物权和登记的动产物权的权利人请求返还财产;

c.请求支付抚养费、赡养费或者扶养费;

d.依法不适用诉讼时效的其他请求权。

【引例 2 评析】

诉讼时效是把双刃剑,工程承包方应当善于利用时效对抗已超过诉讼时效的债权人,同时也要加强对自身债权的管理,防止债权超过诉讼时效。

①分包结算办理完毕后,未经批准,相关人员不宜再出具任何书面债权证明材料给分包方,否则会引起时效中断,对承包方不利。

②对于债权人所享有的债权已经超过诉讼时效的,债权人已不能通过法律途径来实现其债权,从法理上看,承包方可以不再支付。但若长期协助单位或涉及民工工资案件的,也可以采取协商的方式予以解决。

③对于承包方的债权,应定期(一般为 3 年内)向债务人催收,并留有有效书面催款证据。可行的方法有:

a.特快专递送达:这种方式应当完善细节,必须在特快专递邮件详情单(即标有寄件人和收件人信息的邮件外贴纸)"内件品名"栏中标明催收函文件名称,并务必清楚地注明"因……(事件)向你方索要……(性质的欠款)……(具体金额)万元,请于　年　月　日前支付完毕"。如:因 EHJ2004-012 号塔吊设备租赁合同向你方索要租赁费 10 万元,请于 2024 年 1 月 1 日前支付完毕。只要催款的意思表示清楚,并留有对方签收单据和邮局记录,这种方式是最为经济和有效的催告方式。

b.专人送达:必须要获得对方签收盖章,如不能盖章的,可要求相关管理人员(办公室、财务部等人员)或单位责任人签字签收。

c.公证送达:邀请公证员协同送达催收函具有法律效力,但是成本偏高。

(5)民事审判程序

民事审判程序包括第一审普通程序、简易程序、第二审程序、特别程序、审判监督程序、督促程序、公示催告程序。现重点介绍第一审普通程序、第二审程序、审判监督程序和督促程序。

解析民事诉讼程序

①第一审普通程序。第一审普通程序是人民法院审理第一审民事案件的诉讼程序。根据《中华人民共和国民事诉讼法》(以下简称《民事诉讼法》)的规定,第一审普通程序主要包括起诉和受理、审理前的准备、开庭审理、判决和裁定 4 个阶段。而开庭审理通常包括准备开庭、法庭调查、法庭辩论、评议调解征求和宣判 5 个阶段。

相关链接

　　原告起诉必须具备以下条件:原告是与本案有直接利害关系的公民、法人或其他组织;有明确的被告;有具体的诉讼请求和事实、理由;属于人民法院受理民事诉讼的范围和受诉人民法院管辖。

　　受理是指人民法院通过对当事人的起诉进行审查,对符合法律规定条件的,决定立案审理的行为。人民法院受理当事人起诉后,第一审普通程序的审理期限开始计算。

②第二程序。也称上诉审程序,是指当事人不服地方人民法院第一审判决或裁定,在法定期间向上一级人民法院提起上诉而引起的诉讼程序。第二审程序并不是民事诉讼的必经程序,当事人的上诉是第二审程序发生的前提。它一般包括上诉的提起与受理、上诉的审理和上诉的裁判 3 个阶段。第一审判决的上诉期限是判决书送达之日起 15 日内,第一审裁定的上诉

期限是裁定书送达之日起 10 内。

对于上诉案件,第二审人民法院应当开庭审理。经过阅卷、调查和询问当事人,对没有提出新的事实、证据或者理由,人民法院认为不需要开庭审理的,可以不开庭审理。第二审人民法院对上诉案件,经过审理,分情形以判决、裁定方式驳回上诉,维持原判决、裁定;以判决、裁定方式依法改判、撤销或者变更;裁定撤销原判决,发回原审人民法院重审,或者查清事实后改判;裁定撤销原判决,发回原审人民法院重审。

特别提示

凡是在第一审普通程序中具有实体权利的当事人都可能成为上诉人或被上诉人,具体如下:第一审普通程序中的原告和被告、共同诉讼人、诉讼代表人、有独立请求权的第三人以及一审法院的判决认定其承担责任的无独立请求权的第三人。当事人提起上诉,符合法定条件的,法院均应受理。

③审判监督程序。即再审程序,是指对已经发生法律效力的判决、裁定、调解书,人民法院发现确有错误,认为需要再审的,对案件再行审理的程序。人民法院可基于 3 种情形进行再审:一是人民法院行使审判监督权;二是人民检察院的抗诉;三是当事人申请。人民法院按照审判监督程序决定再审的案件,裁定中止原判决、裁定、调解书的执行,另行组成合议庭进行审理。

④督促程序。又称债务催偿程序,是指人民法院根据债权人的申请,向债务人发出支付令,催促债务人在法定期限内向债权人清偿债务的法律程序。债权人提出申请后,人民法院应当在 5 日内通知债权人是否受理。人民法院受理申请后,经审查债权人提供的事实、证据,对债权债务关系明确、合法的,应当在受理之日起 15 日内向债务人发出支付令。债务人应当自收到支付令之日起 15 日内清偿债务,或者向人民法院提出书面异议。如债务人在法定期限内既不履行债务也不提出异议的,债权人可以向人民法院申请执行。如债务人在收到支付令 15 日内提出书面异议的,人民法院经审查,异议成立的,应当裁定终结督促程序,支付令自行失效。支付令失效的,转入诉讼程序,但申请支付令的一方当事人不同意提起诉讼的除外。

特别提示

债权人请求债务人给付金钱、有价证券,符合下列条件的,可以向有管辖权的基层人民法院申请支付令:

①债权人与债务人没有其他债务纠纷的;

②支付令能够送达债务人的。

【引例1 评析】

本案中被告开发公司关于工程质量和违约金问题的答辩意见到底是针对原告诉讼请求的抗辩和反驳,还是必须提起反诉,这类问题在民事诉讼的司法实践中经常遇到,且人民法院以往对这类问题的实际处理也不一致:有的要求提起反诉,有的不要求提起反诉。

【应用案例1】 2024 年 2 月,A 公司项目经理部与 B 公司签订一份分包合同,该分包合同中约定的争议解决条款为:"诉讼应由某某市某某区中级人民法院审理判决;仲裁应由某某市经济协议仲裁机关作出裁定。"后B公司因进度不能满足分包合同的要求而被A公司责令退场,双方因结算事宜产生争议,B公司将A公司诉至工程所在地的C地法院,诉讼标的为200万元。

A公司在答辩期间提出了管辖权异议,指出分包合同约定了地域管辖,即应由某某市有管辖权的法院管辖。工程地C法院以约定管辖无效驳回了A公司的管辖权异议。同时由于分包合同仲裁条款约定错误,仲裁机构也不受理仲裁。

【问题1】 该案约定纠纷解决方式是否有效?该纠纷给工程管理带来哪些启示?

【应用案例1评析】《民事诉讼法》第三十五条规定,合同或者其他财产权益纠纷的当事人可以书面协议选择被告住所地、合同履行地、合同签订地、原告住所地、标的物所在地等与争议有实际联系的地点的人民法院管辖,但不得违反本法对级别管辖和专属管辖的规定。示例如下:"合同履行中出现的争议,不能协商解决时向某某人民法院提起诉讼。"诉讼与仲裁条款不能同时约定。涉案合同约定"诉讼应由某某市某某区中级人民法院审理判决;仲裁应由某某市经济协议仲裁机关作出裁定"属于无效条款。

管辖条款较简单,但对解决纠纷会提供很大便利,因此承包方在工程管理中要求做到:

①为规避地方保护主义影响和降低诉讼成本,承包方在工程分包、劳务分包等合同中,应约定争议解决方式,且应约定由承包方所在地法院或仲裁机构管辖。

②在同一份合同中不得同时有关于仲裁和诉讼的约定,否则将导致约定无效。同时约定两个或两个以上的管辖法院或约定的法院不明也导致约定无效。

③当约定仲裁时,应注意:约定的仲裁机构要明确具体,并且要客观存在;不能约定在某某工商局经济仲裁委员会仲裁。

解析"ADR"
争议评审机制

④对方在无管辖权法院起诉的,要在答辩期间及时提起管辖权异议。

【引例3】

2022年初,A省电子公司(以下简称"电子公司")欲在某市主干道上修建一幢儿童乐园大楼,向B市城市管理委员会和C区城市管理委员会提出申请。市、区城市管理委员会分别签署了"原则同意,请自然资源和规划局给予支持,审定方案,办理手续"的意见。电子公司将修建计划报送B市自然资源和规划局审批。在计划尚未审批,没有取得建设工程规划许可证的情况下,于1月15日擅自动工修建儿童乐园大楼。2022年3月9日,B市自然资源和规划局及市、区城市管理委员会的有关负责人到施工现场,责令其立即停工,并写出书面检查。电子公司于当日作出书面检查,表示愿意停止施工,接受处理,但是实际并未停止施工。

2022年3月20日,B市自然资源和规划局根据《中华人民共和国城乡规划法》(以下简称《城乡规划法》)第四十条、第六十四条,《A省关于〈中华人民共和国城乡规划法〉实施办法》第二十三条、第二十四条的规定,作出违法建筑拆除决定书,限定电子公司在2022年4月7日前自行拆除未完工的违法修建的儿童乐园大楼。电子公司不服,向A省城乡建设环境保护厅申请复议。A省城乡建设环境保护厅于2022年4月19日作出维持B市自然资源和规划局的违法建筑拆除决定。在复议期间,电子公司仍继续施工,致使建筑面积为1 730 m²的6层大楼基本完工。电子公司对复议不服,即向B市中级人民法院提出行政诉讼,请求法院撤销B市自然资源和规划局限期拆除房屋的决定。

3.3.2 行政纠纷的解决方式

1)行政强制

解读建设工程全过程数字化行政管理

行政强制,包括行政强制措施和行政强制执行。行政强制措施,是指行政机关在行政管理过程中,为制止违法行为、防止证据损毁、避免危害发生、控制危险扩大等情形,依法对公民的人身自由实施暂时性限制,或者对公民、法人或者其他组织的财物实施暂时性控制的行为。行政强制执行,是指行政机关或者行政机关申请人民法院,对不履行行政决定的公民、法人或者其他组织,依法强制履行义务的行为。

行政强制措施的种类主要包括:限制公民人身自由;查封场所、设施或者财物;扣押财物;冻结存款、汇款;其他行政强制措施。行政强制执行的方式主要包括:加处罚款或者滞纳金;划拨存款、汇款;拍卖或者依法处理查封、扣押的场所、设施或者财物;排除妨碍、恢复原状;代履行;其他强制执行方式。

行政强制措施由法律、法规规定的行政机关在法定职权范围内实施。行政强制措施权不得委托。

执行过程中有以下注意事项:

①行政强制措施应当由行政机关具备资格的行政执法人员实施,其他人员不得实施。

②行政机关作出强制执行决定前,应当事先催告当事人履行义务。催告应当以书面形式作出,保障当事人依法享有的陈述权和申辩权。

③行政机关不得在夜间或者法定节假日实施行政强制执行。但是,情况紧急的除外。

④行政机关不得对居民生活采取停止供水、供电、供热、供燃气等方式迫使当事人履行相关行政决定。

⑤实施限制人身自由的行政强制措施不得超过法定期限。实施行政强制措施的目的已经达到或者条件已经消失,应当立即解除。

⑥查封、扣押限于涉案的场所、设施或者财物,不得查封、扣押与违法行为无关的场所、设施或者财物;不得查封、扣押公民个人及其所扶养家属的生活必需品。

⑦查封、扣押的期限不得超过30日;情况复杂的,经行政机关负责人批准,可以延长,但是延长期限不得超过30日。法律、行政法规另有规定的除外。

2)行政复议

公民、法人或者其他组织认为行政行为侵犯其合法权益的,可以自知道或者应当知道该行政行为之日起60日内提出行政复议申请。申请人申请行政复议,可以书面申请;书面申请有困难的,也可以口头申请。

(1)申请时限

《中华人民共和国行政复议法》(以下简称《行政复议法》)第二十条规定,因不可抗力或者其他正当理由耽误法定申请期限的,申请期限自障碍消除之日起继续计算;行政机关作出行政行为时,未告知公民、法人或者其他组织申请行政复议的权利、行政复议机关和申请期限的,申请期限自公民、法人或者其他组织知道或者应当知道申请行政复议的权利、行政复议机关和申请期限之日起计算,但是自知道或者应当知道行政行为内容之日起最长不得超过 1 年。

第二十一条规定,因不动产提出的行政复议申请自行政行为作出之日起超过 20 年,其他行政复议申请自行政行为作出之日起超过 5 年的,行政复议机关不予受理。

(2)行政复议范围

按照《行政复议法》第十一条的规定,行政处罚、行政强制措施、行政强制执行、行政许可、征收征用及补偿决定、行政赔偿、工伤认定、排除或者限制竞争、行政协议、政府信息公开等都明确列入行政复议范围。

第二十三条规定了申请人应当先向行政复议机关申请行政复议,对行政复议决定不服的,可以再依法向人民法院提起行政诉讼的 5 种情形:对当场作出的行政处罚决定不服;对行政机关作出的侵犯其已经依法取得的自然资源的所有权或者使用权的决定申请政府信息公开,行政机关不予公开;法律、行政法规规定应当先向行政复议机关申请行政复议的其他情形。

(3)行政复议管辖

由县级以上地方人民政府统一行使,海关、金融、外汇管理等实行垂直领导的行政机关,税务和国家安全机关由上一级机关管辖,省、自治区、直辖市人民政府以及国务院部门实行自我管辖。

(4)行政复议受理

《行政复议法》第三十条规定,行政复议机关收到行政复议申请后,应当在 5 日内进行审查。申请事项应满足以下条件:有明确的申请人和符合本法规定的被申请人;申请人与被申请行政复议的行政行为有利害关系;有具体的行政复议请求和理由;在法定申请期限内提出;属于本法规定的行政复议范围;属于本机关的管辖范围;行政复议机关未受理过该申请人就同一行政行为提出的行政复议申请,并且人民法院未受理过该申请人就同一行政行为提起的行政诉讼。

(5)行政复议审理

《行政复议法》第三十六条规定,行政复议机关受理行政复议申请后,依照本法适用普通程序或者简易程序进行审理。行政复议机构应当指定行政复议人员负责办理行政复议案件。行政复议人员对办理行政复议案件过程中知悉的国家秘密、商业秘密和个人隐私,应当予以保密。

行政复议机关审理可采用普通程序或简易程序审理。对事实清楚、权利义务关系明确、争议不大的,可以适用简易程序。

按照《行政复议法》第四十八条、第四十九条、第五十条规定,适用普通程序审理的行政复议案件,行政复议机构应当自行政复议申请受理之日起 7 日内,将行政复议申请书副本或者行政复议申请笔录复印件发送被申请人。被申请人应当自收到行政复议申请书副本或者行政复议申请笔录复印件之日起 10 日内,提出书面答复,并提交作出行政行为的证据、依据和其他有关材料。

行政复议机构应当当面或者通过互联网、电话等方式听取当事人的意见,并将听取的意见记录在案。因当事人原因不能听取意见的,可以书面审理。审理重大、疑难、复杂的行政复议案件,行政复议机构应当组织听证。

(6)行政复议决定

按照《行政复议法》第六十一条的规定,行政复议机关依照本法审理行政复议案件,由行政复议机构对行政行为进行审查,提出意见,经行政复议机关的负责人同意或者集体讨论通过后,以行政复议机关的名义作出行政复议决定。经过听证的行政复议案件,行政复议机关应当根据听证笔录、审查认定的事实和证据,依照本法作出行政复议决定。

第六十二条规定,适用普通程序审理的行政复议案件,行政复议机关应当自受理申请之日起60日内作出行政复议决定;但是法律规定的行政复议期限少于60日的除外。情况复杂,不能在规定期限内作出行政复议决定的,经行政复议机构的负责人批准,可以适当延长,并书面告知当事人;但是延长期限最多不得超过30日。适用简易程序审理的行政复议案件,行政复议机关应当自受理申请之日起30日内作出行政复议决定。

按照第六十三条、第六十四条、第六十五条的规定,行政复议机关将做出变更该行政行为;撤销或者部分撤销该行政行为,并可以责令被申请人在一定期限内重新作出行政行为;确认该行政行为违法等决定。

【引例3 评析】

电子公司新建儿童乐园大楼虽经城管部门原则同意,并向市自然资源和规划局申请办理有关建设规划手续,但在尚未取得建设工程规划许可证的情况下即动工修建,违反了《城乡规划法》第四十条"在城市、镇规划区内进行建筑物、构筑物、道路、管线和其他工程建设的,建设单位或者个人应当向城市、县人民政府城乡规划主管部门或者省、自治区、直辖市人民政府确定的镇人民政府申请办理建设工程规划许可证"的规定,属违法建筑。B市自然资源和规划局据此做出限期拆除违法建筑的处罚决定并无不当。鉴于该违法建筑位于B市主干道一侧,属城市规划区的重要地区,未经城乡规划部门批准即擅自动工修建永久性建筑物,其行为本身就严重影响了该区域的整体规划,且电子公司在市自然资源和规划局制止及作出处罚决定后仍继续施工,依照《A省关于〈中华人民共和国城乡规划法〉实施办法》和《B市城乡建设规划管理办法》的规定,属从重处罚情节,故电子公司以该建筑物不属严重影响城市规划的情节为由,请求变更市自然资源和规划局的拆除大楼的决定为罚款保留房屋的意见应不予支持。

【引例4】

某火车站项目在主体工程封顶时,项目所在地质量管理部门以重大质量隐患为由,做出拆除重修的行政处理,建设单位A公司认为该处理明显不合理,多方申诉无果,欲提起行政诉讼。

【引导问题4】 阅读引例4,讨论以下问题:

①列出引例4中该类纠纷属于哪类纠纷?

②列出行政诉讼相关条件和程序。

3)行政诉讼

行政诉讼是公民、法人或其他组织认为行政机关和行政机关工作人员的行政行为侵犯其合法权益而向人民法院提起的诉讼。前述所称行政行为,包括法律、法规、规章授权的组织作出的行政行为。行政诉讼是诉讼的一种有效方法。

(1)特征

①行政诉讼所要审理的是行政案件。行政诉讼解决的是行政争议,即行政机关或法律、法规授权的组织与公民、法人或者其他组织在行政管理过程中发生的争议。

②行政诉讼是人民法院通过审判方式进行的一种司法活动,即由人民法院运用诉讼程序解决行政争议的活动。

③行政诉讼是通过对被诉行政行为合法性进行审查以解决行政争议的活动。

行政诉讼的根本目的是保障公民、法人或者其他组织的合法权益不受违法行政行为的侵害。因此,行政诉讼案件不得以调解方式结案,证明具体行政行为合法性的举证责任由被告承担,行政诉讼的裁判以撤销、维持判决为主要形式等。

④行政诉讼是解决特定范围内行政争议的活动。

(2)受案范围

人民法院受理公民、法人或者其他组织提起的下列诉讼:

①对行政拘留、暂扣或者吊销许可证和执照、责令停产停业、没收违法所得、没收非法财物、罚款、警告等行政处罚不服的;

②对限制人身自由或者对财产的查封、扣押、冻结等行政强制措施和行政强制执行不服的;

③申请行政许可,行政机关拒绝或者在法定期限内不予答复,或者对行政机关作出的有关行政许可的其他决定不服的;

④对行政机关作出的关于确认土地、矿藏、水流、森林、山岭、草原、荒地、滩涂、海域等自然资源的所有权或者使用权的决定不服的;

⑤对征收、征用决定及其补偿决定不服的;

⑥申请行政机关履行保护人身权、财产权等合法权益的法定职责,行政机关拒绝履行或者不予答复的;

⑦认为行政机关侵犯其经营自主权或者农村土地承包经营权、农村土地经营权的;

⑧认为行政机关滥用行政权力排除或者限制竞争的;

⑨认为行政机关违法集资、摊派费用或者违法要求履行其他义务的;

⑩认为行政机关没有依法支付抚恤金、最低生活保障待遇或者社会保险待遇的;

⑪认为行政机关不依法履行、未按照约定履行或者违法变更、解除政府特许经营协议、土地房屋征收补偿协议等协议的;

⑫认为行政机关侵犯其他人身权、财产权等合法权益的。

除前款规定外,人民法院受理法律、法规规定可以提起诉讼的其他行政案件。

(3)管辖

《中华人民共和国行政诉讼法》(以下简称《行政诉讼法》)第十八条规定,行政案件由最初作出行政行为的行政机关所在地人民法院管辖。经复议的案件,也可以由复议机关所在地人民法院管辖。经最高人民法院批准,高级人民法院可以根据审判工作的实际情况,确定若干人民法院跨行政区域管辖行政案件。

【引例 4 评析】

引例 4 中的建筑工程质量管理纠纷属于行政范畴,通过行政诉讼来解决行政纠纷是合理的选择。在行政诉讼中,需要证明案涉建筑工程不存在行政处罚认定的质量存在问题,且行政管理机关在处罚过程中处罚依据或处罚程序存在瑕疵,才有可能撤销原处罚决定,获得行政赔偿。同时,需要注意在法定时限内向有管辖权的法院提出诉讼申请。

3.4　任务实施与评价

①此次任务完成中存在的主要问题有哪些?

②问题产生的原因有哪些?请提出相应的解决方法。

③你认为还需要加强哪些方面的指导(实际工作过程及理论知识)?

知识回顾

本次任务涉及知识点主要包括民事纠纷的解决方式和行政纠纷的解决方式两个内容。前者包括和解、调解、仲裁和诉讼4种;后者包括行政强制、行政复议和行政诉讼。本次学习重点主要是各种纠纷解决方式的适用条件、程序及在工程实务中的运用。

课后训练

一、案例分析

【案例】　2018年10月,A公司与B公司签订机械设备租赁合同,由A公司租赁一套塔吊设备给B公司,B公司每月向A公司支付租赁费若干。A公司设备交B公司使用后,B公司恶意拖欠租金共计60万元。A公司无奈,向某区法院提起诉讼。双方在一审中达成调解,调解协议书中约定B公司分三期向A公司支付,每期20万元,付款时间分别为2022年8月30日、9月30日和10月30日。

B公司支付了第一期租赁费,后两期款项未付。至2023年4月中旬,A公司发现申请强制执行的期限存在问题,第二期债权已超过法定半年的强制执行申请期,第三期债权即将到期(2023年4月30日截止)。A公司随即向区法院申请强制执行,要求B公司支付40万元,并承担双倍利息。

法院裁定:由于第二期债权20万元已超过法定6个月的申请执行期限,法院对该债权不予采取强制措施;第三期债权20万元尚没有超过执行期限,应得到国家强制力的保护,同时由于B公司迟延履行,应当加倍支付第三期20万元租金迟延履行期间的利息。

问题:

①本案涉及哪些法律问题?

②本案给工程管理带来哪些启示?

二、建工拓展与感悟

扫码观看视频,了解造价鉴定的定义、历史和程序,思考如何在建设工程管理过程中定分止争?

造价鉴定的定义、
历史和程序

学习模块 2 建设工程许可法律实务

任务 4 建筑市场主体资格准入申请

合规执业的
内涵解读

【建工先读】

请扫码观看视频,谈谈建工人如何合规执业?

【引例1】

2023 年 1 月 30 日 8 时 5 分,某果品车间在钢结构安装过程中发生坍塌,造成 4 人死亡、4 人受伤,直接经济损失 986 万元。经调查发现,引发事故的直接原因是钢架安装顺序错误、柱底螺栓不符合规范要求。间接原因是施工单位允许他人使用本企业的资质证书、营业执照,实际承包人有两人,并挂靠在施工单位,另外施工单位还承揽了其他 6 个项目,其中 3 个项目由这两人挂靠。

【引导问题1】 阅读引例1,讨论以下问题:

①什么是建筑企业资质管理? 可能对企业建筑经济行为造成什么影响?

②建筑企业资质申办涉及哪些工作程序?

③建筑企业资质管理可能产生哪些纠纷?

④什么是建筑业个人执业资格? 它与建筑企业资质申办有什么关系?

【引例1评析】

引例 1 涉及纠纷是由建筑企业资质违规使用引发的,案涉施工单位未依法取得相应资质,对事故负有主要责任,相关主要责任人涉嫌重大责任事故罪。为了加强对建筑活动的监督管理,维护公共利益和规范建筑市场秩序,保证建设工程质量安全,促进建筑业的健康发展,建筑企业应当按照其拥有的资产、主要人员、已完成的工程业绩和技术装备等条件申请建筑业企业资质,经审查合格,取得建筑业企业资质证书后,方可在资质许可的范围内从事建筑施工活动。我国建筑市场实施企业资质管理是计划经济向市场经济过渡的产物,政府通过制定资质标准来评定企业的资质等级,从而对企业招投标资格进行限制。这项制度在特定时期对引导建筑业企业的发展,维护建筑市场秩序,发挥了较大作用。

4.1　任务导读

目前,我国建筑业实行企业资质管理和个人执业资格管理并行的双轨制管理模式,将个人执业人员数量作为企业资质的重要条件,对个人执业资格制度的建立起到了促进作用。本任务主要以施工总承包序列资质和注册建造师申报为例进行相关学习。如你所在的建筑施工企业打算在本年度申报建筑工程施工总承包一级资质,该企业现有 12 名专业技术人员打算申报注册建造师执业资格,请完成 4.2 节的任务目标。

4.2　任务目标

①按照正确的方法和途径,落实建筑企业资质和个人执业资格申报条件,收集相关法律资料;

②依据资料分析结果,确定该次相关申报工作步骤;

③按照申报工作时间限定,完成该次申报法律建议书和相关纠纷处理;

④通过完成该任务,提出后续工作建议,完成自我评价,并提出改进意见。

4.3　知识准备

4.3.1　从业单位的法定条件

《建筑法》第十二条规定,从事建筑活动的建筑施工企业、勘察单位、设计单位和工程监理单位,应当具备下列条件:

①有符合国家规定的注册资本。建筑施工企业、勘察单位、设计单位和工程监理单位在申请设立注册登记时,应达到国家规定的注册资本的数量标准。

相关链接

> 注册资本指从事建筑活动的单位在按照国家有关规定进行注册登记时,申报并确定的资金总额。它反映的是企业法人的财产权,也是判断企业经济力量的依据。在《建筑业企业资质标准》和《工程监理企业资质管理规定》等中都有对建筑从业单位注册资本的具体规定。

②有与其从事的建筑活动相适应的具有法定执业资格的专业技术人员。

a.按照《建筑法》第十四条的规定,从事建筑活动的专业技术人员,应当依法取得相应的执业资格证书,并在执业资格证书许可的范围内从事建筑活动;

b.这些专业技术人员必须具有法定的执业资格,即经过国家统一考试合格并被依法批准注册。

③有从事相关建筑活动所应有的技术装备。

④法律、行政法规规定的其他条件。

4.3.2　从业单位的资质

从事建筑活动的建筑施工企业、勘察单位、设计单位和工程监理单位的资质等级,是反映这些单位从事建筑活动的经济、技术能力和水平的标志。从事建筑活动的建筑施工企业、勘察单位、设计单位和工程监理单位,应按其拥有的注册资本、专业技术人员、技术装备和已完成的建设工程业绩等资质条件申请相应资质,经资质审查合格后取得相应等级的资质证书。从事建筑活动的单位只能在其经依法核定的资质等级许可范围内从事有关建设活动,所有从业单位必须严格执行。

4.3.3　建筑业企业资质管理

《建筑业企业资质标准》(征求意见稿)解读

1)资质分类

建筑业企业资质分为施工总承包、专业承包和施工劳务三个序列。其中,施工总承包序列设有 12 个类别,一般分为 4 个等级(特级、一级、二级、三级);专业承包序列设有 36 个类别,一般分为 3 个等级(一级、二级、三级);施工劳务序列不分类别与等级。

2)基本条件

具有法人资格的企业申请建筑业企业资质应具备下列基本条件:

①具有满足《建筑业企业资质标准》要求的资产;

②具有满足《建筑业企业资质标准》要求的注册建造师及其他注册人员、工程技术人员、施工现场管理人员和技术工人;

③具有满足《建筑业企业资质标准》要求的工程业绩;

④具有必要的技术装备。

3)业务范围

①施工总承包工程应由取得相应施工总承包资质的企业承担。取得施工总承包资质的企业可以对所承接的施工总承包工程内各专业工程全部自行施工,也可以将专业工程依法进行分包。对设有资质的专业工程进行分包时,应分包给具有相应专业承包资质的企业。施工总承包企业将劳务作业分包时,应分包给具有施工劳务资质的企业。

②设有专业承包资质的专业工程单独发包时,应由取得相应专业承包资质的企业承担。取得专业承包资质的企业可以承接具有施工总承包资质的企业依法分包的专业工程或建设单位依法发包的专业工程。取得专业承包资质的企业应对所承接的专业工程全部自行组织施工,劳务作业可以分包,但应分包给具有施工劳务资质的企业。

③取得施工劳务资质的企业可以承接具有施工总承包资质或专业承包资质的企业分包的劳务作业。

④取得施工总承包资质的企业,可以从事资质证书许可范围内的相应工程总承包、工程项目管理等业务。

特别提示

①《建筑业企业资质标准》中的"注册建造师或其他注册人员"是指取得相应的注册证书并在申请资质企业注册的人员;"持有岗位证书的施工现场管理人员"是指持有国务院有关行业部门认可单位颁发的岗位(培训)证书的施工现场管理人员,或按照相关行业标准规定,通过有关部门或行业协会职业能力评价,取得职业能力评价合格证书的人员;"经考核或培训合格的技术工人"是指经国务院有关行业部门、地方有关部门以及行业协会考核或培训合格的技术工人。

②《建筑业企业资质标准》中的"企业主要人员"年龄限60周岁以下。

③《建筑业企业资质标准》要求的职称是指工程序列职称。

④施工总承包资质标准中的"技术工人"包括企业直接聘用的技术工人和企业全资或控股的劳务企业的技术工人。

⑤《建筑业企业资质标准》要求的工程业绩是指申请资质企业依法承揽并独立完成的工程业绩。

⑥《建筑业企业资质标准》中的"配套工程"含厂/矿区内的自备电站、道路、专用铁路、通信、各种管网管线和相应建筑物、构筑物等全部配套工程。

⑦《建筑业企业资质标准》中的"以上""以下""不少于""超过""不超过"均包含本数。

⑧施工总承包特级资质标准另行制定。

4.3.4 建筑业企业资质申报

建筑工程施工总承包资质分为特级、一级、二级、三级。现以一、二、三级总承包资质申报为例,进行相关知识学习。

1)资质标准

(1)一级资质标准

①企业资产:净资产1亿元以上。

②企业主要人员:

a.建筑工程、机电工程专业一级注册建造师合计不少于12人,其中建筑工程专业一级注册建造师不少于9人。

b.技术负责人具有10年以上从事工程施工技术管理工作经历,且具有结构专业高级职称;建筑工程相关专业中级以上职称人员不少于30人,且结构、给排水、暖通、电气等专业齐全。

c.持有岗位证书的施工现场管理人员不少于50人,且施工员、质量员、安全员、机械员、造价员、劳务员等人员齐全。

d.经考核或培训合格的中级工以上技术工人不少于150人。

③企业工程业绩:近5年承担过下列4类中的2类工程的施工总承包或主体工程承包,工程质量合格。

a.地上25层以上的民用建筑工程1项或地上18~24层的民用建筑工程2项;

b.高度100 m以上的构筑物工程1项或高度80~100 m(不含)的构筑物工程2项;

c.建筑面积3万 m^2 以上的单体工业、民用建筑工程1项或建筑面积2万~3万 m^2(不含)的单体工业、民用建筑工程2项;

d.钢筋混凝土结构单跨30 m以上(或钢结构单跨36 m以上)的建筑工程1项或钢筋混凝土结构单跨27~30 m(不含)[或钢结构单跨30~36 m(不含)]的建筑工程2项。

(2)二级资质标准

①企业资产:净资产4 000万元以上。

②企业主要人员:

a.建筑工程、机电工程专业注册建造师合计不少于12人,其中建筑工程专业注册建造师不少于9人。

b.技术负责人具有 8 年以上从事工程施工技术管理工作经历,且具有结构专业高级职称或建筑工程专业一级注册建造师执业资格;建筑工程相关专业中级以上职称人员不少于 15 人,且结构、给排水、暖通、电气等专业齐全。

c.持有岗位证书的施工现场管理人员不少于 30 人,且施工员、质量员、安全员、机械员、造价员、劳务员等人员齐全。

d.经考核或培训合格的中级工以上技术工人不少于 75 人。

③企业工程业绩:近 5 年承担过下列 4 类中的 2 类工程的施工总承包或主体工程承包,工程质量合格。

a.地上 12 层以上的民用建筑工程 1 项或地上 8～11 层的民用建筑工程 2 项;

b.高度 50 m 以上的构筑物工程 1 项或高度 35～50 m(不含)的构筑物工程 2 项;

c.建筑面积 1 万 m² 以上的单体工业、民用建筑工程 1 项或建筑面积 0.6 万～1 万 m²(不含)的单体工业、民用建筑工程 2 项;

d.钢筋混凝土结构单跨 21 m 以上(或钢结构单跨 24 m 以上)的建筑工程 1 项或钢筋混凝土结构单跨 18～21 m(不含)[或钢结构单跨 21～24 m(不含)]的建筑工程 2 项。

(3)三级资质标准

①企业资产:净资产 800 万元以上。

②企业主要人员:

a.建筑工程、机电工程专业注册建造师合计不少于 5 人,其中建筑工程专业注册建造师不少于 4 人。

b.技术负责人具有 5 年以上从事工程施工技术管理工作经历,且具有结构专业中级以上职称或建筑工程专业注册建造师执业资格;建筑工程相关专业中级以上职称人员不少于 6 人,且结构、给排水、电气等专业齐全。

c.持有岗位证书的施工现场管理人员不少于 15 人,且施工员、质量员、安全员、机械员、造价员、劳务员等人员齐全。

d.经考核或培训合格的中级工以上技术工人不少于 30 人。

e.技术负责人(或注册建造师)主持完成过本类别资质二级以上标准要求的工程业绩不少于 2 项。

2)承包工程范围

(1)一级资质

可承担单项合同额 3 000 万元以上的下列建筑工程的施工:

①高度 200 m 以下的工业、民用建筑工程;

②高度 240 m 以下的构筑物工程。

(2)二级资质

可承担下列建筑工程的施工:

①高度 100 m 以下的工业、民用建筑工程;

②高度 120 m 以下的构筑物工程;

③建筑面积 4 万 m² 以下的单体工业、民用建筑工程;

④单跨跨度 39 m 以下的建筑工程。

（3）三级资质

可承担下列建筑工程的施工：

①高度 50 m 以下的工业、民用建筑工程；

②高度 70 m 以下的构筑物工程；

③建筑面积 1.2 万 m² 以下的单体工业、民用建筑工程；

④单跨跨度 27 m 以下的建筑工程。

相关链接

①建筑工程是指各类结构形式的民用建筑工程、工业建筑工程、构筑物工程以及相配套的道路、通信、管网管线等设施工程。工程内容包括地基与基础、主体结构、建筑屋面、装修装饰、建筑幕墙、附建人防工程以及给水排水及供暖、通风与空调、电气、消防、智能化、防雷等配套工程。

②建筑工程相关专业职称包括结构、给排水、暖通、电气等专业职称。

③单项合同额 3 000 万元以下且超出建筑工程施工总承包二级资质承包工程范围的建筑工程的施工，应由建筑工程施工总承包一级资质企业承担。

3）资质申请与审批

（1）资质申请和许可程序

解析企业资质
管理变革

①申请建筑业企业资质的，应依法取得工商行政管理部门颁发的公司法人《营业执照》。

②企业申请住房和城乡建设部许可的建筑业企业资质应按照《建筑业企业资质管理规定》第十二条规定的申请程序提出申请。

③企业申请省、自治区、直辖市人民政府住房城乡建设主管部门（以下简称"省级住房城乡建设主管部门"）许可的建筑业企业资质，按照省级住房城乡建设主管部门规定的程序提出申请。省级住房城乡建设主管部门应在其门户网站公布有关审批程序。

④企业申请设区的市人民政府住房城乡建设主管部门许可的建筑业企业资质，按照设区的市人民政府住房城乡建设主管部门规定的程序提出申请。设区的市人民政府住房城乡建设主管部门应在其门户网站公布有关审批程序。

⑤企业首次申请或增项申请建筑业企业资质，应当申请最低等级资质。

企业可以申请施工总承包、专业承包、施工劳务资质三个序列的各类别资质，申请资质数量不受限制。

⑥企业申请建筑业企业资质升级、资质增项的，资质许可机关应当核查其申请之日起前一年至资质许可决定作出前有无《建筑业企业资质管理规定》第二十三条所列违法违规行为，并将核查结果作为资质许可的依据。

⑦企业申请资质升级不受年限限制。

⑧资质许可机关应当在其门户网站公布企业资质许可结果。

⑨资质许可机关对建筑业企业的所有申请、审查等书面材料应当至少保存 5 年。

⑩《建筑业企业资质标准》中特种工程专业承包资质包含的建筑物纠偏和平移、结构补强、特殊设备起重吊装、特种防雷等工程内容，可由省级住房城乡建设主管部门根据企业拥有

的专业技术人员和技术负责人个人业绩情况,批准相应的资质内容。

省级住房城乡建设主管部门根据本地区特殊情况,需要增加特种工程专业承包资质标准的,可参照"特种工程专业承包资质标准"的条件提出申请,报住房和城乡建设部批准后,由提出申请的省级住房城乡建设主管部门予以颁布,并限在本省级行政区域内实施。

已取得工程设计综合资质、行业甲级资质,但未取得建筑业企业资质的企业,可以直接申请相应类别施工总承包一级资质,企业完成的相应规模工程总承包业绩可以作为其工程业绩申报。其他工程设计企业申请建筑业企业资质按照首次申请的要求办理。

⑪住房和城乡建设部负责许可的建筑业企业资质的中级及以上职称人员(涉及公路、水运、水利、通信、铁路、民航等方面资质除外)、现场管理人员、技术工人、企业资产的审核,由企业工商注册地省级住房城乡建设主管部门负责,其中通过国务院国有资产管理部门直接监管的建筑企业(以下简称"中央建筑企业")直接申报的,由中央建筑企业审核;省级住房城乡建设主管部门以及中央建筑企业将审核结果与企业申报材料一并上报,住房和城乡建设部将审核结果与企业基本信息一并在住房和城乡建设部网站公示,并组织抽查。

⑫企业发生合并、分立、改制、重组以及跨省变更等事项,企业性质由内资变为外商投资或由外商投资变为内资的,承继原资质的企业应当同时申请重新核定,并按照《住房和城乡建设部关于建设工程企业发生重组、合并、分立等情况资质核定有关问题的通知》(建市〔2014〕79号)有关规定办理。

(2)企业申请办理流程

整理材料→完善材料→缴纳人员社保材料→网上开户→网上信息采集→网上材料填报→出申请资质条形码→窗口申报材料核实及原件核定→窗口受理→网上出受理公告→审核公告→核定公告→领证。

AI助力建筑企业资质办理手续

(3)提交资料

企业应提交建筑业企业资质申请表一式一份,附件材料一套。其中涉及公路、水运、水利、通信、铁路、民航等方面专业资质的,每涉及一个方面专业,须另增加建筑业企业资质申请表一份、附件材料一套。

①首次申请或者增项申请建筑业企业资质,应当提交以下材料:

a.建筑业企业资质申请表及相应的电子文档;

b.企业法人营业执照副本;

c.企业章程;

d.企业负责人和技术、财务负责人的身份证明、职称证书、任职文件及相关资质标准要求提供的材料;

e.建筑业企业资质申请表中所列注册执业人员的身份证明、注册执业证书;

f.《建筑业企业资质标准》要求的非注册的专业技术人员的职称证书、身份证明及养老保险凭证;

g.部分资质标准要求企业必须具备的特殊专业技术人员的职称证书、身份证明及养老保险凭证;

h.《建筑业企业资质标准》要求的企业设备、厂房的相应证明;

i.建筑业企业安全生产条件有关材料;

j.《建筑业企业资质标准》要求的其他有关材料。

②装订顺序。企业申请资质需提供建筑业企业资质申请表(含电子文档)及相应附件资料,并按照下列顺序进行装订。

A.综合资料(第一册):

a.企业法人营业执照副本;

b.企业资质证书正、副本;

c.企业章程;

d.企业近三年建筑业行业统计报表;

e.企业经审计的近三年财务报表;

f.企业法定代表人任职文件、身份证明;

g.企业经理和技术、财务负责人的身份证明、职称证书、任职文件及相关资质标准要求的技术负责人代表工程业绩证明资料;

h.如有设备、厂房等要求的,应提供设备购置发票或租赁合同、厂房的房屋产权证或房屋租赁合同等相关证明,以及相关资质标准要求提供的其他资料;

i.企业安全生产许可证(劳务分包企业、混凝土预制构件企业、预拌商品混凝土等企业可不提供)。

其中,首次申请资质的企业,不需提供上述 b,d,e,i 的材料,但应提供企业安全生产管理制度的文件。

B.人员资料(第二册):

a.建筑业企业资质申请表中所列注册人员的身份证明、注册证书;

b.《建筑业企业资质标准》要求的非注册的专业技术人员的职称证书、身份证明、养老保险凭证;

c.部分资质标准要求企业必须具备的特殊专业技术人员的职称证书、身份证明及养老保险凭证,还应提供相应证书及反映专业的证明材料;

d.劳务分包企业应提供标准要求的人员岗位证书、身份证明。

C.工程业绩资料(申请最低等级资质不提供)(第三册):

a.工程合同、中标通知书。

b.符合国家规定的竣工验收单(备案表)或质量核验资料。

c.上述资料无法反映技术指标的,还应提供反映技术指标要求的工程照片、图纸、工程决算资料等。

d.已具备工程设计资质的企业首次申请同类别或相近类别建筑业企业资质的,其申报材料除应提供首次申请所列全部材料外,申请除最低等级的施工总承包资质的,还应提供下列材料:

Ⅰ.工程合同、中标通知书;

Ⅱ.符合国家规定的竣工验收单(备案表)或质量核验资料;

Ⅲ.上述资料无法反映技术指标的,还应提供反映技术指标要求的工程照片、图纸、工程决算资料等。

③资料要求:

a. 附件材料应按"综合资料、人员资料、工程业绩资料"的顺序装订,规格为 A4(210 mm×297 mm)型纸,并有标明页码的总目录及申报说明,采用软封面封底,逐页编写页码。

b. 企业的申报材料必须使用中文,材料原文是其他文字的,须同时附翻译准确的中文译本。申报材料必须数据齐全、填表规范、印鉴齐全、字迹清晰,附件材料必须清晰、可辨。

c. 资质受理机关负责核对企业提供的资料原件,原件由企业保存。资质许可机关正式受理后,所有资料一律不得更换、修改、退还。上级相关主管部门对企业申请材料有质疑的,企业应当提供相关资料原件,必要时要配合相关部门进行实地调查。

4)资质证书管理

①建筑业企业资质证书分为正本和副本,由住房和城乡建设部统一印制。建筑业企业资质证书正本规格为 297 mm×420 mm(A3),副本规格为 210 mm×297 mm(A4)。资质证书增加二维码标识,公众可通过二维码查询企业资质情况。资质证书实行全国统一编码,由资质证书管理系统自动生成。

②每套建筑业企业资质证书包括 1 个正本和 1 个副本。同一资质许可机关许可的资质打印在一套资质证书上;不同资质许可机关作出许可决定后,分别打印资质证书。各级资质许可机关不得增加证书副本数量。

③企业名称、注册资本、法定代表人、注册地址(本省级区域内)等发生变化的,企业应向资质许可机关提出变更申请。

④企业遗失资质证书,应向资质许可机关申请补办。

⑤企业因变更、升级、注销等原因需要换发或交回资质证书的,企业应将资质证书交原资质许可机关收回并销毁。

⑥建筑业企业资质证书有效期为 5 年。证书有效期是指自企业取得本套证书的首个建筑业企业资质时起算,期间企业除延续、重新核定外,证书有效期不变;重新核定资质的,有效期自核定之日起重新计算(按简化审批手续办理的除外)。

⑦资质证书的延续:

a. 企业应于资质证书有效期届满 3 个月前,按原资质申报途径申请资质证书有效期延续。企业净资产和主要人员满足现有资质标准要求的,经资质许可机关核准,更换有效期 5 年的资质证书,有效期自批准延续之日起计算。

b. 企业在资质证书有效期届满前 3 个月内申请资质延续的,资质受理部门应受理其申请;资质证书有效期届满之日至批准延续之日内,企业不得承接相应资质范围内的工程。

c. 企业不再满足资质标准要求的,资质许可机关不批准其相应资质延续,企业可在资质许可结果公布后 3 个月内申请重新核定低于原资质等级的同类别资质。超过 3 个月仍未提出申请,从最低等级资质申请。

d. 资质证书有效期届满,企业仍未提出延续申请的,其资质证书自动失效。如需继续开展建筑施工活动,企业应从最低等级资质重新申请。

5)监督管理

①各级住房城乡建设主管部门及其他有关部门应对从事建筑施工活动的建筑业企业建立信用档案,制订动态监管办法,按照企业诚信情况实行差别化管理,积极运用信息化手段对建

筑业企业实施监督管理。

县级以上人民政府住房城乡建设主管部门和其他有关部门应在企业取得建筑业企业资质后，对资产和主要人员是否满足资质标准和市场行为进行定期或不定期核查。

②企业申请资质升级（含一级升特级）、资质增项的，资质许可机关应对其既有全部建筑业企业资质要求的资产和主要人员是否满足标准要求进行检查。

③企业应当接受资质许可机关，以及企业注册所在地、承接工程项目所在地住房城乡建设主管部门和其他有关部门的监督管理。

④对于发生违法违规行为的企业，违法行为发生地县级以上住房城乡建设主管部门应当依法查处，将违法事实、处罚结果或处理建议告知资质许可机关，并逐级上报至住房和城乡建设部，同时将处罚结果记入建筑业企业信用档案，在全国建筑市场监管与诚信平台公布。企业工商注册地不在本省区域的，违法行为发生地县级以上住房城乡建设主管部门应通过省级住房城乡建设主管部门告知该企业的资质许可机关。

⑤对住房和城乡建设部许可资质的建筑业企业，需处以停业整顿、降低资质等级、吊销资质证书等行政处罚的，省级及以下地方人民政府住房城乡建设主管部门或者其他有关部门，在违法事实查实认定后30个工作日内，应通过省级住房城乡建设主管部门或国务院有关部门，将违法事实、处理建议报送住房和城乡建设部，住房和城乡建设部依法作出相应行政处罚。

⑥各级住房城乡建设主管部门应及时将有关处罚信息向社会公布，并报上一级住房城乡建设主管部门备案。

相关链接

《建筑工程施工发包与承包违法行为认定查处管理办法》（建市规〔2019〕1号）规定，存在下列情形之一的，属于挂靠：

①没有资质的单位或个人借用其他施工单位的资质承揽工程的。

②有资质的施工单位相互借用资质承揽工程的，包括资质等级低的借用资质等级高的，资质等级高的借用资质等级低的，相同资质等级相互借用的。

③以下情形，有证据证明属于挂靠的：

a.施工总承包单位或专业承包单位未派驻项目负责人、技术负责人、质量管理负责人、安全管理负责人等主要管理人员，或派驻的项目负责人、技术负责人、质量管理负责人、安全管理负责人中一人及以上与施工单位没有订立劳动合同且没有建立劳动工资和社会养老保险关系，或派驻的项目负责人未对该工程的施工活动进行组织管理，又不能进行合理解释并提供相应证明的；

b.合同约定由承包单位负责采购的主要建筑材料、构配件及工程设备或租赁的施工机械设备，由其他单位或个人采购、租赁，或施工单位不能提供有关采购、租赁合同及发票等证明，又不能进行合理解释并提供相应证明的；

c.专业作业承包人承包的范围是承包单位承包的全部工程，专业作业承包人计取的是除上缴给承包单位"管理费"之外的全部工程价款的；

d.承包单位通过采取合作、联营、个人承包等形式或名义，直接或变相将其承包的全部工程转给其他单位或个人施工的；

e.专业工程的发包单位不是该工程的施工总承包或专业承包单位的，但建设单位依约作为发包单位的除外；

f.专业作业的发包单位不是该工程承包单位的;

g.施工合同主体之间没有工程款收付关系,或者承包单位收到款项后又将款项转拨给其他单位和个人,又不能进行合理解释并提供材料证明的。

【引例2】

20××年5月16日,某厂房工程在施工过程中发生局部坍塌,造成12名作业人员死亡、10名作业人员重伤、2名管理人员和1名作业人员轻伤。经调查发现,引发事故的直接原因是厂房1层承重砖墙(柱)本身承载力不足,施工过程中未采取维持墙体稳定措施;南侧承重墙在改造施工过程中承载力和稳定性进一步降低,施工时承重砖墙(柱)瞬间失稳后部分厂房结构连锁坍塌,生活区设在施工区内,导致群死群伤。间接原因是施工单位项目经理无建造师执业资格;项目总监、专监为挂名虚设,两名现场监理员缺乏相应的专业技能和从业经历,施工现场管理形同虚设。

【引导问题2】　阅读引例2,讨论下列相关问题:

①我国实行建筑专业人员执业资格制度的目的是什么?

②执业人员执业应满足哪些要求? 遵循哪些原则?

【引例2评析】

引例2中施工单位项目经理无证上岗,项目总监、专监挂名虚设,是导致事故的主要原因。主要责任人员已涉嫌重大责任事故罪,将被追究刑事责任。因此,除了加强企业资质管理外,建立个人执业资格制度,也是保障建筑市场有序良性发展的必要条件之一。专业技术人员执业资格许可是指对具备一定专业学历、资历的从事建筑活动的专业技术人员,通过考试和注册,取得执业技术资格的一种制度。

通过资格考试保证关键岗位的人员具备必需的专业知识和技能;通过诚信和执业监管,强化执业人员在工程建设中的权利、义务和法律责任,建立行之有效的工程质量终身责任制,对提高工程质量、保障人民群众生命财产安全将起到积极作用。个人执业资格制度集中体现了市场经济公平、竞争、法治的原则,符合政府职能转变的要求。

我国建筑业实行执业资格制度的专业技术人员包括注册建筑师、注册结构工程师、注册监理工程师、注册造价工程师、注册咨询工程师、注册建造师等。我国建筑业专业技术人员执业资格的核心内容主要包括:所有专业技术人员均需要参加统一考试;均需要注册;均有各自的执业范围;均须接受继续教育;执业人员不得同时应聘于两家不同的单位;不得任意转让出借执业证书等。现以注册建造师执业资格制度为例进行学习。

4.3.5　注册建造师执业资格申报

注册建造师是指通过考核认定或考试合格取得中华人民共和国建造师执业资格证书并按照规定注册,取得中华人民共和国建造师注册证书和执业印章,担任施工单位项目负责人及从事相关活动的专业技术人员。

未取得注册证书和执业印章的,不得担任大中型建设工程项目的施工单位项目负责人,不得以注册建造师的名义从事相关活动。

1)建造师的考试

一级建造师执业资格实行统一大纲、统一命题、统一组织的考试制度,由人力资源和社会保障部、住房和城乡建设部共同组织实施,原则上每年举行一次考试。住房和城乡建设部负责编制一级建造师执业资格考试大纲和组织命题工作,统一规划建造师执业资格的培训等有关工作。

二级建造师执业资格实行全国统一大纲,各省、自治区、直辖市命题并组织考试的制度。住房和城乡建设部负责拟定二级建造师执业资格考试大纲,人力资源和社会保障部负责审定考试大纲。

报考人员要符合有关文件规定的相应条件。一级和二级建造师执业资格考试合格人员,分别获得《中华人民共和国一级建造师执业资格证书》和《中华人民共和国二级建造师执业资格证书》。

2)建造师的注册

取得资格证书的人员,经过注册方能以注册建造师的名义执业。

(1)注册条件

申请初始注册时应当具备以下条件:

①经考核认定或考试合格取得资格证书;

②受聘于一个相关单位;

③达到继续教育要求;

④没有不予注册的情形。

解析建造师
注册管理

(2)注册程序

取得一级建造师资格证书并受聘于一个建设工程勘察、设计、施工、监理、招标代理、造价咨询等单位的人员,应当通过聘用单位提出注册申请,并可以向单位工商注册所在地的省、自治区、直辖市人民政府住房城乡建设主管部门提交申请材料。

省、自治区、直辖市人民政府住房城乡建设主管部门收到申请材料后,应当在5日内将全部申请材料报国务院住房城乡建设主管部门审批。国务院住房城乡建设主管部门在收到申请材料后,应当依法作出是否受理的决定,并出具凭证;申请材料不齐全或者不符合法定形式的,应当在5日内一次性告知申请人需要补正的全部内容。逾期不告知的,自收到申请材料之日起即为受理。

涉及铁路、公路、港口与航道、水利水电、通信与广电、民航专业的,国务院住房城乡建设主管部门应当将全部申报材料送同级有关部门审核。符合条件的,由国务院住房城乡建设主管部门核发《中华人民共和国一级建造师注册证书》,并核定执业印章编号。

对申请初始注册的,国务院住房城乡建设主管部门应当自受理之日起20日内作出审批决定。自作出决定之日起10日内公告审批结果。国务院有关部门收到国务院住房城乡建设主管部门移送的申请材料后,应当在10日内审核完毕,并将审核意见送国务院住房城乡建设主管部门。

对申请变更注册、延续注册的,国务院住房城乡建设主管部门应当自受理之日起10日内作出审批决定。自作出决定之日起10日内公告审批结果。国务院有关部门收到国务院住房城乡建设主管部门移送的申请材料后,应当在5日内审核完毕,并将审核意见送国务院住房城乡建设主管部门。

取得二级建造师资格证书的人员申请注册,由省、自治区、直辖市人民政府住房城乡建设主管部门负责受理和审批,具体审批程序由省、自治区、直辖市人民政府住房城乡建设主管部门依法确定。

注册证书与执业印章有效期为3年。初始注册者,可自资格证书签发之日起3年内提出申请。逾期未申请者,须符合本专业继续教育的要求后方可申请初始注册。

注册有效期满需继续执业的,应当在注册有效期届满30日前,按照规定申请延续注册。延续注册的,有效期为3年。

特别提示

申请人有下列情形之一的,不予注册:

①不具有完全民事行为能力的;

②申请在两个或者两个以上单位注册的;

③未达到注册建造师继续教育要求的;

④受到刑事处罚,刑事处罚尚未执行完毕的;

⑤因执业活动受到刑事处罚,自刑事处罚执行完毕之日起至申请注册之日止不满5年的;

⑥因前项规定以外的原因受到刑事处罚,自处罚决定之日起至申请注册之日止不满3年的;

⑦被吊销注册证书,自处罚决定之日起至申请注册之日止不满2年的;

⑧在申请注册之日前3年内担任项目经理期间,所负责项目发生过重大质量和安全事故的;

⑨申请人的聘用单位不符合注册单位要求的;

⑩年龄超过65周岁的;

⑪法律、法规规定不予注册的其他情形。

相关测试

不定项选择题

申请建造师初始注册的人员应当具备的条件是(　　　　)。

A.经考核认定或考试合格取得资格证书

B.受聘于一个相关单位

C.填写注册建造师初始注册申请表

D.达到继续教育的要求

E.没有明确规定的不予注册的情形

3) 建造师执业范围

注册建造师的执业范围包括:从事建设工程项目总承包管理或施工管理,建设工程项目管理服务,建设工程技术经济咨询,以及法律、行政法规和国务院建设主管部门规定的其他业务。

解析建造师
执业范围

取得资格证书的人员应当受聘于一个具有建设工程勘察、设计、施工、监理、招标代理、造价咨询等一项或者多项资质的单位,经注册后方可从事相应的执业活动。

担任施工单位项目负责人的,应当受聘并注册于一个具有施工资质的企业。注册建造师的具体执业范围按照《注册建造师执业工程规模标准》执行。注册建造师不得同时在两个及两个以上的建设工程项目上担任施工单位项目负责人。

建设工程施工活动中形成的有关工程施工管理的文件,应当由注册建造师签字并加盖执业印章。施工单位签署质量合格的文件上,必须有注册建造师的签字盖章。

4)注册建造师的权利与义务

(1)注册建造师享有的权利

解析建造师的
权利与义务

①使用注册建造师名称;

②在规定范围内从事执业活动;

③在本人执业活动中形成的文件上签字并加盖执业印章;

④保管和使用本人注册证书、执业印章;

⑤对本人执业活动进行解释和辩护;

⑥接受继续教育;

⑦获得相应的劳动报酬;

⑧对侵犯本人权利的行为进行申述。

(2)注册建造师应当履行的义务

①遵守法律、法规和有关管理规定,恪守职业道德;

②执行技术标准、规范和规程;

③保证执业成果的质量,并承担相应责任;

④接受继续教育,努力提高执业水准;

⑤保守在执业中知悉的国家秘密和他人的商业、技术等秘密;

⑥与当事人有利害关系的,应当主动回避;

⑦协助注册管理机关完成相关工作。

【应用案例】 项目经理王某经考试合格取得了一级建造师资格证书,2021 年 3 月受聘并注册于一个拥有甲级资质专门从事招标代理的单位。

【问题】 请按照《注册建造师管理规定》,回答以下问题:

1.王某可以以建造师名义从事(　　)。

A.建设工程项目总承包管理

B.建设监理

C.建设工程项目管理服务有关工作

D.造价咨询工作

2.2021 年 6 月,王某与该单位解除了聘用合同,选择一家在本专业有多项工程服务资质的单位担任建设工程施工的项目经理,则他必须进行(　　)。

A.初始注册　　　　B.延续注册　　　　C.变更注册　　　　D.增项注册

3.王某在新单位按规定办理了注册以后,其注册有效期到(　　)止。

A.2023 年 3 月　　B.2023 年 6 月　　C.2024 年 3 月　　D.2024 年 6 月

4.王某与原执业单位解除合同关系时,为了不影响该单位的资质等级和工作,将自己的注册证书复制了一份交给了该单位,则王某的注册证书将(　　)。

A.被吊销　　　　B.被撤销　　　　C.延续有效　　　　D.引起诉讼

【应用案例评析】 ①A、B、C、D 选项均为建造师执业范围,但 A、B、D 三项超出了聘用单位业务范围,故选项 C 正确。

②王某在原聘用单位已经注册,故不属初始注册;原注册期限未满,故不属于延续注册;新聘用单位的专业和执业岗位不涉及增项注册的问题,无须进行增项注册。王某面临的仅仅是变更执业单位问题,故只需进行变更注册,即 C 选项正确。

③变更注册按规定仍延续原注册有效期(3 年),故 A 选项正确。

④撤销注册是对申请人以欺骗、贿赂等不正当手段获准注册所作的处分,吊销注册证书是对当事人违规执业所作的处分。王某的注册证书属合法取得,违规使用,故选项 A 为正确答案,此种情形下注册证书不可能延续有效,也不至于引起诉讼。

相关链接

《住房和城乡建设部办公厅关于全面实行一级建造师电子注册证书的通知》(建办市〔2021〕40 号)规定自 2022 年 1 月 1 日起,一级建造师统一使用电子证书,纸质注册证书作废。

解析一级建造师
电子注册证书
管理要点

4.4 任务实施与评价

①此次任务完成中存在的主要问题有哪些?

②问题产生的原因有哪些? 请提出相应的解决方法。

③你认为还需要加强哪些方面的指导(实际工作过程及理论知识)?

知识回顾

本任务主要涉及建筑企业资质申报和个人执业资格申报两个内容。

建筑企业资质申报应掌握:建筑业企业资质分为施工总承包、专业承包和施工劳务三个序列;取得施工总承包资质的企业可以对所承接的施工总承包工程内各专业工程全部自行施工,也可以将专业工程依法进行分包;取得专业承包资质的企业可以承接具有施工总承包资质的企业依法分包的专业工程或建设单位依法发包的专业工程;取得施工劳务资质的企业可以承接具有施工总承包资质或专业承包资质的企业分包的劳务作业;从业单位资格申请的相关工作内容和程序;从业单位在执业过程中享有的权利和承担的义务。

建造师执业资格的核心内容主要包括:一是所有专业技术人员均需要参加统一考试;二是均需要注册;三是均有各自的执业范围;四是均须接受继续教育;五是执业人员不得同时应聘于两家不同的单位;六是不得任意转让出借执业资格证书等。

课后训练

一、案例分析

【案例 1】 2023 年 11 月,A 公司与李某约定,由 A 公司将李某的一级建造师资格证书挂靠到其他建筑公司。之后 A 公司与 B 建筑公司签订《企业委托合作协议》,约定由 A 公司为 B 建筑公司提供一级建造师信息。B 建筑公司取得李某相关信息后,向 A 公司转账 80 000 元,A

公司向李某支付了 30 000 元。

2022 年,B 建筑公司发现李某已在其他公司交有社保,不是合同约定的唯一社保,致使李某的相关手续在 B 建筑公司无法使用。B 公司要求 A 公司、李某返还其已支付的服务费 80 000 元,并赔偿损失。A 公司遂要求李某返还 16 000 元并赔偿相关损失。

问题:

①该案存在几对法律关系?李某的挂靠行为是否合法?A 公司是否能要求李某返还酬金?

②本案带给我们哪些思考?

【案例2】

资质挂靠合同书

甲　　方:

注册地址:　　　　　　　　　　邮政编码:

乙　　方:

身份证号:

此合同本着公平、公正的原则,经双方协商同意而订立。

项目名称:

项目方:

第一条　合同目的

经双方协商一致,就本合同设计项目同意乙方挂靠在甲方企业之下,从事甲方经营许可证范围内的经营项目。同时,甲乙双方订立本合同,明确双方的权利与义务及其挂靠期内的注意事项。

第二条　甲方的基本权利和义务

权利:

(1)甲方向乙方收取项目管理服务费为本项目合同额的　2　%。

(2)乙方利用甲方名义所开发票,则乙方需向甲方缴纳发票面值金额的_____%,如所得税根据税务部门稽核确定为定律征收,则所得税为营业额×10%×25%,乙方缴纳所得税须遵循甲方所在税务部门的相关规定。

(3)如乙方作出有损甲方信誉和形象之行为,甲方有权单方面终止本协议,本项目管理服务费不予归还,并追究乙方经济责任。

义务:

(1)甲方在本协议生效之后,只向乙方提供相关经营业务所需的手续证件等。

(2)对乙方提出的合理要求尽可能提供良好的服务。

第三条　乙方的基本权利和义务

权利:

(1)乙方可以获取甲方对其第二条义务的承诺和兑现,若有问题可以随时向甲方提出意见。

(2)享受因本项目需要甲方所提供的设计所需资质及经营许可。

(3)利用设计装饰业的资质,完全自主地开展相关项目设计业务。

(4)经营上实行内部独立核算,自负盈亏。

（5）一切正常利润归乙方所有，不受干涉。

义务：

（1）在项目经营活动中严格遵守国家法律法规和甲方规章制度。

（2）负责解决合同项目中的全部事件，相关设计条件及设备自主负责解决。

（3）认真负责设计项目的质量和安全，对现在和将来发生的质量问题和事故乙方负完全责任。

（4）维护甲方的信誉和形象，不做任何假冒、欺诈、侵权、损誉的事情，若发生此类事件，则甲方有权追究乙方的法律责任，并要求进行相关经济赔偿和处罚。

（5）足额向甲方缴纳管理服务费，在开具发票前须先将税金交到甲方，项目结束清账前结清一切相关费用。

（6）乙方所做项目不得超过甲方经营许可证所规定的范围，如超出甲方经营许可证范围的项目，乙方需自己提供相关手续证件。

第四条　乙方设计的项目，其合同、保险、税务、财务、银行、统计、工资等事项由乙方自主办理。

第五条　乙方在经营活动中，若出现安全事故等重大意外，均由乙方独立承担，甲方不承担一切责任，特此提出免责声明。

第六条　乙方应当在合同签订时付清管理服务费。

第七条　乙方不得私自利用甲方资质执照对外签订和从事除本项目外的其他经营事项。

本合同以签订日期为生效日，有效期一年，一式三份，甲、乙双方各一份，相关主管单位一份。

甲方盖章：　　　　　　　　　　　　　　乙方盖章：

经办人：　　　　　　　　　　　　　　　乙方签字：

　年　　　月　　　日　　　　　　　　　年　　　月　　　日

问题：

请对该合同书的有效性及合同双方的风险性进行分析。

二、建工拓展与感悟

扫码观看视频，思考建筑业区块链如何促进合规执业。

区块链与建筑工程

任务5　建设用地与城市规划许可申报

【建工先读】

请扫码观看视频,谈谈建设工程用地与规划许可实务中的建工操守与情怀。

郑州特大暴雨事件的警示与思考

【引例1】

某市的市区南部有一段古城墙,为省级文物保护单位,并在古城墙内外两侧各划定了100 m的保护区,只准绿化,不准建设,由园林绿化队负责管理。有一投资者看中了这块风水宝地,与绿化队签订了协议,投资者每年支付给绿化队100万元租金,绿化队同意投资者在距古城墙50 m处建设5栋2层青瓦灰砖的别墅,投资者刚开始施工,即被该市城乡规划主管部门规划监督执法队发现,责令立即停工。

【引导问题1】　阅读引例1,讨论以下问题:

①这个工程为什么被叫停?

②什么是建设用地与城市规划? 对建设工程程序会产生什么影响?

③申办建设用地与城市规划许可涉及哪些工作内容和工作程序?

④引例1应该如何处理?

5.1　任务导读

城市规划建设主要包含两方面的含义,即城市规划和城市建设。所谓城市规划是指根据城市的地理环境、人文条件、经济发展状况等客观条件制订适宜城市整体发展的计划,从而协调城市各方面发展,并进一步对城市的空间布局、土地利用、基础设施建设等进行综合部署和统筹安排的一项具有战略性和综合性的工作。所谓城市建设是指政府主体根据规划的内容,有计划地实现能源、交通、通信、信息网络、园林绿化以及环境保护等基础设施建设,是将城市规划的相关部署切实实现的过程。一个成功的城市建设要求在建设的过程中实现人工与自然完美结合,追求科学与美感的有机统一,实现经济效益、社会效益、环境效益的共赢。

按工程建设程序要求,建设用地和城市规划许可是项目建设过程中的必备环节。如你所在一家房地产开发企业欲就××大学城商业街进行打造,你本次任务是获取该项目的建设用地和城市规划许可,请完成5.2节的任务目标。

5.2　任务目标

①按照正确的方法和途径,落实申报条件,收集相关法律资料;

②依据资料分析结果,确定该次建设用地申请、选址意见、建设用地规划、建设工程规划等许可申报工作流程;

③按照本次任务时间限定,完成该次法律任务的划分和相关纠纷处理;

④通过完成该任务,提出后续工作建议,完成自我评价,并提出改进意见。

5.3   知识准备

建设用地与城市规划许可是工程项目建设程序中一个非常重要的环节。具体包括建设用地申请、选址意见书、建设用地规划许可和建设工程规划许可等工作内容。

【引例 1 评析】

根据《城乡规划法》第六十四条的规定,该工程未取得建设用地规划许可证和建设工程规划许可证,所以该工程为违法建设。该工程侵占了文物保护用地,违反了《城乡规划法》和《文物保护法》,严重影响城市规划和文物保护,性质十分严重。按照《城乡规划法》的规定,应对投资者处以罚款,并责成投资者立即拆除违法建筑,恢复地形地貌;同时,建议园林绿化队的上级主管部门追究绿化队有关责任人的行政责任并给予处分,没收绿化队所收租金,上缴国库。

【引例 2】

某市近郊区的某村,采用引资的方法改造旧村。该村拟先占用耕地 $1.5\ hm^2$,然后还耕 $2.5\ hm^2$,准备建设住宅 $20\ 000\ m^2$,建成后与投资单位按比例分成,双方签订了合同。合同规定,该村负责办理用地、建房的各项审批手续。该村经村民委员会研究同意了该合同,又报经乡政府批准。该工程刚一开工就受到城乡规划主管部门的查处,责令立即停工,听候处理。

【引导问题 2】   阅读引例 2,讨论以下问题:

①建设用地申办涉及哪些程序?

②该案例中建设用地的取得是否合法?

③该案件应如何处理?

5.3.1   土地概述

1)土地所有权

土地所有权是国家或农民集体依法对归其所有的土地所享有的具有支配性和绝对性的权利。我国实行土地的社会主义公有制,即全民所有制和劳动群众集体所有制。城市市区的土地属于国家所有。农村和城市郊区的土地,除由法律规定属于国家所有的以外,属于农民集体所有;宅基地和自留地、自留山,属于农民集体所有。所有权的内容包括占有权、处分权、使用权、抵押权、收益权等,其中处分权是所有权的核心。

新土地管理法规解读

2)对建设用地使用权的规定

建设用地分为国有建设用地、乡(镇)村建设用地与临时建设用地。工程项目建设用地使用权的取得是工程项目建设的前提条件之一。

①建设用地使用权是因建造建筑物、构筑物及其附属设施而使用国家所有的土地权利。《中华人民共和国土地管理法》(以下简称《土地管理法》)第六十三条允许集体经营性建设用地在符合规划、依法登记,并经本集体经济组织 2/3 以上成员或者村民代表同意的条件下,通过出让、出租等方式交由集体经济组织以外的单位或者个人直接使用。新规结束了多年来集体建设用地不能与国有建设用地同权同价同等入市的二元体制,为推进城乡一体化发展扫清了制度障碍。

相关链接

《土地管理法》第六十三条规定："土地利用总体规划、城乡规划确定为工业、商业等经营性用途，并经依法登记的集体经营性建设用地，土地所有权人可以通过出让、出租等方式交由单位或者个人使用，并应当签订书面合同，载明土地界址、面积、动工期限、使用期限、土地用途、规划条件和双方其他权利义务。前款规定的集体经营性建设用地出让、出租等，应当经本集体经济组织成员的村民会议三分之二以上成员或者三分之二以上村民代表的同意。通过出让等方式取得的集体经营性建设用地使用权可以转让、互换、出资、赠与或者抵押，但法律、行政法规另有规定或者土地所有权人、土地使用权人签订的书面合同另有约定的除外。"

②建设用地使用权的设立。建设用地使用权可以在土地的地表、地上或者地下分别设立。设立建设用地使用权，应当符合节约资源、保护生态环境的要求，遵守法律、行政法规关于土地用途的规定，不得损害已经设立的用益物权。设立建设用地使用权，可以采取出让或者划拨等方式。设立建设用地使用权的，应当向登记机构申请建设用地使用权登记，其使用权自登记时设立。

③建设用地使用权的流转、续期和消灭。建设用地使用权人有权将建设用地使用权转让、互换、出资、赠与或者抵押，但法律另有规定的除外。建设用地使用权人将建设用地使用权转让、互换、出资、赠与或者抵押，应当符合以下规定：

a. 当事人应当采用书面形式订立相应的合同，使用期限由当事人约定，但不得超过建设用地使用权的剩余期限；

b. 应当向登记机关申请变更登记；

c. 附着于该土地上的建筑物、构筑物及其附属设施一并处分。

④出让土地使用权的取得方式和出让年限。土地使用权出让，可以采取拍卖、招标或者双方协议的方式。土地使用权出让最高年限按下列用途确定：居住用地70年；工业用地50年；教育、科技、文化、卫生、体育用地50年；商业、旅游、娱乐用地40年；综合或者其他用地50年。

⑤划拨方式供应土地的范围。划拨土地使用权的范围限于：国家机关用地和军事用地；城市基础设施用地和公益事业用地；国家重点扶持的能源、交通、水利等基础设施用地；法律、行政法规规定的其他用地。

3）临时建设用地

临时建设用地是指因建设项目施工和地质勘察等需要临时使用国有土地或者集体土地。其与一般建设用地相比，用地时间短、审批手续相对简便。临时建设用地，由县级以上人民政府自然资源主管部门批准。其中，在城市规划区内的临时用地，在报批前，应当先经有关城乡规划主管部门同意。土地使用者应当根据土地权属，与有关自然资源主管部门或者农村集体经济组织、村民委员会签订临时使用土地合同，并按照合同的约定支付临时使用土地补偿费。

《土地管理法》对临时建设用地作了以下限制性规定：

①临时使用土地的使用者应当按照临时使用合同约定的用途使用土地；

②不得修建永久性建筑物；

③临时使用土地的期限一般不得超过2年。

4)地役权

地役权是指为使用自己不动产的便利或提高其效益而按照合同约定利用他人不动产的权利。地役权的发生须有两个不同归属的土地存在,为他人土地利用提供便利的土地称为供役地,而享有地役权的土地称为需役地。从性质上说,地役权是按照当事人的约定设立的用益物权。

解析建设工程
地役权

(1)地役权的设立

设立地役权,当事人应当采取书面形式订立地役权合同。地役权自地役权合同生效时设立。当事人要求登记的,可以向登记机构申请地役权登记;未经登记,不得对抗善意第三人。

地役权合同一般包括下列条款:当事人的姓名或者名称和住所;供役地和需役地的位置;利用目的和方法;地役权期限;费用及其支付方式;解决争议的方法。

(2)地役权的变动

需役地以及需役地上的土地承包经营权、建设用地使用权等部分转让时,转让部分涉及地役权的,受让人同时享有地役权。供役地以及供役地上的土地承包经营权、建设用地权等部分转让时,转让部分涉及地役权,地役权对受让人具有法律约束力。

相关链接

地役权实例

①通行地役权:A、B 为兄弟,分家后 A 取得前院,B 取得后排房屋,B 要想到自己的土地房屋上必须通过 A 的地界。

②取水地役权:A 村有条河流过,相邻的 B 村没水喝,必须通过 A 村引水。

③眺望地役权:A、B 为前后院邻居,A 盖了 2 层小楼,为了看远处的景致,A 给 B 100 元钱,约定 B 不能盖高于 2 层的小楼,确保在自己的土地或建筑物中能够眺望风景。

④采光地役权:A、B 为前后院邻居,B 发现 A 准备盖 2 层小楼,B 害怕挡住他的光线,给 A 钱约定不能盖太高。

⑤还有排污地役权、支撑地役权等。

相关测试

不定项选择题

1.娱乐用地土地使用权转让,已使用 10 年,则转让后的土地使用权年限最多为(　　)。

A.60 年　　　　　　　B.50 年　　　　　　　C.40 年　　　　　　　D.30 年

2.根据《城镇国有土地使用权出让和转让暂行条例》规定,下列关于土地使用权出让最高年限的表述正确的是(　　)。

A.甲商业大楼土地使用权出让年限是 50 年

B.乙工厂土地使用权出让年限是 40 年

C.丙私立医院土地使用权出让年限是 70 年

D.丁旅游娱乐中心土地使用权出让年限是 40 年

3.关于临时建设用地,下列表述正确的是(　　　)。

    A.在城市规划区内的临时用地,应当经城市管理局批准

    B.临时建设用地期限一般不超过2年

    C.临时建设用地可以修建永久性建筑

    D.临时用地不需要支付临时使用土地补偿费

4.甲和乙的农田相邻,甲为浇灌自家农田必须从乙的农田里挖一条渠,此时甲可以和乙签订地役权合同,甲付给乙一定的报酬,从而取得从乙的农田挖渠的权利是(　　　)。

    A.土地使用权　　　　B.用益物权　　　　C.地役权　　　　D.处分权

5.所有权的内容包括(　　　)。

    A.占有权　　　　B.处分权　　　　C.使用权　　　　D.抵押权　　　　E.收益权

5.3.2 建设用地的获取

《中华人民共和国土地管理法实施条例》(以下简称《土地管理法实施条例》)第十四条规定,建设项目需要使用土地的,应当符合国土空间规划、土地利用年度计划和用途管制以及节约资源、保护生态环境的要求,并严格执行建设用地标准,优先使用存量建设用地,提高建设用地使用效率。《土地管理法实施条例》第二十五条规定,建设项目需要使用土地的,建设单位原则上应当一次申请,办理建设用地审批手续,确需分期建设的项目,可以根据可行性研究报告确定的方案,分期申请建设用地,分期办理建设用地审批手续。建设过程中用地范围确需调整的,应当依法办理建设用地审批手续。农用地转用涉及征收土地的,还应当依法办理征收土地手续。

1)规划内建设用地的获取

(1)以划拨取得建设用地

《城乡规划法》第三十七条规定,在城市、镇规划区内以划拨方式提供国有土地使用权的建设项目,经有关部门批准、核准、备案后,建设单位应当向城市、县人民政府城乡规划主管部门提出建设用地规划许可申请,由城市、县人民政府城乡规划主管部门依据控制性详细规划核定建设用地的位置、面积、允许建设的范围,核发建设用地规划许可证。

建设单位在取得建设用地规划许可证后,方可向县级以上地方人民政府土地主管部门申请用地,经县级以上人民政府审批后,由土地主管部门划拨土地。

(2)以出让取得建设用地

《城乡规划法》第三十八条规定,在城市、镇规划区内以出让方式提供国有土地使用权的,在国有土地使用权出让前,城市、县人民政府城乡规划主管部门应当依据控制性详细规划,提出出让地块的位置、使用性质、开发强度等规划条件,作为国有土地使用权出让合同的组成部分。未确定规划条件的地块,不得出让国有土地使用权。

以出让方式取得国有土地使用权的建设项目,建设单位在取得建设项目的批准、核准、备案文件和签订国有土地使用权出让合同后,向城市、县人民政府城乡规划主管部门领取建设用地规划许可证。

(3)获取临时建设用地

建设项目施工、地质勘查需要临时使用土地的,应当尽量不占或者少占耕地。临时用地由

县级以上人民政府自然资源主管部门批准,期限一般不超过 2 年;建设周期较长的能源、交通、水利等基础设施建设使用的临时用地,期限不超过 4 年。抢险救灾、疫情防控等急需使用土地的,可以先行使用土地。建设单位应当在不晚于应急处置工作结束 6 个月内申请补办建设用地审批手续。

2) 规划外建设用地的获取

《土地管理法实施条例》第二十四条规定,建设项目确需占用国土空间规划确定的城市和村庄、集镇建设用地范围外的农用地,涉及占用永久基本农田的,由国务院批准;不涉及占用永久基本农田的,由国务院或者国务院授权的省、自治区、直辖市人民政府批准。具体按照下列规定办理:

①建设项目批准、核准前或者备案前后,由自然资源主管部门对建设项目用地事项进行审查,提出建设项目用地预审意见。建设项目需要申请核发选址意见书的,应当合并办理建设项目用地预审与选址意见书,核发建设项目用地预审与选址意见书。

②建设单位持建设项目的批准、核准或者备案文件,向市、县人民政府提出建设用地申请。市、县人民政府组织自然资源等部门拟订农用地转用方案,报有批准权的人民政府批准;依法应当由国务院批准的,由省、自治区、直辖市人民政府审核后上报。农用地转用方案应当重点对是否符合国土空间规划和土地利用年度计划以及补充耕地情况作出说明,涉及占用永久基本农田的,还应当对占用永久基本农田的必要性、合理性和补划可行性作出说明。

③农用地转用方案经批准后,由市、县人民政府组织实施。

特别提示

《土地管理法》第三十八条规定,一年以上未动工建设的,应当按照省、自治区、直辖市的规定缴纳闲置费;连续二年未使用的,经原批准机关批准,由县级以上人民政府无偿收回用地单位的土地使用权。

相关链接

土地征收

为了公共利益的需要,国家可以对农民集体所有土地依法实施征收的情形有 6 种。如征收永久基本农田、永久基本农田以外的耕地超过 35 hm^2、征收其他土地超过 70 hm^2,征收部门应报国务院批准。

《土地管理法》第四十五条规定,为了公共利益的需要,有下列情形之一,确需征收农民集体所有的土地的,可以依法实施征收:

①军事和外交需要用地的;

②由政府组织实施的能源、交通、水利、通信、邮政等基础设施建设需要用地的;

③由政府组织实施的科技、教育、文化、卫生、体育、生态环境和资源保护、防灾减灾、文物保护、社区综合服务、社会福利、市政公用、优抚安置、英烈保护等公共事业需要用地的;

④由政府组织实施的扶贫搬迁、保障性安居工程建设需要用地的;

⑤在土地利用总体规划确定的城镇建设用地范围内,经省级以上人民政府批准由县级以上地方人民政府组织实施的成片开发建设需要用地的;

⑥法律规定为公共利益需要可以征收农民集体所有的土地的其他情形。

（1）征收程序

①预公告。征收土地预公告应当包括征收范围、征收目的、开展土地现状调查的安排等内容。征收土地预公告应当采用有利于社会公众知晓的方式，在拟征收土地所在的乡（镇）和村、村民小组范围内发布，预公告时间不少于10个工作日。

②开展土地现状调查。开展拟征收土地现状调查，应当查明土地的位置、权属、地类、面积，以及农村村民住宅、其他地上附着物和青苗等的权属、种类、数量等情况。

③开展社会稳定风险评估。开展社会稳定风险评估，应当对征收土地的社会稳定风险状况进行综合研判，确定风险点，提出风险防范措施和处置预案。社会稳定风险评估应当有被征地的农村集体经济组织及其成员、村民委员会和其他利害关系人参加，评估结果是申请征收土地的重要依据。

④拟定征地补偿安置方案。县级以上地方人民政府应当依据社会稳定风险评估结果，结合土地现状调查情况，组织自然资源、财政、农业农村、人力资源和社会保障等有关部门拟定征地补偿安置方案。征地补偿安置方案应当包括征收范围、土地现状、征收目的、补偿方式和标准、安置对象、安置方式、社会保障等内容。

⑤公告。征地补偿安置方案拟定后，县级以上地方人民政府应当在拟征收土地所在的乡（镇）和村、村民小组范围内公告，公告时间不少于30日。征地补偿安置公告应当同时载明办理补偿登记的方式和期限、异议反馈渠道等内容。

《土地管理法实施条例》第二十六条明确规定，自征收土地预公告发布之日起，任何单位和个人不得在拟征收范围内抢栽抢建；违反规定抢栽抢建的，对抢栽抢建部分不予补偿。

⑥听证。多数被征地的农村集体经济组织成员认为拟定的征地补偿安置方案不符合法律、法规规定的，县级以上地方人民政府应当组织听证，并根据法律、法规的规定和听证会情况修改方案。

⑦登记。拟征收土地的所有权人、使用权人应当在公告规定期限内，持不动产权属证明材料办理补偿登记。

⑧签订协议。县级以上地方人民政府根据法律、法规规定和听证会等情况确定征地补偿安置方案后，应当组织有关部门与拟征收土地的所有权人、使用权人签订征地补偿安置协议。征地补偿安置协议示范文本由省、自治区、直辖市人民政府制定。对个别确实难以达成征地补偿安置协议的，县级以上地方人民政府应当在申请征收土地时如实说明。

⑨申请征收。县级以上地方人民政府完成规定的征地前期工作后，方可提出征收土地申请，依照《土地管理法》第四十六条的规定报有批准权的人民政府批准。有批准权的人民政府应当对征收土地的必要性、合理性、是否符合《土地管理法》第四十五条规定的为了公共利益确需征收土地的情形以及是否符合法定程序进行审查。

⑩发布征收公告。征收土地申请经依法批准后，县级以上地方人民政府应当自收到批准文件之日起15个工作日内在拟征收土地所在的乡（镇）和村、村民小组范围内发布征收土地公告，公布征收范围、征收时间等具体工作安排，对个别未达成征地补偿安置协议的应当作出征地补偿安置决定，并依法组织实施。

（2）征地补偿

《土地管理法》以区片综合地价取代原来的年产值倍数法，在原来的土地补偿费、安置补助费、地上附着物和青苗补偿费的基础上，增加农村村民住宅补偿费用和被征农民社会保障费用的规定，从法律上为被征地农民构建更加完善的保障机制。《土地管理法实施条例》第三十二条规定征地补偿费应足额到位，专款专用。有关费用未足额到位的，不得批准征收土地。

【引例 2 评析】

按照《城乡规划法》第六十五条的规定,该工程在乡、村庄规划区内未依法取得乡村建设规划许可证或者未按照乡村建设规划许可证的规定进行建设,属于违法占地及违法建设。农村耕地属于集体土地,将其改变为建设用地,必须由建设单位根据发展改革部门批准的立项,报自然资源主管部门进行征地,土地所有权性质由集体土地改变为国有土地后,由城乡规划主管部门核发建设用地规划许可证和建设工程规划许可证后方可进行建设。同时该项目的实施主体也应由发展改革部门和自然资源主管部门确定,不应由村集体决定。占用耕地应按照《土地管理法》的有关规定报请市人民政府审批,乡(镇)人民政府无权审批。

【应用案例 1】　张某等 163 人原系某村村民。2024 年 1 月 1 日,征地单位与该村村民委员会、乡政府签订征地合同,征用土地 54.67 亩(1 亩≈666.67 m²)。征地单位依据征地合同的约定,共支付乡政府征地补偿费、安置补助费人民币 1 626 466 元,乡政府累计拨付某村村民委员会 885 185 元。此后该村村民对乡政府及村民委员会发放的征地补偿费、安置补助费数额产生异议。

【问题 1】　该案涉及哪几类赔偿费,应如何分配?

【应用案例 1 评析】　申请征收土地的县级以上地方人民政府应当及时落实土地补偿费、安置补助费、农村村民住宅以及其他地上附着物和青苗等的补偿费用、社会保障费用等。其中,地上附着物和青苗等的补偿费用,归其所有权人所有。对农村村民住宅,按照先补偿后搬迁、居住条件有改善的原则,采取重新安排宅基地建房、提供安置房或者货币补偿等方式给予公平、合理的补偿,并对因征收造成的搬迁、临时安置等费用予以补偿。还应将被征地农民纳入相应的养老等社会保障体系。

相关链接

土地使用权证又称国有土地使用权证,是指经土地使用者申请,由城市各级人民政府颁发的国有土地使用权的法律凭证。该证主要载明土地使用者名称,土地坐落、用途,土地使用权面积、使用年限和四至范围。

特别提示

建设单位必须按土地使用权出让合同或其他有偿使用合同的约定使用土地;确需改变该幅土地建设用途的,应经有关人民政府自然资源主管部门同意,报原批准用地的人民政府批准。在城市规划区内改变土地用途的,在报批前,应当先经有关城市规划行政主管部门的同意。

相关链接

收回国有建设用地使用权的情形

①为实施城市规划进行旧城区改建以及其他公共利益需要,确需使用土地的;

②土地出让等有偿使用合同约定的使用期限届满,土地使用者未申请续期或申请续期未获批准的;

③因单位撤销、迁移等原因,停止使用原划拨的国有土地的;

④公路、铁路、机场、矿场等经核准报废的。

因①项而收回国有土地使用权的,国家对土地使用权人应给予适当补偿。

3)法律责任

(1)无权批准导致的法律责任

《土地管理法》第七十九条规定,无权批准征收、使用土地的单位或者个人非法批准占用土地的,超越批准权限非法批准占用土地的,不按照土地利用总体规划确定的用途批准用地的,或者违反法律规定的程序批准占用、征收土地的,其批准文件无效,对非法批准征收、使用土地的直接负责的主管人员和其他直接责任人员,依法给予处分;构成犯罪的,依法追究刑事责任。非法批准、使用的土地应当收回,有关当事人拒不归还的,以非法占用土地论处。非法批准征收、使用土地,对当事人造成损失的,依法应当承担赔偿责任。

(2)阻挠征地导致的法律责任

《土地管理法实施条例》第六十二条规定,违反土地管理法律、法规规定,阻挠国家建设征收土地的,由县级以上地方人民政府责令交出土地;拒不交出土地的,依法申请人民法院强制执行。

(3)侵占费用导致的法律责任

《土地管理法》第八十条规定,侵占、挪用被征收土地单位的征地补偿费用和其他有关费用,构成犯罪的,依法追究刑事责任;尚不构成犯罪的,依法给予处分。《土地管理法实施条例》第六十四条规定,贪污、侵占、挪用、私分、截留、拖欠征地补偿安置费用和其他有关费用的,责令改正,追回有关款项,限期退还违法所得,对有关责任单位通报批评、给予警告;造成损失的,依法承担赔偿责任;对直接负责的主管人员和其他直接责任人员,依法给予处分。

【应用案例2】 张某在A县某村东大街有房屋一座,且有土地使用权。2021年后遇腾退,2022年房屋已被拆除且未获取任何补偿以及安置。2023年张某向C市自然资源和规划局申请书面公开案涉地块的土地出让合同等材料,后收到信息公开回复,其中包含A县自然资源和规划局与B旅游置业开发公司签署的案涉《国有建设用地使用权出让合同》,张某才知晓该出让合同内容。出让合同显示,A县自然资源和规划局享有使用权的地块进行了出让,但出让行为涉及的地块包含有张某的房屋及土地使用权,至今未给予征收补偿安置。张某遂以A县自然资源和规划局为被告、以某旅游置业开发公司为第三人向法院提起民事诉讼,诉讼请求为:依法撤销被告与第三人签署的《国有建设用地使用权出让合同》。

【问题2】 张某的诉讼请求会得到法院支持吗?

【应用案例评析】 不会。本案法律关系主要包括征地补偿法律关系和建设用地使用权出让合同法律关系。在建设用地使用权出让合同法律关系中,张某并不是本案的相对人和利害关系人,A县自然资源局与第三人B旅游置业开发公司签订的案涉合同并未对张某的权利义务产生实际影响。张某所称的案涉土地在经政府征地完成后,性质即发生转变,由集体土地变为国有土地,张某的使用权便消灭。因此,张某提起本案诉讼没有原告资格,法院会裁定驳回原告起诉。

5.3.3 "一书两证"的获取

1)选址意见书的获取

《城乡规划法》第三十六条规定:"按照国家规定需要有关部门批准或者核准的建设项目,以划拨方式提供国有土地使用权的,建设单位在报送有关部门批准或者核准前,应当向城乡规划主管部门申请核发选址意见书。"选址意见书是指建设项目(主要指新建大中型工业与民用项目)在立项过程中,城乡规划行政主管部门对提出的关于建设项目选建具体用地地址的批复意见等具有法律效力的文件。

建设工程规划许可合法性识别

按照《自然资源部关于以"多规合一"为基础推进规划用地"多审合一、多证合一"改革的通知》(自然资规〔2019〕2号)要求,将建设项目选址意见书、建设项目用地预审意见合并,自然资源主管部门统一核发建设项目用地预审与选址意见书,不再单独核发建设项目选址意见书、建设项目用地预审意见。建设项目用地预审与选址意见书有效期为3年,自批准之日起计算。

(1)选址意见书的内容

选址意见书的内容主要包括项目名称、项目代码、建设单位名称、项目建设依据、项目拟选位置、拟用地面积(含各地类明细)、拟建设规模。

建设项目选址的主要依据有:经批准的项目建议书;建设项目所在城市总体规划、分区规划;建设项目所在城市的交通、通信、能源、市政、防灾规划;建设项目所在城市生活居住及公共设施规划;建设项目所在城市的环境保护规划和风景名胜、文物古迹管理规划等。

(2)建设项目选址意见书的核发权限

建设项目选址意见书按建设项目计划审批权限实行分级规划管理。

涉及新增建设用地,用地预审权限在自然资源部的,建设单位向地方自然资源主管部门提出用地预审与选址申请,由地方自然资源主管部门受理;经省级自然资源主管部门报自然资源部通过用地预审后,地方自然资源主管部门向建设单位核发建设项目用地预审与选址意见书。用地预审权限在省级以下自然资源主管部门的,由省级自然资源主管部门确定建设项目用地预审与选址意见书办理的层级和权限。使用已经依法批准的建设用地进行建设的项目,不再办理用地预审;需要办理规划选址的,由地方自然资源主管部门对规划选址情况进行审查,核发建设项目用地预审与选址意见书。

【引例3】

某房地产开发公司与某市郊区的某乡政府签订协议,该乡政府同意将100亩规划乡镇企业用地划给该公司使用。该市自然资源和规划局、住房和城乡建设局依据协议为该公司办理了集体土地使用证,随后在该公司缴纳了土地出让金后,又为该公司办理了国有土地使用证。该市在调整城市总体规划时,将这100亩土地的使用性质变更为居住用地。该公司向城乡规划主管部门申请建设住宅楼,但没有得到批准。

【引导问题3】 阅读引例3,讨论以下问题:

①城乡规划主管部门没有批准该项目的原因是什么?

②建设用地规划许可的取得对国有土地使用权的办理会产生什么影响?

2)建设用地规划许可证的获取

建设用地规划许可证是由建设单位或个人向自然资源主管部门提出建设用地申请,城乡规划主管部门审查批准的建设用地位置、面积、界限的法律凭证。按照《自然资源部关于以"多规合一"为基础推进规划用地"多审合一、多证合一"改革的通知》(自然资规〔2019〕2号)要求,将建设用地规划许可证、建设用地批准书合并,自然资源主管部门统一核发新的建设用地规划许可证,不再单独核发建设用地批准书。

以划拨方式取得国有土地使用权的,建设单位向所在地的市、县自然资源主管部门提出建设用地规划许可申请,经有建设用地批准权的人民政府批准后,市、县自然资源主管部门向建设单位同步核发建设用地规划许可证、国有土地划拨决定书。

以出让方式取得国有土地使用权的,市、县自然资源主管部门依据规划条件编制土地出让方案,经依法批准后组织土地供应,将规划条件纳入国有建设用地使用权出让合同。建设单位在签订国有建设用地使用权出让合同后,市、县自然资源主管部门向建设单位核发建设用地规划许可证。

(1)建设用地规划许可证的内容

建设用地规划许可证的内容主要包括用地单位、项目名称、批准用地机关、批准用地文号、用地位置、用地面积、土地用途、建设规模、土地取得方式、附图及附件名称。

(2)申报要求

推进多测整合、多验合一。以统一规范标准、强化成果共享为重点,将建设用地审批、城乡规划许可、规划核实、竣工验收和不动产登记等多项测绘业务整合,归口成果管理,推进"多测合并、联合测绘、成果共享"。不得重复审核和要求建设单位或者个人多次提交对同一标的物的测绘成果;确有需要的,可以进行核实更新和补充测绘。在建设项目竣工验收阶段,将自然资源主管部门负责的规划核实、土地核验、不动产测绘等合并为一个验收事项。

(3)申报材料

简化报件审批材料。各地要依据"多审合一、多证合一"改革要求,核发新版证书。对现有建设用地审批和城乡规划许可的办事指南、申请表单和申报材料清单进行清理,进一步简化和规范申报材料。除法定的批准文件和证书以外,地方自行设立的各类通知书、审查意见等一律取消。加快信息化建设,可以通过政府内部信息共享获得的有关文件、证书等材料,不得要求行政相对人提交;对行政相对人前期已提供且无变化的材料,不得要求重复提交。支持各地探索以互联网、手机 App 等方式,为行政相对人提供在线办理、进度查询和文书下载打印等服务。

> **【引例 3 评析】**
>
> 根据《城乡规划法》第三十九条"规划条件未纳入国有土地使用权出让合同的,该国有土地使用权出让合同无效;对未取得建设用地规划许可证的建设单位批准用地的,由县级以上人民政府撤销有关批准文件;占用土地的,应当及时退回;给当事人造成损失的,应当依法给予赔偿"的规定,该房地产开发公司占用 100 亩土地的行为实际上是违法占地,因此,城乡规划主管部门没有批准该公司的建设申请。

特别提示

> 建设用地规划许可应当包括标有建设用地具体界限的附图和明确具体规划要求的附件。附图和附件是建设用地规划许可证的配套证件,具有同等的法律效力。附图和附件由发证单位根据法律、法规规定和实际情况制定。
>
> 建设用地规划许可证有效期限为 6 个月,逾期未申请办理建设工程规划许可证的,该建设用地规划许可证自行失效。申请人需要延续依法取得的建设用地规划许可证有效期限的,应当在建设用地规划许可证有效期限届满 30 日前提出申请。

3)建设工程规划许可证的获取

(1)建设工程规划许可证的作用

建设工程规划许可证是由城乡规划主管部门核发的,确认有关建设工程是否符合城市规划要求的法律凭证。

①确认建设单位和个人有关建设活动的合法地位;

②作为建设活动过程中接受监督检查时的法律依据;

③作为城市建设活动的重要历史资料和城市建设档案的重要内容。

建筑"碳中和"

（2）建设工程规划许可证的申报资料

①建设工程规划许可证申请表1份,并加盖申请人印章;

②有关计划批准文件、设计条件或规划方案审批意见;

③土地使用权属证件及附图;

④1/500或1/1 000地形图两份,地形图上应由设计单位用HB铅笔标明下列内容:建筑基地用地界限、建筑物外轮廓及层数、新建建筑物与基地用地界限、道路规划红线及相关控制线、相邻建筑物间距尺寸轴线标号(作图格式见《报送建筑工程设计方案、建设工程规划许可证地形图示意图》);

⑤符合出图标准并加盖建筑设计单位设计出图章的1/500或1/1 000总平面设计图两份;

⑥建筑施工图一套,图纸须加盖设计单位图章;

⑦分层面积表(应按国家有关建筑面积规定计算);

⑧建筑工程预算书;

⑨相关单位部门审核意见;

⑩日照分析文件一份(可选)。

如涉及拆迁的,应附送拆迁文件,以及城乡规划主管部门要求提供的其他材料。

（3）建设工程规划许可证的审批程序

①申请。建设单位应当持设计任务书、建设用地规划许可证和土地使用证等有关批准文件向城乡规划主管部门提出建设工程规划许可证核发申请。城乡规划主管部门对申请进行审查,确定建设工程的性质、规模等是否符合城乡规划的布局和发展要求。对于建设工程涉及相关主管部门的,则应根据实际情况和需要,征求有关行政主管部门的意见,进行综合协调。

②初步审查。城乡规划主管部门受理申请后,应对建设工程的性质、规模、建设地点等是否符合城市规划要求进行审查,并应征求环境保护、环境卫生、交通、通信等相关部门的意见,以便使规划更加合理完善。

③核发规划设计要点意见书。城乡规划主管部门根据对申请的审查结果和工程所在地段详细规划的要求,向建设单位或个人核发规划设计要点意见书,提出建设高度限制、城市规划红线的边界限制、与四周已有工程的关系限制等规划设计要求。建设单位按照规划设计要点意见书的要求,委托设计部门进行方案设计工作。

④方案审查。建设单位或个人根据规划设计要点意见书完成方案设计后,应将设计方案(应不少于两个)的有关图纸、模型、文件报送城乡规划主管部门。城乡规划主管部门对各个方案的总平面布置、工程周围环境关系和个体设计体量、层次、造型等进行审查比较后,核发设计方案通知书,并提出规划修改意见。建设单位据此委托设计单位进行施工图设计。

⑤核发建设工程规划许可证。建设单位或个人按照设计方案通知书的要求完成施工图设计后,将注明勘察设计证号的初步设计文件(总平面图,个体建筑设计的平面图、立面图、剖面图、基础图、地下室平面图及其剖面图等施工图及相关设计说明)报城乡规划主管部门审查。经审查批准后,核发建设工程规划许可证。

相关链接

> (1)在哪些情况下，需重新办理建设工程规划许可证？
>
> 当工程因以下情况确需修改的，应重新办理建设工程规划许可证：①涉及建筑物位置、立面、层数、平面、使用功能、建筑结构的；②市政工程中涉及规模、等级、走向、工艺设计、立面、平面、结构、功能及设备的容量、造型有较大变化的。
>
> (2)对已建成的建筑需改变使用性质时，是否需要申请核发建设工程规划许可证？
>
> 已建成的建筑确需改变使用性质的，须经城乡规划主管部门批准，签订土地使用权出让合同书补充协议、付清地价款后，持设计文件等向市规划主管部门申请核发建设工程规划许可证或建筑工程装饰、装修许可文件。涉及有关专业管理部门审批的，还应取得有关部门的审批意见。

(4)建设工程规划许可证的主要内容

①许可证编号；

②发证机关名称和发证日期；

③用地单位；

④用地项目名称、位置、宗地号以及子项目名称、建筑性质、栋数、层数、结构类型；

⑤计容积率面积及各分类面积；

⑥附件包括总平面图、各层建筑平面图、各向立面图和剖面图。

(5)建设工程规划许可证审批后的管理

①验线。建设单位应当按照建设工程规划许可证的要求放线并经城乡规划主管部门验线后方可施工。对邻近城市规划红线的工程，应首先请城乡规划勘测部门确定红线位置及定位坐标，然后再进行个体工程的放线。

②现场检查。城乡规划管理工作人员应进入有关施工现场，了解建设工程的位置、施工等情况是否符合规划设计条件。工程定位、建筑面积、建筑功能及建筑外观是重要的检查内容。

③竣工验收。竣工验收是工程项目建设程序中的最后一项。规划部门参加竣工验收，是对建设工程是否符合规划设计条件进行最后把关，以保证城市规划区内各项建设符合城市规划。对验收合格的，核发建设工程规划验收合格证。

特别提示

> 建设工程规划许可证所包括的附图和附件，按照建筑物、构筑物、道路、管线以及个人建房等不同要求，由发证单位根据法律、法规规定和实际情况制定。附图和附件是建设工程规划许可证的配套证件，具有同等法律效力。

> 【应用案例3】　某房地产开发公司拟在市中心建设一栋办公楼，城乡规划主管部门经审查同意后为该房地产开发公司办理了有关规划审批手续，并核发了建设用地规划许可证和建设工程规划许可证。该公司随后即开工进行建设，工程建设过程中城乡规划主管部门也没有对工程进行规划核实。办公楼竣工后，该公司到该市房屋行政主管部门办理房屋产权证时，被告知规划验收手续不全，要求补充有关文件。

【问题3】 阅读应用案例3,回答以下问题:

①该建设工程缺少哪些规划核实和验收文件?

②城乡规划主管部门应该如何做?

【应用案例3评析】 该建设工程缺少建设工程规划验收合格证。城乡规划主管部门应在工程放线阶段进行验线,在工程进行到正负零阶段进行验正负零,在结构完工阶段进行审核,在建设工程竣工后进行规划验收。根据《城乡规划法》第四十五条的规定,建设单位应当在建设工程竣工验收后6个月内向城乡规划主管部门报送有关竣工验收资料,未及时报送应进行行政处罚。

5.3.4 相关法律责任

《城乡规划法》第六十四条规定:"未取得建设工程规划许可证或者未按照建设工程规划许可证的规定进行建设的,由县级以上地方人民政府城乡规划主管部门责令停止建设;尚可采取改正措施消除对规划实施的影响的,限期改正,处建设工程造价百分之五以上百分之十以下的罚款;无法采取改正措施消除影响的,限期拆除,不能拆除的,没收实物或者违法收入,可以并处建设工程造价百分之十以下的罚款。"

第六十五条规定:"在乡、村庄规划区内未依法取得乡村建设规划许可证或者未按照乡村建设规划许可证的规定进行建设的,由乡、镇人民政府责令停止建设、限期改正;逾期不改正的,可以拆除。"

第六十八条规定:"城乡规划主管部门作出责令停止建设或者限期拆除的决定后,当事人不停止建设或者逾期不拆除的,建设工程所在地县级以上地方人民政府可以责成有关部门采取查封施工现场、强制拆除等措施。"

【应用案例4】 某市一工厂位于市区,因生产不景气,报经总公司批准,同意改建成一座高层宾馆,占地面积32 000 m²。总公司在批准时指出,市城乡规划主管部门已按照规划调整的相关程序开展工作,上报原规划审批单位同意该厂用地使用性质可以调整。随后,该厂便与合作方签订协议,由合作方出资,建成以后各得一半建筑面积。合作双方的建设方案报经总公司批准后即着手进行建设,正当开槽施工之时,城乡规划主管部门查处了该建设工程,责令立即停工,听候处理。

【问题4】 阅读应用案例4,回答以下问题:

①该工程为什么会受到城乡规划主管部门的查处?

②城乡规划主管部门应如何处置?

【应用案例4评析】 该工程未取得建设工程规划许可证即开工进行建设,构成了违法建设,因此受到城乡规划主管部门的查处。

按照《城乡规划法》第六十四条"未取得建设工程规划许可证或者未按照建设工程规划许可证的规定进行建设的,由县级以上地方人民政府城乡规划主管部门责令停止建设;尚可采取改正措施消除对规划实施的影响的,限期改正,处建设工程造价百分之五以上百分之十以下的罚款;无法采取改正措施消除影响的,限期拆除,不能拆除的,没收实物或者违法收入,可以并处建设工程造价百分之十以下的罚款"的规定,城乡规划主管部门应对该厂进行罚款处理,并要求该厂按照法定程序办理有关规划审批手续,同时可以依法建议该厂的上级单位给予有关责任人行政处分。

【应用案例 5】 某市城市规划的东南部,按照批准的总体规划方案,有一约 60 hm² 的城市规划绿地。某科研单位与当地村委会签订协议,在规划绿地内占用 3 hm² 土地建设住宅,补偿费用 1 000 万元。一年后建成多层住宅 5 栋,建筑面积 25 000 m²。该科研单位在分房过程中,有职工向城乡规划主管部门举报该科研单位领导搞违法建设,要求查处。经查后,城乡规划执法人员认为,该科研单位和村委会对农村集体土地进行变相买卖,违法侵占耕地,同时也未报城乡规划主管部门审批,没有办理建设用地规划许可证和建设工程规划许可证,即行占地、建设,属违法建设行为,且侵占规划绿地,严重影响城市规划,违法事实清楚,不用再找当事人调查。于是,根据《城乡规划法》第六十四条规定,对违法建设作出予以没收的行政处罚决定,并经部门领导批准发出了行政处罚决定书。送达后,科研单位不服该行政处罚,向人民法院提起诉讼,经法院审理,判决城乡规划主管部门败诉。

【问题 5】 阅读应用案例 5,回答以下问题:
①该案败诉的原因是什么?
②城乡规划主管部门应当如何正确处理此案?

【应用案例 5 评析】 该部门作出的行政处罚行为不符合《行政处罚法》第四十四条"行政机关在作出行政处罚决定之前,应当告知当事人拟作出的行政处罚内容及事实、理由、依据,并告知当事人依法享有的陈述、申辩、要求听证等权利"的规定。

城乡规划主管部门应按照《行政处罚法》的规定对该科研单位的违法建设行为进行处罚,告知有关程序,并按照《城乡规划法》的有关规定对该单位的违法建设行为进行处罚,同时建议该单位的上级单位对有关责任人进行行政处分。

5.4　任务实施与评价

①此次任务完成中存在的主要问题有哪些?
②问题产生的原因有哪些? 请提出相应的解决方法。
③你认为还需要加强哪些方面的指导(实际工作过程及理论知识)?

知识回顾

本任务主要涉及以下知识点:国有土地使用权的概念、性质及分类;出让土地使用权的取得方式、出让年限;划拨方式供应土地的范围;规划内建设用地、规划外建设用地及乡村建设用地;国家征用土地的审批程序及补偿办法;取得国有建设用地的程序与要点;选址意见书、建设用地规划许可证、建设工程规划许可证的内容、办理程序与要点;相关法律责任的划分和纠纷的处理。

课后训练

一、案例分析

【案例 1】 A 省电子公司打算新建一座 20 000 m² 的办公楼,于 2022 年 10 月初向 A 省自然资源厅申请:征用 A 省 B 市郊区的一块农用耕地。于 2023 年 3 月获得 A 省自然资源厅的批准,2023年4月A省电子公司动土开工,进行办公楼的施工。2023年7月国家自然资源部检查时发现,A省电子公司办公楼工程的土地审批不符合规定,要求全面停建。A省电子公司不服,于2023年10月向A省高级法院提出了诉讼。

问题:

该案件应如何审理?它违反了哪些法律、法规?请对该案例进行评析。

【案例2】 2019年,A公司获得B市C区自然资源和规划局发放的建设工程规划许可证,在C区某特大桥东侧开发建设还建房项目,施工现场已开挖的基坑深度约7 m。按照规划,建成后的主建筑物共26层,高78.3 m,楼栋距离铁路桥梁外侧仅14.89 m,远低于《××省控制性详细规划编制技术规定》中建筑物后退铁路干线不小于20 m的规定。同时,该小区围墙距离铁路桥梁外侧仅8.76 m,未达到《铁路安全管理条例》规定的12 m距离,侵入了铁路线路安全保护区。根据该项目规划,建成后的住宅楼可能导致高铁运行和群众生活的双重安全隐患。一方面,工程建设时的基坑开挖和打桩等施工可能会影响铁路桥梁的稳定,严重危及高铁运行安全;另一方面,高铁运行时产生的噪声、震动也会干扰居民的安宁生活。

问题:

案例中的还建房项目建设是否存在违法之处?A公司获得的建设工程规划许可证是否合法?铁路管理部门与项目毗邻区域居民的权利应如何得到保护?

【案例3】 ××家园位于××市××区学院路,2022年8月,业主们意外得知,本该属于小区配套工程的7号楼竟被开发商"合法"出售,原来的幼儿园、文化活动站也即将成为一座名为"××沐浴会馆"的洗浴中心。2022年11月,业主们获悉,××市自然资源和规划局于2021年12月作出规划许可,撤销原来的规划许可证,并将7号楼的用途变更为"办公、变电室",后再次变更为"商业、变电室",其变更主要理由为××市××区教育委员会出具的"关于××家园配套意见书",声称因原设计中配套幼儿园的建筑面积较小,不易办学,建议取消配套。

业主们认为,××市自然资源和规划局违法变更规划,取消幼儿园等生活配套设施,变相地为第三人将上述用房出售并开设洗浴中心创造条件,其行为违法,应予撤销。××市自然资源和规划局则认为,他们是依照第三人××公司变更规划的申请,对第三人提交的消防、环保、人防等有关部门的审核意见进行审查,认为符合城乡规划法的规定,因此作出准许变更的规划许可,并未违反法定程序。原规划许可证中核准的幼儿园作为公共服务配套设施,不能满足建设指标的最小规模要求,在征求教育主管部门的意见后,同意××区教育委员会取消该配套幼儿园的意见改为商业用房,并不违反相关规定。

问题:

①请对该案涉及的法律关系、纠纷性质和纠纷解决途径进行说明。

②请提出该纠纷的处理方案。

二、建工拓展与感悟

扫码观看视频,思考建筑行业如何数字化转型?

走进安徽金鹏集团

任务 6　工程报建与施工许可申办

解析新质生产力

【建工先读】

请扫码观看视频,学习新质生产力的内涵,思考如何在报建与施工许可实务中守正创新?

【引例 1】

某市重点建设项目总投资 6 000 万元,现被认定为"无用地手续、无规划报建手续、无建筑施工许可"的三无违法建筑,被勒令拆除。该项目工期长达 6 年,从设计、主体结构、装饰装修,均无管理部门制止。现在一旦拆除,谁来为损失的 6 000 万元买单?

【引导问题 1】　根据引例 1,讨论以下问题:

①你如何看待该事件?

②在建设工程程序中,报建与办理施工许可处于哪个环节? 它对工程实施将产生什么影响?

> **【引例 1 评析】**
>
> 引例 1 是一起明显违反工程建设程序建设的典型案例。在立项、用地许可、规划许可、报建、施工许可任何一个环节,如果相关监督管理部门各尽其责,项目建设方认真按程序规定建设,都不会造成建设资金的浪费和一系列相关损失。

6.1　任务导读

在工程建设准备阶段,工程报建是一个重要的环节,起着承上启下的作用。工程报建标志着工程建设前期准备阶段的工作已经完成,可以进入到工程建设的实施阶段。

而建设工程实施施工许可制度,有利于避免不具备开工条件的建设工程盲目开工给当事人和社会造成损失,也便于建设行政主管部门全面掌握有关建设工程的基本情况,对在建工程及时进行监督和指导,保证建设活动的合法性。

如你所在一家房地产开发企业欲就××大学城商业街进行打造,现已获取该项目的建设用地许可和建设工程规划许可,你需完成该项目的工程报建和施工许可证的办理。完成本任务须掌握建设工程报建与施工许可申报相关法律制度和实务技巧,实现 6.2 节的任务目标。

6.2　任务目标

①按照正确的方法和途径,落实申报条件,收集报建与施工许可相关法律法规资料;

②依据资料分析结果,确定完成该任务的工作步骤;

③按照任务工作时间限定,明确法律责任,完成该任务法律建议书和相关纠纷处理;

④通过完成该任务,提出后续工作建议,完成自我评价,并提出改进意见。

6.3　知识准备

6.3.1　建设工程报建

如何做好
建设工程报建

建设工程报建制度,是指建设单位在工程项目通过项目建议书(可分初步可行性研究或预可行性研究)、可行性研究、编制设计任务书、选择建设地点、立项审批、规划许可等前期筹备工作后,向建设行政主管部门申请转入工程建设的实施阶段,由建设行政主管部门依法对建设工程是否具备发包条件进行审查的一项制度。

1) 建设工程报建的范围和内容

(1) 建设工程报建的范围

按照《工程建设项目报建管理办法》规定,凡在中华人民共和国境内投资兴建的工程建设项目,包括外国独资、合资、合作的工程项目,都必须实行报建制度,接受当地建设行政主管部门或其授权机构的监督管理。工程建设项目的投资和建设规模有变化时,建设单位应及时到当地建设行政主管部门或其授权机构进行补充登记;筹建负责人变更时,应重新登记。凡未办理报建登记的工程建设项目,不得办理招标投标手续和发放施工许可证,勘察、设计、施工单位不得承接该项工程的勘察、设计和施工。

(2) 建设工程报建的内容

工程建设项目的报建内容主要包括工程名称,建设地点,投资规模,资金来源,当年投资额,工程规模,开工、竣工日期,发包方式,工程筹建情况。

2) 建设工程报建的程序和相关资料

工程报建一般在项目所在地的建设工程交易中心完成,交易中心设置了集中办理一条龙服务窗口。

①建设工程报建,首先要提供如下资料到住房和城乡建设委员会办理登记手续:

a. 国家发展和改革委员会核发的固定资产投资许可证或主管部门批准的计划任务书;

b. 城乡规划主管部门核发的建设用地规划许可证和建设工程规划许可证;

c. 自然资源主管部门核发的国有土地使用证;

d. 符合项目设计资格的设计单位设计的施工图纸和施工图设计文件审查批准书;

e. 人防办核发的人民防空工程建设许可证;

f. 消防部门核发的建筑工程消防设计审核意见书;

g. 防雷设施检测所核发的防雷设施设计审核书;

h. 地震办公室核发的抗震设防审核意见书;

i. 建设资金证明;

j. 工程预算书和造价部门核发的建设工程类别核定书;

k. 法律、法规规定的其他资料。

②公开招标的建设工程,要补充如下资料到招标办办理手续:

a. 建设单位法定代表人证明或法定代表人委托证明;

b. 建设工程施工公开招标申请表;

c. 建设工程监理公开招标申请表。

③邀请招标的建设工程,要补充如下资料到招标办办理手续:

a.建设单位法定代表人证明或法定代表人委托证明;

b.建设工程施工邀请招标审批表;

c.建设工程监理邀请招标审批表;

d.工商部门签发的私营企业证明;

e.法人营业执照;

f.其他申请邀请招标理由证明。

④直接发包的建设工程,要补充如下资料到招标办办理手续:

a.建设单位法定代表人证明或法定代表人委托证明;

b.建设单位申请安排建设工程施工单位报告;

c.建设单位申请安排建设工程监理单位报告;

d.工商部门签发的私营企业证明;

e.法人营业执照;

f.建设工程直接发包审批表。

6.3.2　国有土地上房屋征收管理

1)房屋征收程序

①由市、县级人民政府作出房屋征收决定。

②房屋征收部门拟定征收补偿方案,报市、县级人民政府。市、县级人民政府应当组织有关部门对征收补偿方案进行论证并予以公布,征求公众意见,征求意见期限不得少于 30 日。市、县级人民政府应当将征求意见情况和根据公众意见修改的情况及时公布。

③房屋征收部门与被征收人依照《国有土地上房屋征收与补偿条例》的规定,就补偿方式、补偿金额和支付期限、用于产权调换房屋的地点和面积、搬迁费、临时安置费或者周转用房、停产停业损失、搬迁期限、过渡方式和过渡期限等事项,订立补偿协议。

2)房屋征收主体

市、县级人民政府负责本行政区域的房屋征收与补偿工作。市、县级人民政府确定的房屋征收部门组织实施本行政区域的房屋征收与补偿工作。房屋征收部门可以委托房屋征收实施单位承担房屋征收与补偿的具体工作。房屋征收实施单位不得以营利为目的。房屋征收部门负责对房屋征收实施单位在委托范围内实施的房屋征收与补偿行为进行监督,并对其行为后果承担法律责任。

3)房屋征收补偿范围

实施房屋征收应当先补偿、后搬迁。房屋征收范围确定后,不得在房屋征收范围内实施新建、扩建、改建房屋和改变房屋用途等不当增加补偿费用的行为,由此产生的费用不予补偿。征收违章建筑和超过批准期限的临时建筑,不予补偿;征收未超过批准期限的临时建筑,应当给予适当补偿。作出房屋征收决定的市、县级人民政府对被征收人给予的补偿包括:

①被征收房屋价值的补偿;

②因征收房屋造成的搬迁、临时安置的补偿;

③因征收房屋造成的停产停业损失的补偿。

4）房屋征收补偿方式

征收补偿有3种方式,分别是货币补偿、房屋产权调换和前两种方式相结合。房屋征收部门与被征收人依照《国有土地上房屋征收与补偿条例》的规定,就补偿方式、补偿金额和支付期限、用于产权调换房屋的地点和面积、搬迁费、临时安置费或者周转用房、停产停业损失、搬迁期限、过渡方式和过渡期限等事项,订立补偿协议。

5）房屋征收纠纷处理

被征收人对补偿决定不服的,可以依法申请行政复议,也可以依法提起行政诉讼。被征收人在法定期限内不申请行政复议或者不提起行政诉讼,在补偿决定规定的期限内又不搬迁的,由作出房屋征收决定的市、县级人民政府依法申请人民法院强制执行。强制执行申请书应当附具补偿金额和专户存储账号、产权调换房屋和周转用房的地点和面积等材料。

相关测试

不定项选择题

1. 李某所在的居住小区已被公告列入拆迁范围,李某的下列行为中符合法律规定的是(　　)。

　A.将自己的旧房翻修扩建,增加了50 m^2 建筑面积

　B.将房屋出租给附近大学的学生居住

　C.将临街的住房改造为商业铺面

　D.将房屋转让给邻居赵某

2. 居民孙某不满意拆迁人的补偿安置方案,双方未能达成协议,因而拒绝搬迁。后经市房屋拆迁管理部门裁决,孙某应于30日内搬迁,现期限届满,孙某仍然未搬。那么下列做法符合法律规定的是(　　)。

　A.拆迁人可以对其房屋强制拆除

　B.拆迁人向城市房屋拆迁管理部门申请强制拆迁

　C.由拆迁人申请人民法院强制拆迁

　D.强制拆迁前,拆迁人向公证机关办理证据保全

相关链接

《国有土地上房屋征收与补偿条例》节选

第二十一条　被征收人可以选择货币补偿,也可以选择房屋产权调换。

被征收人选择房屋产权调换的,市、县级人民政府应当提供用于产权调换的房屋,并与被征收人计算、结清被征收房屋价值与用于产权调换房屋价值的差价。

因旧城区改建征收个人住宅,被征收人选择在改建地段进行房屋产权调换的,作出房屋征收决定的市、县级人民政府应当提供改建地段或者就近地段的房屋。

第二十二条　因征收房屋造成搬迁的,房屋征收部门应当向被征收人支付搬迁费;选择房屋产权调换的,产权调换房屋交付前,房屋征收部门应当向被征收人支付临时安置费或者提供周转用房。

第二十三条　对因征收房屋造成停产停业损失的补偿,根据房屋被征收前的效益、停产停业期限等因素确定。具体办法由省、自治区、直辖市制定。

第二十七条　实施房屋征收应当先补偿、后搬迁。

作出房屋征收决定的市、县级人民政府对被征收人给予补偿后,被征收人应当在补偿协议约定或者补偿决定确定的搬迁期限内完成搬迁。

任何单位和个人不得采取暴力、威胁或者违反规定中断供水、供热、供气、供电和道路通行等非法方式迫使被征收人搬迁。禁止建设单位参与搬迁活动。

【引例 2】

某高校实训中心改造装修项目,建筑面积约 20 000 m²,合同价约 5 100 万元。建设单位为A 公司,施工单位为 B 公司。2023 年 6 月,该项目通过招标确定 B 公司为该项目的施工单位。2023 年 7 月,A 公司在申报施工许可证的同时,督促 B 公司进场开始装饰装修改造施工。2024 年 2 月,该项目部分楼层已基本施工完成,项目总体进度达 60%。

【引导问题 2】　案例中的 A 公司与 B 公司是否存在违法之处?什么是施工许可制度?为什么要推行该制度?

6.3.3　建设工程施工许可

《建筑法》第七条规定,建设工程开工前,建设单位应当按照国家有关规定向工程所在地县级以上人民政府建设行政主管部门申请领取施工许可证。这个规定确立了我国工程建设的施工许可制度。

如何做好建设工程施工许可申报

1)建筑施工许可制度

建筑施工许可制度是指由国家授权有关行政主管部门,在建设工程施工开始以前,对该项工程是否符合法定的开工条件进行审查,对符合条件的建设工程发放施工许可证,允许该工程开工建设的一项制度。施工许可证是指建设工程开始施工前,建设单位向建设行政主管部门申请的可以施工的证明,是建设单位能够从事建设工程开工活动的法律凭证。

2)实施施工许可证的范围

根据《建筑法》第七条规定,除国务院建设行政主管部门确定的限额以下的小型工程,以及按照国务院规定的权限和程序批准开工报告的建设工程外,其余所有在我国境内的建设工程均应领取施工许可证。

《建筑工程施工许可管理办法》(根据 2021 年 3 月 30 日中华人民共和国住房和城乡建设部令第 52 号修正)规定,在中华人民共和国境内从事各类房屋建筑及其附属设施的建造、装饰装修和与其配套的线路、管道、设备的安装,以及城镇市政基础设施工程的施工,建设单位在开工前应当依照本办法的规定,向工程所在地的县级以上人民政府住房城乡建设主管部门申请领取施工许可证。应当申请领取施工许可证而未领取的工程一律不得开工。

相关链接

在我国,以下 6 类工程不需要办理施工许可证:

①国务院建设行政主管部门确定的限额以下的小型工程。

工程投资额在 30 万元以下或者建筑面积在 300 m² 以下的建设工程,可以不申请办理施工许可证。省、自治区、直辖市人民政府建设行政主管部门可以根据当地实际情况,对限额进行调整,并报国务院建设行政主管部门备案。

②按照国务院规定的权限和程序批准开工报告的建设工程。

③抢险救灾工程和临时性建筑。《建筑法》明确规定此类工程开工前不需要申请施工许可证。

④农民自建两层以下(含两层)住宅工程。

⑤作为文物保护的建设工程。《建筑法》第八十三条第二款规定,依法核定作为文物保护的纪念建筑物和古建筑等的修缮,依照文物保护的有关法律规定执行。

⑥军用房屋建筑。由于此类工程涉及军事秘密,《建筑法》第八十四条规定:"军用房屋建筑工程建筑活动的具体管理办法,由国务院、中央军事委员会依据本法制定。"

3)申请领取施工许可证的条件

根据《建筑工程施工许可管理办法》第四条规定,建设单位申请领取施工许可证,应当具备下列条件,并提交相应的证明文件。

①依法应当办理用地批准手续的,已经办理该建筑工程用地批准手续。

②依法应当办理建设工程规划许可证的,已经取得建设工程规划许可证。

③施工场地已经基本具备施工条件,需要征收房屋的,其进度符合施工要求。

④已经确定施工企业。按照规定应当招标的工程没有招标,应当公开招标的工程没有公开招标,或者肢解发包工程,以及将工程发包给不具备相应资质条件的企业的,所确定的施工企业无效。

⑤有满足施工需要的资金安排、施工图纸及技术资料,建设单位应当提供建设资金已经落实承诺书,施工图设计文件已按规定审查合格。

⑥有保证工程质量和安全的具体措施。施工企业编制的施工组织设计中有根据建筑工程特点制定的相应质量、安全技术措施。建立工程质量安全责任制并落实到人。专业性较强的工程项目编制了专项质量、安全施工组织设计,并按照规定办理了工程质量、安全监督手续。

【引例2评析】

A公司未办理施工许可证擅自施工的行为,违反了《建筑法》第七条、《建设工程质量管理条例》第十三条、《建筑工程施工许可管理办法》第二条和项目所在地施工管理规定。

施工许可制度是指建设行政主管部门依法对建筑工程是否具备施工条件进行审查,符合条件的准许其开始施工的一项制度。

制定这一制度的目的是通过审查建筑工程施工所应具备的基本条件,避免盲目开工,损害国家和人民的利益,造成当事人损失和社会财富浪费,保证建筑工程开工后能顺利建设。建工人应合规守法,依法依规办理施工许可,自觉接受监管监督,提高安全意识,真正把国家和人民的利益放在第一位。

4)申请办理施工许可证的程序

建设单位是建设项目的投资者,做好各项施工准备工作是法定义务,因此施工许可证的申领应当由建设单位来承担。建设单位申请办理施工许可证,应当按照下列程序进行:

①建设单位向发证机关领取"建筑工程施工许可证申请表"。

②建设单位持加盖单位及法定代表人印鉴的"建筑工程施工许可证申请表",并附《建筑工程施工许可管理办法》第四条规定的证明文件,向发证机关提出申请。

③发证机关在收到建设单位报送的"建筑工程施工许可证申请表"和所附证明文件后,对符合条件的,应当自收到申请之日起 7 日内颁发施工许可证;对证明文件不齐全或者失效的,应当当场或者 5 日一次告知建设单位需要补正的全部内容,审批时间可以自证明文件补正齐全后作相应顺延;对不符合条件的,应当自收到申请之日起 7 日内书面通知建设单位,并说明理由。

对有权颁发施工许可证的建设行政主管部门不批准施工许可证的申请,或未在规定时间内颁发施工许可证的,建设单位可以依据《行政复议法》的规定,向复议机关申请行政复议,对行政复议决定不服的,可以向人民法院提起行政诉讼,也可依据《行政诉讼法》的规定直接向人民法院提起行政诉讼。

建设工程在施工过程中,建设单位或者施工单位发生变更的,应重新申请领取施工许可证。

5)施工许可证的管理

(1)施工许可证的有效期与延期

建设单位应当自领取施工许可证之日起 3 个月内开工。这一规定的目的在于保证施工许可证的有效性,利于发证机关监督。

建设单位因客观原因不能开工的,可以在施工许可证期满前向发证机关提出延期申请,并说明理由。这里的客观原因一般是指"三通一平"没有完成,材料、构件、必要的施工设备等没有按照计划进场。延期以两次为限,每次不得超过 3 个月。也就是说,延期最长 6 个月,再加上领取施工许可证之日起的 3 个月,建设单位有理由不开工的最长期限为 9 个月。如果超过 9 个月仍不开工,该施工许可证即失去效力。

(2)施工许可证的自行废止

施工许可证自行废止有两种情况:一是既不在 3 个月内开工,又不向发证机关申请延期;二是超过延期的次数和时限,即建设单位在申请的延期内仍没有开工。建设工程自颁发施工许可证之日起,不论何种原因,均需在 9 个月内开工,否则施工许可证自行废止。施工许可证废止后,建设单位须按规定重新领取施工许可证方可开工。明确规定施工许可证的有效期限与延期,可以督促建设单位及时开工,保证施工组织的顺利进行,提高投资效益,维护施工许可证的严肃性。

(3)中止施工与恢复施工

为了加强对建筑施工的监督管理,保证建设工程质量和安全生产,《建筑法》和《建筑工程施工许可管理办法》都对中止施工和恢复施工作出了明确规定。

①中止施工。中止施工是指建设工程开工后,在施工过程中因为发生特殊情况而中途停止施工的一种行为。中止施工的时间一般都比较长,难以在中止时确定具体恢复施工日期。中止施工后,建设单位应做好两个方面的工作:一是向发证机关报告中止施工的时间、原因、在施部位、维修管理措施等,此报告应当在中止施工之日起一个月内完成;二是按照有关规定做好建设工程的维护管理工作。

相关链接

> 在建设工程施工过程中,造成中止施工的特殊情况主要有以下几种:
> ①地震、洪水和台风等法律规定的不可抗力事件;
> ②宏观调控压缩基建规模;
> ③停建、缓建在建工程;
> ④建设资金不到位等。

②恢复施工。恢复施工是指建设工程中止施工后,造成中止施工的情况消除,建设单位可以继续进行施工的一种行为。建设工程恢复施工时,中止施工不满一年的,建设单位应当向发证机关报告恢复施工的有关情况;中止施工满一年的工程恢复施工前,建设单位应当报发证机关核验施工许可证。发证机关重新确定其是否仍具备组织施工的条件:符合条件的,施工许可证继续有效,应允许恢复施工;不符合条件的,施工许可证收回,不允许恢复施工,待具备条件后,建设单位重新申领施工许可证。

6.3.4　建设工程开工报告的管理

按照国务院规定的权限和程序批准开工报告的建设工程,不再领取施工许可证。具体管理内容如下:

①开工报告批准后,按照国务院有关规定批准开工报告的建设工程,因特殊情况不能按期开工的,应当及时向批准机关报告情况。

②在施工过程中,因发生特殊情况而中途停止施工的,建设单位应当尽快向发证机关报告中止施工的有关情况,包括中止施工的时间、原因、在施部位、维修管理措施等。

③因发生特殊情况而不能按期开工超过6个月的,开工报告自行失效,建设单位应当按照国务院有关规定重新向批准开工报告机关申请办理开工报告的批准手续。

【应用案例】　某生产车间钢结构建设项目,建设方为A公司,施工单位为B公司,项目总建筑面积为14 392.94 m^2,工程合同价款为200万元。C是A公司董事长和该项目直接负责的主管人员。B公司在明知此项目未取得施工许可证的情况下,于2023年9月15日擅自开工。2024年3月21日,已建成10 000 m^2,完成总工程进度的69.5%。

【问题】　阅读应用案例,回答以下问题:

①该案例涉及哪些责任主体?有哪些违规之处?可能会受到哪些处罚?

②该事件给我们带来哪些启示?

【应用案例评析】　该案例涉及的主要责任主体有A公司、B公司和A公司董事长C。

建设单位A公司违反了《建筑法》第七条的规定:建筑工程开工前,建设单位应当按照国家有关规定向工程所在地县级以上人民政府建设行政主管部门申请领取施工许可证。按照《建设工程质量管理条例》第五十七条的规定,A公司将被责令停止施工,限期改正,处工程合同价款1%以上2%以下罚款。

施工单位B公司违反了《建筑工程施工许可管理办法》第三条的规定:应当申请领取施工许可证的建筑工程未取得施工许可证的,一律不得开工。按照《建筑工程施工许可管理

《办法》第十二条的规定,B 公司将被责令停止施工,限期改正,处 3 万元以下罚款。

建设单位和项目直接负责的主管人员 C 违反了《建筑法》第七条的规定,按照《建设工程质量管理条例》第七十三条的规定,C 将被处以单位罚款数额 5% 以上 10% 以下罚款。

项目开工前,建设单位应当按照国家有关规定向工程所在地县级以上人民政府建设行政主管部门申请领取施工许可证,施工单位应在具备开工条件后再进行开工建设。未批先建是违法建设行为,将给项目带来安全隐患,不利于人民生命财产安全和社会稳定,守住建工红线,方能保一方平安。

6.4　任务实施与评价

①此次任务完成中存在的主要问题有哪些?
②问题产生的原因有哪些? 请提出相应的解决方法。
③你认为还需要加强哪些方面的指导(实际工作过程及理论知识)?

知识回顾

本任务主要涉及建设工程报建、城市房屋拆迁管理、建设工程施工许可三个方面内容。建设工程报建应掌握:建设工程报建的相关概念;建设工程报建的范围和内容;建设工程报建的程序;项目报建需提交的相关材料;建设工程报建的审批权限和职责。房屋征收管理应掌握:房屋征收程序、主体、征收范围、补偿方式与纠纷处理。建筑工程许可应掌握:建筑施工许可的相关概念;实施施工许可证的范围;申请领取施工许可证的条件;申请办理施工许可证的程序;施工许可证的管理。

课后训练

一、案例分析

【案例】　某旅游文化有限公司(以下简称甲公司)与某建设集团有限责任公司(以下简称乙公司)于 2022 年 10 月 13 日签订了建设工程施工合同,合同约定:甲方公园大门售票房、管理用房、石屋工程由乙公司承建,工程实行包工包料,合同工期总共 24 天,工程要求优良,工程逾期 1 天,按工程造价的万分之一计罚等。

合同签订后,乙公司开始施工,施工过程中,工程监理单位多次对乙公司的工程质量问题提出整改意见。乙公司多次要求甲公司及时办理相关手续,甲公司则要求乙公司加紧施工,及时完工。2023 年 1 月 28 日××市质检站向乙公司发出停工通知书,载明乙公司在承建甲方公园工程过程中,存在质量管理和质量保证方面的问题,要求乙公司及时整改,但乙公司对整改意见置之不理,也不再通知质检站进行隐蔽工程检查,从而使工程埋下隐患。后由于双方就工程施工许可证及工程质量问题发生纠纷,乙公司遂向法院提起诉讼。在审理过程中,甲公司提出反诉。乙公司以甲公司无法提供施工许可证导致无法施工为由提出一系列诉讼请求,而甲公司则以乙公司承建的甲方公园大门售票房、管理用房、石屋存在诸多质量问题为由要求解除合同,并要求乙公司赔偿损失。

在原审诉讼期间,甲公司经有关部门批准取得了工程的土地使用权和建设工程规划许可证,并办理了施工许可证。双方当事人对甲公司在起诉前未办理施工许可证等问题无异议,但对工程的质量问题意见不一,乙公司申请对工程造价进行审计,甲公司要求对工程质量进行鉴定。原审法院遂委托××省建设工程质量监督检查站对工程质量进行了鉴定。

问题:

①请对该案涉及的法律关系、纠纷性质和纠纷解决途径进行说明。

②该项目建设程序存在哪些违法之处? 未办理施工许可证就签署合同,是否会导致合同无效?

③请提出该纠纷的处理方案。

二、实训题

1.根据教师所给项目要求,检查本次申报所需资料是否齐全? 完成表6.1 的填写。

表6.1　报建与施工许可申报资料清查表

报建与施工许可申报资料清单	完成时间	责任人	任务完成则画"√"
			□
			□
			□

2.根据教师所给项目情况,填写表6.2,完成报建工作。

表6.2　建设工程项目报建登记表

审字第　　号

建设单位			单位地址	
工程名称			建设地点	
建设规模			总投资	
资金来源			拟定发包方式	
投资计划文号				
投资许可证			计划开竣工日期	
工程筹建情况	建设用地			
	现场条件			
	勘　察			
	设　计			
	负责人			
	经办人			

续表

建设单位 意见	（盖章） 年　月　日
所属主管 部门意见	（盖章） 年　月　日
建设行政 主管部门 意见	（盖章） 年　月　日

3.根据教师所给项目要求,完成报建与施工许可申办法律意见书。（内容应包括:申办前置条件、申办流程、申办注意事项、报建与施工许可证主要内容、施工许可证有效期与延期、能否变更许可内容,如何变更、风险防范）

三、建工拓展与感悟

请扫码观看视频,思考住建部"四库一平台"全面升级后,应如何合规执业?

住建部
"四库一平台"

学习模块 3　建设工程发承包法律实务

任务 7　发承包前期法律事务处理

看造价行业动态
的建工操守、
情怀与创新

【建工先读】

请扫码观看视频,谈谈发承包管理如何体现"有操守、有情怀、有创新"?

【引例 1】

A 公司因建生产厂房与 B 公司签订了工程总承包合同。其后,经 A 同意,B 将工程勘察设计任务和施工任务分别发包给 C 设计单位和 D 建筑公司,并各自签订书面合同。合同约定由 D 根据 C 提供的设计图纸进行施工,工程竣工时依据国家有关规定、设计图纸进行质量验收。合同签订后,C 按时交付设计图纸,D 依照图纸进行施工。工程竣工后,A 会同有关质量监督部门对工程进行验收,发现工程存在严重质量问题,是由于 C 未对现场进行仔细勘察,设计不符合规范所致。A 遭受重大损失,但 C 称与 A 不存在合同关系拒绝承担责任,B 以自己不是设计人为由也拒绝赔偿。

【引导问题 1】　根据引例 1,讨论以下问题:

①什么是工程发承包? 发承包合同缔结过程中涉及哪些法律术语?

②我国常见的发包方式有哪些? A、B、C、D 在该合同中各自的身份是什么?

③B 发包工程项目的做法是否符合法律规定?

④发承包基本原则是什么?

⑤B、C 拒绝承担责任的理由是否充分? 为什么?

7.1　任务导读

建设工程发承包活动是一项特殊的商品交易活动,该活动从始至终受到《民法典》、《建筑法》、《中华人民共和国招标投标法》(以下简称《招标投标法》)相关法规及管理条例的调控。本任务的完成须了解相关建设工程发承包法律法规及条例、法律原则;熟悉建设工程发承包法律责任;掌握建设工程发承包方式、行为规范;熟悉和掌握建设工程合同订立、建设工程合同效力、合同条款的解释原则和缔约过失责任;了解《建设工程施工合同(示范文本)》(GF-2017-0201)框架结构。假如你分别接受发承包的委托,为他们提供前期法律服务,你需完成 7.2 节的任务目标。

7.2　任务目标

①按照正确的方法和途径,根据任务要求收集相关法律资料;
②依据资料分析结果,明确委托方的权利和义务;
③按照工作时间限定,协助完成本任务发承包前期法律事务;
④通过完成该任务,提出后续工作建议,完成自我评价,并提出改进意见。

7.3　知识准备

7.3.1　建设工程发承包制度

解读工程项目"发承包"

建设工程发承包制度,是建筑业适应市场经济的产物。建设工程勘察、设计、施工、安装单位要通过参加市场竞争来承揽建设工程项目。

建设工程发包,是指建设单位或者受其委托的招标代理机构通过招标方式或直接发包方式将建设工程的全部或部分交由他人承包,并支付相应费用的行为。

建设工程承包,是指通过招标方式或直接发包方式取得建设工程的全部或部分,取得相应费用并完成建设工程的全部或部分的行为。

解读建设工程总承包入门

7.3.2　建设工程发承包原则

1)建设工程发承包实行以招标发包为主、直接发包为辅的原则

工程发包可以分为招标发包与直接发包两种形式。招标发包是一种科学先进的发包方式,也是国际通用的形式。《建筑法》第十九条规定,建筑工程依法实行招标发包,对不适于招标发包的可以直接发包。《招标投标法》规定,符合该法要求招标范围的工程建设项目,必须进行招标。招标投标活动应当遵循公开、公平、公正和诚实信用的原则,择优选择承包单位。

2)禁止发承包双方采取不正当竞争手段的原则

发包单位及其工作人员在建设工程发包中不得收受贿赂、回扣或者索取其他好处。承包单位及其工作人员不得利用向发包单位及其他工作人员行贿、提供回扣或者给予其他好处等不正当手段承揽工程。

3)建设工程确定合同价款的原则

建设工程合同价款应当按照国家有关规定,由发包单位与承包单位在合同中约定。

全部或者部分使用国有资金投资或者国家融资的建设工程,应当按照国家发布的计价规则和标准编制招标文件,进行评标定标,确定工程承包合同价款。

7.3.3　建设工程发承包行为规范

1)发包行为规范

①发包单位应将建设工程发包给合格的承包人。《建筑法》第二十二条规定:"建筑工程实行招标发包的,发包单位应当将建筑工程发包给依法中标的承包单位。建筑工程实行直接

发包的,发包单位应当将建筑工程发包给具有相应资质条件的承包单位。"

特别提示

> 所谓依法中标,一是指中标单位是经过《招标投标法》法定程序评选的,二是中标单位必须符合招标要求且具备建造该工程的相应资质条件。
>
> 承包单位必须具备建造该工程的相应资质条件,所建工程的要求和承包单位的资质证书的级别必须一致。

②发包单位应当按照合同约定及时拨付工程款项。拖欠工程款是目前规范建筑市场的难点问题。为此,《建筑法》第十八条第二款作出了以上规定。该规定不仅规范了发包单位拖欠工程款的行为,同时也为施工企业追回拖欠工程款提供了法律依据。

③发包单位及其工作人员不得在发包过程中收受贿赂、回扣或者索取其他好处。

解读建设工程
总承包发包要求

④发包单位应依法发包,并不得干涉分包。发包单位应依照法律、法规规定的程序和方式进行公开招标,并接受有关行政主管部门的监督。凡存在下列情形之一的,属于违法发包:一是将工程发包给个人的;二是将工程发包给不具有相应资质或安全生产许可的施工单位的;三是未履行法定发包程序,包括应当依法进行招标未招标,应当申请直接发包未申请或申请未核准的;四是设置不合理的招投标条件,限制、排斥潜在投标人或者投标人的;五是将一个单位工程的施工分解成若干部分发包给不同的施工总承包或专业承包单位的;六是将施工合同范围内的单位工程或分部分项工程又另行发包;七是违反施工合同约定,通过各种形式要求承包单位选择其指定分包单位的。

⑤发包人不得向承包人指定购入用于建设工程的建筑材料、建筑构配件和设备或指定生产厂、供应商。

2)承包行为规范

①承包单位及其工作人员不得利用向发包单位及其工作人员行贿、提供回扣或者给予其他好处等不正当手段承揽工程。

②承包单位承揽工程时应遵守资质管理相关法律规定。《建筑法》第二十六条第一款明确规定:"承包建筑工程的单位应当持有依法取得的资质证书,并在其资质等级许可的业务范围内承揽工程。"《建筑法》第二十六条第二款规定:"禁止建筑施工企业超越本企业资质等级许可的业务范围或者以任何形式用其他建筑施工企业的名义承揽工程。禁止建筑施工企业以任何形式允许其他单位或者个人使用本企业的资质证书、营业执照,以本企业的名义承揽工程。"

③禁止将承包工程进行违法分包。违法分包包括两种情况:一是施工总承包合同中未有约定,未经建设单位认可,分包工程发包人将承包工程中的部分专业工程分包给他人;二是分包工程发包人将专业工程或者劳务作业分包给不具备相应资质条件的分包工程承包人。

特别提示

《住房和城乡建设部关于印发建筑工程施工发包与承包违法行为认定查处管理办法的通知》(建市规〔2019〕1 号)第十二条规定,存在下列情形之一的,属于违法分包:

（一）承包单位将其承包的工程分包给个人的;

（二）施工总承包单位或专业承包单位将工程分包给不具备相应资质单位的;

（三）施工总承包单位将施工总承包合同范围内工程主体结构的施工分包给其他单位的,钢结构工程除外;

（四）专业分包单位将其承包的专业工程中非劳务作业部分再分包的;

（五）专业作业承包人将其承包的劳务再分包的;

（六）专业作业承包人除计取劳务作业费用外,还计取主要建筑材料款和大中型施工机械设备、主要周转材料费用的。

违法分包的认定

如何识别名为"劳务分包",实为"工程分包"

　　④禁止建设工程转包。转包是指承包单位承包建设工程后,不履行合同约定的责任和义务,将其承包的全部建设工程转给他人或者将其承包的全部工程肢解以后以分包的名义分别转给他人承包的行为,是一种违反双方合同的行为。《建筑法》第二十八条明确规定禁止转包工程,禁止以分包名义将工程肢解后分别转包给他人。

特别提示

《住房和城乡建设部关于印发建筑工程施工发包与承包违法行为认定查处管理办法的通知》(建市规〔2019〕1 号)第八条规定,存在下列情形之一的,应当认定为转包,但有证据证明属于挂靠或者其他违法行为的除外:

（一）承包单位将其承包的全部工程转给其他单位（包括母公司承接建筑工程后将所承接工程交由具有独立法人资格的子公司施工的情形）或个人施工的;

（二）承包单位将其承包的全部工程肢解以后,以分包的名义分别转给其他单位或个人施工的;

（三）施工总承包单位或专业承包单位未派驻项目负责人、技术负责人、质量管理负责人、安全管理负责人等主要管理人员,或派驻的项目负责人、技术负责人、质量管理负责人、安全管理负责人中一人及以上与施工单位没有订立劳动合同且没有建立劳动工资和社会养老保险关系,或派驻的项目负责人未对该工程的施工活动进行组织管理,又不能进行合理解释并提供相应证明的;

（四）合同约定由承包单位负责采购的主要建筑材料、构配件及工程设备或租赁的施工机械设备,由其他单位或个人采购、租赁,或施工单位不能提供有关采购、租赁合同及发票等证明,又不能进行合理解释并提供相应证明的;

（五）专业作业承包人承包的范围是承包单位承包的全部工程,专业作业承包人计取的是除上缴给承包单位"管理费"之外的全部工程价款的;

（六）承包单位通过采取合作、联营、个人承包等形式或名义,直接或变相将其承包的全部工程转给其他单位或个人施工的;

（七）专业工程的发包单位不是该工程的施工总承包或专业承包单位的,但建设单位依约作为发包单位的除外;

工程转包的认定

如何识别名为"劳务分包",实为"工程转包"

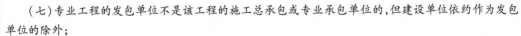

（八）专业作业的发包单位不是该工程承包单位的；

（九）施工合同主体之间没有工程款收付关系，或者承包单位收到款项后又将款项转拨给其他单位和个人，又不能进行合理解释并提供材料证明的。

两个以上的单位组成联合体承包工程，在联合体分工协议中约定或者在项目实际实施过程中，联合体一方不进行施工也未对施工活动进行组织管理的，并且向联合体其他方收取管理费或者其他类似费用的，视为联合体一方将承包的工程转包给联合体其他方。

注：具有劳务作业法定资质的承包人与总承包人、分包人签订的劳务分包合同有效。

7.3.4　建设工程发承包合同

建设工程发承包方通过缔结发承包合同建立发承包关系。在建立该种关系过程中，发承包方必须遵循既定的程序，并受相关法规的约束。

相关链接

《民法典》共有5个原则，即平等原则、自愿原则、公平原则、诚实原则、守法和公序良俗原则。

合同有广义与狭义之分：狭义的合同是指债权合同；广义合同还包括身份关系合同、行政合同、劳动合同和政府间协议等。《民法典》只调整狭义的合同。身份关系合同、行政合同、劳动合同和政府间协议都不受《民法典》的调整。

根据不同的标准，可以将合同划分为不同的种类，主要有：要式合同和不要式合同、双务合同和单务合同、有偿合同和无偿合同、有名合同和无名合同、实践合同和诺成合同、主合同和从合同。《民法典》规定的19种合同即为有名合同。建设工程施工合同属于有名合同，也属于双务有偿合同。

1）建设工程合同的概念及特征

根据《民法典》第七百八十八条规定，建设工程合同是指承包人进行工程建设，发包人支付价款的合同。建设工程合同包括工程勘察、设计、施工合同。建设工程实行监理的，发包人也应与监理人订立委托监理合同。建设工程合同具有以下几个特征：

（1）建设工程合同是一种特殊类型的承揽合同

建设工程合同是双务、有偿和诺成合同。建设工程合同的承揽标的具有特殊性，为不动产建设项目。这使得建设工程合同具有内容复杂、履行期限长、投资规模大、风险较大等特点。

（2）合同主体的严格性

建设工程合同的主体一般只能是法人，发包人、承包人必须具备一定的资格才能成为建设工程合同的合法当事人，否则建设工程合同可能因主体不合格而导致无效。发包人对需要建设的工程，应经过计划管理部门审批，落实投资计划，并且应当具备相应的协调能力。承包人是有资格从事工程建设的企业，而且应具备相应的勘察、设计、施工等资质，没有资格证书的，一律不得擅自从事工程勘察、设计业务；资质等级低的，不能越级承包工程。

（3）形式和程序的严格性

建设工程合同履行期限长，工作环节多，涉及面广，双方权利、义务应通过书面合同形式予以确定。同时，国家对建设工程的投资和程序有严格的管理程序，建设工程合同的订立和履行也必须遵守国家关于基本建设程序的规定。

2)建设工程合同分类

(1)按照工程建设阶段分类

工程的建设过程大体经过勘察、设计、施工 3 个阶段,围绕不同阶段订立相应的合同。《民法典》第七百八十八条第二款规定了建设工程合同包括工程勘察、设计、施工合同。

①建设工程勘察合同,即发包人与勘察人就完成商定的勘察任务,明确双方权利和义务的协议。建设工程勘察是指根据建设工程要求,查明、分析、评价建设场地的地质地理环境特征和岩土工程条件,编制建设工程勘察文件的活动。

②建设工程设计合同,即发包人与设计人就完成商定的工程设计任务,明确双方权利和义务的协议。建设工程设计是指根据建设工程要求,对建设工程所需的技术、经济、资源和环境等条件进行综合分析、论证,编制建设工程设计文件的活动。

相关链接

建设工程设计合同实际上包括两个合同:一是初步设计合同,即在建设工程立项阶段承包人为项目决策提供可行性资料的设计而与发包人签订的合同;二是施工设计合同,是指承包人与发包人就具体施工设计达成的协议。施工图设计须接受政府审查。

③建设工程施工合同,即发包人与承包人为完成商定的建设工程项目的施工任务,明确双方权利和义务的协议。建设工程施工是指根据建设工程设计文件的要求,对建设工程进行新建、扩建、改建的活动。

相关链接

建设工程施工合同主要包括建筑和安装两方面内容,这里的建筑是指对工程进行营造的行为;安装主要是指与工程有关的线路、管道和设备等设施的装配。

(2)按照承发包方式(范围)分类

①勘察、设计或施工总承包合同。勘察、设计或施工总承包,即发包人将全部勘察、设计或施工的任务分别发包给一个勘察、设计单位或一个施工单位作为总承包人,经发包人同意,总承包人可以将勘察、设计或施工任务的一部分分包给其他符合资质的分包人。总承包人与分包人订立分包合同,总承包人与分包人就工作成果对发包人承担连带责任。发包人与总承包人订立总承包合同,据此明确各方权利和义务的协议,即为勘察、设计或施工总承包合同。

②单位工程施工承包合同。单位工程施工承包,即在一些大型、复杂的建设工程中,发包人可以将专业性很强的单位工程发包给不同的承包人,明确各方权利和义务,即为单位工程施工承包合同。如与承包人分别签订土木工程施工、电气与机械工程承包等合同,各承包人单位之间为平行关系。该类合同常见于大型工业建筑安装工程,大型、复杂的建设工程。

③工程项目总承包合同。工程项目总承包,是指建设单位将包括工程设计、施工、材料和设备采购等一系列工作全部发包给一家承包单位,由其进行实质性设计、施工和采购工作,最后向建设单位交付具有使用功能的工程项目,据此明确各方权利和义务的协议即为工程项目

总承包合同。工程项目总承包实施过程中可依法将部分工程分包。

相关链接

按照规定可分包的工程有：工程的次要部分；群体工程（指结构技术要求相同的）半数以下的单位工程；门窗制作安装等。

（3）按照承包工程计价方式（或付款方式）分类

①固定价格合同，该合同在约定风险范围内合同价款不再调整。双方在专用条款内约定合同价款包含的风险范围、风险费用的计算方法和风险范围以外的合同价款调整方法。

②可调价格合同，该合同可根据双方的约定调整合同价款。双方在专用条款内约定合同价款调整方法。

③成本加酬金合同，该合同价款包括成本和酬金两部分。双方在专用条款内约定成本构成和酬金的计算方法。

相关链接

《建筑工程施工发包与承包计价管理办法》节选

第十三条　发承包双方在确定合同价款时，应当考虑市场环境和生产要素价格变化对合同价款的影响。

实行工程量清单计价的建筑工程，鼓励发承包双方采用单价方式确定合同价款。

建设规模较小、技术难度较低、工期较短的建筑工程，发承包双方可以采用总价方式确定合同价款。

紧急抢险、救灾以及施工技术特别复杂的建筑工程，发承包双方可以采用成本加酬金方式确定合同价款。

（4）与建设工程有关的其他合同

①建设工程物资采购合同。建设工程物资采购合同是指出卖人转移建设工程物资所有权于买受人，买受人支付价款的明确双方权利和义务关系的协议。

a. 出卖人的主要义务：交付标的物；将标的物的所有权转移给买受人；标的物质量应符合约定；保证第三人不得向买受人主张任何权利；交付有关单证和资料。

b. 买受人义务：支付价款；受领标的物。

②借款合同。

a. 贷款人、借款人的主要义务。

b. 按照《民法典》第六百六十八条、六百六十九条、六百七十条、六百八十条的规定，借款合同应当采用书面形式，但是自然人之间借款另有约定的除外；借款合同的内容一般包括借款种类、币种、用途、数额、利率、期限和还款方式等条款；借款的利息不得预先在本金中扣除，利息预先在本金中扣除的，应当按照实际借款数额返还借款并计算利息；借款的利率不得违反国家有关规定，借款合同对支付利息没有约定的，视为没有利息。

③租赁合同。

④承揽合同。承揽合同是承揽人按照定作人的要求完成工作，交付工作成果，定作人支付

报酬的合同。承揽包括加工、定作、修理、复制、测试、检验等工作。

⑤建设工程保险合同。建设工程保险合同是指发包人或承包人为防范特定风险而与保险公司明确双方权利和义务关系的协议。

⑥建设工程担保合同。建设工程担保合同是指义务人(发包人或承包人)或第三人(保险公司)与权利人(承包人或发包人)签订为保证建设工程合同全面、正确履行而明确双方权利和义务关系的协议。

相关测试

不定项选择题

1. 下列原则中,不属于《民法典》规定的基本原则的是( )。

 A. 平等、自愿原则   B. 等价有偿原则

 C. 诚实信用原则   D. 守法、公序良俗原则

2. 甲、乙、丙、丁 4 人对《民法典》中的自愿原则各抒己见,请问下列表述中错误的是( )。

 A. 甲:自愿就是绝对的合同自由   B. 乙:自愿是在法定范围内的自由

 C. 丙:自愿不能危害社会公共利益   D. 丁:自愿不得有损社会公共道德

3. 甲、乙、丙、丁 4 人讨论如何完整、准确地理解《民法典》中的公平原则,请问下列表述中错误的是( )。

 A. 甲:公平包括当事人双方的权利义务要对等

 B. 乙:公平包括合同风险的分配要合理

 C. 丙:公平包括当事人双方法律地位一律平等

 D. 丁:公平包括合同中违约责任的确定要合理

4. 某建筑公司成功中标某办公大楼工程项目,签订施工合同时,双方风险的分配、违约责任的确定明显不合理,严重损害了乙方的合法权益。则该施工合同的签订违反了《民法典》中的( )。

 A. 平等原则   B. 公平原则   C. 诚实信用原则   D. 自愿原则

5. 某建筑公司低价中标某办公大楼工程项目,签订施工合同时,甲方坚持要特别约定该合同在履行过程中不允许变更或解除。则该施工合同的签订违反了《民法典》中的( )。

 A. 平等原则   B. 公平原则   C. 诚实信用原则   D. 自愿原则

6. 某工程施工合同签订时,建设单位隐瞒了本工程项目土地使用权的问题,合同履行中,施工单位串通监理单位在施工中偷工减料。上述行为违反了《民法典》中的( )。

 A. 平等原则   B. 公平原则   C. 诚实信用原则   D. 自愿原则

7. 狭义的合同是指( )。

 A. 劳动合同   B. 物权合同   C. 债权合同   D. 身份合同

8. 下列协议中,适用《民法典》的是( )。

 A. 收养协议   B. 监护协议

 C. 工程承包协议   D. 婚姻关系协议

9. 依当事人之间是否互负义务,合同可以分为双务合同与单务合同。下列合同中,属于单务合同的是( )。

 A. 买卖合同   B. 赠与合同

 C. 建设工程施工合同   D. 勘察设计合同

7.3.5　建设工程合同的订立

合同订立的过程,就是意思表示交流的过程,也是反复的要约邀请、要约与承诺的过程。要约与承诺,在我们日常生活中司空见惯,菜市场买者与卖者关于菜价的讨价还价,或者大型商场里顾客与销售员关于时装价位的反复博弈,都是合同的缔结过程。

【引例2】

事件1　甲对乙声称:"我正在考虑卖掉家中祖传的一套红木家具,价格暂定20万元。"

事件2　甲对乙提出:"我愿意卖掉家中祖传的一套红木家具,价格为20万元。"

事件3　某汽车销售商于报纸上发一广告,称"新到一批德国原产奥迪轿车,价格××元人民币……见报后10天内保证有货"。

【引导问题2】　以上事件哪些构成要约?

1)要约

要约是希望和他人订立合同的意思表示,要约的内容也即是将来成立的合同的内容。一个意思表示满足以下条件时,才构成一项要约:第一,要约必须是特定人的意思表示;第二,要约必须是向要约人希望与之缔结合同的受要约人发出(该受要约人一般是特定的人,也可以是不特定的人,如商业广告);第三,要约必须有订立合同的意图;第四,要约的内容须具体和确定;第五,须有受拘束的意思表示。可见【引例2】中,事件2甲的意思表示构成要约,事件1则不构成;事件3广告中"见报后10天内保证有货",即表明广告发布者有受拘束的意思表示,所以构成要约。

【引例3】

事件1　顾客甲在逛商场时看到一时装,上前询问销售员乙:"这件时装多少钱可以卖?"乙即问:"你出多少钱买?"甲回答说:"400元,你卖不卖?"乙应声回答:"至少800元,少了不卖!"

事件2　某公司于报纸上发广告称:"我公司现有某型号的水泥1 000 t,系××水泥厂名牌产品,每吨价格为300元,我公司可送货,先来先买,欲购从速,现货供应。"

【引导问题3】　以上事件哪些是要约?哪些是要约邀请?

(1)要约与要约邀请的区别

要约邀请是希望他人向自己发出要约的意思表示,又称要约引诱。寄送的价目表、拍卖公告、招标公告、招股说明书都是常见的要约邀请。商业广告原则上是要约邀请,但当其内容符合要约规定的,应视为要约。可见【引例3】中,事件1甲的询问与乙的反问的意思表示均为要约邀请,而甲、乙各自回答的意思表示均为要约;事件2的商业广告均可构成要约。

【引例4】

事件1　甲于3月1日向乙发出一商业要约普通信函,要以优惠价购买乙的某种商品。3月5日到达乙处。

事件2　如事件1中要约函3月5日到达乙的信箱,恰巧乙外出办事,3月7日回来后才发现该要约函。

【引导问题4】　以上事件的要约何时生效?

（2）要约的生效

①生效时间。要约生效时间采取到达主义。"到达"的含义是指到达受要约人及其代理人可控制的区域范围内，至于受要约人及其代理人是否看到，不影响要约的生效。电子要约的到达以电文进入特定或收件人的任何系统为准。可见【引例 4】中，事件 1 要约的生效时间是 3 月 5 日，事件 2 要约的生效时间仍是 3 月 5 日。

②效力。要约一旦生效，要约人自此有接受承诺的义务，不得随意撤回、撤销、变更要约。同时，受要约人取得了承诺的权利而非义务。

③要约期限。即要约有效期限，也即受要约人的承诺期限，可由要约人自由规定。法律也有直接规定要约期限限制的，如《上市公司收购管理办法》第三十七条规定："收购要约约定的收购期限不得少于 30 日，并不得超过 60 日；但是出现竞争要约的除外。在收购要约约定的承诺期限内，收购人不得撤销其收购要约。"

【引例 5】

事件 1　甲 3 月 1 日发出要约后，逢 3 月 2 日市场行情变突，于是于 3 月 3 日发出撤回原要约的信函，以特快专递寄出，3 月 4 日到达乙处。

事件 2　乙收到要约时准备于 3 月 8 日下午发出承诺。于 3 月 5 日，甲发现市场行情突变，于是当日发出撤销要约的通知，以特快专递邮出，于 3 月 8 日一早到达乙处。

【引导问题 5】　以上事件哪些要约无效？

（3）要约的撤回与撤销

撤回是指要约人对尚未生效的要约阻止其生效的意思表示。撤回须在要约到达受要约人之前或同时到达受要约人；但拍卖中竞买人一经发出应价要约，即不得撤回。

撤销是指要约人对已生效但未获承诺的要约消灭其拘束力的意思表示。撤销要约的意思表示以对话方式作出的，该意思表示的内容应当在受要约人作出承诺之前为受要约人所知道；撤销要约的意思表示以非对话方式作出的，应当在受要约人作出承诺之前或同时到达受要约人。

可见，【引例 5】中，事件 1 和事件 2 的要约都无效。事件 2，乙不可以在 3 月 8 日下午发出承诺。

相关链接

《民法典》第四百七十八条规定，有下列情形之一的，要约失效：

①要约被拒绝；

②要约被依法撤销；

③承诺期限届满，受要约人未作出承诺；

④受要约人对要约的内容作出实质性变更。

【引例 6】

事件 1　甲发给乙的要约函末称："你若承诺，必须在 3 月 8 日前作出，过期不候。"

事件 2　如事件 1 中甲为取信于乙，并表明自己订约的决心，于 3 月 1 日发给乙的要约中载明"本要约为不可撤销要约"字样。

事件3　如事件1中甲3月1日发给乙的要约中称："事急。请贵方早回话,并早作履行准备,我公司期待与贵方的合作。"乙见函后立即着手备货,并于3月6日基本备齐。

【引导问题6】　以上事件哪些要约可以撤销?

(4)不可撤销的要约

以下3种情形要约不可撤销:一是,要约人确定了承诺期限的;二是,要约人以其他形式明示要约不可撤销的;三是,受要约人有理由认为要约不可撤销,并已经为履行合同做了合理准备工作的。

可见【引例6】中,3个事件的要约都不能撤销,受要约人都可以发出承诺。

2)承诺

【引例7】

甲发给乙一要约,乙收到后未置可否,丙于乙处见到该要约,即以乙名义对甲发出一承诺函,承诺函到达甲处,甲未置可否。

【引导问题7】　甲、丙之合同是否成立?为什么?

承诺是当事人一方对他方提出的要约完全同意的意思表示。承诺是一种意思表示,其表示方式与要约方式相同,原则上以通知(口头、书面)作出,例外情况下以行为(推定)作出,而沉默作为表示方式的一种受到了严格限制。受要约人对要约表示承诺,合同即告成立(实践合同除外)。所以,尽管在订立合同中可能有反复的要约邀请、要约,但承诺只有一个。承诺人须为受要约人,并不能对要约内容作实质性改变。

因此,【引例7】中合同未成立。因为丙发出的承诺函并非承诺,而是一个新要约,甲对新要约未置可否,意在以沉默表示拒绝[见《民法典》第四百七十八条第(3)项]。

【引例8】

甲建筑工程公司向乙、丙两水泥厂各发一函,均称:"急需1 000号水泥1 000 t,价格300元/t,货到付款。"乙水泥厂收到函后即传真给甲:"函收到,即日发出。"丙水泥厂收到函后未回函,但当即组织车队运输1 000号水泥1 000 t,给甲送去。

【引导问题8】　甲与乙、丙之合同是否成立?为什么?

(1)承诺方式

承诺应当以通知的方式作出;但是,根据交易习惯或者要约表明可以通过行为作出承诺的除外。因此,【引例8】中,甲与乙、丙的合同均已成立(甲之函在性质上为要约)。因为乙以通知方式,丙以行为方式作出了有效的承诺。

【应用案例1】　甲发给乙水泥厂函后,乙当即回函:"同意发货,款交货。"甲收到回函后立即汇30万元至乙账户。

【问题1】　乙之回函是什么性质?甲、乙的合同是否成立?为什么?

【应用案例1评析】　乙之回函为新要约;甲、乙合同成立,因为甲对乙之新要约以行为方式作出了承诺。如该案例中乙当即回函称:"同意发货,价300.01元/t。"则乙之函不是新要约,此为对主要条款的细微变更,应属非实质性变更。如甲收到乙的回函,发来传真称:"贵方擅改吨价,不可。"则甲、乙的合同即无法成立。如非实质性变更构成承诺的,以承诺内容为合同内容。

特别提示

对要约内容作非实质性变更的,原则上构成承诺,但有两个例外:一是要约人及时表示反对的;二是要约表明承诺不得对要约的内容作出任何变更的。

【应用案例 2】　两公司磋商一普通商品贸易合同,甲方发来要约,乙方承诺全部同意,但承诺函又加上一句:"贵方应提供商品原产地证明。"甲方收到后未予回复。后在履行合同中,乙方要求甲方提供原产地证明,甲方称无此义务。

【问题 2】　甲、乙双方谁的请求有道理?

【应用案例 2 评析】　乙方的请求有道理,因为"贵方应提供商品原产地证明"属非实质性变更,甲方收到后未予回复,没有及时反对,原则上构成承诺。

(2)承诺迟到、迟延

【引例 9】

北京甲于 3 月 1 日发一要约信函给广州乙,载明乙务必于 3 月 10 日前承诺,3 月 5 日到达乙处。乙于 3 月 11 日作出承诺,以特快专递邮出,3 月 12 日到达甲处。甲未置可否。

【引导问题 9】　甲、乙合同是否成立?

承诺迟到即迟发迟到,是指受要约人逾承诺期而发出的承诺,或者在承诺期限内发出但按照通常情形不能及时到达要约人的承诺。迟到原则上为新要约,但如要约人及时通知该承诺有效的,合同成立。由此可见,【引例 9】中甲、乙的合同不成立,但如甲收到承诺函后,当日回电称接受该承诺函,合同则成立。

【引例 10】

如【引例 9】中,乙于 3 月 8 日作出承诺,并当日以特快专递邮出。依特快专递惯例,3 月 9 日即到。但甲于 3 月 15 日才收到该邮件。经查,由于特快专递公司一职员疏忽,忘投此信,故耽误了几日。甲收到后未予任何回复。

【引导问题 10】　甲、乙合同是否成立?

承诺迟延即未迟发而迟到,指受要约人于承诺期内发出承诺并依通常情形可适时到达要约人,但因第三人原因(如邮差)致承诺逾期到达要约人。与迟到恰好相反,迟延原则上承诺有效。但如要约人及时通知因逾期而不接受的,为新要约。由此可见,【引例 10】中甲、乙的合同成立。但甲收到邮件后,于次日通过电话告诉乙,不接受该承诺,则合同不成立。再如,乙的特快专递确实于 3 月 9 日到达甲的信箱,逢甲外出办公,甲于 3 月 15 日方看到该函,甲、乙合同仍于 3 月 9 日成立,因为"到达"不以要约人看到为要件。

(3)承诺撤回

承诺撤回的对象是已经发出但尚未生效的承诺。撤回的意思表示应在承诺到达要约人之前或与承诺同时到达要约人。与要约不同,承诺不存在撤销的问题。

3)建设工程合同的订立过程

建设工程合同的订立,当事人可以采取协议的形式,但由于当事人之间的权利和义务关系复杂,建设质量、建设周期、工程价款等可变因素较多,为减少和防止国有资产流失,法律提倡该类合同的签订采用招投标的形式进行。招标是招标人事先公布有关工程、货物和服务等交易业务的采购条件和要求,以吸引他人参加竞争承接。这是招标人为签订合同而进行的准备,在性质上属要约邀请(要约引诱)。投标是投标人获悉招标人提出的条件和要求后,以订立合同为目的向招标人做出意愿参加有关任务的承接竞争,在性质上属要约。发出中标通知书是招标人完全接受众多投标人中提出最优条件的投标人,在性质上属承诺。承诺即意味着合同成立,定标是招标投标活动的核心环节。招标投标的过程,是当事人就合同条款提出要约邀请、要约、新要约、再要约……直至承诺的过程。

7.3.6 建设工程合同的主要内容

1)建设工程合同的主体

发包人、承包人是建设工程合同的当事人。发包人、承包人必须具备相关法律法规规定的资格条件,才能成为建设工程合同的合法当事人,否则建设工程合同可能因主体不合格而导致无效。

2)建设工程合同的基本条款

建设工程合同应当具备一般合同的条款,如发包人、承包人的名称和住所,标的、数量、质量、价款、履行方式、地点、期限、违约责任、解决争议的方法等。由于建设工程合同标的的特殊性,法律还对建设工程合同中某些内容作出了特别规定,成为建设工程合同中不可缺少的条款。

(1)勘察、设计合同的基本条款

《民法典》第七百九十四条规定,勘察、设计合同的内容一般包括提交有关基础资料和概预算等文件的期限、质量要求、费用以及其他协作条件等条款。

①提交有关基础资料和概预算等文件的期限。当事人之间应当根据勘察、设计的内容和工作难度确定提交工作成果的期限。勘察人、设计人必须在此期限内完成并向发包人提交工作成果。超过这一期限的,应当承担违约责任。

②勘察、设计的质量要求。这是此类合同中最为重要的合同条款,也是勘察、设计人所应承担的最重要的义务。勘察、设计人应当对没有达到合同约定质量的勘察、设计方案承担违约责任。

③勘察、设计费用。这是勘察、设计合同中发包人应承担的最重要的义务。勘察和设计费用的具体标准和计算办法应当按《工程勘察收费标准》《工程设计收费标准》的规定执行。

④其他协作条件。除上述条款外,当事人之间还可以在合同中约定其他协作条件。至于这些协作条件的具体内容,应当根据具体情况来认定。如发包人提供资料的期限,现场必要的工作和生活条件,设计的阶段、进度和设计文件份数等。

(2)建设工程施工合同的基本条款

《民法典》第七百九十五条规定,施工合同的内容一般包括工程范围、建设工期、中间交工工程的开工和竣工时间、工程质量、工程造价、技术资料交付时间、材料和设备供应责任、拨款和结算、竣工验收、质量保修范围和质量保证期、双方相互协作等条款。

①工程范围。当事人应在合同中附上工程项目一览表及其工程量,主要包括建筑栋数、结构、层数、资金来源、投资总额以及工程的批准文号等。

②建设工期。即全部建设工程的开工和竣工日期。

③中间交工工程的开工和竣工时间。所谓中间交工工程,是指需要在全部工程完成期限

之前完工的工程。对中间交工工程的开工和竣工时间,都应在合同中作出明确约定。

④工程质量。这是发、承包人最重要的条款。双方必须遵守《建设工程质量管理条例》的有关规定,保证工程质量符合工程建设强制性标准。

⑤工程造价。工程造价(或工程价格)由成本(直接成本、间接成本)、利润(酬金)和税金构成。工程价格包括合同价款、追加合同价款和其他款项。实行招投标的工程应当通过工程所在地招标投标监督管理机构采用招投标的方式定价;对于不宜采用招投标的工程,可采用施工图预算加变更洽商的方式定价。

⑥技术资料交付时间。发包人应当在合同约定的时间内按时向承包人提供与本工程项目有关的全部技术资料,否则造成的工期延误或者费用增加应由发包人负责。

⑦材料和设备供应责任。即约定工程建设过程中所需材料和设备的供应方及材料和设备的验收程序。

⑧拨款和结算。即发包人向承包人拨付工程价款和结算的方式及时间。

⑨竣工验收。竣工验收应当根据《建设工程质量管理条例》第十六条的有关规定执行。

⑩质量保修范围和质量保证期。合同当事人应当根据实际情况确定合理的质量保修范围和质量保证期,但不得低于《建设工程质量管理条例》规定的最低质量保修期限。

除了上述 10 项基本合同条款,当事人还可约定其他协作条款,如施工准备工作的分工、工程变更时的处理办法等。有些建设工程合同,国家有关部门制定了统一的示范文本,订立合同时可以参照相应的示范文本。合同的示范文本,实际上就是含有格式条款的合同文本。采用示范文本或其他书面形式订立的建设工程合同,在组成上并不是单一的,凡能体现招标人与中标人协商一致协议内容的文字材料包括各种文书、电报、图表等,均为建设工程合同文件。订立建设工程合同时,应当注意明确合同文件的组成及其解释顺序。建设工程合同文件,一般包括以下几个组成部分:

①合同协议书;

②中标通知书(如果有);

③投标函及其附录(如果有);

④专用合同条款及其附件;

⑤通用合同条款;

⑥技术标准和要求;

⑦图纸;

⑧已标价工程量清单或预算书;

⑨其他合同文件。

建设工程合同的所有合同文件应能互相解释,互为说明,保持一致。当事人对合同条款的理解有争议的,应当按照合同所使用的词句,结合合同的相关条款、行为的性质和目的、习惯以及诚信原则,确定争议条款的含义。合同文本采用两种以上的文字订立并约定具有同等效力的,对各文本使用的词句推定具有相同含义。各文本使用的词句不一致的,应当根据合同的相关条款、性质、目的以及诚信原则等予以解释。

相关链接

《民法典》节选

第五百一十一条　当事人就有关合同内容约定不明确,依照本法第五百一十条的规定仍不能确定的,适用下列规定:

(一)质量要求不明确的,按照强制性国家标准履行;没有强制性国家标准的,按照推荐性国家标准履行;没有推荐性国家标准的,按照行业标准履行;没有国家标准、行业标准的,按照通常标准或者符合合同目的的特定标准履行。

(二)价款或者报酬不明确的,按照订立合同时履行地的市场价格履行;依法应当执行政府定价或者政府指导价的,按照规定履行。

(三)履行地点不明确,给付货币的,在接受货币一方所在地履行;交付不动产的,在不动产所在地履行;其他标的,在履行义务一方所在地履行。

(四)履行期限不明确的,债务人可以随时履行,债权人也可以随时要求履行,但应当给对方必要的准备时间。

(五)履行方式不明确的,按照有利于实现合同目的的方式履行。

(六)履行费用的负担不明确的,由履行义务一方负担;因债权人原因增加的履行费用,由债权人负担。

第五百一十三条　执行政府定价或者政府指导价的,在合同约定的交付期限内政府价格调整时,按照交付时的价格计价。逾期交付标的物的,遇价格上涨时,按照原价格执行;价格下降时,按照新价格执行。逾期提取标的物或者逾期付款的,遇价格上涨时,按照新价格执行;价格下降时,按照原价格执行。

第五百六十七条　合同的权利义务关系终止,不影响合同中结算和清理条款的效力。

7.3.7　合同的效力

合同有效须具备以下4个要件:主体合格、意思表示真实、内容和程序合法、不违背公序良俗。合同的成立与生效,是合同法律制度中两种不同的制度。合同成立不一定生效,多数情况下,成立与生效的时间相同。

合同效力及
相关热点问题

1)无效合同的认定

无效合同是指合同虽然已经成立,但因欠缺合同生效要件,从而不产生法律效力的合同。法定无效合同的情形有:主体为无民事行为能力人;恶意串通,损害国家、社会公共和他人利益;行为人与相对人以虚假的意思表示;违反法律、行政法规的强制性规定;违背公序良俗。

特别提示

无效条款的认定

①免除造成对方人身损害责任的。
②免除因故意或者重大过失造成对方财产损失责任的。
③提供格式条款一方不合理地免除或者减轻其责任、加重对方责任、限制对方主要权利的。

2)可变更、可撤销合同

可变更、可撤销合同包括:因重大误解订立的合同;在订立合同时显失公平的合同;因欺诈、胁迫而订立的合同;乘人之危订立的合同。撤销权人可以申请撤销。撤销权人应在知道或应当知道撤销事由之日起1年内行使，否则将丧失该权利。

3）效力待定合同

效力待定合同是指合同虽然成立，但因其欠缺生效要件，因此其效力能否发生尚未确定，有待于其他行为或事实使之确定的合同。具体包括：限制民事行为能力人依法不能独立签订的合同，无权代理人以被代理人名义订立的合同，超越权限订立的合同和超越经营范围订立的合同四大类。前3种情况下，合同效力因权利人的追认而有效，否认而无效。但表见代理无须权利人追认，代理行为产生的合同有效。超越经营范围订立的合同不得仅以超越经营范围确认合同无效，应当依照合同生效条件确认。

相关链接

表见代理

表见代理是指代理人无明示代理权，但授权人（被代理人）的言辞或行为致使善意的第三人在客观上有充分理由相信代理人有代理权，进而与代理人发生某项民事法律行为，该法律行为的效果约束授权人。表见代理的构成要件包括：一是代理人未获得明确授权；二是客观上存在使第三人相信有代理权的情形；三是这种相信必须是合理的；四是第三人的行为是善意的且无过失。

【应用案例3】 2023年8月，A公司与张先生签订一份委托合同。根据该合同规定，A公司授权张先生与全国各地的潜在供应商开展业务谈判，以拓展商机，但张先生的授权范围只限于业务谈判，无权代表A公司签订合同。2023年9月，张先生与原告B公司就购买计算机一事进行磋商。从谈判开始，张先生就告知原告，自己只是代理被代理人进行谈判。谈判的过程中，原告问及被代理人的身份，张先生声称暂时不想透露，在以后适当的时候会告知原告谁是被代理人，原告对此表示同意。2023年11月，原告与张先生签订了100台计算机的购销合同，此时张先生仍然未透露被代理人的真实身份，买方一栏签署了张先生自己的名字，原告也未深究此事。根据合同规定，在原告将100台计算机运到指定地点后，由张先生的被代理人支付货款80万元。合同签订后，原告于2023年12月将货物运至指定地点后，却无人接收。原告要求张先生接收货物并支付货款，张先生拒绝支付，理由是：他只是A公司的代理人，是为A公司购买货物。原告找到A公司，要求其接收货物并支付货款，A公司断然拒绝，理由是：我公司仅授权张先生进行业务谈判，而未授权他为本公司签订合同，这一行为完全属于张先生自己的行为，应由他自己负责。无奈，原告自己雇车将计算机拉回，遂起诉至法院，要求被告继续履行合同，支付80万元货款，并赔偿因被告拒收货物给原告造成的损失3万元。

【问题3】 该案应如何解决？

【应用案例3评析】 在本案中，关键在于原告是否有理由相信张先生具有代理权。当张先生最初与原告接触时，就告知原告自己只是代理人而不是本人，但不方便透露被代理人的身份，直至签订合同。在这期间，原告作为有经验的商家，对张先生不愿意透露被代理人的真实身份，其是否真正有代理权应当产生合理的怀疑，原告却因疏忽大意而未追究此事，因此不能认定原告有理由相信张先生有代理权，故此案不构成表见代理，张先生的代理行为对A公司不具有约束力。被告张先生与被告A公司是委托代理关系，张先生的代理权限仅是为 A 公司进行业务谈判,张先生与原告签订买卖合同的行为超越了 A 公司对其授权的范围,其签约行为事后也未得到 A 公司的追认,同时,张先生从谈判到签约都没有明确告知原告被代理人的真实身份,原告也因为疏忽大意而没有对张先生是否具有代理权进行深究,故张先生的代理行为应认定为无效,被告 A 公司不承担法律责任,应由被告张先生承担赔偿损失的责任。

4)附条件、附期限合同

当事人对合同的效力可以约定附条件。附生效条件的合同,自条件成就时生效;附解除条件的合同,自条件成就时失效。当事人为自己的利益不正当地阻止条件成就的,视为条件已成就;不正当地促成条件成就的,视为条件不成就。当事人约定的条件应当是未来的、不确定的、合法的,并不与合同主要内容相矛盾。

当事人对合同的效力可以约定附期限。附生效期限的合同,自期限届至时生效;附终止期限的合同,自期限届满时失效。

相关测试

不定项选择题

1.2024 年 3 月 1 日,某大学向本市某建筑公司发出全面维修教学楼的要约,3 月 5 日某建筑公司相关负责人来到该大学就要约之事协商确认并签订了合同。下列表述中,违背《民法典》相关规定的是(　　)。

A.承诺生效的时间是 3 月 1 日　　　　B.承诺生效的地点是该大学
C.合同成立的时间是 3 月 5 日　　　　D.合同成立的地点是该大学

2.合同的主体资格合格是指当事人必须具有(　　)。

A.完全的民事权利能力　　　　B.完全的民事行为能力
C.完全的民事权利能力和民事行为能力　　D.相应的民事权利能力和民事行为能力

3.下列关于合同无效的表述中,正确的是(　　)。

A.一方以欺诈、胁迫的手段订立合同　　B.损害国家、社会公共和他人利益
C.无民事行为能力人订立的合同　　　　D.违反地方性法规的强制性规定

4.根据《民法典》的规定,下列各类合同免责条款中有效的是(　　)。

A.造成对方人身伤害的　　　　B.因故意造成对方财产损失的
C.过失造成对方财产损失的　　D.重大过失造成对方财产损失的

5.下列合同中属于无效合同的是(　　)。

A.有重大误解的合同　　　　B.内容不明确的合同
C.结构有缺陷的合同　　　　D.损害社会公益的合同

6.下列合同中,属于可变更、可撤销合同的是(　　)。

A.损害社会公共利益的合同　　B.以合法形式掩盖非法目的
C.不慎造成误解的合同　　　　D.显失公平的合同

7.某建筑公司与某钢铁厂于 2024 年 2 月 5 日签订一钢材购销合同,而钢铁厂却将劣质钢材以优质的价格出售给该建筑公司使其蒙受损失,依据《民法典》的规定:

（1）该合同的性质属于(　　)。

A.无效合同　　　　　　　　　　B.部分无效合同

C.效力待定合同　　　　　　　　D.可撤销合同

（2）如果该合同的履行使国家利益受到损害,该合同的性质属于(　　)。

A.无效合同　　　　　　　　　　B.部分无效合同

C.效力待定合同　　　　　　　　D.可撤销合同

（3）无论该合同无效、被撤销或终止,均不影响合同中有关(　　)。

A.主要权利条款的效力　　　　　B.主要义务条款的效力

C.违约责任条款的效力　　　　　D.解决争议方法的条款的效力

（4）无论该合同无效或被撤销,下列关于其后果的表述中正确的是(　　)。

A.建筑公司蒙受的损失应当自己承担

B.建筑公司蒙受的损失应当由钢铁厂赔偿

C.将双方所取得的财产收归国家所有

D.将钢铁厂所取得的合同价款收归国家所有

（5）该建筑公司于2024年3月8日得知自己有撤销权,下列关于其撤销权消灭的表述中正确的是,该公司(　　)。

A.2025年2月5日前未行使撤销权　　B.2025年3月8日前未行使撤销权

C.未明确表示是否放弃撤销权　　　　D.未明确表示是否继续履行该合同

8.下列关于效力待定合同的表述中正确的是(　　)。

A.代理人以被代理人名义订立的合同

B.限制民事行为能力人独立订立的合同

C.财产所有权人处分自己财产的合同

D.法定代表人未超越权限订立的合同

9.李某擅自与王某签订合同,将朋友余某委托其照看的一套单元房转让,下列关于该转让合同效力的表述中正确的是(　　)。

A.合同无效　　　　　　　　　　B.合同部分有效

C.余某追认则合同生效　　　　　D.余某死亡则合同生效

10.某工程项目施工合同约定,如该工程获得鲁班奖,则甲方给乙方一辆汽车作为奖励,下列表述中正确的是(　　)。

A.该合同属附期限的合同　　　　B.该合同属附条件的合同

C.所附期限是否到来具有可能性　D.所附条件是否成就具有必然性

7.3.8　导致施工合同无效的14种情形

无效建设工程合同指因违反法律规定而没有法律约束力,国家不予承认和保护,甚至对违法当事人进行制裁的建设工程合同。根据《民法典》《建筑法》《最高人民法院关于审理建设工程施工合同纠纷案件适用法律问题的解释(一)》(法释〔2020〕25号)相关规定,存在下列情况之一的,施工合同无效:

合同无效发承包方的赔偿责任

①承包人未取得建筑业企业资质的；

②承包人超越资质等级的；

③没有资质的实际施工人借用有资质的建筑施工企业名义的；

④必须进行招标而未招标的；

⑤招标代理机构与招标人、投标人串通，影响中标结果导致中标无效的；

⑥招标人透露招标投标情况，或者泄露标底，影响中标结果导致中标无效的；

⑦投标人相互串通投标或者与招标人串通投标，投标人行贿谋取中标，中标无效的；

⑧投标人以他人名义投标或者弄虚作假，骗取中标，中标无效的；

⑨招标人与投标人就投标价格、投标方案等实质性内容进行谈判影响中标结果导致中标无效的；

⑩招标人在评标委员会依法推荐的中标候选人以外确定中标人或自行确定中标人，中标无效的；

⑪承包人转包的；

⑫承包人违法分包的；

⑬另行变相降低工程价款签订合同的；

⑭未取得建设工程规划审批手续的。

无效建设工程合同

相 关链接

《最高人民法院关于审理建设工程施工合同纠纷案件适用法律问题的解释（一）》（法释〔2020〕25号）节选

第一条　建设工程施工合同具有下列情形之一的，应当依据民法典第一百五十三条第一款的规定，认定无效。

（一）承包人未取得建筑业企业资质或者超越资质等级的；

（二）没有资质的实际施工人借用有资质的建筑施工企业名义的；

（三）建设工程必须进行招标而未招标或者中标无效的。

承包人因转包、违法分包建设工程与他人签订的建设工程施工合同，应当依据民法典第一百五十三条第一款及第七百九十一条第二款、第三款的规定，认定无效。

第三条　当事人以发包人未取得建设工程规划许可证等规划审批手续为由，请求确认建设工程施工合同无效的，人民法院应予支持，但发包人在起诉前取得建设工程规划许可证等规划审批手续的除外。

发包人能够办理审批手续而未办理，并以未办理审批手续为由请求确认建设工程施工合同无效的，人民法院不予支持。

第四条　承包人超越资质等级许可的业务范围签订建设工程施工合同，在建设工程竣工前取得相应资质等级，当事人请求按照无效合同处理的，人民法院不予支持。

第五条　具有劳务作业法定资质的承包人与总承包人、分包人签订的劳务分包合同，当事人请求确认无效的，人民法院依法不予支持。

另外，《建筑业企业资质标准》规定，取得施工劳务资质的企业可以承接具有施工总承包资质或专业承包资质的企业分包的劳务作业。因此，劳务分包属于合法分包，本条是对劳务分包合法性的确认。

7.3.9　缔约过失责任

解析缔约过失责任

【引例 11】

甲、乙两人各开一酒店,两酒店相邻,生意都很兴隆。后甲因投身其他行业欲将酒店转手给丙,丙出价 80 万元。乙知道后担心财力雄厚的丙接手甲的酒店后,在日后竞争中自己落于下风。于是乙积极与甲磋商,表明自己有决心买下酒店并出价 100 万元。甲见乙出价高,遂终止与丙的磋商,转而一心一意与乙谈判。乙见丙退出,即对甲提出自己无意买下该酒店。

【引导问题 11】　乙应对甲承担什么责任?

缔约过失责任是指合同成立前的缔约过程中,因缔约一方违背诚信原则致合同不成立或无效,或被撤销所具有的过失,因该过失而承担的责任。其主要有以下 3 种情形:一是假借订立合同,恶意进行磋商;二是故意隐瞒与订立合同有关的重要事实或者提供虚假情况;三是其他违背诚实信用原则的行为。

缔约过失责任与违约责任不同,违约责任以合同的有效成立为基础,在合同成立前,因过失而致相对人受损害时,不能依合同请求损害赔偿,而须依缔约过失责任请求赔偿。违约责任救济的是履行利益,而缔约过失责任救济的是法律肯定的信赖利益。《招标投标法》第四十五条规定:"中标通知书对招标人和中标人具有法律效力。中标通知书发出后,招标人改变中标结果的,或者中标人放弃中标项目的,应当依法承担法律责任。"该责任实际就是缔约过失责任。缔约过失责任的承担方式主要是返还财产、赔偿损失。损失主要包括直接损失和可信赖利益的损失。

由此可见,【引例 11】中乙应对甲承担缔约过失责任。

7.3.10　《建设工程施工合同(示范文本)》(GF-2017-0201)框架说明

1)组成

《示范文本》解读

《建设工程施工合同(示范文本)》(GF-2017-0201)(以下简称《示范文本》),由合同协议书、通用合同条款和专用合同条款三部分组成。

(1)合同协议书

《示范文本》合同协议书共计 13 条,主要包括工程概况、合同工期、质量标准、签约合同价和合同价格形式、项目经理、合同文件构成、承诺以及合同生效条件等重要内容,集中约定了合同当事人基本的合同权利和义务。

(2)通用合同条款

通用合同条款是合同当事人根据《民法典》《建筑法》等法律法规的规定,就工程建设的实施及相关事项,对合同当事人的权利义务作出的原则性约定。

通用合同条款共计 20 条,具体条款分别为:一般约定、发包人、承包人、监理人、工程质量、安全文明施工与环境保护、工期和进度、材料与设备、试验与检验、变更、价格调整、合同价格、计量与支付、验收和工程试车、竣工结算、缺陷责任与保修、违约、不可抗力、保险、索赔和争议解决。前述条款安排既考虑了现行法律法规对工程建设的有关要求,也考虑了建设工程施工管理的特殊需要。

(3)专用合同条款

专用合同条款是对通用合同条款原则性约定的细化、完善、补充、修改或另行约定的条款。合同当事人可以根据不同建设工程的特点及具体情况，通过双方的谈判、协商对相应的专用合同条款进行修改补充。在使用专用合同条款时，应注意以下事项：

①专用合同条款的编号应与相应的通用合同条款的编号一致；

②合同当事人可以通过对专用合同条款的修改，满足具体建设工程的特殊要求，避免直接修改通用合同条款；

③在专用合同条款中有横道线的地方，合同当事人可针对相应的通用合同条款进行细化、完善、补充、修改或另行约定，如无细化、完善、补充、修改或另行约定，则填写"无"或画"/"。

2)《示范文本》的性质和适用范围

《示范文本》为非强制性使用文本。《示范文本》适用于房屋建筑工程、土木工程、线路管道和设备安装工程、装修工程等建设工程的施工承发包活动，合同当事人可结合建设工程具体情况，根据《示范文本》订立合同，并按照法律法规的规定和合同约定承担相应的法律责任及合同权利和义务。

7.3.11 法律责任

1)建设单位法律责任

(1)发包单位将工程发包给不具有相应资质条件的承包单位的法律责任

《建筑法》第六十五条第一款规定："发包单位将工程发包给不具有相应资质条件的承包单位的，或者违反本法规定将建筑工程肢解发包的，应由有关行政执法机关责令其改正，并处以罚款。"《建设工程质量管理条例》第五十四条规定："违反本条例规定，建设单位将建设工程发包给不具有相应资质等级的勘察、设计、施工单位或者委托给不具有相应资质等级的工程监理单位的，责令改正，处50万元以上100万元以下的罚款。"

(2)发包单位将建设工程肢解发包的法律责任

《建设工程质量管理条例》第五十五条规定："违反本条例规定，建设单位将建设工程肢解发包的，责令改正，处工程合同价款百分之零点五以上百分之一以下的罚款；对全部或者部分使用国有资金的项目，并可以暂停项目执行或者暂停资金拨付。"

2)勘察单位、设计单位、建筑施工单位和工程监理单位的法律责任

(1)承包单位超越资质、无资质承揽工程的法律责任

按照《建筑法》第六十五条第二款、第三款规定："超越本单位资质等级承揽工程的，责令停止违法行为，处以罚款，可以责令停业整顿，降低资质等级；情节严重的，吊销资质证书；有违法所得的，予以没收。未取得资质证书承揽工程的，予以取缔，并处罚款；有违法所得的，予以没收。"

《建设工程质量管理条例》第六十条第一款规定："违反本条例规定，勘察、设计、施工、工程监理单位超越本单位资质等级承揽工程的，责令停止违法行为，对勘察、设计单位或者工程监理单位处合同约定的勘察费、设计费或者监理酬金1倍以上2倍以下的罚款；对施工单位处工程合同价款百分之二以上百分之四以下的罚款，可以责令停业整顿，降低资质等级；情节严重的，吊销资质证书；有违法所得的，予以没收。"第二款规定："未取得资质证书承揽工程的，

· 120 ·

予以取缔,依照前款规定处以罚款;有违法所得的,予以没收。"

（2）以欺骗手段取得资质证书的法律责任

《建筑法》第六十五条第四款规定:"以欺骗手段取得资质证书的,吊销资质证书,处以罚款;构成犯罪的,依法追究刑事责任。"《建设工程质量管理条例》第六十条第三款规定:"以欺骗手段取得资质证书承揽工程的,吊销资质证书,依照本条第一款规定处以罚款;有违法所得的,予以没收。"

相关链接

以欺骗手段取得资质证书的行为,是指建筑施工单位、勘察单位、设计单位和工程监理单位用瞒报、谎报其拥有的注册资金、专业技术人员、技术装备和已完成的建设工程业绩等手段,欺骗资质等级管理机关取得资质证书的行为。

（3）转让、出借资质证书或者以其他方式允许他人以本企业的名义承揽工程的法律责任

《建筑法》第六十六条规定:"建筑施工企业转让、出借资质证书或者以其他方式允许他人以本企业的名义承揽工程的,责令改正,没收违法所得,并处罚款,可以责令停业整顿,降低资质等级;情节严重的,吊销资质证书。对因该项承揽工程不符合规定的质量标准造成的损失,建筑施工企业与使用本企业名义的单位或者个人承担连带赔偿责任。"

《建设工程质量管理条例》第六十一条规定:"违反本条例规定,勘察、设计、施工、工程监理单位允许其他单位或者个人以本单位名义承揽工程的,责令改正,没收违法所得,对勘察、设计单位和工程监理单位处合同约定的勘察费、设计费和监理酬金 1 倍以上 2 倍以下的罚款;对施工单位处工程合同价款百分之二以上百分之四以下的罚款;可以责令停业整顿,降低资质等级;情节严重的,吊销资质证书。"

（4）承包单位将承包的工程转包、违法分包的法律责任

《建筑法》第六十七条规定:"承包单位将承包的工程转包的,或者违反本法规定进行分包的,责令改正,没收违法所得,并处罚款,可以责令停业整顿,降低资质等级;情节严重的,吊销资质证书。承包单位有前款规定的违法行为的,对因转包工程或者违法分包的工程不符合规定的质量标准造成的损失,与接受转包或者分包的单位承担连带赔偿责任。"第六十九条第二款规定:"工程监理单位转让监理业务的,责令改正,没收违法所得,可以责令停业整顿,降低资质等级;情节严重的,吊销资质证书。"

《建设工程质量管理条例》第六十二条规定:"违反本条例规定,承包单位将承包的工程转包或者违法分包的,责令改正,没收违法所得,对勘察、设计单位处合同约定的勘察费、设计费百分之二十五以上百分之五十以下的罚款;对施工单位处工程合同价款百分之零点五以上百分之一以下的罚款;可以责令停业整顿,降低资质等级;情节严重的,吊销资质证书。工程监理单位转让工程监理业务的,责令改正,没收违法所得,处合同约定的监理酬金百分之二十五以上百分之五十以下的罚款;可以责令停业整顿,降低资质等级;情节严重的,吊销资质证书。"

【引例 1 评析】

合同缔结过程是通过要约邀请—要约—反要约—承诺建立合同关系的。引例 1 中,A 是发包人,B 是总承包人,C、D 是分包人。按照发包原则和发包行为规范,B 作为总承包人应自行施工,不应将工程全部转包给他人。其虽经发包人同意,但仍违反了《建筑法》第二十八条的禁止性规定,其与 C、D 签订的两个分包合同是无效的。

对工程质量问题,B 作为总承包人应承担责任,C、D 也应该依法分别向 A 承担责任。B、C 拒绝承担责任的理由违反了《建筑法》第二十九条的规定,因此 B、C 应共同承担连带责任。

7.4 任务实施与评价

①此次任务完成中存在的主要问题有哪些?
②问题产生的原因有哪些?请提出相应的解决方法。
③您认为还需要加强哪些方面的指导(实际工作过程及理论知识)?

知识回顾

本任务的完成涉及以下知识点:相关建设工程发承包法律法规及条例、法律原则;建设工程发承包方式、行为规范;建设工程合同订立过程及建设工程合同效力、合同条款的解释原则;缔约过失责任和《建设工程施工合同(示范文本)》(GF-2017-0201)框架结构;发承包各方的法律责任。

课后训练

一、案例分析

【案例】 2022 年 11 月 15 日,A 房地产开发公司将其开发的怡景新苑 9 号、10 号住宅楼工程发包给 B 建筑公司承建,承建范围为土建、装饰、水电、暖卫;开工日期为 2022 年 11 月 20 日,竣工日期为 2023 年 10 月 30 日;合同价款 713 万元。B 建筑公司承包上述工程后,将其转包给王某,双方于 2022 年 11 月 20 日补签协议一份,约定:B 建筑公司同意王某承建怡景新苑 9 号、10 号住宅楼工程;工期自 2022 年 12 月 20 日至 2023 年 10 月 30 日;王某承担 B 建筑公司与 A 房地产开发公司所签建设工程承包合同中应承担的所有责任和义务,按该建设工程承包合同约定的质量标准、工期、安全生产等进行施工;实行自主经营,独立核算,自负盈亏,一切债权债务由王某承担。

2023 年 4 月 6 日,王某以 B 建筑公司项目部的名义,与原告 C 混凝土公司签订了预拌混凝土供需合同,由 C 混凝土公司供给混凝土,双方对供货数量、质量、价款及其支付方式等进行了约定。该合同由王某签字并加盖 B 建筑公司项目部的印章。合同签订后,原告 C 混凝土公司按合同约定完成供货义务,经双方结算,共计货款 557 812.50 元,王某已付款 40 万元,尚欠 157 812.50 元未付。原告 C 混凝土公司诉至法院,要求被告 B 建筑公司及王某支付欠款 157 812.50 元及违约金。被告 B 建筑公司抗辩称,其从未与原告签订预拌混凝土供需合同,双方不存在买卖混凝土合同关系,更不知付款之事。该供需合同是原告与王某签订的,王某不是本公司职工,其签订合同所用印章是其私自刻制的,公司对此不知情,应由王某自行承担责任。

被告王某未作任何抗辩。该案在审理过程中,经法院调查,王某承认预拌混凝土供需合同中 B 建筑公司项目部的印章是其私刻的。

问题:

该案中的责任应由谁承担?为什么?

二、实训练习

1.根据教师所给项目资料,明确委托方的权利和义务。

2.根据教师所给项目实际情况,结合相关法规为委托方提交法律意见书,完成前期法律服务(应包括发包前置条件、发包流程、发包注意事项、发包合同主要内容、发包风险预测、风险防范和后期工作建议)。

三、建工拓展与感悟

请扫码观看视频,思考发承包市场动态。

解读"碳普惠"

任务8 招投标法律事务与纠纷处理

诚信有形，
失信有价

【建工先读】

请扫码观看视频，思考工程招投标管理中，建工人应如何彰显职业操守？

【引例1】

招标事务，
诚信服务

2022年9月10日某房地产开发有限公司（被告）就某住宅项目进行邀请招标，某建筑集团第三公司（原告）与其他三家建筑公司共同参加了投标，结果由原告中标。2022年10月14日，被告就该项工程向原告发出中标通知书。该通知书载明：工程建筑面积82 174 m²，中标造价人民币8 000万元，要求10月25日签订工程承包合同，10月28日开工。

中标通知书发出后，被告提出，为抓紧工期，应该先做好施工准备，后签订承包合同。原告同意了这个意见。随后，原告进场，平整了施工场地，将打桩架运至现场，并配合被告在10月28日打了两根桩，完成了项目的开工仪式。但是，工程开工后，还没有等到正式签订承包合同，双方就因为对合同内容的意见不一而发生争议。2023年3月1日，被告函告原告："将另行落实施工队伍。"

双方协商不成，原告只得诉至法院。在法庭上，原告指出，被告既已发出中标通知书，就表明招投标过程中的要约已经承诺，按招投标文件和《建设工程施工合同（示范文本）》（GF-2017-0201）的有关规定，签订工程承包合同是被告的法定义务。因此，原告要求被告继续履行合同。但被告辩称：虽然已发了中标通知书，但这个文件并无合同效力，且双方的合同尚未签订，因此双方还不存在合同上的权利义务关系，被告有权另行确定合同相对人。

【引导问题1】 根据引例1，讨论以下问题：

①我国建设工程相关法规对工程招投标作出了哪些规定？

②引例1中中标通知书具有什么效力？

③对中标后签订的工程承包合同，应怎样进行评审？

④该纠纷应如何解决？

8.1 任务导读

建设工程招标投标活动是建立发承包关系的一种方式，同时又是一项重要的法律活动。假如你分别接受发承包的委托，为他们提供招投标与合同评审服务，并须提交一份法律意见书。完成本任务需要学习工程招标投标的具体规定，了解招标投标的相关概念，熟悉招标投标的范围和规模标准，掌握招标、投标、开标、评标的法律规定，熟悉违反《招标投标法》及相关法规的法律责任，同时还应掌握合同评审的要点与技巧，完成8.2节的任务目标。

8.2 任务目标

①按照正确的方法和途径，收集相关法律资料；

②依据资料分析结果,协助完成本任务发承包前期招投标工作;

③按照工作时间限定,进行合同条款分析和风险预测,完成本任务合同评审和签订;

④通过完成该任务,提出后续工作建议,完成自我评价,并提出改进意见。

8.3 知识准备

工程招投标,是指建设单位(即业主或项目法人)通过发布招标公告的方式,将工程建设项目的勘察、设计、施工、材料设备供应、监理等业务,一次或分期发包,通过投标人的投标竞争,对投标人技术水平、管理能力、经营业绩与报价等方面进行综合考察,最终将工程发包给最有承包能力且报价最优的投标人。其最突出的优点是:将竞争机制引入工程建设领域,将工程项目的发包方、承包方和中介方统一纳入市场,实行交易公开,给市场主体的交易行为赋予了极大的透明度;鼓励竞争,防止和反对垄断,通过平等竞争,优胜劣汰,最大限度地实现投资效益的最优化。

【引例2】

某高校科教楼工程为该市重点教育工程,2023年7月由市发展改革委批准立项,建筑面积为7 800 m²,投资780万元,项目于2024年2月28日开工。此项目施工单位由业主经市政府和主管部门批准不招标,奖励给某建设集团承建,双方签订了施工合同。

【引导问题2】 根据引例2,讨论以下问题:

①市政府和主管部门批准不招标,奖励给某建设集团承建的做法合法吗?

②引例2中的施工合同有效吗?

8.3.1 必须进行招标的工程项目

按照《招标投标法》的规定,凡在中华人民共和国境内进行下列工程建设项目(范围和规模标准同时满足),包括项目的勘察、设计、施工、监理,以及与工程建设有关的重要设备、材料等的采购,必须进行招标。

招投标法实施细则

必须招标的3类项目:

①大型基础设施、公用事业等关系社会公共利益、公共安全的项目;

②全部或者部分使用国有资金投资或国家融资的项目;

③使用国际组织或者外国政府贷款、援助资金的项目。

必须招标的规模标准:

a.施工单项合同估算价在400万元人民币以上的;

b.重要设备、材料等货物的采购,单项合同估算价在200万元人民币以上的;

c.勘察、设计、监理等服务的采购,单项合同估算价在100万元人民币以上的;

d.同一项目中可以合并进行的勘察、设计、施工、监理以及与工程建设有关的重要设备材料等的采购,合同估算价合计达到a、b、c中规定标准的。

凡按照规定应该招标的工程不进行招标,应该公开招标的工程不公开招标的,招标单位所确定的承包单位一律无效。建设行政主管部门按照《建筑法》第八条的规定,不予颁施工许可证;对于违反规定擅自施工的,按照《建筑法》第六十四条的规定,追究其法律责任。

可见,【引例2】中科教楼工程由市政府和主管部门批准不招标,以奖励的形式直接发包给某建设集团承建是违法的,由此签署的合同无效。

相关链接

《招标投标法》第六十六条规定,涉及国家安全、国家秘密、抢险救灾或者属于利用扶贫资金实行以工代赈、需要使用农民工等特殊情况,不适宜进行招标的项目,按照国家有关规定可以不进行招标。

①涉及国家安全的项目主要是指国防、尖端科技、军事装备等涉及国家安全、会对国家安全造成重大影响的项目。

②涉及国家秘密的项目是指关系国家安全和利益,依照法定程序确定,在一定时间内只限一定范围的人知晓的项目。

③抢险救灾,时间紧迫的项目。

④对扶贫以工代赈项目。

《中华人民共和国招标投标法实施条例》(以下简称《招标投标法实施条例》)第九条规定,除《招标投标法》第六十六条规定的可以不进行招标的特殊情况外,有下列情形之一的,可以不进行招标:

①需要采用不可替代的专利或者专有技术;

②采购人依法能够自行建设、生产或者提供;

③已通过招标方式选定的特许经营项目投资人依法能够自行建设、生产或者提供;

④需要向原中标人采购工程、货物或者服务,否则将影响施工或者功能配套要求;

⑤国家规定的其他特殊情形。

8.3.2 招标方式

1)公开招标

公开招标又称为无限竞争招标,是由招标人通过国家指定的报刊、信息网络或者其他媒介发布招标公告,有投标意向的承包商均可参加投标资格审查,审查合格的承包商可以购买或领取招标文件,参加投标的招标方式。

非依法招标工程项目可以适用公开招标吗?

公开招标的优点:投标的承包商多、竞争范围大,业主有较大的选择余地,有利于降低工程造价,提高工程质量和缩短工期;缺点:招标工作量大,组织工作复杂,需投入较多的人力、物力,招标过程所需时间较长。综上,公开招标主要适用于投资额度大,工艺、结构复杂的较大型工程建设项目。

2)邀请招标

邀请招标又称为有限竞争性招标。这种方式不发布招标公告,招标人根据自己的经验和所掌握的各种信息资料,向有承担该项工程施工能力的3家以上(含3家)承包商发出投标邀请书,收到邀请书的单位有权利选择是否参加投标。邀请招标与公开招标一样都必须按规定的招标程序进行,要制定统一的招标文件,投标人都必须按招标文件的规定进行投标。

邀请招标的优点:参加竞争的承包商数目可由招标人控制,目标集中,招标的组织工作较容易,工作量比较小;缺点:由于参加投标的承包商相对较少,竞争范围较小,使招标人对承包商的选择余地较少,如果招标人在选择被邀请的承包商前所掌握信息资料不足,则会失去发现最适合承担该项目的承包商的机会。

特别提示

《招标投标法》第十一条规定:"国务院发展计划部门确定的国家重点项目和省、自治区、直辖市人民政府确定的地方重点项目不适宜公开招标的,经国务院发展计划部门或者省、自治区、直辖市人民政府批准,可以进行邀请招标。"

《招标投标法实施条例》第八条规定:"国有资金占控股或者主导地位的依法必须进行招标的项目,应当公开招标;但有下列情形之一的,可以邀请招标:

(一)技术复杂、有特殊要求或者受自然环境限制,只有少量潜在投标人可供选择;

(二)采用公开招标方式的费用占项目合同金额的比例过大。

有前款第二项所列情形,属于本条例第七条规定的项目,由项目审批、核准部门在审批、核准项目时作出认定;其他项目由招标人申请有关行政监督部门作出认定。"

8.3.3 招标的组织形式

招标的组织形式分为自行招标和代理招标。招标人具有编制招标文件和组织评标能力的,可以自行办理招标事宜。任何单位和个人不得强制其委托招标代理机构办理招标事宜。招标人有权自行选择招标代理机构,委托其办理招标事宜。任何单位和个人不得以任何方式为招标人指定招标代理机构。

招标代理法律
法规解读

8.3.4 招投标程序

招投标是招标人选择中标人并与其签订合同的过程,招投标应有一系列的工作程序。

招投标流程

【引例3】

某市越江隧道工程全部由政府投资。该项目为该市建设规划的重要项目之一,且已列入地方年度固定资产投资计划,概算已经主管部门批准,征地工作尚未全部完成,施工图及有关技术资料齐全。现决定对该项目进行施工招标。因估计除本市施工企业参加投标外,还可能有外省市施工企业参加投标,故业主委托咨询单位编制了两个标底,准备分别用于对本市和外省市施工企业投标价的评定。业主对投标人就招标文件提出的所有问题统一作了书面答复,并以备忘录的形式分发给各投标人,为简明起见,采用表格形式,见表8.1。

表8.1

序 号	问 题	提问单位	提问时间	答 复
1				
⋮				
N				

在书面答复投标人提出的所有问题后,业主组织各投标人进行了施工现场踏勘。在投标截止日期前10天,业主书面通知各投标人,由于某种原因,决定将收费站工程从原招标范围内删除。开标会由市招投标办的工作人员主持,市公证处有关人员到会,各投标人代表均到场。开标前,市公证处人员对各投标人的资格进行审查,并对所有投标文件进行审查,确认所有投标文件均有效后正式开标。主持人宣读投标人名称、投标价格、投标工期和有关投标文件的重要说明。

【引导问题3】 根据引例3,讨论以下问题:

①工程项目招标应具备哪些条件?

②业主对投标人进行资格审查应包括哪些内容?

③该项目施工招标在哪些方面存在问题或不当之处?请逐一说明。

1)招标准备阶段

这一阶段的工作主要由招标人完成,主要包括以下内容:

(1)选择招标方式

(2)办理招标备案

建设工程招标前,招标人要向建设行政主管部门办理申请招标手续。招标备案文件应说明招标范围、招标方式、计划工期、对投标人的资格要求、招标项目前期准备工作的完成情况、自行招标还是委托代理招标等内容,获得认可后才可以开始招标工作。

相关链接

《工程建设项目施工招标投标办法》第八条规定,依法必须招标的工程建设项目,应当具备下列条件才能进行施工招标:

①招标人已经依法成立;

②初步设计及概算应当履行审批手续的,已经批准;

③有相应资金或资金来源已经落实;

④有招标所需的设计图纸及技术资料。

【引例3】 中征地工作尚未全部完成,招标人不具备招标条件,因此不能进入招标环节。

(3)编制招标文件

为保证招标活动的正常进行,招标准备阶段应编制好招标过程中可能涉及的有关文件,其内容大致包括招标公告、资格预审文件、招标文件、合同协议书及评标标准和办法等。

2)招投标阶段

(1)发布招标公告或投标邀请书

公开招标的项目,应当通过国家指定的报刊、信息网络或其他媒介发布招标公告;对于邀请招标的项目,应向投标人发出投标邀请书。

(2)信息获取

投标人通过大众媒体所发布的公告获取招标信息,并准备供招标人审查的有关投标资格的资料。《招标投标法》规定,除依法允许个人参加投标的科研项目外,其他项目的投标人必须是法人或其他组织,自然人不能成为建设工程的投标人。

投标日常事务处理

相关链接

联合体投标

单个投标人往往不能独立承建一些大型或复杂的建设工程项目,法律允许两个以上法人或其他组织组成一个联合体,以一个投标人的身份共同投标。联合体各方均应当具备承担招标项目的相应能力,国家有关规定或者招标文件对投标人资格条件有规定的,联合体各方均应当具备规定的相应资格条件。由同一专业的单位组成的联合体,按照资质等级较低的单位确定资质等级。

联合体各方应当签订共同投标协议,明确约定各方拟承担的工作和责任,并将共同投标协议连同投标文件一并提交招标人。联合体中标的,联合体各方应当共同与招标人签订合同,就中标项目向招标人承担连带责任。

联合体参加资格预审并获通过的,其组成单位的任何变化都必须在提交投标文件截止日之前征得招标人的同意。如果变化后的联合体含有事先未经过资格预审或者资格预审不合格的法人或其他组织,或者使联合体的资质降到资格预审文件中规定的最低标准以下的,招标人有权拒绝。

(3)资格预审

资格预审是招标人对投标人的财务状况、技术能力等方面事先进行的审查。资格审查时,招标人不得以不合理的条件限制、排斥潜在投标人或者投标人,不得对潜在投标人或者投标人实行歧视待遇。任何单位和个人不得以行政手段或者其他不合理方式限制投标人的数量。

相关链接

《招标投标法实施条例》第三十二条规定,招标人不得以不合理的条件限制、排斥潜在投标人或者投标人。招标人有下列行为之一的,属于以不合理条件限制、排斥潜在投标人或者投标人:

①就同一招标项目向潜在投标人或者投标人提供有差别的项目信息;

②设定的资格、技术、商务条件与招标项目的具体特点和实际需要不相适应或者与合同履行无关;

③依法必须进行招标的项目以特定行政区域或者特定行业的业绩、奖项作为加分条件或者中标条件;

④对潜在投标人或者投标人采取不同的资格审查或者评标标准;

⑤限定或者指定特定的专利、商标、品牌、原产地或者供应商;

⑥依法必须进行招标的项目非法限定潜在投标人或者投标人的所有制形式或者组织形式;

⑦以其他不合理条件限制、排斥潜在投标人或者投标人。

【引例3】中招标人编制了两个标底是歧视招标,由此可见是明显违法的。

招标人应当合理确定提交资格预审申请文件的时间。依法必须进行招标的项目提交资格预审申请文件的时间,自资格预审文件停止发售之日起不得少于5日。资格预审应当按照资格预审文件载明的标准和方法进行。

相关链接

资格审查应主要审查潜在投标人或者投标人是否符合下列条件:

①具有独立订立合同的权利;

②具有履行合同的能力,包括专业、技术资格和能力,资金、设备和其他物质设施状况,管理能力,经验、信誉和相应的从业人员;

③没有处于被责令停业,投标资格被取消,财产被接管、冻结,破产状态;

④在最近3年内没有骗取中标和严重违约及重大工程质量问题;

⑤国家规定的其他资格条件。

(4)发售招标文件

招标文件是招标人向投标人介绍工程情况和招标条件的书面文件,也是招标人签订工程承包合同的基础。招标文件不得要求或标明特定的生产供应商以及含有倾向或排斥潜在投标人的内容。招标文件一经发出,招标人不得擅自变更内容或增加条件。确实需要澄清或修改的,招标人应当在招标文件要求提交投标文件截止时间至少15日前,以书面形式通知所有招标文件收受人。该澄清或修改的内容视为招标文件的组成部分。招标文件的发售期不得少于5日。

相关链接

> 招标文件包括下列内容:
> 第一卷
> 第一章　招标公告(投标邀请书)
> 第二章　投标人须知
> 第三章　评标办法
> 第四章　合同条款及格式
> 第五章　工程量清单
> 第二卷
> 第六章　图纸
> 第三卷
> 第七章　技术标准和要求
> 第四卷
> 第八章　投标文件格式

特别提示

> ①招标人应当在招标文件中载明投标有效期。投标有效期从提交投标文件的截止之日起算。
> ②招标人在招标文件中要求投标人提交投标保证金的,投标保证金不得超过招标项目估算价的2%。投标保证金有效期应当与投标有效期一致。依法必须进行招标的项目的境内投标单位,以现金或者支票形式提交的投标保证金应当从其基本账户转出。招标人不得挪用投标保证金。
> ③招标人不得规定最低投标限价。

(5)现场考察

招标人根据招标项目的具体情况,可以组织潜在投标人踏勘项目现场。

(6)投标答疑

投标人研究招标文件和现场考察后以书面形式提出某些质疑,招标人应及时给予书面回答。招标人对任何一位投标人提出的问题,必须以书面形式解答,并发送给每一位投标人,但不能泄露问题来源。回答函件作为招标文件的组成部分,如果书面解答的问题与招标文件中的规定不一致,以函件的解答为准,应确定新的投标截止日期。从修改之日到投标截止日应不少于15日。

【引例3】中,招标人就招标文件提出的所有问题统一作了书面答复,并以备忘录的形式分发给各投标人,泄露了其他投标人信息,由此可见是违法的;招标过程中取消了收费站工程属于更改招标文件,应重新确定投标截止日,招标文件确定的新投标截止日期应不少于15日。

(7)投标人编制投标文件

投标文件应对招标文件提出的实质性要求和条件作出响应,即对招标文件中有关招标项目的技术要求、投标报价要求和评标标准、合同的主要条款等逐一回答,不得对招标文件进行修改或提出任何附带条件,不得遗漏或回避招标文件中的问题。

投标人在投标过程中应遵循以下原则:

①投标人不得以低于成本的报价竞标。

②投标人不得与招标人串通投标,损害国家利益、社会公共利益和他人的合法利益;禁止投标人以向招标人或评标委员会成员行贿的手段谋取中标;投标人不得以他人名义投标或以其他方式弄虚作假、骗取中标。

串标法律法规解读

③投标人不得相互串通投标报价,不得排挤其他投标人的公平竞争,损害招标人或者其他投标人的合法权益。

相关链接

　　投标文件一般包括投标函、投标报价、施工组织设计、商务和技术偏差表。投标人根据招标文件载明的项目实际情况,拟在中标后将中标项目的部分非主体、非关键性工作进行分包的,应当在投标文件中载明。

(8)投标人提交投标文件

投标文件编制后,应按招标文件要求的份数,按正本和副本分别装入投标袋内,在投标袋外加贴密封条,并加盖企业公章和法人代表印章,在规定的时间内送达招标人所指定的地点。

特别提示

　　投标人在招标文件要求提交投标文件的截止时间前,可以补充、修改、替代或者撤回已提交的投标文件,并书面通知招标人。补充、修改的内容作为投标文件的组成部分。在提交投标文件截止时间后到招标文件规定的投标有效期终止之前,投标人不得撤销其投标文件,否则招标人可以不退还其投标保证金。

招标人必须对标底、潜在投标人的名称和数量以及可能影响公平竞争的其他有关招标情况保密;招标人不得在开标前开启投标文件,并将招标情况告知其他投标人;不得协助投标人撤换投标文件、更改报价;不得与投标人商定,投标时压低或抬高报价,中标后再给投标人或招标人额外补偿;招标人不得预先内定投标人。

相关链接

《建筑工程施工发包与承包计价管理办法》节选

　　第六条　全部使用国有资金投资或者以国有资金投资为主的建筑工程(以下简称国有资金投资的建筑工程),应当采用工程量清单计价;非国有资金投资的建筑工程,鼓励采用工程量清单计价。

国有资金投资的建筑工程招标的,应当设有最高投标限价;非国有资金投资的建筑工程招标的,可以设有最高投标限价或者招标标底。

最高投标限价及其成果文件,应当由招标人报工程所在地县级以上地方人民政府住房城乡建设主管部门备案。

第七条 工程量清单应当依据国家制定的工程量清单计价规范、工程量计算规范等编制。工程量清单应当作为招标文件的组成部分。

第八条 最高投标限价应当依据工程量清单、工程计价有关规定和市场价格信息等编制。招标人设有最高投标限价的,应当在招标时公布最高投标限价的总价,以及各单位工程的分部分项工程费、措施项目费、其他项目费、规费和税金。

第九条 招标标底应当依据工程计价有关规定和市场价格信息等编制。

第十条 投标报价不得低于工程成本,不得高于最高投标限价。

投标报价应当依据工程量清单、工程计价有关规定、企业定额和市场价格信息等编制。

《招标投标法》规定,提交投标文件的投标人少于3个的,招标人应当依法重新招标。《工程建设项目施工招标投标办法》规定,重新招标后投标人仍少于3个的,属于必须审批、核准的工程建设项目,报经原审批、核准部门审批、核准后可以不再进行招标;其他工程建设项目,招标人可以自行决定不再进行招标。

【引例4】

某办公楼的招标人于2023年10月11日向具备承担该项目能力的A、B、C、D、E 5家承包商发出投标邀请书,其中说明,10月17—18日9:00—16:00在该招标人总工程师室领取招标文件,11月8日14:00为投标截止时间。该5家承包商均接受邀请,并按规定时间提交了投标文件。但承包商A在送出投标文件后发现报价估算有较严重的失误,遂赶在投标截止时间前10分钟递交了一份书面声明,撤回已提交的投标文件。

开标时,由招标人委托的市公证处人员检查投标文件的密封情况,确认无误后,由工作人员当众拆封。由于承包商A已撤回投标文件,故招标人宣布有B、C、D、E 4家承包商投标,并宣读该4家承包商的投标价格、工期和其他主要内容。

评标委员会委员由招标人直接确定,共由7人组成,其中招标人代表2人,本系统技术专家2人、经济专家1人,外系统技术专家1人、经济专家1人。

在评标过程中,评标委员会要求B、D两投标人分别对施工方案作详细说明,并对若干技术要点和难点提出问题,要求其提出具体、可靠的实施措施,作为评标委员的招标人代表希望承包商B再适当考虑一下降低报价的可能性。

按照招标文件中确定的综合评标标准,4个投标人综合得分从高到低的顺序依次为B、D、C、E,故评标委员会确定承包商B为中标人。由于承包商B为外地企业,招标人于11月10日将中标通知书以挂号方式寄出,承包商B于11月14日收到中标通知书。

从报价情况来看,4个投标人的报价从低到高的顺序依次为D、C、B、E,因此,从11月16日至12月11日,招标人又与承包商B就合同价格进行了多次谈判,结果承包商B将价格降到略低于承包商C的报价水平,最终双方于12月12日签订了书面合同。

【引导问题4】 根据引例4,讨论以下问题:
①什么是开标和评标?有哪些法律规定?

②从招投标的性质看,本案例中的要约邀请、要约和承诺的具体表现是什么?

③从所介绍的背景资料来看,在该项目的招标投标程序中,哪些方面不符合《招标投标法》的有关规定?请逐一说明。

3)建设工程项目开标

建设工程项目开标是指招标人按照招标文件规定的时间、地点,开启所有投标人提交的投标文件,公开宣布投标人的名称、投标报价和投标文件中的其他主要内容的行为。

开标由招标人或其委托的招标代理机构主持,并邀请所有投标人参加,还可邀请招标主管部门、评标委员会、监察部门的有关人员参加,也可委托公证部门对整个开标过程依法进行公证。【引例 3】中市公证处人员对各投标人的资格及投标文件进行审查,是错误的。

4)投标人出席开标会议,参加评标期间的澄清会议

投标人如未按时出席开标会议,视为放弃该次投标。

相关链接

通常以下情况构成废标:

①逾期送达的或者未送达指定地点的;

②未按招标文件要求密封的;

③无单位盖章并无法定代表人签字或盖章的;

④未按规定格式填写,内容不全或关键字迹模糊、无法辨认的;

⑤投标人提交两份或多份内容不同的投标文件,或在一份投标文件中对同一招标项目报有两个或多个报价,且未声明哪一个有效的(按招标文件规定提交备选投标方案的除外);

⑥投标人名称或组织机构与资格预审时不一致的。

5)建设工程项目评标

建设工程项目评标是指按照招标文件的规定和要求,对投标人报送的投标文件进行审查和评议,从而找出符合法定条件的最佳投标人的过程。评标由招标人组建的评标委员会负责进行。

评标工作

(1)评标委员会的组建

评标委员会依法组建,负责评标活动,向招标人推荐中标候选人或者根据招标人的授权直接确定中标人。评标委员会的专家应当从事相关领域工作满 8 年并具有高级职称或者具有同等专业水平,由招标人从国务院有关部门或者省、自治区、直辖市人民政府有关部门提供的专家名册或者招标代理机构的专家库内的相关专业的专家名单中确定。评标委员会由招标人的代表和有关技术经济等方面的专家组成,成员人数为 5 人以上的单数,其中技术、经济等方面的专家不得少于成员总数的 2/3。评标委员会成员名单一般应于开标前确定,在中标结果确定前应当保密。

(2)评标专家的条件

①满足从事相关领域工作满 8 年并具有高级职称或具有同等专业水平;

②熟悉有关招标投标的法律法规,并具有与招标项目相关的实践经验;

③能够认真、公正、诚实、廉洁地履行职责;

④身体健康,能够承担评标工作。

相关链接

评标委员会成员有下列情形之一的,应当回避:

①招标人或者投标人的主要负责人的近亲属;

②项目主管部门或者行政监督部门的人员;

③与投标人有经济利益关系,可能影响对投标公正评审的;

④曾因在招标、评标以及其他与招标投标有关活动中从事违法行为而受过行政处罚的。

(3)评标程序

①初步评审。评标委员会应当依据招标文件规定的评标标准和方法,对投标文件进行系统评审和比较,主要审查各投标文件是否为响应性投标,确定投标文件的有效性。审查内容包括:投标人的资格、投标保证的有效性、报送资料的完整性、投标文件与招标文件的要求有无实质性背离、报价计算的正确性等。

②详细评审。经初步评审合格的投标文件,评标委员会应当根据招标文件确定的评标标准和方法,对其技术标部分和商务标部分作进一步评审、比较。评标方法一般有经评审的最低投标价法、综合评估法或者法律、行政法规允许的其他评标方法。

③提交评标结果。评标委员会推荐的中标候选人应当限定在1~3人,并标明排列顺序。招标人应当接受评标委员会推荐的中标候选人,不得在评标委员会推荐的中标候选人之外确定中标人。招标人也可以授权评标委员会直接确定中标人。依法必须进行招标的项目,招标人应当自收到评标报告之日起3日内公示中标候选人,公示期不得少于3日。

评标委员会经过评审,认为所有投标都不符合招标文件要求的,可以否决所有投标。

对于依法必须进行招标的项目的所有投标都被否决后,招标人应当依法重新招标。

废标、无效投标、否决投标解读

④招标人确定中标人。招标人确定的中标人的投标应当满足两个条件:一是能够最大限度地满足招标文件中规定的各项综合评价标准;二是能够满足招标文件的实质性要求,并且经评审的投标价格最低,但是投标价格低于成本的除外。

(4)评标委员会成员的义务

评标时,应严格按照招标文件确定的评标标准和方法,对投标文件进行评审和比较。设有标底的,应参考标底。任何未在招标文件中列明的标准和方法,均不得采用。评标时应遵守以下纪律:

①评标委员会成员应当客观、公正地履行职务,遵守职业道德,对所提出的评审意见承担个人责任;

②评标委员会成员不得私下接触投标人,不得接受投标人的任何馈赠或者其他好处;

③评标委员会成员和参与评标的有关工作人员不得透露对投标文件的评审和比较、中标候选人的推荐情况以及与评标有关的其他情况。

(5)评标时限

招标文件载明投标有效期为提交投标文件截止日至公布中标的时间。评标和定标应当在投标有效期结束日 30 个工作日前完成,不能在这个时间段完成的,招标人应当通知所有投标人延长投标有效期。拒绝延长投标有效期的投标人有权收回投标保证金,同意延长的投标人应当相应延长其投标担保的有效期,但不得修改投标文件的实质性内容。因延长投标有效期造成投标人损失的,招标人应当给予补偿,但因不可抗力需延长投标有效期的除外。

6)发出中标通知书

有效投标仅剩一家
单位,是否继续评标

中标人确定后,招标人应向中标人发出中标通知书,并同时将中标结果通知所有未中标的投标人。招标人应当自确定中标人之日起 15 日内,向有关行政监督部门提交招标投标情况的书面报告。中标通知书对招标人和中标人均具有法律效力。中标通知书发出后,招标人改变中标结果的,或者中标人放弃中标项目的,应当依法承担相应的法律责任。

7)合同签署

招标人和中标人应当自中标通知书发出之日起 30 日内,按照招标文件和中标人的投标文件订立书面合同。招标人和中标人不得再行订立背离合同实质内容的其他协议。订立书面合同后 7 日内,中标人应当将合同送县级以上工程所在地的建设行政主管部门备案;订立书面合同后 15 日内,招标人应当将合同报住房和城乡建设行政主管部门备案。

招标人最迟应当在书面合同签订后 5 日内向中标人和未中标的投标人退还投标保证金。对招标文件要求中标人提交履约保证金的,中标人应当提交。拒绝提交的视为放弃中标项目。

中标人应当按照合同约定履行义务,完成中标项目。中标人可以按照合同约定或者经招标人同意,将中标项目的部分非主体、非关键性工作分包;中标人不得将中标项目转包,也不得肢解后以分包的名义转让。

相关链接

《建筑工程施工发包与承包计价管理办法》节选

第十二条 招标人与中标人应当根据中标价订立合同。不实行招标投标的工程由发承包双方协商订立合同。

合同价款的有关事项由发承包双方约定,一般包括合同价款约定方式,预付工程款、工程进度款、工程竣工价款的支付和结算方式,以及合同价款的调整情形等。

【引例 4 评析】

引例 4 中存在以下违法之处:招标文件发售到投标截止日期少于 20 日;承包商 A 虽撤回投标文件,但开标时仍应宣布;评标委员会委员的产生不合法;评标时,投标人澄清时,不能要求其作实质性变更,评标委员会希望承包商 B 再适当考虑一下降低报价的可能性是违法的;中标后,招标人与中标人无法定事由不能对中标价格作实质性变更,承包商 B 将价格降到略低于承包商 C 的报价水平是违法的。

【应用案例 1】

某市大型会展中心建设项目采用公开招标,招标方在招标文件中规定的工程质量标准为合格。15 家公司参与投标,B 公司中标,中标承诺的工程质量标准为合格。工程中标通知书发出后,招标方要求在签约时将工程质量标准改为达到"鲁班奖"要求,并提出如工程未拿到"鲁班奖"将不予退还履约保证金。

【问题1】 招标方的要求是否合法有效?

【应用案例1评析】

招标方的要求已经构成对中标合同实质性内容的变更,违反了《招标投标法》第四十六条第一款"招标人和中标人应当自中标通知书发出之日起三十日内,按照招标文件和中标人的投标文件订立书面合同。投标人和中标人不得再行订立背离合同实质性内容其他协议"的规定。因此,招标人的要求违法,应认定无效。

依据《民法典》第七百八十八条第一款规定:"建设工程合同是承包人进行工程建设,发包人支付价款的合同。"承包人负有按期保质完成施工任务之义务,享有按合同约定受领工程价款之权利;发包人享有按合同约定接收符合约定质量标准的建设工程产品之权利,负有按合同约定支付工程价款之义务。由此可见,建设工程合同实质性内容一般包括工程价款、工程质量、工程期限等。

"鲁班奖"是全国范围内的建筑行业最高质量奖,从法律性质上讲,这种奖励所依附的标准并不属于国家强制性标准,而是行业领域所鼓励的标准。该项目在招标文件中提出的工程质量标准为合格,B公司中标承诺的工程质量标准也为合格。双方应按中标承诺的标准签约。招标方在签约时要求承包方必须拿到"鲁班奖",否则就扣除履约保证金,此种承诺所赋予承包方的义务已经高于招标投标合同约定的义务,实际上已经改变了招标投标文件所约定的工程质量标准。

观点来源:最高人民法院民事审判第一庭.《民事审判实务问答》[M].北京:法律出版社,2021。

8.3.5 相关法律责任

1)招标人的法律责任

招投标纠纷
案例分析

①《招标投标法》第四十九条规定:"违反本法规定,必须进行招标的项目而不招标的,将必须进行招标的项目化整为零或者以其他任何方式规避招标的,责令限期改正,可以处项目合同金额千分之五以上千分之十以下的罚款;对全部或者部分使用国有资金的项目,可以暂停项目执行或者暂停资金拨付;对单位直接负责的主管人员和其他直接责任人员依法给予处分。"

②《招标投标法》第五十一条规定:"招标人以不合理的条件限制或者排斥潜在投标人的,对潜在投标人实行歧视待遇的,强制要求投标人组成联合体共同投标的,或者限制投标人之间竞争的,责令改正,可以处一万元以上五万元以下的罚款。"

③《招标投标法》第五十二条规定:"依法必须进行招标的项目的招标人向他人透露已获取招标文件的潜在投标人的名称、数量或者可能影响公平竞争的有关招标投标的其他情况的,或者泄露标底的,给予警告,可以并处一万元以上十万元以下的罚款;对单位直接负责的主管人员和其他直接责任人员依法给予处分;构成犯罪的,依法追究刑事责任。前款所列行为影响中标结果的,中标无效。"

④《招标投标法》第五十五条规定:"依法必须进行招标的项目,招标人违反本法规定,与

投标人就投标价格、投标方案等实质性内容进行谈判的,给予警告,对单位直接负责的主管人员和其他直接责任人员依法给予处分。前款所列行为影响中标结果的,中标无效。"

⑤《招标投标法》第五十七条规定:"招标人在评标委员会依法推荐的中标候选人以外确定中标人的,依法必须进行招标的项目在所有投标被评标委员会否决后自行确定中标人的,中标无效。责令改正,可以处中标项目金额千分之五以上千分之十以下的罚款;对单位直接负责的主管人员和其他直接责任人员依法给予处分。"

⑥《招标投标法》第五十九条规定:"招标人与中标人不按照招标文件和中标人的投标文件订立合同的,或者招标人、中标人订立背离合同实质性内容的协议的,责令改正;可以处中标项目金额千分之五以上千分之十以下的罚款。"

相关链接

《招标投标法实施条例》节选

第六十三条　招标人有下列限制或者排斥潜在投标人行为之一的,由有关行政监督部门依照招标投标法第五十一条的规定处罚:

(一)依法应当公开招标的项目不按照规定在指定媒介发布资格预审公告或者招标公告;

(二)在不同媒介发布的同一招标项目的资格预审公告或者招标公告的内容不一致,影响潜在投标人申请资格预审或者投标。

依法必须进行招标的项目的招标人不按照规定发布资格预审公告或者招标公告,构成规避招标的,依照招标投标法第四十九条的规定处罚。

第六十四条　招标人有下列情形之一的,由有关行政监督部门责令改正,可以处10万元以下的罚款:

(一)依法应当公开招标而采用邀请招标;

(二)招标文件、资格预审文件的发售、澄清、修改的时限,或者确定的提交资格预审申请文件、投标文件的时限不符合招标投标法和本条例规定;

(三)接受未通过资格预审的单位或者个人参加投标;

(四)接受应当拒收的投标文件。

招标人有前款第一项、第三项、第四项所列行为之一的,对单位直接负责的主管人员和其他直接责任人员依法给予处分。

第六十六条　招标人超过本条例规定的比例收取投标保证金、履约保证金或者不按照规定退还投标保证金及银行同期存款利息的,由有关行政监督部门责令改正,可以处5万元以下的罚款;给他人造成损失的,依法承担赔偿责任。

2)投标人的法律责任

①《招标投标法》第五十三条规定:"投标人相互串通投标或者与招标人串通投标的,投标人以向招标人或者评标委员会成员行贿的手段谋取中标的,中标无效,处中标项目金额千分之五以上千分之十以下的罚款,对单位直接负责的主管人员和其他直接责任人员处单位罚款数额百分之五以上百分之十以下的罚款;有违法所得的,并处没收违法所得;情节严重的,取消其一年至二年内参加依法必须进行招标的项目的投标资格并予以公告,直至由工商行政管理机关吊销营业执照;构成犯罪的,依法追究刑事责任。给他人造成损失的,依法承担赔偿责任。"

②《招标投标法》第五十四条规定:"投标人以他人名义投标或者以其他方式弄虚作假,骗

取中标的,中标无效,给招标人造成损失的,依法承担赔偿责任;构成犯罪的,依法追究刑事责任。依法必须进行招标的项目的投标人有前款所列行为尚未构成犯罪的,处中标项目金额千分之五以上千分之十以下的罚款,对单位直接负责的主管人员和其他直接责任人员处单位罚款数额百分之五以上百分之十以下的罚款;有违法所得的,并处没收违法所得;情节严重的,取消其一年至三年内参加依法必须进行招标的项目的投标资格并予以公告,直至由工商行政管理机关吊销营业执照。"

3)中标人的法律责任

EPC项目中标放弃
签约的一则
案例分析

①《招标投标法》第五十八条规定:"中标人将中标项目转让给他人的,将中标项目肢解后分别转让给他人的,违反本法规定将中标项目的部分主体、关键性工作分包给他人的,或者分包人再次分包的,转让、分包无效,处转让、分包项目金额千分之五以上千分之十以下的罚款;有违法所得的,并处没收违法所得;可以责令停业整顿;情节严重的,由工商行政管理机关吊销营业执照。"

②《招标投标法》第五十九条规定:"招标人与中标人不按照招标文件和中标人的投标文件订立合同的,或者招标人、中标人订立背离合同实质性内容的协议的,责令改正;可以处中标项目金额千分之五以上千分之十以下的罚款。"

③《招标投标法》第六十条规定:"中标人不履行与招标人订立的合同的,履约保证金不予退还,给招标人造成的损失超过履约保证金数额的,还应当对超过部分予以赔偿;没有提交履约保证金的,应当对招标人的损失承担赔偿责任。中标人不按照与招标人订立的合同履行义务,情节严重的,取消其二年至五年内参加依法必须进行招标的项目的投标资格并予以公告,直至由工商行政管理机关吊销营业执照。因不可抗力不能履行合同的,不适用前两款规定。"

④《工程建设项目施工招标投标办法》第八十一条规定:"中标通知书发出后,中标人放弃中标项目的,无正当理由不与招标人签订合同的,在签订合同时向招标人提出附加条件或者更改合同实质性内容的,或者拒不提交所要求的履约保证金的,取消其中标资格,投标保证金不予退还;给招标人造成的损失超过投标保证金数额的,中标人应当对超过部分予以赔偿;没有提交投标保证金的,应当对招标人的损失承担赔偿责任。对依法必须进行施工招标的项目的中标人,由有关行政监督部门责令改正,可以处中标金额千分之十以下罚款。"

4)招标代理机构的法律责任

《招标投标法》第五十条规定:"招标代理机构违反本法规定,泄露应当保密的与招标投标活动有关的情况和资料的,或者与招标人、投标人串通损害国家利益、社会公共利益或者他人合法权益的,处五万元以上二十五万元以下的罚款,对单位直接负责的主管人员和其他直接责任人员处单位罚款数额百分之五以上百分之十以下的罚款;有违法所得的,并处没收违法所得;情节严重的,禁止其一年至二年内代理依法必须进行招标的项目并予以公告,直至由工商行政管理机关吊销营业执照;构成犯罪的,依法追究刑事责任。给他人造成损失的,依法承担赔偿责任。前款所列行为影响中标结果的,中标无效。"

5)评标委员会成员的法律责任

《招标投标法》第五十六条规定:"评标委员会成员收受投标人的财物或者其他好处的,评标委员会成员或者参加评标的有关工作人员向他人透露对投标文件的评审和比较、中标候选人的推荐以及与评标有关的其他情况的,给予警告,没收收受的财物,可以并处三千元以上五万元以下的罚款,对有所列违法行为的评标委员会成员取消担任评标委员会成员的资格,不得再参加任何依法必须进行招标的项目的评标;构成犯罪的,依法追究刑事责任。"

相关链接

《工程建设项目施工招标投标办法》规定,评标过程有下列情况之一的,评标无效,应当依法重新进行评标或者重新进行招标,有关行政监督部门可处3万元以下的罚款:

①使用招标文件没有确定的评标标准和方法的;

②评标标准和方法含有倾向或者排斥投标人的内容,妨碍或者限制投标人之间的竞争,且影响评标结果的;

③应当回避担任评标委员会成员的人参与评标的;

④评标委员会的组建及人员组成不符合法定要求的;

⑤评标委员会及其成员在评标过程中有违法行为,且影响评标结果的。

《工程建设项目施工招标投标办法》规定,评标委员会成员在评标过程中擅离职守,影响评标程序正常进行,或者在评标过程中不能客观公正地履行职责的,有关行政监督部门给予警告;情节严重的,取消担任评标委员会成员的资格,不再参加任何招标项目的评标。

6)国家机关及工作人员的法律责任

《招标投标法》第六十二条规定:"任何单位违反本法规定,限制或者排斥本地区、本系统以外的法人或者其他组织参加投标的,为招标人指定招标代理机构的,强制招标人委托招标代理机构办理招标事宜的,或者以其他方式干涉招标投标活动的,责令改正;对单位直接负责的主管人员和其他直接责任人员依法给予警告、记过、记大过的处分,情节较重的,依法给予降级、撤职、开除的处分。个人利用职权进行前款违法行为的,依照前款规定追究责任。"

《招标投标法》第六十三条规定:"对招标投标活动依法负有行政监督职责的国家机关工作人员徇私舞弊、滥用职权或者玩忽职守,构成犯罪的,依法追究刑事责任;不构成犯罪的,依法给予行政处分。"

【应用案例2】　××医技大楼设计建筑面积为19 945 m²,预计造价7 400万元,其中土建工程造价约为3 402万元,配套设备暂定造价为3 998万元。2022年年初,该工程项目进入××省建设工程交易中心以总承包方式向社会公开招标。

经常以××房地产有限公司总经理身份对外交往的包工头郑某得知该项目的情况后,即分别和A市4家建筑公司联系,要求挂靠这4家建筑公司参与投标。这4家建筑公司在未对郑某的××房地产有限公司的资质和业绩进行审查的情况下,就同意其挂靠,并分别商定了"合作"条件:一是投标保证金由郑某支付;二是A市4家建筑公司以联合体的形式投标,代郑某编制投标文件,由郑某支付"劳务费";三是项目中标后全部或部分工程由郑某组织施工,挂靠单位收取工程造价3%～5%的管理费。上述4家建筑公司违法出让资质证明,为郑某搞串标活动提供了条件。后郑某给这4家建筑公司各汇去30万元投标保证金,并支付给4家建筑公司1.5万元编制投标文件的"劳务费"。

为揽到该项目,郑某还不择手段地拉拢××省建设工程交易中心评标处副处长张某、办公室副主任陈某。郑某以咨询业务为名,经常请张、陈吃喝玩乐,并送给张某港币5万元、人民币1 000元,以及人参、茶叶、香烟等物品;送给陈某港币3万元和洋酒等物品。张某、陈某两人积极为郑某提供"咨询"服务,不惜泄露招投标中有关保密事项,甚至带郑某到审核标底现场向有关人员打探标底,后因现场监督严格而未得逞。

1月22日下午开始评标。评标委员会置该项目招标文件规定于不顾,把原安排22日下午评技术标、23日上午评经济标两段评标内容集中在一个下午进行,致使没有足够时间对投标文件进行认真细致的评审,一些明显存在违反招标文件规定的错误未能发现。同时,评标委员会在评审中还把标底价50%以上的配套设备暂定价3 998万元剔除,使造价总体下浮变为部分下浮,影响了评标结果的合理性。24日19时左右评标结束,中标单位为深圳市总公司。

由于郑某挂靠的4家建筑公司未能中标,郑某便鼓动这4家建筑公司向有关部门投诉,设法改变评标结果。因不断发生投诉,有关单位未发出中标通知书。

【问题2】 根据该案例,回答以下问题:

①本次招标存在哪些问题?

②该次招标效力应如何认定?

③该纠纷应如何处理?

【应用案例2评析】 ××医技大楼工程招投标中的违纪违法问题,是一宗包工头串通有关单位内部人员干扰和破坏建筑市场秩序的典型案件。本案中的有关当事人存在借用资质投标、串标、干扰中标合同签署等多项违反强制性法规的行为,依法应当受到惩处。

《招标投标法》规定了6种"中标无效"的法定情形。在本案中,从招标人和招标代理机构的行为看,并无导致中标无效的法定事由。而从投标人郑某的行为看,虽然实施了串标和骗标的行为,但由于中标人并不是郑某,所以也不符合中标无效的法定情形。因此,尽管本案中存在着一系列的违法违纪行为,但并不必然导致中标无效。

本案的违法主体将承担民事赔偿责任和行政责任。郑某所在公司与4家建筑公司将对招标人和中标人造成的损失共同承担连带赔偿责任。郑某所在公司与4家建筑公司因资质出借行为将受到降低资质、罚款、没收违法所得等处罚。郑某及所在公司因串标行为将受到吊销资质、罚款、限制投标等处罚。张某、陈某两人将受到相关行政处分。

【引例5】

某施工合同对工程进度与工程师指示作出了以下约定:

1.承包人应在签订合同后两周内,向工程部提供各施工阶段明细进度表,把工程分成若干分部和子项,并标明每一分部和每一子项工程的施工安排。进度表日期不能超过合同规定的日期,进度表要在得到工程部的书面确认之后方可执行。工程部有权对进度表作其认为有利于工程的必要修改,承包商无权要求对此更改给予任何补偿。工程部对于进度表的确认和提出的更改并不影响承包人按照规定日期施工的义务。

2.承包人的施工应使工程部的工程师满意,监理工程师有权随时发布他认为合适的追加方案和设计图纸、指令、指示、说明,以上统称为"工程师的指示"。工程师的指示包括以下各项,但不局限于此。

(1)对设计、工程种类和数量的变更;

(2)决定施工方案、设计图与规范不符的任何地方;

(3)决定清除承包人运进工地的材料,换上工程师同意的材料;

(4)决定重做承包人已经施工,而工程师未曾同意的工程;

(5)推迟实施合同中规定的施工项目;

(6)解聘工地上任何不受欢迎的人;

(7)修复缺陷工程;

(8)检查所有隐蔽工程;

(9)要求检验工程或材料。

承包人应及时、认真地遵从并执行工程师发出的指示,同时还应详细地向工程师汇报所有与工程和工程所必要的原料有关的问题。

如果工程师向承包人发出了口头指示或说明,随即又做了某种更改,工程师应加以书面肯定。如果没有这样做,承包人应在指示或说明发出后 7 日内,书面要求工程师对其加以肯定。如果工程师在承包人书面要求对其加以肯定后的 7 日内没有向承包人作出书面肯定,工程师的口头指示或说明则视为书面指令或说明。

【引导问题 5】　以上合同条款存在什么问题?合同评审应从哪些方面进行?

8.3.6　中标合同评审

建设工程具有投资大、周期长、风险环节多、管理难度大的特点,因此双方在签订建设工程合同时,应注意以下问题:

【引例 6】

某市准备建设一个火车站,相关部门组织成立了建设项目法人,估计工程总造价为 20 亿元。在可行性研究报告、项目建议书、设计任务书等经市发展和改革委员会审核后,报国家发展和改革委员会审批申请国家重大建设项目立项。审批过程中项目法人以公开招标的方式与具有施工资质的企业签订了建筑工程总承包合同。合同签订后,国家发展和改革委员会公布该工程为国家重大建设项目,批准的投资计划中主体工程部分调整为 18 亿元。该计划下达后,项目法人要求承包人修改合同,降低包干造价,承包人不同意,双方因此产生矛盾。此后项目法人向该市人民法院提起诉讼,请求解除合同。

【引导问题 6】　根据引例 6,讨论以下问题:

①该工程建设合同是否合法有效?为什么?

②该项目法人要求解除合同是否可行?

③合同的有效性主要涉及哪些具体情形?

1)严格审查合同的有效性

合同的有效性是合同履行的前提。合同的无效包括合同整体无效和合同部分无效。导致建设工程施工合同无效的风险因素有多种,主要集中在以合法形式掩盖非法目的和违反法律、行政法规的强制性规定两个方面,主要有以下几种情形:

合同前期6个
风险点

(1)未依法进行招投标

违反招标投标法律规定的行为主要表现为:应当招标的工程而未招标的;当事人泄露标底的;投标人串通作弊、哄抬标价,致使定标困难或无法定标的;招标人与个别投标人恶意串通,内定投标人的。

【引例 6 评析】

火车站建设项目属于大型建设项目,且被列入国家重大建设项目,依法不得任意扩大投资规模,应经相关部门审批并按国家批准的投资计划订立合同。本案中合同双方在审批过程中签订建筑施工承包合同,确定时并未取得有审批权限主管部门的批准文件,缺乏合同成立的前提条件,合同金额也超出国家批准的投资的有关规定,扩大了固定资产投资规模,违反了国家计划,属于无效合同,该项目法人是可以要求解除合同的。但是发包人应当对订立无效合同的后果承担主要责任,赔偿施工企业的相应损失。

(2)合同主体不合格

实践中,主体不合格是导致所签订建设工程施工合同无效的主要原因。建设工程施工合同法律关系中的主体主要涉及发包方和承包方。无论是发包方还是承包方,其主体资格都要受以下两方面的限制:一是经营范围的限制,主要表现为营业执照对行为能力的规定和限制;二是行业特殊规定的建筑施工企业,在注册资本、专业技术人员、技术装备和已完成建筑工程业绩等方面应具备相应条件,取得相应资质等级证书后,方可在其资质许可范围内从事建筑施工活动。实践中,未取得资质或者资质等级不合格的主体往往采用挂靠经营的方式来规避对资质的审查。

【引例7】

承包人和发包人签订了采矿工业场地平整工程合同,规定工程按当地所在省建筑工程预算定额结算。在履行合同过程中,因发包人未解决好征地问题,使承包人7台推土机无法进入场地,窝工200天,致使承包人没有按期交工。经发包人和承包人口头交涉,在征得承包人同意的基础上按承包人实际完成的工程量变更合同,并商定按原冶金部机械化施工标准结算。工程完工结算时因为离工问题和结算定额发生争议。承包人起诉,要求发包人承担全部离工责任并坚持按第一次合同规定的定额结算,而发包人则要求承包人承担延期交工责任。

【引导问题7】 该项目应以哪个定额标准结算?发包人和承包人的口头交涉是否有效?

2)依法采用书面形式

建设工程承包合同一般具有合同标的大、合同内容复杂、履行期限较长等特点,为慎重起见,应当采用书面形式。在实践中,当事人可以选择《建设工程施工合同(示范文本)》(GF-2017-0201)订立合同,也可参照《土木工程施工合同条件》(即FIDIC合同条件)订立合同。但在合同文本的选择上应选择自己熟悉的文本。

可见,【引例7】中发包人和承包人的口头交涉是无效的,该项目应以第一个合同的定额标准结算。

3)严格审查合同条款

应明确规定工程范围、建设工期、工程开工和竣工时间、工程质量、工程造价、技术资料交付时间、材料和设备供应责任、拨款和结算、交工验收、质量保证期等条款,以避免合同陷阱和合同漏洞,减少合同纠纷和冲突。

4)恰当约定工程的计价方式,明确造价的程序和方法

多数工程在施工过程中都会有设计变更、现场签证和材料差价的发生,明智的选择是一般不约定"一次包死,不做调整"。合同中必须对价款调整的范围、程序、计算依据和设计变更、现场签证、材料价格的签发、确认,作出明确规定。关于材料涨跌价差可约定为:若任一种建材政府指导价上涨或下跌幅度超过5%(具体比例双方可协商),则甲乙双方应在该指导价公布后10日内,按公布后的该建材指导价对原合同金额进行相应的追加或调减。

相关链接

5)合同用语应准确、严密

诸如工程竣工结算、工程款支付等重要条款,尽可能制定齐备,用语准确、严密,最终达到维护当事人合法权益,避免和减少纠纷的目的。对合同生效方式也应当注意,实践中应注意合同加盖的公章应与合同名称一致,并有法定代表人或授权代表签名,法定代表人证书或授权代表委托书应作为合同附件。

6)明确约定进度款的支付条件和竣工结算程序

一般情况下,工程进度款按月付款或按工程进度拨付,但如何申请拨款,须报何种文件,如何审核确认拨款数额以及双方对进度款额认识不一致时如何处理,往往缺少详细的合同约定,从而引起争议,影响工程施工,因此应当约定清楚。合同中也应明确约定参加工程验收的单位、人员,采用的质量标准、验收程序,需签署的文件及产生质量争议的处理办法等。此外,合同还应约定具体的竣工结算程序。

7)具体约定工期顺延的情形和停工损失的计算方法

合同一般约定发生以下情形,经发包方或者监理方确认,工期可以相应顺延:

①发包方未能按专用条款的约定提供图纸及开工条件;

②发包方未能按约定日期支付工程预付款、进度款,致使施工不能正常进行;

③工程师未按合同约定提供所需指令、批准等,致使施工不能正常进行;

④设计变更和工程量增加;

⑤一周内非承包方原因停水、停电、停气造成停工累计超过 8 小时;

⑥不可抗力;

⑦专用条款中约定或工程师同意工期顺延的其他情况。

同时,合同还应明确工程窝工状况下工效下降的计算方式及损失赔偿范围;工程停建、缓建,中间停工时的退场、现场保护、工程移交、结算方法和损失赔偿范围。

8)具体约定迟延验收与提前使用的相关处理办法

明确建设单位原因造成竣工验收延期情况下的工程结算程序和法律责任;工程尾款的回收办法和保证措施;工程中间交验或建设单位提前使用工程部分的保修问题。

9)明确合同当事人行为效力和合同解除条件

应明确约定项目履行中各方明示代表外的其他人的行为效力和合同单方解除权的行使条件与程序。

10)预防工程定金、保证金或预付款陷阱

应核实发包方是否存在,其过往的资信状况如何;落实工程是否存在,是否办理合法报建手续;发包方是否已落实工程后续资金(此点对垫资承包尤为重要,以防止垫付的资金被套牢)。尽量要求发包方提供财产抵押或第三人担保,并进行公证,对发包方收取的工程定金、保证金、预付款由公证机关制作赋予强制执行效力的债权文书。

11)明确监理工程师及双方管理人员的职责和权限

合同中应明确列出各方派出的管理人员名单,明确各自的职责和权限,特别应将具有变更、签证、价格确认等签认权的人员,签认范围、程序、生效条件,合同外工程量的计价原则等约定清楚,防止无权人员随意签字。

12)详细约定违约情形及违约责任

实践中,很多工程承包合同无违约责任,或违约责任约定得不全面、不具体,无法操作。没有违约责任的承包合同对双方缺乏约束力,失去了订立合同的意义。因此,必须将承担或减免违约责任的条件、方式和时间等写明,以便合同的履行。

【引例5 评析】

引例5中"签订合同后两周内"不明确,应改为"签订合同之日起两周内"。"进度表要在得到工程部的书面确认之后方可执行"没有约定确认权限。"工程部有权对进度表作其认为有利于工程的必要修改,承包商无权要求对此更改给予任何补偿"应改为"承包商有权要求对非承包方原因引起的更改给予赔偿"。

合同评审应从合同的有效性、合同的类型、合同的计价方式、合同漏洞、合同陷阱和合同条款歧义、合同条款冲突等方面进行评审。在合同条款评审时应关注实务常见的12类问题。

【引例1 评析】

引例1涉及的纠纷是一起典型的招投标纠纷。按照招投标相关法规规定,招标人在发出中标通知书后30日内与中标人签署合同。但案中当事人没有在规定时间内签署合同,中标人直接进场开始施工。在履行合同的过程中,由于意见分歧,原招标人要解除合同。本案首先应考虑招标的有效性,即是否具备招标条件和违规招标。如果招标有效,中标通知书对招标人存在约束力。如果双方协商不成,不能补签合同,招标人应向中标人承担缔约过失责任,赔偿中标人直接损失和可信赖利益的损失。中标人可向招标人要求投标成本、施工准备、停工损失、现场撤离费、对第三人违约损失赔偿费、合理利润等赔偿。如果双方协商补签合同,中标人可向招标人要求违约赔偿。

8.4 任务实施与评价

①此次任务完成中存在的主要问题有哪些?
②问题产生的原因有哪些?请提出相应的解决方法。
③您认为还需要加强哪些方面的指导(实际工作过程及理论知识)?

知识回顾

本任务的完成涉及以下知识点:工程招标投标的具体规定,招投标的范围和规模标准,招投标的程序要求,招标、投标、开标、评标的法律规定,合同评审的要点与技巧,违反《招标投标法》等法律法规的法律责任。

课后训练

一、案例分析

【案例】 某房地产公司计划在北京开发某住宅项目,采用公开招标的形式,有 A、B、C、D、E 5 家施工单位领取了招标文件。本工程招标文件规定 2024 年 1 月 20 日上午 10:30 为投标文件接收终止时间。在提交投标文件的同时,需投标单位提供投标保证金 20 万元。

2024 年 1 月 20 日,A、B、C、D 4 家投标单位在上午 10:30 前将投标文件送达,E 单位在上午 11:00 送达。各单位均按招标文件的规定提供了投标保证金。

在上午 10:25,B 单位向招标人提交了一份投标价格下降 5% 的书面说明。

在开标过程中,招标人发现 C 单位的标袋密封处仅有投标单位公章,没有法定代表人印章或签字。

问题:

1. B 单位向招标人递交的书面说明是否有效?

2. 通常情况下,废标的条件有哪些?

二、实训练习

1. 根据教师所给项目具体情况和业主要求填写招标工作任务表,并提交法律意见书。

2. 根据教师所给项目具体情况,按照承包方要求,完成合同评审表的填写,并提交书面承包合同法律意见书。

三、拓展训练

某实训楼改造项目不属于必须招标的项目,但建设方采用公开招标方式选中了 A 公司。签约时,双方对招投标文件能否作为工程价款的结算依据产生分歧。交院建设工程咨询工作室对此开展辩论,产生了两种观点:

观点 1:与必须招标项目的招投标程序相比,非必须招标项目的招投标程序较为随意。投标人以签署澄清文件方式对投标文件的相关内容进行了确认、调整,并对其投标报价进行相应核减。表明投标人的投标报价并非完全按照工程施工所必需的成本加上合理利润后得出的准确数字。因中标通知书并未标明中标价,在中标通知书发出之后,双方仍可继续协商。案涉合同为当事人实际履行的合同,亦为当事人真实意思表示,应当作为工程价款结算依据。

观点 2:不论是否属于必招项目,当事人选择以招标投标方式缔结合同,就应受招投标制度的约束。招标、投标、中标通知书符合民法典关于要约、承诺之成立合同关系的规定。招标人向投标人发出中标通知书时,案涉中标合同即告成立,招投标文件构成中标合同的内容。《招标投标法》第四十六条规定,双方不得再行订立背离合同实质性内容的其他协议。该条并未区分必招项目与非必招项目,应当一体适用。因此,应以中标合同为据确定工程价款。

你赞成哪方的意见?请说明理由。

四、建工拓展与感悟

请扫码观看视频,听造价鉴定过程中的建议,思考如何做好招投标管理。

合同争议造价鉴定

任务9　履约法律事务与纠纷处理

【建工先读】

请扫码观看视频,思考工程合同履行过程中,建工人应如何守正创新,诠释诚信合规、精益求精的契约精神?

ChatGPT打开建筑业的正确方式

【引例1】

2022年2月24日,甲建筑公司与乙厂就乙厂技术改造工程签订建设工程施工合同。合同约定:甲建筑公司承担乙厂技术改造工程项目56项,负责承包各项目的土建部分;承包方式按预算定额包工包料,竣工后办理工程结算。合同签订后,甲建筑公司按合同约定完成该工程的各土建项目,并于2023年11月14日竣工。孰料,乙厂于2023年9月被丙公司兼并,由丙公司承担乙厂的全部债权债务,承接乙厂的各项工程合同、借款合同及各种协议。甲建筑公司在工程竣工后多次催促丙公司对工程进行验收并支付所欠工程款。丙公司对此一直置之不理,既不验收已竣工工程,也不支付工程款。甲建筑公司无奈将丙公司诉至法院。

【引导问题1】　根据引例1,讨论以下问题:

①合同履行过程中容易发生哪些纠纷? 涉及哪些相关知识?

②该案应如何处理?

9.1　任务导读

处理合同纠纷和索赔是项目履约过程中的重要法律事务之一。本次任务的完成需要学习合同履行、三种抗辩权、两种财产保全制度、合同转让与变更、合同的解除、合同纠纷与索赔事务涉及的法律程序和处理原则。如你已接受承包方的委托,为其提供合同履行期间的法律服务,并提交该项目的承包合同后期法律意见书,你需完成9.2节的任务目标。

9.2　任务目标

①按照正确的方法和途径,收集相关法律资料;

②依据项目资料分析结果,按程序行使相关抗辩权,完成财产保全,协助处理合同纠纷和索赔事务;

③按照工作时间限定,提出法律建议和完成承包合同后期法律意见书;

④通过完成该任务,提出后续工作建议,完成自我评价,并提出改进意见。

9.3　知识准备

9.3.1　合同履行

合同履行是指合同双方当事人按照合同的规定,全面完成各自应履行的义务和实现各自应享有的权利,使双方当事人的目的得以实现的行为。合同履行应遵循全面履行原则和诚实信用原则。

1)违约责任

(1)违约责任概述

①违约责任的承担方式。

建设工程合同
违约责任

违约责任的规定可以弥补守约方因对方违约而蒙受的损失,符合公平原则,其本质主要表现为补偿性。违约行为分为预期违约和实际违约,也可分为单方违约和双方违约。

违约责任的构成要件包括有违约事实(即客观要件)和当事人有过错(即主观要件)两个方面。其中预期违约构成要件包括:

a.违约的时间必须在合同有效成立后至合同履行期限截止前;

b.违约不一定是对根本性合同义务的违反,即使是从给付或者附随义务等。

违约责任承担的方式主要有继续履行、采取补救措施或赔偿损失等。赔偿损失不得超过违反合同一方订立合同时预见到或应当预见到的因违反合同可能造成的损失。

特别提示

当事人既约定违约金,又约定定金的,一方违约时,对方可以选择适用违约金或定金条款。定金不足以弥补一方违约造成的损失的,对方可以请求赔偿超过定金数额的损失。

②违约责任的免除。

违约责任实行严格责任原则,违约责任的免除有3种情形。

a.不可抗力:是指不能预见、不能避免并不能克服的客观情况。当事人一方因不可抗力不能履行合同的,根据不可抗力的影响,部分或者全部免除责任,但是法律另有规定的除外。当事人迟延履行后发生不可抗力的,不能免除其违约责任。不可抗力事件发生后,当事人应及时通知对方,如果通知不及时,给对方造成损失的扩大,则扩大的损失不能免除责任。当事人因防止损失扩大而支出的合理费用,由违约方承担。

b.对方过错:如因合同当事人一方过错,造成另一方不能按约定履行义务,无过错方可以要求免责。当事人一方因第三人的原因造成违约的,不能免除其违约责任。

c.约定事由:合同当事人可以约定相关事由为免责条款,在合同履行过程中,约定事由出现,当事人可要求免除违约责任。但约定的侵犯对方人身权或财产权的免责条款是无效的。

(2)建设工程合同当事人的主要义务和违约责任

①建设工程合同发包人的主要义务和违约责任。

a.勘察、设计合同发包人的主要义务和违约责任。

建设工程合同
当事人的主要
义务和违约责任

在建设工程中,勘察、设计合同发包人的主要义务是:向勘察人、设计人提供开展工作所需的基础资料和技术要求,并对提供的时间、进度和资料的可靠性负责;提供必要的工作和生活条件;按照合同规定支付勘察、设计费;维护勘察人、设计人的工作成果,不得擅自修改,不得转让给第三人重复使用。发包人的违约行为常表现为3种具体方式,即发包人变更计划,发包人提供的资料不准确,发包人未按照期限提供必需的勘察、设计工作条件。

发包人就自己的违约行为应承担以下违约责任:因发包人变更计划,提供的资料不准确,或者未按照期限提供必需的勘察、设计工作条件而造成勘察、设计返工、停工或者修改设计,发包人应当按照勘察人、设计人实际消耗的工作量增付费用;发包人迟延支付勘察、设计费的,除应支付勘察、设计费外,还应承担其他的违约责任,如支付违约金、赔偿逾期利息等;由于发包人擅自修改勘察、设计文件而引起的工程质量问题,发包人应当承担责任;发包人未经乙方同意,对乙方交付的设计文件不得复制或向第三方转让或用于本合同以外的项目,如果发生以上情况,乙方有权索赔。

b. 施工合同发包人的主要义务和违约责任。

在建设工程中,施工合同发包人的主要义务有:做好施工前的各项准备工作;为承包人提供必要的条件,配合承包人的工作;按照合同规定向承包人支付工程预付款;在不妨碍承包人正常作业的情况下,进行必要的监督检查;按照合同规定向承包人支付工程进度款;组织竣工验收,支付竣工结算款。

发包人就自己的违约行为应承担以下责任:

第一,如发包人未按照约定的时间和要求提供原材料、设备、场地、资金、技术资料的,承包人可以顺延工程日期,并有权要求赔偿停工、窝工等损失。在这里发包人承担违约责任的方式是赔偿损失,承包人有权要求工期和费用索赔。

第二,如出现发包人提供的技术资料存在错误、变更设计文件、变更工程量、未按约定及时提供建筑材料和设备、未提供必要的工作条件致使承包人无法正常作业等情况,发包人应当承担不履行、不适当履行或迟延履行违约责任。发包人应赔偿承包人因此造成的停工、窝工、倒运、机械设备调迁、材料和构件积压等损失和实际费用,发包人应当采取措施弥补或者减少损失。在这里发包人承担违约责任的方式是采取补救措施和赔偿损失。

第三,隐蔽工程隐蔽前,如发包人接到通知后不及时检查,导致承包人无法进行隐蔽施工,发包人应承担迟延履行违约责任,承包人可以顺延工程日期,并有权请求赔偿停工、窝工等损失。在这里发包人承担违约责任的方式是赔偿损失,承包人有权要求工期和费用索赔。

第四,如发包人逾期不支付工程款的,除按照建设工程的性质不宜折价、拍卖的以外,承包人可以与发包人协议将该工程折价,也可以请求人民法院将该工程依法拍卖。建设工程的价款就该工程折价或者拍卖的价款优先受偿。

②建设工程合同承包人的主要义务和违约责任。

a. 勘察、设计合同承包人的主要义务和违约责任。

在建设工程中,勘察、设计合同承包人的主要义务有:按照勘察、设计合同规定的进度和质量要求向发包人提交勘察、设计文件;配合施工,进行技术交底,解决施工过程中有关设计的问题,负责设计修改,参加工程竣工验收。

勘察、设计合同承包人就自己的违约行为应承担以下违约责任:如勘察人、设计人提交的勘察、设计文件不符合质量要求,将承担瑕疵履行违约责任;如勘察人、设计人不按合同约定的期限提交勘察、设计文件,将承担迟延履行违约责任。《民法典》第八百条规定:"勘察、设计的质量不符合要求或者未按照期限提交勘察、设计文件拖延工期,造成发包人损失的,勘察人、设计人应当继续完善勘察、设计,减收或者免收勘察、设计费并赔偿损失。"在这里勘察人、设计人通过继续履行和赔偿损失的方式承担违约责任。

b.施工合同承包人的主要义务和违约责任。

在建设工程中,施工合同承包人的主要义务有:做好施工准备工作;按照合同要求进行施工;在不影响正常作业的前提下,随时接受发包人对作业进度、质量的监督检查;按照合同规定,保质如期完成工程,参加竣工验收,进行工程交付;在规定的保修期内,针对由于承包人原因造成的工程质量问题,无偿负责维修。

施工合同承包人应就自己的违约行为承担以下违约责任:施工人对施工质量应承担瑕疵履行违约责任;施工人对工期延误应承担迟延履行违约责任。《民法典》第八百零一条规定:"因施工人的原因致使建设工程质量不符合约定的,发包人有权请求施工人在合理期限内无偿修理或者返工、改建。经过修理或者返工、改建后,造成逾期交付的,施工人应当承担违约责任。"在这里施工人承担违约责任的方式主要表现为继续履行,同时还要承担逾期交付引起的违约责任,发包人可从支付违约金、减少价款、行使担保债权等方式中选择适当方式要求施工人承担违约责任。

施工人不仅应对施工质量负责,而且应对建设工程合理使用期限内的质量安全承担责任。如果由于施工人的原因,在合理使用期限内发生了质量事故,造成发包人、最终用户或者第三者人身财产损害,那么施工人不仅应承担加害履行违约责任,还要依法承担相应的侵权责任,从而发生施工人违约责任与侵权责任之间的责任竞合。发包人可以选择违约责任或者侵权责任要求施工人赔偿损失,其他受损害人可以根据侵权责任要求施工人承担损害赔偿责任。

相关测试

不定项选择题

1.施工合同履行过程中出现以下情况,当事人一方可以免除违约责任的是(　　)。

A.因为"三通一平"工期拖延,发包方不能在合同约定的时间内给承包商提供施工场地

B.因为发包方拖延提供图纸,导致工期拖延

C.因为发生洪灾,承包方无法在合同约定的工期内竣工

D.因为承包方自有设备损坏,导致工期拖延

2.甲乙双方的施工合同约定工程应于 2024 年 5 月 10 日竣工,但是乙方因为管理不善导致工程拖期,在 5 月 20 日到 5 月 25 日该地区发生洪灾,造成工期一再拖延,最后竣工时间为 2024 年 5 月 31 日。甲方在支付乙方工程费用时,拟按照合同约定扣除因乙方工期延误的违约费用,那么甲方应该计算(　　)天的工期延误违约损失。

A.15　　　　　　B.16　　　　　　C.17　　　　　　D.21

3.甲与乙订立了一份材料购销合同,约定甲向乙交付相应的材料,货款为 80 万元,乙向甲支付定金 4 万元;同时约定任何一方不履行合同应支付违约金 6 万元。合同到期后,甲无法向乙交付材料,乙为了最大限度保护自己的利益,应该请求(　　)。

A.甲双倍返还定金 8 万元

B.甲双倍返还定金 8 万元,同时请求甲支付违约金 6 万元

C.甲支付违约金 6 万元,同时请求返还支付的定金 4 万元

D.甲支付违约金 6 万元

2)合同履行抗辩权

合同履行抗辩权是指在双务合同中,一方当事人享有的依法向对方暂时要求或否认对方

权利主张的权利。

建设工程合同
履行抗辩权

(1) 抗辩权的种类

抗辩权主要包括同时履行抗辩权、后履行抗辩权和不安抗辩权。

【引例 2】

甲、乙订立一商品买卖合同,约定甲向乙交付 10 t 货物,乙付款 100 万元。后甲交付了 7 t 货物,同时请求乙付款 100 万元。

【引导问题 2】 乙应如何行使抗辩权? 为什么?

①同时履行抗辩权。同时履行抗辩权,是指双务合同的当事人在无先后履行顺序时,一方在对方未对待给付以前,可拒绝履行自己债务的权利。同时履行抗辩制度主要用于双务合同,如买卖、互易、租赁、承揽、有偿委托、保险、雇佣、劳动等合同。其构成要件如下:

a. 须由同一双务合同互负债务;

b. 须双方互负的债务均已届清偿期;

c. 须对方未履行债务或未提出履行债务;

d. 须对方未履行或者履行债务不符合约定仍提出履行请求。

特别提示

　　若已收到对方部分给付,可以提出相当部分的对待给付,对于剩余的部分仍然可以主张同时履行抗辩权,拒绝自己的给付。债务人瑕疵履行,债权人可请求其消除缺陷或另行给付,在债务人未消除缺陷或另行给付时,债权人有权行使同时履行抗辩权,拒绝自己的给付。

【引例 2 评析】

　　甲、乙未约定履行顺序,故乙可行使同时履行抗辩权,但此时应行使 30 万元的抗辩权,对另外 70 万元,乙无权行使抗辩权。但如甲已交付了 100 t 货物,未交付与货物有关的一般资料,乙不可以甲未交付资料为由拒付货款。因为交付提取标的物单证以外的有关单证、资料为从给付义务。

【引例 3】

甲、乙订立一商品买卖合同,约定甲于 6 月 1 日前交货,乙收到货后 1 个月内付款。过了 6 月 1 日,甲未交货,但要求乙付款,乙称:"你必须先交货,我 1 个月后再付款。"

【引导问题 3】 乙的主张有无道理?

②后履行抗辩权。后履行抗辩权,是指在双务合同中应当先履行的一方当事人未履行或者不适当履行,到履行期限的对方当事人享有不履行、部分履行的权利。其构成要件如下:

a. 须双方当事人互负债务;

b. 两个债务须有先后履行顺序;

c. 先履行一方未履行或其履行不符合债的本旨。

先履行一方未履行,既包括先履行一方在履行期限届至或届满前未予履行的状态,又包含先履行一方于履行期限届满时尚未履行的现象。先履行一方的履行不符合债的本旨,是指先履行一方虽然履行了债务,但其履行不符合当事人约定或法定的标准、要求,即违约。履行债务不符合债的本旨,在这里指迟延履行、不完全履行(包括加害给付)、部分履行和不能履行等形态。

可见,【引例 3】中乙的主张有道理,乙在行使后履行抗辩权。

【引例 4】

甲与乙订立合同,规定甲应于 2023 年 8 月 1 日交货,乙应于同年 8 月 7 日付款。7 月底,甲发现乙财产状况恶化,无支付货款的能力,并有确切证据,遂提出终止合同,但乙未允。基于上述因素,甲于 8 月 1 日未按约定交货。

【引导问题 4】　甲的行为是否具有法律依据?

③不安抗辩权。不安抗辩权,是指先给付义务人在有证据证明后给付义务人的经营状况严重恶化,或者转移财产、抽逃资金以逃避债务,或者丧失商业信誉,以及其他丧失或者可能丧失履行债务能力的情形时,可中止自己的履行;后给付义务人接收到中止履行的通知后,在合理的期限内未恢复履行能力或者未提供适当担保的,先给付义务人可以解除合同。其构成要件如下:

a. 双方互负债务,即不安抗辩权只存在于双务合同中;

b. 一方有先给付的义务,即不安抗辩权人乃先给付义务人;

c. 先给付义务人的债务已届期满;

d. 他方有难为给付之风险;

e. 他方未提供担保。

可见,【引例 4】中甲有权不按合同约定交货,除非乙提供了相应的担保。

(2)抗辩权行使程序

①行使人须证明存在行使该抗辩权的依据;

②中止履行自己的义务;

③中止履行后,应及时通知对方;

④对方履行相应义务,或提供适当担保、恢复履行能力的,应立即恢复履行自己的义务;

⑤对方既不提供适当的担保,又未在合理期限内恢复履行能力的,行使人可解除合同,并可要求返还财产、赔偿损失。

(3)抗辩权的效力

3 种抗辩权均属延期的抗辩权,只是暂时阻止对方当事人请求权的行使,非永久的抗辩权。对方当事人完全履行了合同义务,抗辩权消灭,当事人应当履行自己的义务。当事人行使抗辩权致使合同延期履行的,延迟履行责任应由对方当事人承担。

【引例 5】

2017 年元旦,甲(该公司职员)与某建筑安装公司(以下简称"建筑公司")签订内部承包协议,约定甲承包该公司第一项目部并作为项目经理,向公司上交管理费,其所联系的工程以公司名义签订合同但由甲组织实施。2019 年 7 月 17 日,某科研所就某小区 1 号楼施工招标,甲代表建筑公司投标并中标,中标价 168.2 万元,暂估建筑面积 5 100 m²。次日,甲以建筑公司委托代理人身份与该科研所签订施工合同,工期 330 天,价款 168.2 万元,单价每平方米 270元,建筑面积 6 896 m²,最后以实际竣工面积计算,单价不得改变。2021 年 2 月 20 日,工程竣工验收合格并交付使用。科研所与建筑公司双方对竣工建筑面积为 5 932 m² 无异议,但就结算总价款出现争议。2020 年上半年,双方就结算事宜达成和解,但是科研所并未支付结算款。

2023年6月甲以建筑公司怠于行使对科研所到期债权而损害其应得款项为由,以科研所为被告,代位建筑公司请求法院判令科研所支付剩余工程款及利息79万元,提起代位权诉讼。

【引导问题5】 什么是代位权? 它的行使条件和程序有哪些? 甲提起代位权诉讼是否能得到支持?

3)债权的财产保全制度

(1)代位权

建设工程
债权保全制度

代位权是指当债务人怠于行使其债权或者与该债权有关的从权利而有害于债权人的债权实现时,债权人为保全自己的债权,可以自己的名义行使债务人对相对人权利的权利。债权人代位权必须通过诉讼程序行使。其构成要件包括:

①债权人与债务人之间须有合法的债权债务关系存在。

②须债权人与债务人之间的债务及债务人与第三人(次债务人)之间的债权均到清偿期。

③须债务人怠于行使其对第三人的权利。

所谓怠于行使权利,是指能够行使权利而不行使。若债务人不能行使或者虽然行使但无结果,债权人均不得行使代位权。

④须债务人怠于行使权利的行为有害于债权人的债权。

所谓有害于债权人的债权是指由于债务人不行使对次债务人的权利,直接导致债务人不能履行对债权人的债务。若债务人能够履行其对债权人的债务仅是不愿意履行,此时债权人只能诉请法院强制执行而不得行使代位权。

> **【引例5 评析】**
> 甲提起代位权能得到支持,甲可以要求科研所支付建筑公司所欠甲工程款,但不能超过79万元。行使代位权产生的相关费用由建筑公司承担,一并在79万元总额中扣除。

【引例6】

2022年11月30日,甲公司与乙公司就甲公司拖欠乙公司工程款达成和解协议,甲公司确认欠乙公司工程款本息1 528万元,并承诺于2023年3月30日前一次性还清本息。截至2024年4月1日,甲公司一直未能如期履行债务。2024年4月18日,乙公司发现甲公司于2023年2月19日与丙公司签订捐赠协议,甲公司将其名下的办公楼所有权变更到丙公司名下,并办理了房屋产权变更登记。

【引导问题6】 什么是撤销权? 行使撤销权应满足的条件有哪些? 行使时应当遵循什么程序?

(2)撤销权

撤销权是指当债务人实施了减少其责任财产的处分行为而有害于债权人的债权时,债权人可依法请求法院撤销债务人所实施之行为的权利。债权人撤销权由债权人以自己的名义通过诉讼方式行使。撤销权在行使范围上,以保全债权人的债权为限。其构成要件包括:

①债务人实施了减少财产的处分行为。减少财产的行为包括无偿行为和有偿但是却使总财产减少的行为,如非正常压价行为。这些行为主要包括赠与他人财产、非正常压价、为原先没有担保的债务提供担保、放弃债权等。

②该减少财产的行为损害了债权人的债权。

③该减少财产的行为必须是纯粹财产行为,身份行为即使导致债务人的财产减少也不能进行撤销。

④该减少财产行为必须已经发生法律效力。

撤销权应自债权人知道或者应当知道撤销事由之日起 1 年内行使,自债务人的行为发生之日起 5 年内没有行使撤销权的,该撤销权消灭。

【引例 6 评析】

案例中的甲公司于 2022 年 11 月 30 日承诺在 2023 年 3 月 30 日前一次性还清本息,债权人乙公司对债务人甲公司的债权是合法有效的。债务人负担债务后,于 2023 年 2 月 19 日与丙公司签订捐赠协议,实施了危害乙公司债权的行为。甲公司变更名下房屋所有权转于丙公司名下,使自身财产大幅减少,危害了乙公司债权的实现。由此,乙公司已具备行使撤销权的条件。

4)建设工程价款优先受偿权

优先受偿权是指根据法律规定,抵押权人、质权人、留置权人就债务提供的抵押物、质物、留置物,在债务人届期不能清偿债务时,从担保物中优先受清偿的权利。

(1)建筑工程价款优先受偿权的法定特征

①建筑工程价款优先受偿权是一种法定权利,是法律规定的建筑工程价款在诸多建筑纠纷中居优先受偿的地位。这一规定不是当事人可以选择的条款,而是赋予承包人的一项法定权利。

②建筑工程价款优先受偿权的性质属于担保物权,带有某种程度的强制性。这种强制性不但可以对建筑物进行拍卖或折价并进行优先受偿,还体现在法院的强制执行中。

③建筑工程价款优先受偿权是以建筑物为担保的债权。权利人对建筑物的所有人的追偿,可以通过建筑物得到担保,而且这种担保是无须登记和公示的。

④这种优先权可随建筑物所有权转移而转移,效力一直追及于该建筑物。但也受到一定的限制,即当该建筑物作为商品房时,消费者在交付购买商品房的全部或者大部分款项后,权利人就该商品房享有的工程价款优先受偿权不得对抗买受人。

⑤这种优先权的行使有一定的时效,逾期则可视为放弃权利,该优先受偿权就失去优先性,与其他权利受偿属同一顺序。

承包人的建设工程价款优先受偿权不同于留置权,不因丧失占有而消灭。

(2)建设工程价款优先受偿权问题的司法解释

《最高人民法院关于审理建设工程施工合同纠纷案件适用法律问题的解释(一)》(法释〔2020〕25 号),作出了如下解释:

建设工程价款的优先受偿权

①承包人根据《中华人民共和国民法典》第八百零七条规定享有的建设工程价款优先受偿权优于抵押权和其他债权。

②发包人与承包人约定放弃或者限制建设工程价款优先受偿权,损害建筑工人利益,发包人根据该约定主张承包人不享有建设工程价款优先受偿权的,人民法院不予支持。

③承包人建设工程价款优先受偿的范围依照国务院有关行政主管部门关于建设工程价款范围的规定确定。逾期支付建设工程价款的利息、违约金、损害赔偿金等不享有优先权。

④承包人应当在合理期限内行使建设工程价款优先受偿权,但最长不得超过 18 个月,自发包人应当给付建设工程价款之日起算。

【应用案例 1】 2021 年 8 月 20 日,甲公司与乙公司签订建设工程施工合同,约定:由乙公司承包甲公司某工程,工程承包造价为 8 000 万元,工程四层以下的竣工日期为 2022 年 12 月 31 日,五层以上结构竣工日期由合同双方另行协商。四层以下竣工后,双方就该部分工程款进行结算。乙公司在如约开工后,截至 2022 年 12 月,完成了四层以下及五层部分工程。但是,由于甲公司无法支付工程所需的大量后续资金,工程不得不全面停工。2023 年 1月,双方签订了停工协议。

截至 2023 年 10 月 8 日,工程未复工。为此,乙公司与甲公司签订了一份补充合同,约定:原合同继续履行,甲公司负责筹措资金使工程早日复工,并由乙公司负责对停工后的现场进行保护,费用由甲公司承担。但直至 2023 年 12 月,工程仍未能复工。甲公司已支付工程款 100 万元。乙公司多次催告甲公司支付拖欠的工程款,均无结果。按照双方的合同约定,争议解决的方式为当地仲裁委员会仲裁。2023 年 12 月,为追索拖欠的工程款及损失,乙公司向当地仲裁委员会提起仲裁,要求裁决甲公司偿付拖欠的工程款及损失 4 000 万元,并请求对工程行使优先受偿权。而甲公司则认为,工程并未整体竣工,不能支付工程款。

【问题 1】 工程并未整体竣工,能优先受偿工程价款吗?

【应用案例 1 评析】 根据《民法典》第八百零七条的规定:"发包人未按照约定支付价款的,承包人可以催告发包人在合理期限内支付价款。发包人逾期不支付的,除按照建设工程的性质不宜折价、拍卖外,承包人可以与发包人协议将该工程折价,也可以请求人民法院将该工程依法拍卖。建设工程的价款就该工程折价或者拍卖的价款优先受偿。"由此可见,发包人未按约定支付价款,经承包人催告后在合理期限内仍不支付的,承包人可以与发包人协议将该工程折价,也可以申请人民法院将该工程依法拍卖。建设工程的价款就该工程折价或者拍卖的价款优先受偿。承包人行使优先受偿权,应当注意以下几点:

①发包人不支付价款的,承包人不能立即将该工程折价、拍卖,而是应当催告发包人在合理期限内支付价款。在具体案件中,判断合理期限的标准还应根据具体情况来定。如果在该期限内,发包人已经支付了价款,承包人只能要求发包人承担支付约定的违约金或者支付逾期的利息、赔偿其他损失等违约责任。如果在催告后的合理期限内,发包人仍不能支付价款的,承包人才能将该工程折价或者拍卖以优先受偿。

②承包人对工程依法折价或者拍卖的,应当遵循一定的程序。

发包人对工程折价的,应当与发包人达成协议,参照市场价格确定一定的价款,把该工程的所有权由发包人转移给承包人,从而使承包人的价款债权得以实现。承包人因与发包人达不成折价协议而采取拍卖方式的,应当请求人民法院依法将该工程予以拍卖。承包人不得委托拍卖公司或者自行将工程予以拍卖。

③工程折价或者拍卖后所得价款如果超出发包人应付价款数额的,该超过部分应当归发包人所有;如果折价或者拍卖所得价款还不足以清偿承包人价款债权额的,承包人可以请求发包人支付不足部分。

④按照工程的性质不宜折价、拍卖的,承包人不能将该工程折价或者拍卖。如该工程的

所有权不属于发包人,承包人就不得将该工程折价。国家重点工程、具有特定用途的工程等也不宜折价或者拍卖。

综上,根据当事人双方的建设工程施工合同,工程到达第四层时,应当就工程款进行结算,即甲公司应支付相应的工程款。支付工程款是发包人即甲公司的主要义务,对工程进行施工是乙公司的义务,乙公司已经对工程进行施工,并且通过验收,那么甲公司应当同样履行义务。本案中,甲公司并没有履行支付工程款的义务,乙公司催告甲公司在合理期限内支付工程款,而甲公司依然未支付,乙公司自然可以依据《民法典》第八百零七条的规定,主张价款优先受偿权。

9.3.2　合同的变更与转让

建设工程的
合同变更

1)合同变更

合同变更分为约定变更和法定变更。狭义的合同变更通常表现为对合同某些条款的修改或补充,而广义的合同变更通常还要包括合同主体的变更。合同变更成立需满足以下4个条件:合同关系已经存在;合同内容发生变化;经合同当事人协商一致,或者法院、仲裁庭裁决,或者援引法律直接规定;符合法律、行政法规要求的方式。

2)合同转让

合同转让有3种类型:合同权利转让、合同义务转移和合同权利义务概括转移。

合同权利转让包括合同权利部分转让和合同权利全部转让。合同权利部分转让可以约定是按份分享合同债权,也可以约定连带共享债权,如果没有约定就按连带共享债权推定。而合同权利全部转让后,原债权人就脱离合同关系,受让人成为合同新债权人,与债权有关的从权利、抗辩权、抵销权也随之转移。合同权利转让时需满足以下4个条件:被转让的合同权利须有效存在;转让人与受让人达成合同权利转让的协议;被转让的合同权利应具有可转让性;应通知债务人,且该通知除经受让人同意外是不能撤销的。合同权利转让后,受让人称为合同新债权人,其他权利也随之转移。

合同义务转移也分为合同义务全部转移和合同义务部分转移。合同义务部分转移由第三人与原债务人共同承担连带债务。而合同义务全部转移后,原债务人脱离合同关系,抗辩权和从债务也随之转移。合同义务转移时需满足以下4个条件:被转移的债务有效存在;第三人须与债权人达成协议;被转移的债务应具有可转移性;应当经债权人同意。

合同权利义务概括转移包括全部转移和部分转移,对于部分转移应约定各自分得的债权债务的份额和性质,若约定不明或没有约定,应视为连带之债。概括转移应满足4个条件:转让人和承受人达成合同转让协议;原合同必须有效;原合同为双务合同;经对方同意。

特别提示

当事人订立合同后合并的,由合并后的法人或者其他组织行使合同权利,履行合同义务。当事人订立合同后分立的,除债权人和债务人另有约定的以外,由分立的法人或者其他组织对合同的权利和义务享有连带债权,承担连带债务。

【引例1评析】

合同在履行过程中,合同主体发生变化,新主体应承担原合同主体约定的所有合同义务。因此,只要工程质量竣工验收合格,丙公司应按合同约定支付甲全部工程款。

相关测试

不定项选择题

1.下列关于合同变更与变更前合同之间关系的表述中,正确的有( )。

A.合同变更后,已经履行的债务失去了法律依据,应该恢复原状

B.合同变更部分条款后,未变更的部分视为已经变更

C.合同变更后,已经存在的损害赔偿请求权不复存在

D.合同变更必须以原合同关系存在为前提

2.甲公司对乙公司享有50万元债权,对丙公司、丁公司各有40万元货款未付。现甲公司决定将其50万元债权转让给A公司,将对丙公司的债务转移给B公司。另出于营业需要,从甲公司分出新公司C。甲公司与C公司达成债务分配协议,约定对丁公司的债务由C公司承担。

(1)甲公司将对乙公司的债权转让给A公司,应当( )。

A.通知乙公司　　　　　　　　　B.经乙公司同意

C.使乙公司的抗辩只能针对甲公司　D.只转让主权利,不转让从权利

(2)甲公司将对丙公司的债务转移给B公司的行为,应当( );

A.通知丙公司　　　　　　　　　B.经丙公司同意

C.只转让主债务,不转让从债务　　D.必须进行批准、登记

(3)丁公司的债权40万元,应当( )。

A.由甲公司承担清偿责任

B.由C公司承担清偿责任

C.由甲公司和C公司承担连带清偿责任

D.由甲公司和C公司按约定比例承担清偿责任

9.3.3 合同的权利义务终止

1)合同权利义务终止的情形

①因履行而终止,也称合同因清偿而终止。

②因解除而终止。

③因抵销而终止。法定的债务抵销应同时满足4个条件:双方当事人互负债务;双方债务的种类、品质相同;债权已届履行期;并非依照法律规定或按照合同性质不得抵销的债务。

④合同因提存而终止。提存是指债权人无正当理由拒绝接受履行或其下落不明,或数人就同一债权主张权利,债权人一时无法确定,致使债务人一时难以履行债务,经公证机关证明或人民法院裁决,债务人可以将履行标的物提交有关部门保存的行为。自提存之日起,债务人的债务消灭,债权人的债权得到清偿,标的物的所有权转归债权人。债权人领取提存物的权利,自提存之日起5年内不行使而消灭,提存物扣除提存费用后归国家所有;自提存起,标的物毁损、灭失的风险转归债权人,提存费用应当由债权人承担。

⑤合同因免除债务而终止。免除债务是债权人处分自己权利的行为,其一旦作出免除的

意思表示就产生效力,不得任意撤回。

⑥合同因混同而终止。混同是合同的债权和债务同归于一人。混同的原因有:债权人继承债务人财产或债务人继承债权人的债权、债权人和债务人双方的企业合并、债务人的债务由债权人承担、债务人受让了债权人的债权。

2)合同解除

(1)概述

建设工程合同
如何解除

对于有效成立的合同,当其具备约定的解除条件或者法定的解除条件,并通过当事人的合同解除行为后,合同就可以解除。合同解除是合同关系归于消灭,当事人不再受合同约束。合同解除后尚未履行的应终止履行;已经履行的,根据履行情况和合同性质,当事人可以要求恢复原状、采取其他补救措施,并有权要求赔偿损失。

合同解除分为约定解除和法定解除。约定解除进一步细分为协商解除(即当事人以第二个合同解除第一个合同)和行使约定解除权的解除。法定解除是在符合以下法定条件时,当事人一方有权通知另一方解除合同:

①因不可抗力致使不能实现合同目的;

②在履行期限届满前,当事人一方明确表示或以自己的行为表明不履行主要债务;

③当事人一方迟延履行主要债务,经催告后在合理期限内仍未履行;

④当事人一方迟延履行债务或有其他违约行为致使不能实现合同目的;

⑤法律规定的其他情形。

相关测试

不定项选择题

1.下列关于合同权利义务终止的说法正确的是(   )。

A.合同终止会引起合同权利义务客观上不复存在

B.合同权利义务终止是合同责任的终止

C.合同权利义务终止就终止了合同的经济往来结算条款的效力

D.合同权利义务终止后合同的遗留问题无须再处理

2.施工单位与材料供应商签订的商品混凝土供应合同,规定在施工单位浇筑混凝土期间,材料供应商必须保证商品混凝土的供应,但在合同履行中,材料供应商不能按约定履行其义务,严重影响施工进行,于是施工单位解除了其与材料供应商的合同。对此,请就以下几个相关问题作出选择。

(1)施工单位解除合同,应当通知材料供应商,合同从(   )时解除。

A.当事人提出的时间   B.发出通知的时间

C.通知到达对方的时间   D.对方接受通知的时间

(2)合同解除引起的法律效力是(   )。

A.合同从未发生效力   B.合同效力继续存在

C.尚未履行的应继续履行   D.合同当事人不再受合同约束

(3)合同解除后,尚未履行的应终止履行,已经履行的,根据履行情况和合同性质,当事人不可以要求(   )。

A.赔偿损失   B.支付违约金   C.采取补救措施   D.恢复原状

（2）建设工程合同的解除

①发包人行使法定解除权的条件。

a. 承包人明确表示或以行为表明不履行合同主要义务。

实践中认定"以行为表示将不履行合同主要义务"则多是以承包人的停工行为为依据的。如承包人在合同履行过程中发现继续履行合同将不能有任何营利，甚至工程造价会低于成本价，在与发包人协商无果后，往往会无限期停工、中途退场，这时则可以认定为其以行为表明将不再履行合同主要义务。

特别提示

对于承包人的停工行为，应视具体情况来认定其是否拒绝履行合同主要义务。如当事人在施工合同中约定了发包人的预付款义务、支付进度款义务以及其他实现开工条件等义务，但发包人未履行上述义务致使承包人开工或施工重大困难的，承包人可以停工。这里承包人的停工可以认为是在行使后履行抗辩权。同时，该条所涉及的发包人的合同解除权，还与承包人享有合同解除权的几种情形对应起来，即承包人享有合同解除权的情形也是发包人不履行其义务或履行迟延等违约行为致使承包人履行困难。当然，如果发包人对工程工期有特别要求，而此时发包人解除合同的依据应是《民法典》第五百六十三条第四项规定的"当事人一方迟延履行债务或者有其他违约行为致使不能实现合同目的"。

b. 承包人在合同约定期限内没有完工，且在发包人催告的合理期限内仍未完工的。

工期延误是承包人比较常见的违约行为。工程未能在合同约定期限内完工，其原因可能是多方面的，不可归责于承包人的原因，则不能由承包人承担工期延误的责任。

是否支持发包人解除合同的主张时，还应适当考虑合同工期对发包人的合同目的实现的影响及工期延误对发包人造成的损失大小。如果发包人为生产经营性企业，合同的标的为厂房或经营用房，则可认为工期延误对发包人合同目的实现有重大影响；反之，若为办公用房或生活用房，则可认为工期延误非重大影响发包人的合同目的实现，此时应不支持发包人的合同解除主张，但承包人应承担工期延误的违约责任，违约责任可以是合同约定的违约金，也可以是法定的损害赔偿。

相关链接

当事人常在合同中约定工期顺延的情形：发包人未能按合同约定提供图纸和开工条件；发包人未能按约定日期支付工程预付款、进度款，致使施工不能正常进行；工程师未按照合同约定提供所需的指令、批准等，致使施工不能正常进行；设计变更和工程量增加；不可抗力等。

c. 承包人已经完成的建设工程质量不合格，并拒绝修复的。

这里的工程质量不合格，只能限于工程主体结构质量不合格或建设工程对质量有特别要求的情形。只有工程主体结构质量不合格才可能认定为发包人的合同目的无法实现，对于非主体结构的质量瑕疵，则可主张减少价款或要求对方承担违约金等权利。

d. 承包人非法转包和违法分包。

对于转包行为和分包行为应区别对待。对于分包行为则不宜"一刀切"认为发包人都可以行使解除权。如果分包单位是具有分包工程相应资质，且其资质等级或施工能力和总承包人相当甚至高于总承包人,则不一定一律支持发包人的主张。

②承包人行使合同解除权的条件。

a. 发包人未按约定支付工程款。

合同若没有约定承包人的垫资义务,则发包人应承担支付工程款(主要是指工程进度款)的合同主要义务。《民法典》第五百六十三条规定,一方当事人延迟履行主要债务,经对方催告后,在合理期限内仍未履行的,对方可以解除合同。

b. 发包人提供的主要建筑材料、建筑构配件和设备不符合强制性标准。

该情形下,承包人可在合同中约定:"发包人提供的主要建筑材料、建筑构配件和设备不符合强制性标准的,经承包人催告后,发包人在某期限内仍未更换的,承包人可自行更换,费用由发包人承担,并相应地顺延工期。"作为解除权的行使条件。

c. 发包人不履行其他协助义务。

发包人的协助义务一般包括提供或补充建筑材料、提供施工场地、办理施工所需的相关手续、提供施工图纸等。发包方不履行相应协助义务的情况下,承包人多会选择工期顺延,要求发包人承担承包人窝工、停工的损失等权利主张。只有当发包人不想继续履行合同,故意不履行相应的协助义务而设置障碍,承包人方可选择解除合同。

③建设工程合同解除的法律后果。

根据《民法典》第五百六十六条、第五百六十七条规定,建设工程施工合同解除后,已经完成的建设工程质量合格的,发包人应当按照约定支付相应的工程价款;已经完成的建设工程质量不合格的,参照对建设工程经竣工验收不合格的规定处理。因一方违约导致合同解除的,违约方应当赔偿因此而给对方造成的损失。

特别提示

> 合同一旦依法解除,权利人则无权再依据合同约定来主张若不解除合同的可得利益,对于合同如果履行的可得利益不应当属于赔偿的范围。

a. 建设工程设计合同解除的法律后果

《建设工程设计合同示范文本(房屋建筑工程)》(GF-2015-0209)第14.1.1条规定,合同生效后,发包人因非设计人原因要求终止或解除合同,设计人未开始设计工作的,不退还发包人已付的定金或发包人按照专用合同条款的约定向设计人支付违约金;已开始设计工作的,发包人应按照设计人已完成的实际工作量计算设计费,完成工作量不足一半时,按该阶段设计费的一半支付设计费;超过一半时,按该阶段设计费的全部支付设计费。合同解除后,设计人仍应对已提交设计资料及文件出现的遗漏或错误负责修改或补充。

第14.2.1条规定,合同生效后,设计人因自身原因要求终止或解除合同,设计人应按发包人已支付的定金金额双倍返还给发包人或设计人按照专用合同条款约定向发包人支付违约金。

b. 建设工程勘察合同解除的法律后果

《建设工程勘察合同(示范文本)》(GF-2016-0203)第14.1.2条第一款规定,合同生效后,发包人无故要求终止或解除合同,勘察人未开始勘察工作的,不退还发包人已付的定金或发包人按照专用合同条款约定向勘察人支付违约金;勘察人已开始勘察工作的,若完成计划工作量不足50%的,发包人应支付勘察人合同价款的50%;完成计划工作量超过50%的,发包人应支付勘察人合同价款的100%。因勘察人原因造成成果资料质量达不到合同约定的质量标准,不能满足技术要求的,其返工勘察费用由勘察人承担。

第14.2.1条第一款规定,合同生效后,勘察人因自身原因要求终止或解除合同,勘察人应双倍返还发包人已支付的定金或勘察人按照专用合同条款约定向发包人支付违约金。

c.建设工程监理委托合同解除的法律后果。

委托人解除合同的,委托人除对受托人已履行的部分给付监理报酬外,对在不可归责于受托人的情况下,因解除委托合同给委托人造成的监理报酬减少承担赔偿责任。

受托人解除合同的,对在不可归责于委托人的情况下,若委托人自己不可能亲自处理该项事务,而且又不能及时找到合适的受托人代其处理该委托事务而发生损害的,受托人应承担赔偿责任。

【应用案例2】 2020年9月,B公司与A公司经过招投标程序就项目工程签订了建设工程施工合同,B公司成为该项目施工方。在施工过程中,A公司因资金问题将在建工程抵押给D银行,贷款1500万元。A公司多次发布停工令,B公司于2021年12月撤场,合同无法继续履行。2022年12月,双方对工程造价予以了确认,A公司应支付B公司3000余万元。截至2023年10月,A公司只支付B公司1500万元。B公司由此拖欠分包方C装饰公司工程费1500万元,B公司遂将对A公司的债权转让给C公司。C公司遂诉至法院要求A公司支付剩余价款的同时,并就发包人逾期支付工程款利息损失主张优先受偿权。

【问题2】 C公司的要求能得到法院支持吗?

【应用案例2评析】 C公司的要求能否得到法院的支持,可以分解为以下几个问题:

(1)B公司能否将对A公司的债权转让给C公司?

可以,但B公司应将债权转让事项通知A公司。

(2)建设工程上设有抵押权的,C公司能否行使建设工程价款优先受偿权?

可以。《最高人民法院关于审理建设工程施工合同纠纷案件适用法律问题的解释(一)》(法释〔2020〕25号)第三十六条规定,承包人根据《民法典》第八百零七条规定享有的建设工程价款优先受偿权优于抵押权和其他债权。

(3)C公司能否就发包人逾期支付工程款利息损失主张优先受偿权?

不能。《最高人民法院关于审理建设工程施工合同纠纷案件适用法律问题的解释(一)》(法释〔2020〕25号)第三十七条规定,装饰装修工程具备折价或者拍卖条件,装饰装修工程的承包人请求工程价款就该装饰装修工程折价或者拍卖的价款优先受偿的,人民法院应予支持。第四十条规定,承包人就逾期支付建设工程价款的利息、违约金、损害赔偿金等主张优先受偿的,人民法院不予支持。

(4)C公司行使优先受偿权有无期限限制?

有。《最高人民法院关于审理建设工程施工合同纠纷案件适用法律问题的解释(一)》(法释〔2020〕25号)第四十一条规定,承包人应当在合理期限内行使建设工程价款优先受偿权,但最长不得超过18个月,自发包人应当给付建设工程价款之日起算。

【应用案例3】　A公司与B公司于2022年7月签订了建设工程施工合同,B公司成为项目总承包方。2022年8月,A公司要求B公司将消防工程分包给C公司。2022年9月,B公司与C公司签订消防工程施工承包合同,约定由C公司承包消防工程项目,为固定总价合同。C公司在施工中,按甲方要求出现了工程增量。C公司按照合同约定完成施工后,A公司与C公司就工程增量进行了结算,并认可该部分工程款为460余万元。但B公司一直以不是合同主体、存在甲指定分包问题,迟迟没有支付消防工程款。2023年4月,A公司发现B公司总承包资质借用的是D公司资质,A公司由此解除了与B公司的合同。B公司要求就完工工程进行验收结算,同时C公司要求B公司支付消防工程款。

【问题3】　该案应如何处理?

【应用案例3评析】　该案可以分解为以下几个问题:

(1)B公司借用D公司资质签订的合同是否无效?

无效。按照《最高人民法院关于审理建设工程施工合同纠纷案件适用法律问题的解释(一)》(法释〔2020〕25号)第一条第二款规定,没有资质的实际施工人借用有资质的建筑施工企业名义的,应当依据民法典第一百五十三条第一款的规定,认定无效。

(2)建设施工合同被认定无效,B公司是否可以向发包人主张工程款?

可以。按照《民法典》第七百九十三条的规定,建设工程施工合同无效,但是建设工程经验收合格的,可以参照合同关于工程价款的约定折价补偿承包人。

《最高人民法院关于审理建设工程施工合同纠纷案件适用法律问题的解释(一)》(法释〔2020〕25号)第二十四条规定,当事人就同一建设工程订立的数份建设工程施工合同均无效,但建设工程质量合格,一方当事人请求参照实际履行的合同关于工程价款的约定折价补偿承包人的,人民法院应予支持。实际履行的合同难以确定,当事人请求参照最后签订的合同关于工程价款的约定折价补偿承包人的,人民法院应予支持。

(3)C公司与B公司签订的《消防工程施工承包合同》是否有效?

虽B公司系受A公司指定与C公司建立分包合同关系,但B公司系自愿行为,不因具有指定分包行为就导致分包合同无效。合同系双方真实意思表示,也未违反法律的强制性规定,故分包合同有效。

(4)谁应当向C公司承担支付工程款义务?

C公司履行完合同义务的前提下,B公司应当支付合同内对应工程欠款。但因合同外增项价款由A公司与C公司之间确认,该部分应由发包人A公司直接承担给付责任。故B公司与A公司在各自责任部分范围内向C公司承担给付责任。

(5)D公司是否就B公司对C公司的给付义务,给A公司造成的损失承担连带责任?

承担。按照《最高人民法院关于审理建设工程施工合同纠纷案件适用法律问题的解释(一)》(法释〔2020〕25号)第七条规定,缺乏资质的单位或者个人借用有资质的建筑施工企业名义签订建设工程施工合同,发包人请求出借方与借用方对建设工程质量不合格等因出借资质造成的损失承担连带赔偿责任的,人民法院应予支持。

9.3.4　建设工程合同常见纠纷

建设工程合同纠纷,是指因建设工程合同的生效、解释、履行、变更和终止等行为而引起的建设工程合同当事人的所有争议。建设工程合同常见纠纷如下：

建设工程
常见合同纠纷

①建设工程合同的效力，即建设工程合同是否有效的争议。

②建设工程合同文字语言理解的争议。

③违约发生的纠纷。承包人的违约表现主要有工期违约、质量违约等。发包人违约主要表现在不能按时支付工程进度款、未能提供施工进场的条件、中期擅改设计等导致的工程造价增加或者其他损失，承包人最终都以工程索赔的形式加入工程结算书中，而发包人往往对有关款项不予认定，从而产生纠纷，这种纠纷在建设工程结算纠纷中比较常见。

④工程计量纠纷。除合同已确定的工程量外，在实际施工过程中，因设计变更，工程师签发的变更指令，现场地质、地形条件的变化等引起的工程量增减，均会产生纠纷。

⑤工程质量纠纷。建设工程承包合同中承包人所用建筑材料不符合质量标准要求，偷工减料，无法生产合同规定的合格产品，导致施工有严重缺陷，造成质量纠纷。

⑥工期延误责任纠纷。工期延误可分为承包方原因引起的延误和非承包方原因引起的延误。虽然许多合同条件中都规定了工期延误损害赔偿的罚则，但对非承包方原因引起的延误，发承包各方对如何划分责任、赔偿损失，常常发生纠纷。

⑦工程付款纠纷。工程计量、质量纠纷，工期延误责任认定纠纷都会导致或直接表现为工程付款纠纷。

⑧延期付款利息纠纷。尽管有明文规定发包人拖欠工程款应付延期利息，但执行起来却非常困难，特别是延期利息数额巨大时，双方就更容易产生纠纷。比如合同约定工程决算完毕付清尾款，但因施工方迟迟不报送决算文件，或报送决算文件不齐全，或所报决算文件双方争议过大，导致决算工作无法进行，进而剩余工程款无法支付。特别是争议过大时，究竟是谁的过错导致工程款支付拖延，也是是否支付延期付款利息的争议所在。

⑨终止合同纠纷。当发包人认为，承包人不履约，严重拖延工程并无力改变局面，或承包人破产或严重负债致使工程停顿等，宣布终止合同，将承包人逐出工地，并要求赔偿损失，甚至通知开具履约保函和预付款保函的银行全额支付保函金额，承包人却否认自己的责任，要求取得已完工工程款项。同样，承包人可能认为发包人不履约，严重拖延应付工程款，并已无力支付欠款、破产或严重干扰阻碍承包人工作等，宣布终止合同，发包人则否认上述行为。以上两种情形都会发生终止合同纠纷。

合同履行过程
中的注意事项

【引例 7】

某土方工程施工中，承包商在合同标明有松软石的地方没有遇到松软石，因此工期提前 1 个月。但是在合同中另一未标明有坚硬岩石的地方遇到更多的坚硬岩石，开挖工作变得更加困难，因此造成实际生产率比原计划低得多，经测算影响工期 3 个月。由于施工速度减慢，部分施工任务拖到雨季进行，按一般公认标准推算，又影响工期 2 个月。为此承包商准备提出索赔。

【引导问题 7】 根据引例 7，讨论以下问题：

①该项施工索赔能否成立？为什么？

②在工程施工中，通常可以提供的索赔证据有哪些？

9.3.5 索赔相关知识

工程索赔是指当事人在合同实施过程中,基于非由自己过错引起的损失,根据法律、合同规定及惯例,向对方提出给予补偿的请求。索赔可能发生在工程建设的各个阶段,但以施工阶段发生的索赔居多。对施工合同的双方来说,索赔是维护双方合法利益的权利。它同合同条件中双方的合同责任一样,构成严密的合同制约关系。承包商可以向业主提出索赔;业主也可以向承包商提出索赔。

1)工程索赔的原因

发生建设工程索赔的主要原因如下:

①设计方面。在工程施工阶段发生设计与实际有差异等情况,导致工程项目在工期等方面的索赔。

②施工合同方面。双方在签订施工合同时未能充分考虑和明确各种因素对工程建设的影响,致使施工合同在履行中出现这样那样的矛盾,从而引起施工索赔。

③意外风险和不可预见因素。在施工过程中,发生了如地震、台风、流砂、地质断层、天然溶洞、沉陷和地下构筑物等引起的施工索赔。

④不依法履行施工合同。承发包双方在履行施工合同的过程中往往因一些意见分歧和经济利益驱动等人为因素,不严格执行合同文件而引起的施工索赔。

除上述原因外,工程项目的特殊性,如工程规模大、技术难度大、投资额大、工期长、材料设备价格变化快;工程项目内外环境的复杂多变性及参与工程建设主体的多元性等,随着工程的逐步开展而不断暴露出新问题,必然使工程项目受到影响,导致工程项目成本和工期的变化,这就是索赔形成的根源。

2)工程索赔的分类

工程施工过程中发生索赔所涉及的内容是广泛的,通常有如下分类。

(1)按索赔事件所处合同状态分类

①正常施工索赔:在正常履行合同中发生的各种违约、变更、不可预见因素、加速施工、政策变化等引起的索赔。

②工程停建、缓建索赔:已经履行合同的工程因不可抗力、政府法令、资金或其他原因必须中途停止施工所引起的索赔。

③解除合同索赔:因合同中的一方严重违约,致使合同无法正常履行的情况下,合同的另一方行使解除合同的权力所产生的索赔。

(2)按索赔依据的范围分类

①合同内索赔:索赔所涉及的内容可在履行的合同中找到条款依据,并可根据合同条款或协议规定的责任和义务划分责任,发包人或承包人可据此提出索赔要求,并可按违约规定和索赔费用、工期的计算办法计算索赔值。一般情况下,合同内索赔的处理解决相对顺利些。

②合同外索赔:索赔所涉及的内容难以在合同条款及有关协议中找到依据,但可以从民法典、经济法或政府有关部门颁布的有关法规中找到依据,如在民事侵权行为、民事伤害行为中找到依据所提出的索赔。

③道义索赔:承包人在合同内外都找不到索赔依据,无索赔条件和理由,但发包人体谅承包人为完成某项困难的施工,承受了额外的费用损失,甚至承受重大亏损,出于善意给其以经

济补偿。因为在合同条款中没有此项索赔的规定,所以也称为"额外支付"。

(3)按合同有关当事人的关系进行索赔分类

①承包人向发包人的索赔:承包人在履行合同中非因己方过失产生工期延误及额外支出后,向发包人提出的赔偿要求。这是施工索赔中最常发生的情况。

②总承包人向其分包人的索赔或分包人之间的相互索赔:是指总承包单位与分包单位或分包单位之间为共同完成合同项目任务,因实施中的相互干扰事件影响利益平衡,由此引发相互之间的赔偿要求。

③发包人向承包人的索赔:发包人向不能有效地管理控制施工全局,造成不能按期、按质、按量地完成合同内容的承包人提出的索赔。

④承包人同供货人之间的索赔。

⑤承包人向保险公司、运输公司的索赔等。

(4)按照索赔的目的分类

①工期延长索赔:承包人对施工中发生的非己方责任事件造成计划工期延误后,向发包人提出的索赔。

②费用索赔:承包人对施工中发生的非己方责任事件造成的合同价外费用支出,向发包人提出的索赔。

(5)按照索赔的处理方式分类

①单项索赔:某一事件发生对承包人造成工期延长或额外费用支出时,承包人即可对这一事件的实际损失在合同规定的索赔有效期内提出索赔。这是一种常用的索赔方式。

②综合索赔:又称总索赔、一揽子索赔,是指承包人就施工过程中发生的多起索赔事件,提出一个总索赔。

(6)按引起索赔的原因分类

①发包人或发包人代表违约索赔;

②工程量增加索赔;

③不可预见因素索赔;

④不可抗力损失索赔;

⑤加速施工索赔;

⑥工程停建、缓建索赔;

⑦解除合同索赔;

⑧第三方因素索赔;

⑨国家政策、法规变更索赔。

3)常见工程索赔

(1)施工现场条件变化索赔

在工程施工中,由于不利的自然条件及人为障碍,经常导致设计变更、工期延长和工程成本大幅度增加。在这种情况下,承包人可提出索赔。不利的自然条件主要包括两种情形:

①招标文件中对现场条件的描述失误。招标文件虽已提出施工现场存在的不利条件,但描述严重失实,或位置差异极大,或其严重程度差异极大,从而使承包人原定的实施方案变得不再适合或根本没有意义。

②有经验的承包人难以合理预见的现场条件。这种意外的不利条件，是指招标文件未提及，而且按该项工程的一般工程实践，一个有经验的承包人难以预见的现场条件。如在挖方工程中，承包人发现地下古建筑遗迹或文物，或遇到高腐蚀性水或毒气等，对其的处理方案导致承包人工程费用增加和工期增加。

> **【引例 7 评析】**
> 　　承包人在合同中标明有坚硬岩石的地方遇到更多的坚硬岩石，影响的 3 个月工期应该顺延，因为这是甲方提供资料有误造成的。在合同标明有松软石的地方没有遇到松软石，提前的 1 个月工期不影响承包人这 3 个月的工期索赔要求。由于施工速度减慢，部分施工任务拖到雨季影响的工期 2 个月，由于施工速度减慢是甲方过错引起，遭遇雨季影响是不可抗力，因此承包人可以要求顺延这 2 个月的工期，本次工期共计索赔 5 个月。

（2）发包人违约索赔

按照《建设工程施工合同（示范文本）》（GF-2017-0201），发包人违约有 8 种情形，在这些情形下承包人可以提出索赔。

在合同履行过程中发生的下列情形，属于发包人违约：

①因发包人原因未能在计划开工日期前 7 天内下达开工通知的；

②因发包人原因未能按合同约定支付合同价款的；

③发包人违反第 10.1 款[变更的范围]第（2）项约定，自行实施被取消的工作或转由他人实施的；

④发包人提供的材料、工程设备的规格、数量或质量不符合合同约定，或因发包人原因导致交货日期延误或交货地点变更等情况的；

⑤因发包人违反合同约定造成暂停施工的；

⑥发包人无正当理由没有在约定期限内发出复工指示，导致承包人无法复工的；

⑦发包人明确表示或者以其行为表明不履行合同主要义务的；

⑧发包人未能按照合同约定履行其他义务的。

（3）变更指令与合同缺陷索赔

①变更指令索赔。在施工过程中，监理工程师发现设计、质量标准或施工顺序等问题时，往往指令增加新工作，改换建筑材料，暂停施工或加速施工等。这些变更指令会增加承包人的施工费用或工期，承包人就此可提出索赔要求。

②合同缺陷索赔。合同缺陷是指所签订的工程承包合同进入实施阶段才发现的，合同本身存在的（合同签订时没有预料的）现时不能再作修改或补充的问题。合同在实施过程中，常会出现以下情况：

a. 合同条款中有错误、用语含糊、不够准确等，难以分清合同双方的责任和权益。

b. 合同条款中存在遗漏。对实际可能发生的情况未作预料和规定，缺少某些必不可少的条款。

c. 合同条款之间存在矛盾。即在不同的条款或条文中，对同一问题的规定或要求不一致。

特别提示

合同缺陷按惯例要由监理工程师作出解释。但是,若此指示使承包人的施工成本和工期增加时,则属于发包人方面的责任,承包人有权提出索赔要求。

(4)国家政策、法规变更索赔

如国家或地方的法律法规、法令、政令或管理制度发生了变更,导致承包人成本增加,承包人可以提出索赔。

(5)物价上涨索赔

如物价上涨带来人工费、材料费甚至机械费的增加,导致工程成本大幅度上升时,承包人可以提出索赔。

(6)因施工临时中断和工效降低引起的索赔

如因发包人和监理工程师原因造成的临时停工或施工中断,特别是根据发包人和监理工程师不合理指令造成工效的大幅度降低,从而导致费用支出增加时,承包人可以提出索赔。

(7)发包人不正当地终止工程而引起的索赔

如发包人不正当地终止工程,承包人有权要求补偿损失。其数额是承包人在被终止工程上的人工、材料、机械设备的全部支出,以及各项管理费用、保险费、贷款利息、保函费用的支出(减去已结算的工程款),并有权要求赔偿其盈利损失。

(8)发包人风险和特殊风险引起的索赔

由于发包人承担的风险而导致承包人的费用损失增大时,承包人可以据此提出索赔。根据国际惯例,以下情况属于发包人应承担的风险:战争、敌对行动、入侵、外敌行动;叛乱、暴动、军事政变或篡夺权位,内战;核燃料或核燃料燃烧后的核废物、核辐射、放射线、核泄漏;音速或超音速飞行器所产生的压力波;暴乱、骚乱或混乱;由于业主提前使用或占用工程未完工交付的任何一部分致使其破坏;纯粹是由工程设计所产生的事故或破坏,并且该设计不是承包人设计或负责的;自然力所产生的作用,对于此种自然力即使是有经验的承包人也无法预见、无法抗拒、无法保护自己和使工程免遭损失等。

特别提示

在该种情形下,承包人通常不仅不对由此而造成工程、发包人或第三方的财产破坏和损失及人身伤亡承担责任,而且发包人应保护和保障承包人不受上述特殊风险后果的损害,并免于承担由此而引起的与之有关的一切索赔、诉讼及其费用。相反,承包人还应当可以得到由此损害引起的任何永久性工程及其材料的付款及合理的利润,以及一切修复费用、重建费用及上述特殊风险而导致的费用增加。如果由于特殊风险而导致合同终止,承包人除可以获得应付的一切工程款和损失费用外,还可以获得施工机械设备的撤离费用和人员遣返费用等。

4)常见工程索赔依据

索赔能否成功的关键在于索赔方能否提供一份具有说服力的证据资料作为索赔的依据。因索赔事由不同,所需的论证资料也有所不同。索赔依据一般包括:

（1）招标文件

招标文件中一般包括通用条件、专用条件、施工图纸、施工技术规范、已标价的工程量清单、工程范围说明、现场水文地质资料等文本。它们不仅是承包人参加投标竞争和编标报价的依据，也是索赔时计算附加成本的依据。

（2）投标文件

在投标文件中，承包人对各主要工种的施工单价进行了分析计算，对各主要工程量的施工效率和施工进度进行了分析，对施工所需的设备和材料列出了数量和价格，对施工过程中各阶段所需的资金数额提出了要求。所有这些文件，在中标及签订合同协议书以后，都成为正式合同文件的组成部分，也成为索赔的基本依据。

（3）合同协议书及其附属文件

合同协议书是合同双方（发包人和承包人）正式进入合同关系的标志。在签订合同协议书以前，合同双方对于中标价格、工程计划、合同条件等问题的讨论纪要文件，也是该工程项目合同文件的重要组成部分。在这些会议纪要中，如果对招标文件中的某个合同条款作了修改或解释，则这个纪要就是将来索赔计价的依据。

（4）来往信函

在合同实施期间，合同双方有大量的往来信函。这些信函都具有合同效力，是结算和索赔的依据，如监理工程师（或业主）的工程变更指令、口头变更确认函、加速施工指令、工程单价变更通知、对承包人问题的书面回答等。这些信函（包括电传、传真资料）可能繁杂零碎，而且数量巨大，但应仔细分类存档。

（5）会议记录

工程和索赔中的许多重大问题，都是通过会议反复协商讨论后决定的，如标前会议纪要、工程协调会议纪要、工程进度变更会议纪要、技术讨论会议纪要、索赔会议纪要等。对于重要的会议纪要，要建立审阅制度，即由做纪要的一方写好纪要稿后，送交对方（以及有关各方）传阅核签，如有不同意见，可在纪要上修改，也可规定一个核签的期限（如7天，如纪要送出后7天以内不返回核签意见，即认为同意）。这对会议纪要的合法性是很有必要的。

（6）施工现场记录

是否建立一套完整的现场记录制度，并持之以恒地贯彻到底，是承包人施工管理水平的一个重要标志。现场记录有很多，主要有施工日志、施工检查记录、工时记录、质量检查记录、施工设备使用记录、材料使用记录、施工进度记录等。有的重要记录文本，如质量检查、验收记录，还应有工程师或其代表的签字认可。工程师同样要有自己完备的施工现场记录，以备核查。

（7）工程财务记录

工程财务记录如工程进度款每月的支付申请表，工人劳动计时卡和工资单，设备、材料和零配件采购单，付款收据，工程开支月报等，在索赔计价工作中，这些财务单证十分重要，应注意积累和分析整理。

（8）现场气象记录

水文气象条件对工程实施的影响很大，经常引起工程施工中断或工效降低，有时甚至造成在建工程的破损。许多工期延误索赔均与气象条件有关。施工现场应注意记录气象资料，如每月降水量、风力、气温、河水位、河水流量、洪水位、洪水流量、施工基坑地下水状况等。如遇到地震、海啸、飓风等特殊自然灾害,更应注意随时详细记录。

（9）市场信息资料

市场信息资料不仅对工程款的调价计算必不可少,对索赔也同样重要。如工程所在国官方出版的物价报导、外汇兑换率行情、工人工资调整决定等。

（10）政策法令文件

政策法令文件是指工程所在国的政府或立法机关公布的有关工程造价的决定或法令,如货币汇兑限制指令、外汇兑换率的决定、调整工资的决定、税收变更指令、工程仲裁规则等。由于工程的合同条件是以适应工程所在国的法律为前提的,因此该国政府的这些法令对工程结算和索赔具有决定性的意义,应该引起高度重视。对于重大的索赔事项,如涉及大宗的索赔款额,或遇到复杂的法律问题时,还需要聘请律师,专门处理这方面的问题。

9.4　任务实施与评价

①此次任务完成中存在的主要问题有哪些?

②问题产生的原因有哪些? 请提出相应的解决方法。

③您认为还需要加强哪些方面的指导(实际工作过程及理论知识)?

知识回顾

本任务的完成涉及以下知识点:建设工程合同的履行涉及 3 种抗辩权和 2 种财产保全制度、合同的变更与转让、合同的权利义务终止情形、合同违约责任的认定、常见合同纠纷和索赔相关知识等内容。重点掌握后履行抗辩权、不安抗辩权、代位权、撤销权、合同的解除、违约责任的主要形式和免除情形、索赔事由。

课后训练

一、案例分析

【案例1】　某工程为 8 层框架结构,建设单位与监理单位签订了施工阶段的监理合同,与承包单位签订了施工合同。合同价为固定单价合同。本工程目前正在施工。

工程施工时发生如下事件:

(一)本工程在验收时监理工程师发现因承包人原因会议室地面装修工程质量没有达到约定的质量标准。

问题:

1. 承包人应承担什么责任?

2. 监理工程师怎样处理质量不合格事件?

3. 承包人应怎么办?

4. 拆除、返工的费用由谁负担?

(二)对地面的质量问题,监理工程师和承包人产生了争议。

问题:

1. 此时双方怎样解决质量争议?

2.解决质量争议的费用双方怎么负担?

(三)监理工程师对防水工程的检验影响了承包人施工的正常进行。

问题:

1.监理工程师检验不合格时,影响正常施工的费用由谁承担?

2.监理工程师检验合格时,影响正常施工的费用由谁承担?

【案例 2】　某房地产开发公司在开发过程中以在建工程作抵押向银行甲贷款 4 000 万元。其与 A 公司签订设计合同,设计费为 300 万元,由其质押 25 辆汽车给 A 公司担保其债务,但由于 A 公司无场所存放车辆,车辆仍由房地产开发公司保管。在取得商品房预售资格证后,房地产开发公司以每套 40 万元的价格进行预售。共开了 500 套,现已售出 200 套。购房人以所购房屋抵押向银行乙贷款按揭买房。其中有 80 户已交付房款 25 万元,120 户已交付房款 15 万元。施工方竣工验收合格后,房地产开发公司拖欠工程款 3 000 万元。施工方因此要求将所建房屋拍卖,以拍卖价款优先受偿。

问题:

请分析该案涉及的法律问题,并给出处理意见。

二、实训练习

1.请根据教师所给项目——某索赔事件,协助索赔人员完成索赔报告书。

2.请根据教师所给项目,完成履约法律意见书。

三、建工拓展与感悟

请扫码观看视频,思考合同履行过程中的管理要点。

解析某市政
工程结算纠纷

任务 10　监理法律事务与纠纷处理

【建工先读】

请扫码观看视频,思考监理工程师应具备哪些职业道德?

解析建设工程
监理职业道德

【引例 1】

某实施监理的工程项目,总监理工程师对施工单位报送的施工组织设计审核时发现两个问题:一是施工单位为方便施工,将设备管道竖井的位置作了移位处理;二是工程的有关试验主要安排在施工单位实验室进行。总监理工程师分析后认为,管道竖井移位方案不会影响工程使用功能和结构安全,因此签认了该施工组织设计报审表并送达建设单位,并指示专业监理工程师对施工单位实验室资质等级及其试验范围等进行考核。同时,项目监理过程中发生了如下事件。

事件 1:在建设单位主持召开的第一次工地会议上,建设单位介绍工程开工准备工作基本完成,施工许可证正在办理,要求会后就组织开工。总监理工程师认为施工许可证未办理好之前,不宜开工。对此,建设单位代表很不满意,会后建设单位起草了会议纪要,纪要中明确边施工边办理施工许可证,并将此会议纪要送发监理单位、施工单位,要求遵照执行。

事件 2:设备安装施工,要求安装人员有安装资格证书。专业监理工程师检查时发现施工单位安装人员与资格报审名单中的人员不完全相符,其中 5 名安装人员无安装资格证书,他们已参加并完成了该工程的一项设备安装工作。

【引导问题 1】　请根据引例 1,讨论以下问题:

①建设监理的内容包括哪些?总监理工程师应如何组织审批施工组织设计?引例 1 中,总监理工程师对施工单位报送的施工组织设计内容的审批处理是否妥当?请说明理由。

②专业监理工程师对施工单位实验室除考核资质等级及其试验范围外,还应考核哪些内容?

③常见监理事务纠纷有哪些?事件 1 中建设单位在第一次工地会议上的做法有哪些不妥?请写出正确的做法。

④监理单位应如何处理事件 2?

10.1　任务导读

工程监理是指监理单位受建设单位委托,根据法律法规、工程建设标准、勘察设计文件及合同,在施工阶段对建设工程质量、造价、进度进行控制,对合同、信息进行管理,对工程建设相关方关系进行协调,并履行建设和工程安全生产管理法定职责的服务活动。如你本次任务主要是完成某项目监理相关法律事务服务,那么你需要掌握以下知识点:建设监理的工作内容,监理合同的特征、订立与履行,委托人、监理人以及相关人的权利、义务和责任,监理酬金应如何支付,监理事务纠纷的处理程序和方法等,完成 10.2 节的任务目标。

10.2　任务目标

①按照正确的方法和途径,收集工程监理相关法律资料;

②依据资料分析结果,确定该任务的工作步骤;

③按照工作时间限定,履行监理职责,处理相关纠纷和完成该项目法律建议书;

④通过完成该任务,提出后续工作建议,完成自我评价,并提出改进意见。

10.3　知识准备

建设工程监理
工作内容

10.3.1　建设工程监理的内容

建设工程监理的主要工作内容是通过合同管理、信息管理和组织协调等手段,控制建设工程质量、造价和进度目标,并履行建设工程安全生产管理的法定职责。在工程建设的各个阶段,监理的工作内容如下:

1)建设前期监理的工作内容

①协助建设单位进行工程项目可行性研究;

②参与设计任务书的编制。

2)设计阶段监理的工作内容

①优选设计方案、设计单位;

②审查设计文件;

③审查设计和概(预)算;

④协助建设单位组织专家评审设计成果;

⑤协助建设单位报审有关设计文件。

3)施工招标阶段监理的工作内容

①协助建设单位做好与招标有关的一系列工作。如协助业主办理项目申请供水、供电、供气、电信线路等协议或批文,办理项目报建手续,协助业主制订商品房营销方案等。

②协助建设单位与承建单位签订承包合同。

4)施工阶段监理的工作内容

①审查承包单位报送的施工组织设计(方案)报审表,提出审查意见;

②审查承包单位现场项目管理机构的质量管理体系、技术管理体系和质量保证体系;

③分包工程开工前,审查分包单位资格报审表和有关资质资料;

④对承包单位报送的施工测量成果报验申请表经检查后予以签认;

⑤审查承包单位报送的工程开工报审表及相关资料,具备开工条件的,报建设单位并签发开工令;

⑥定期主持召开工地例会;

⑦工程的质量控制、造价控制与进度控制工作及安全生产管理工作;

⑧工程变更、索赔及施工合同的管理工作;

⑨监理文件资料的管理工作;

⑩调解建设单位与承包单位之间的争议;

⑪对承包单位报送的竣工资料进行审查,并对工程质量进行竣工预验收;

⑫承担质量保修期监理工作时,应对工程质量缺陷进行分析并确定责任归属,对修复的工程质量进行验收并签署工程款支付证书,报建设单位。

相关链接

工地例会和专题工地会议

工地例会是由项目监理机构主持的,在工程实施过程中针对工程质量、造价、进度和合同管理等事宜定期召开的,由有关单位参加的会议。在施工过程中,总监理工程师应定期主持召开工地例会。会议纪要应由项目监理机构负责起草,并经与会各方代表会签。

专题工地会议是为解决施工过程中的专门问题而召开的会议,由总监理工程师或其授权的监理工程师主持。工程项目的主要参建单位均可向项目监理机构书面提出召开专题工地会议的动议。动议内容包括主要议题、与会单位、人员及召开时间。经总监理工程师与有关单位协商,取得一致意见后,由总监理工程师签发召开专题工地会议的书面通知,与会各方应认真作好会前准备。专题工地会议纪要的形成过程与工地例会相同。

在我国,监理单位只接受建设单位的委托,不能接受承包单位的委托。目前所进行的监理主要是施工监理。

相关链接

建设工程监理的任务

建设工程监理的任务概括起来就是"三控制、两管理、一协调"共6项任务。

①"三控制"是工程建设监理的核心工作,就是进行项目目标控制,即质量控制、造价控制、进度控制。对任何一项工程来说,这三项目标很难同时达到最佳状态。因此,监理的任务就是根据业主的要求,尽可能实现整体最优。

②"三管理"是监理在项目内部的管理,主要是指根据法律法规、工程建设强制性标准,开展的建设工程施工合同管理、工程建设过程信息管理、建设工程安全生产管理。

③"一协调"是协调好参与工程建设各方的工作关系,这也是监理顺利开展工作的前提条件。

10.3.2 建设工程监理各方关系

建设工程监理活动中主要涉及的当事人有业主(建设单位)、监理单位及承包单位三方。它们的工作关系是通过业主与监理单位的监理合同及业主与承包单位之间的承包合同来约定的。

解析建设工程
监理各方关系

1)监理与业主的关系

业主和监理单位的关系是委托和被委托的关系。业主和监理单位签订的是委托监理合同,合同中明确了双方的权利和义务,并对监理人的工作范围、内容、时间、费用等都作了明确规定。

监理人受委托人(业主)的委托,按照监理合同的条件,独立、公正地行使监理的权利。委托人不得随意干涉监理人的正常工作,监理人的决定对委托人(业主)有同样的约束力。施工合同中赋予监理人的权利要与监理合同中赋予监理人的权利保持一致。

2）监理与承包单位的关系

监理单位与承包单位的关系是监理与被监理的关系。其关系体现在业主与承包单位签订的合同条件中。在实施监理的工程项目中，监理单位是代表业主的现场管理者，根据业主授予的相应权利，对工程质量、造价和进度这3个目标进行全面控制和管理。业主与承包单位之间的各项联系工作，如涉及建设工程合同，均应通过监理单位完成。

监理单位作为独立于工程建设承包合同双方之外的第三方，必须依法执业，既要维护业主的利益，也不能损害承包单位的合法利益。如果承包单位认为监理机构的决定不能接受，其有权提出仲裁，通过法律手段进行解决。

同时，监理合同明确规定：监理人驻地监理机构及其职员不得接受监理工程项目施工承包人的任何报酬或者经济利益；监理人不得参与可能与合同规定的与委托人的利益相冲突的任何活动。

3）业主与承包单位的关系

业主与承包单位的关系是雇用与被雇用的关系。业主和承包单位都应按照合同条件的规定，在合同范围内履行自己的义务和职责。业主通过合同将自己对承包单位建设活动的监督管理权委托授予监理单位，业主从此不能再直接指挥承包单位的施工活动。如承包单位执行业主的指令，监理工程师有权拒绝。

综上所述，一项工程的实施是由各自相对独立而又相互制约的三方——业主、监理单位和承包单位共同完成的。正确处理业主、监理单位和承包单位三者的关系，是保证工程按合同条件实施，避免合同纠纷的关键。

相关链接

《建设工程监理规范》（GB/T 50319—2013）规定，实施建设工程监理应遵循下列主要依据：

①法律法规及工程建设标准；

②建设工程勘察设计文件；

③建设工程监理合同及其他合同文件。

【引例2】

某工程项目，建设单位通过招标选择了一家具有相应资质的监理单位承担施工招标代理和施工阶段监理工作，并在监理中标通知书发出后第45天，与该监理单位签订了委托监理合同。之后双方又另行签订了一份监理酬金比委托监理合同中标价降低10%的协议。

【引导问题2】　请指出建设单位在监理招标和委托监理合同签订过程中的不妥之处，并说明理由。

10.3.3　建设工程监理合同的特征与内容

工程监理合同是指监理人接受发包人（建设单位或其他有关单位）委托并代表其对工程质量、造价、进度、工期、工程款支付等方面进行专业监督，控制并协调施工现场有关各方之间的工作关系，发包人支付报酬的合同。建设工程实行监理的，发包人应当与监理人采用书面形式订立委托监理合同。

解读监理合同的特点与内容

1)委托监理合同的特征

监理合同是一种委托合同,建设单位(业主)称为委托人,监理单位称为受托人或监理人。监理合同除具有委托合同的共同特点外,其还具有以下特点:

(1)监理人资格的严格性

监理人作为受托人,必须是依法成立的具有法人资格的监理单位,并且所承担的监理业务应与单位资质相符合。监理人应在其资质等级许可范围内承揽建设工程监理任务。国家允许符合规定条件的外国机构在我国境内设立独资或者合资监理企业,并在取得相应资质后在我国境内提供建设工程监理服务。

(2)合同标的的特殊性

委托监理合同的标的是服务,而勘察设计合同、物资采购合同、施工承包合同等的标的是产生新的物质成果或信息成果。监理单位不是建筑产品的直接经营者,它只是接受委托,凭借监理工程师的知识、经验和技能,为建设单位所签订的其他合同的正确履行实施监督和管理的职责。

(3)合法性

监理合同订立程序和委托的工作内容必须符合工程项目建设程序,遵守有关法律、行政法规。具体体现在以下几个方面:

①签订监理合同是一种法律行为,必须按法律、法规规定的程序签订。

②发包人不得将应当采取招标方式委托的建设工程监理工作委托给未中标人或中标无效的投标人。

③监理人不得存在以下情形:

a.指定建筑材料、设备、构配件的生产商、供应商;

b.将工程监理合同全部转包给其他人,或者将工程监理工作内容肢解成若干部分以分包的名义委托给其他人;

c.在工程监理合同未约定且未经发包人认可的情况下将工程监理合同中的监理工作内容分包给其他人;

d.监理人不得与被监理的施工人、材料设备供应商和其他被监理人存在任何利益关联。

【引例2 评析】

在监理中标通知书发出后第45天签订委托监理合同不妥,按照《招标投标法》的规定,应于30天内签订合同。在签订委托监理合同后双方又另行签订了一份监理酬金比委托监理合同中标价降低10%的协议不妥,按照《招标投标法》的规定,招标人和中标人不得再行订立背离合同实质性内容的其他协议。

2)委托监理合同的内容

工程监理合同的内容主要包括:监理的范围和内容,监理人的权限范围,监理期限,双方的权利和义务,监理费的计取标准和支付方式,合同提前终止、解除的条件,确认和处理程序,违约责任,争议解决以及双方认为需要约定的其他事项。

3)《建设工程监理合同(示范文本)》(GF-2012-0202)

组成本合同的下列文件彼此应能相互解释、互为说明。除专用条件另有约定外,本合同文件的解释顺序如下：

①协议书；

②中标通知书(适用于招标工程)或委托书(适用于非招标工程)；

③专用条件及附录 A、附录 B；

④通用条件；

⑤投标文件(适用于招标工程)或监理与相关服务建议书(适用于非招标工程)。

《建设工程监理合同(示范文本)》(GF-2012-0202)

双方签订的补充协议与其他文件发生矛盾或歧义时，属于同一类内容的文件，应以最新签署的为准。

依据委托监理合同示范文本，监理合同的有效期是从监理合同双方签字之日起，到被监理的工程竣工移交后收到监理尾款之日止。

4)标准监理招标文件(2017 年版)

组成合同的各项文件应互相解释，互为说明。除专用合同条款另有约定外，解释合同文件的优先顺序如下：

《标准监理招标文件》(2017年版)

①合同协议书；

②中标通知书；

③投标函及投标函附录；

④专用合同条款；

⑤通用合同条款；

⑥委托人要求；

⑦监理报酬清单；

⑧监理大纲；

⑨其他合同文件。

10.3.4　监理合同的订立

建设单位委托监理单位时，从合同签订前的准备到合同的谈判直至合同的签订，一般应遵循以下程序：

解读监理合同订立

1)委托人对监理人的资格预审

委托人对监理人的资格预审可以通过招标预审进行，也可以通过社会调查进行。

①审查其法人资格；

②审查其单位资质；

③审查其实际能力及社会信誉。

2)监理人对委托人及工程的调查

①核查委托人是否具有签订合同的合法资格；

②核查该工程是否合法可行；

③核查委托人是否具有相当的经济基础。

3)监理人的风险、利益评估

①监理单位应在考量自身实际条件后，判断承担该项目所能获得的预计利润；

②监理单位应在充分考虑自己的特点和竞争对手的实力后，判断投标风险及投标报价。

4）中标后的合同谈判

建设单位和监理单位都应本着平等协商的观念对合同条款进行磋商。譬如,通用条件的哪些条款不予采用,专用条件哪些需要具体规定,哪些附加协议条款应逐条加以确认。具体的内容、明确的责任可减少将来的争议,有利于合同的履行。

5）监理合同的签订

订立合同时,应注意以下问题:

①监理人履行合同的总监理工程师人选、具体工作人员以及对他们驻场工作的时间要求。

②监理人权限范围;监理人的指令如涉及工期延长、费用增加是否需要委托人(即工程监理合同的发包人)事先同意。

③监理工作的期限;监理期限与监理报酬的关系。

④监理报酬的计算及支付方式。

⑤监理人对于监理工作中所形成的技术资料的提交义务。

⑥商业秘密保密条款。

⑦工程质量发生问题时的监理责任。

⑧监理人承担违约和(或)侵权责任的赔偿范围和赔偿数额的计算方式等。

⑨工程延期监理费用调整计算方式和调整程序。

同时还需注意:合同签订者必须是双方法定代表人或经其授权的代表,并由其监督执行;不可忽视双方的书面交往文件或已经确认的口头协议的函件;标准条件和专用条件没有覆盖的内容,经双方达成一致应写入附加协议条款;合同应做到文字简洁、清晰、严密,以保证意思表达准确。

10.3.5　监理人监理合同的履行

解读工程监理
合同的履行

监理人履行合同时,应按照现行《建设工程监理规范》(GB/T 50319—2013)中规定的建设工程监理工作基本程序进行。即使实际工作中可能出现监理工作内容增减或工作程序颠倒的现象,也要坚持监理工作"先审核后实施、先验收后施工(下道工序)"的基本原则。

1）确定项目总监理工程师,建立项目监理机构

监理单位应于委托监理合同签订后10天内,将项目监理机构的组织形式、人员构成及对总监理工程师的任命书面通知建设单位。当总监理工程师需要调整时,监理单位应征得建设单位同意并书面通知建设单位。

2）编制工程项目监理规划

监理规划可在签订建设工程监理合同及收到工程设计文件后由总监理工程师组织编制,并应在召开第一次工地会议前报送建设单位。总监理工程师组织专业监理工程师编制监理规划,总监理工程师签字后由工程监理单位技术负责人审批。在实施建设工程监理过程中,实际情况或条件发生变化而需要调整监理规划时,应由总监理工程师组织专业监理工程师修改,并应经工程监理单位技术负责人批准后报建设单位。

监理规划应包括下列主要内容:

①工程概况;

②监理工作的范围、内容、目标;

③监理工作依据;

④监理组织形式、人员配备及进退场计划、监理人员岗位职责；

⑤监理工作制度；

⑥工程质量控制；

⑦工程造价控制；

⑧工程进度控制；

⑨安全生产管理的监理工作；

⑩合同与信息管理；

⑪组织协调；

⑫监理工作设施。

3）编制工程项目监理实施细则

监理实施细则应由专业监理工程师编制，应符合监理规划的要求，并应结合具体工程项目的专业特点，做到详细具体，具有可操作性。

4）在监理规划和实施细则的指导下开展监理工作

监理工作的范围、内容、工作时间等在监理合同中都有明文规定。监理机构应公正、独立、自主地开展监理工作，维护建设单位和承包单位的合法权益。

5）提交工程建设监理档案资料

监理资料中，施工合同文件、勘察设计文件等都是由委托人无偿提供的，这些会同隐蔽工程验收资料和质量评定资料，监理机构均应提交给建设单位。除此之外，监理单位还应向建设单位提交监理工作总结。

监理工作总结除包括工程概况、监理机构概况外，还应有目标控制完成情况、委托监理合同纠纷的处理情况、施工过程中出现的问题及合理化建议产生的实际效果情况等。

【引例 3】

某建设工程项目在设计文件完成后，项目业主委托了一家监理公司协助业主进行施工招标和实施施工阶段监理。

建设工程委托监理合同签订后，项目总监理工程师分析了该项目的规模和特点，拟按照制订计划、确定工作内容、确定监理目标、集权与分权、划分部门、制订分工表、形成组织结构、授权、配备监理人员、制订监理信息流程和工作流程等步骤建立本建设项目监理机构。

施工招标前，监理公司编制了招标文件，其主要内容包括：

①工程综合说明；

②设计图纸和技术资料；

③工程量清单；

④施工方案；

⑤主要材料与设备供应方式；

⑥保证工程质量、进度、安全的主要技术组织措施；

⑦特殊工程的施工要求；

⑧施工项目管理机构；

⑨合同条件。

为使监理工作规范化进行，总监理工程师拟以工程项目建设条件、监理合同、施工合同、施工组织设计和各专业监理工程师编制的监理实施细则为依据，编制施工阶段监理规划。

监理规划中规定各监理人员的主要职责如下：

（1）总监理工程师职责

①审核并确认分包单位资质；

②审核签署对外报告；

③负责工程计量工作，审核工程计量的数据和原始凭证；

④签发开工令。

（2）专业监理工程师职责

①审核签认竣工结算；

②检查承包单位投入工程项目的人力、材料、主要设备及其使用、运行情况，并做好检查记录；

③担任旁站工作；

④签发停工令、复工令。

（3）监理员职责

①按照设计图及有关标准，对承包单位的工艺过程或施工工序进行检查和记录，对加工制作及工序质量检查结果进行记录；

②做好监理日记和有关监理记录；

③审查和处理工程变更。

【引导问题3】　根据引例3，讨论以下问题：

①监理组织机构设置步骤有何不妥？应如何改正？

②常见的监理组织结构形式有哪几种？若想建立机构简单、权力集中、命令统一、职责分明、隶属关系明确的监理组织机构，应选择哪一种组织结构形式？

③施工招标文件内容中哪几条不正确？为什么？

④监理规划编制依据有何不恰当？为什么？

⑤各监理人员的主要职责划分有哪些不妥？应如何调整？

10.3.6　项目监理机构的人员配备及职责分工

解读监理机构人员配备及职责分工

1）项目监理机构的人员配备

（1）项目监理机构的人员结构

项目监理机构应具有合理的人员结构，包括以下两方面的内容：

①合理的专业结构，也就是各专业人员要配套。

②合理的技术职务、职称结构。这主要表现在高级职称、中级职称和初级职称有与监理工作要求相称的比例。一般来说，决策阶段、设计阶段的监理，具有高级职称及中级职称的人员在整个监理人员构成中应占绝大多数。施工阶段的监理，可有较多的初级职称人员从事实际操作。

（2）项目监理机构监理人员数量的确定

①影响项目监理机构人员数量的主要因素。

a. 工程建设强度。工程建设强度是指单位时间内投入的建设工程资金的数量。

b. 建设工程复杂程度。简单工程需要的项目监理人员较少，而复杂工程需要的项目监理人员较多。

c. 监理单位的业务水平。

d. 项目监理机构的组织结构和任务职能分工。

②项目监理机构人员数量的确定方法。根据监理工程师的监理工作内容和工程复杂程度等级,测定、编制项目监理机构监理人员需要量定额。项目监理机构的监理人员数量和专业配备应随工程施工进展情况进行相应调整,从而满足不同阶段监理工作的需要。

2)项目监理机构各类人员的基本职责

监理人员的基本职责应按照工程建设阶段和建设工程的情况确定。施工阶段按照《建设工程监理规范》(GB/T 50319—2013)的规定,项目总监理工程师、总监理工程师代表(基于总监的授权)、专业监理工程师和监理员应分别履行相应职责,具体内容请扫描右侧二维码学习。

现行《建设工程监理规范》

【引例3评析】

引例3涉及问题应作出如下处理:

(1)监理组织机构设置步骤中不应包括"集权与分权",其他步骤顺序不对。正确的步骤应是:确定监理目标、制订计划、确定监理工作内容、划分部门、授权、形成组织结构、配备人员、制订分工表、确定工作流程、制订监理信息流程。

(2)常见的组织结构形式有直线制、职能制、直线职能制和矩阵制。

(3)招标文件内容中的④、⑥、⑧条不正确。因为这三条应是投标文件(或投标单位编制)的内容。

(4)监理规划编制依据中不应包括施工组织设计和监理实施细则。因为施工组织设计是由施工单位(或承包单位)编制的指导施工的文件;监理实施细则是根据监理规划编制的。

(5)各监理人员职责划分中的问题:

①总监理工程师职责中的第③条不妥,该条应是专业监理工程师的职责。

②专业监理工程师职责中的①、②、③、④条均不要。第①、④条应是总监理工程师的职责;第②、③条应是监理员的职责。

③监理员职责中的第③条不妥,该条应是总监理工程师的职责。

【引例4】

2021年2月16日,原告某建设工程监理公司(以下简称"监理公司")与被告某医院签订了建设工程委托监理合同。原告因此承担某医院职工集资住宅楼施工阶段的监理任务。合同约定,监理服务按施工合同工期计算,监理报酬按工程结算价的1.1%计付。另外,若因工程承发包人的原因使监理工作受阻碍或延误,发生附加工作和延长了持续时间,监理公司将情况和可能发生的影响予以通知,某医院应支付附加工作报酬,以附加工作日乘以合同报酬除以监理服务日计算。工程已于2023年6月6日竣工验收,结算价2 766万元。按约定原告应收取的监理工作报酬为2 766万元乘以1.1%即304 260元。工期从2021年4月29日到2022年10月28日,计548天,工期延误228天,产生附加工作,应按约定方式计算附加工作报酬即126 580元。两项合计减去被告已支付的175 000元,尚欠255 840元。请求法院判令被告支付合同报酬129 260元+附加工作报酬126 580元,滞纳金(2023年10月20日至2023年12月27日,标准为每日0.21%)3 653.40元。

被告某医院辩称,其对监理工程的报酬计算方式无异议,但是原告在监理工作中不恰当履行监理义务致使被告遭受大量损失,被告在此情况下以抵销权抵销,不存在再支付问题,附加工作报酬也不成立。

【引导问题4】 监理酬金一般应怎样支付？监理人附加工作报酬应如何计算？

10.3.7　监理酬金的支付

监理合同的专用条件及主附加协议条款都可以对监理酬金的计取和支付作出详细约定。

1）正常监理工作的酬金

①按照费率计费：以项目建设投资的一定百分率计收。

②按照人工时计费：根据合同项目执行时间，以补偿费加一定数额的补贴来计算咨询费总额。

③按照服务内容计费：是指在明确咨询工作内容的基础上，业主与监理公司协商一致确定的固定咨询费，或监理公司在投标时以固定价形式进行报价而形成的监理服务合同价格。当实际监理服务工作量有所增减时，一般不调整监理费。

④不宜按①、②、③三项办法计收的，由委托人和监理人按商定的其他方法计收。

2）附加监理工作的酬金

①增加监理工作时间的补偿酬金方法如下：

报酬＝附加工作天数×合同约定的报酬/合同中约定的监理服务天数

②增加监理工作内容的补偿酬金，双方应在附加协议条款中具体规定计收方法。

3）额外监理工作的酬金

按实际增加工作的天数计算补偿金额，可参照上式计算。

4）奖金

监理人在监理过程中提出的合理化建议使委托人获得经济效益，可以给予相应奖励。

奖励金额＝工程费用节省额×报酬比率

5）支付

①监理酬金支付方式可以根据工程的具体情况，由双方协商确定，一般采取先首付一部分，以后每月（季）等额支付，直到工程竣工验收后再结算尾数。

②支付过程中，如果委托人对监理人提交的支付通知书中酬金或部分酬金项目提出异议，应在收到支付通知书24小时内向监理人发出表示异议的通知，但不得拖延其他无异议酬金项目的支付。

③如果委托人在规定的支付期限内未支付监理报酬，自规定之日起，还应向监理人支付滞纳金。滞纳金从规定支付期限最后一日起计算。

【引例4评析】

引例4中，双方的监理合同工期延长了228天，被告提出按工程结算价计算的监理报酬因原告不履行、不恰当履行监理义务造成损失予以抵销，被告主张的抵销是赔偿，但被告主张的赔偿权利至今未有定论，不符合互负到期债务的条件，对被告主张的抵销应不予采纳。对于原告提出的附加工作报酬，通过双方的合同解释可知：由于承发包原因造成监理工作受到阻碍或延误而导致监理人增加工作量，监理人应将该情况及可能产生的影响及时告知委托人。原告对增加的工作量没有充分的证据予以证明，故附加工作报酬应不予支持。

10.3.8　建设工程监理法律责任

解读工程监理
的法律责任

1）监理合同当事人责任

（1）监理人责任

①监理人的责任期即委托监理合同有效期。在监理过程中，如果因工程建设进度的推迟或延误而超过书面约定的日期，双方应进一步约定相应延长的合同期。

②监理人在责任期内应当履行约定的义务。如果因监理人过失而造成委托人的经济损失，则监理人应当向委托人赔偿。累计赔偿总额不应超过监理报酬总额（除去税金）。

（2）委托人责任

①委托人应当履行委托监理合同约定的义务，如有违反则应当承担违约责任，赔偿给监理人造成的经济损失。监理人处理委托业务时，因非监理人的原因而受到损失的，可以向委托人要求补偿损失。

②如果委托人向监理人提出赔偿的要求不能成立，则应当补偿由该索赔引起的监理人的各种费用支出。

2）工程监理单位的法律责任

①按照《建设工程质量管理条例》第六十条第一款规定，违反本条例规定，工程监理单位超越本单位资质等级承揽工程的，责令停止违法行为，对工程监理单位处合同约定的监理酬金 1 倍以上 2 倍以下的罚款；情节严重的，吊销资质证书；有违法所得的，予以没收。

未取得资质证书承揽工程的，予以取缔，依照前款规定处以罚款；有违法所得的，予以没收。以欺骗手段取得资质证书承揽工程的，吊销资质证书，依照本条第一款规定处以罚款；有违法所得的，予以没收。

②按照《建设工程质量管理条例》第六十一条规定，违反本条例规定，工程监理单位允许其他单位或者个人以本单位名义承揽工程的，责令改正，没收违法所得，对工程监理单位处合同约定的监理酬金 1 倍以上 2 倍以下的罚款；情节严重的，吊销资质证书。

③按照《建设工程质量管理条例》第六十二条第二款规定，工程监理单位转让工程监理业务的，责令改正，没收违法所得，处合同约定的监理酬金 25% 以上 50% 以下的罚款；可以责令停业整顿，降低资质等级；情节严重的，吊销资质证书。

④按照《建设工程质量管理条例》第六十七条规定，工程监理单位如存在与建设单位或者施工单位串通，弄虚作假、降低工程质量或将不合格的建设工程、建筑材料、建筑构配件和设备按照合格签字的情形，责令改正，处 50 万元以上 100 万元以下的罚款，降低资质等级或者吊销资质证书；有违法所得的，予以没收；造成损失的，承担连带赔偿责任。

⑤按照《建设工程质量管理条例》第六十八条规定，违反本条例规定，工程监理单位与被监理工程的施工承包单位以及建筑材料、建筑构配件和设备供应单位有隶属关系或者其他利害关系承担该项建设工程的监理业务的，责令改正，处 5 万元以上 10 万元以下的罚款，降低资质等级或者吊销资质证书；有违法所得的，予以没收。

⑥按照《建设工程质量管理条例》第七十四条规定，工程监理单位违反国家规定，降低工程质量标准，造成重大安全事故，构成犯罪的，对直接责任人员依法追究刑事责任。

⑦按照《建设工程质量管理条例》第七十二条规定，违反本条例规定，监理工程师等注册

执业人员因过错造成质量事故的,责令停止执业1年;造成重大质量事故的,吊销执业资格证书,5年以内不予注册;情节特别恶劣的,终身不予注册。第七十七条规定,工程监理单位的工作人员因调动工作、退休等原因离开该单位后,被发现在该单位工作期间违反国家有关建设工程质量管理规定,造成重大工程质量事故的,仍应当依法追究法律责任。

【引例1评析】

引例1中的各事件应作出以下处理:

(1)总监理工程师应在约定的时间内,组织专业监理工程师审查,提出意见后,由总监理工程师审核签认。需要承包单位修改时,由总监理工程师签发书面意见,退回承包单位修改后再报审,总监理工程师重新审查。

对于施工组织设计内容的审批,第一个问题的处理是不正确的,因为总监理工程师无权改变设计。第二个问题的处理妥当,属于施工组织设计审查应处理的问题。

(2)专业监理工程师还应从以下4个方面对承包单位的实验室进行考核:

①法定计量部门对实验设备出具的计量鉴定证明;

②实验室的管理制度;

③实验人员的资格证书;

④本工程的实验项目及其要求。

(3)建设单位要求边施工边办施工许可证的做法不妥。正确的做法是建设单位应在自领取施工许可证起3个月内开工。此外,建设单位起草会议纪要不妥,第一次工地会议纪要应由监理机构负责起草,并经与会各方代表会签。

(4)监理单位应要求施工单位将无安装资格证书的人员清除出场,并请有资格的检测单位对已完工部分进行检查。

【应用案例1】 某施工单位(乙方)与某建设单位(甲方)签订了某工业建筑的地基强夯处理工程施工合同,包括开挖土方、填方、点夯、满夯等。由于工程量无法准确确定,按照施工合同规定,按施工图预算方式计价,乙方必须严格按照施工图及施工合同规定的内容及技术要求施工,工程量由监理工程师负责计量。根据该工程的合同特点,监理工程师提出的工程量计量与工程款支付程序的要点如下:

①乙方对已完工的分项工程在7天内向监理工程师申请质量认证,取得质量认证后,向监理工程师递交计量申请报告。

②监理工程师在接到报告后7天内核实已完工程量,并在计量前24小时通知乙方,乙方为计量提供便利条件并派人参加;乙方不参加计量,监理工程师按照规定的计量方法自行计量,计量结果有效;计量结束后,监理工程师签发计量证书。

③乙方凭质量认证和计量证书向监理工程师提出付款申请。

④监理工程师审核申报材料,确定支付款额,向甲方提供付款证明文件。

⑤甲方根据乙方取得的计量证书与付款证明对工程价款进行支付或结算;工程开工前,乙方向业主提交了施工组织设计并得到批准。

事件1:在开挖土方过程中,有两项重大原因使工期发生较大的延误:一是施工过程中遇到数天季节性大雨,由于雨后土壤含水量过大不能立即进行强夯施工,因此耽误了部分工期;二是土方开挖时遇到一些工程地质勘探没有探明的孤石,排除孤石延误了一定的时间。随后,乙方按照正常索赔程序提出延长工期并补偿停工期间窝工损失的要求。

事件 2:在工程施工过程中,当进行到施工图所规定的处理范围边缘时,乙方在取得在场监理工程师同意的情况下,为使夯击质量得到保证,将夯击范围适当扩大。施工完成后,乙方就扩大范围内的施工工程量向监理工程师提出计量付款的要求,但遭到拒绝。

【问题 1】 根据该案例,回答以下问题:

①事件 1 中,监理工程师是否应该受理这两起索赔事件? 为什么?

②事件 2 中,监理工程师拒绝承包商的要求是否合理? 为什么?

【应用案例 1 评析】 事件 1 中,孤石是一个有经验的承包商无法合理预见的,属于建设单位的风险责任,索赔成立;阴雨天气属正常季节性的,这是有经验的承包商预先应该估计的因素,在合同工期内已作考虑,因而索赔理由不成立,索赔应予驳回。

事件 2 中,监理工程师的拒绝是正确的。监理工程师认可的是承包商的保证施工质量的技术措施,一般在业主没有批准追加相应费用的情况下,技术措施费用应由乙方自行承担。

【应用案例 2】 某高校于 2023 年 5 月与张某签订了建设工程监理合同,委托张某对该校新图书馆的工程施工进行监理。合同约定了监理期限、监理人的权限、监理报酬等事项。张某 2021 年就已通过建设工程监理工程师资格考试,并取得监理工程师执业资格证书。2023 年 11 月,图书馆竣工,双方均按约履行了委托监理合同。图书馆建成后,该高校发现图书馆墙体出现裂缝,存在重大质量问题。高校遂就该问题找到某建筑工程总承包公司,双方协商未果。该高校遂就该工程质量问题将某建筑工程总承包公司告上法院,同时也以张某履行工程委托监理合同不当为由提起诉讼,要求张某承担违约责任,赔偿其损失。

被告张某辩称其按约履行了监理合同,墙体出现裂缝的工程质量问题与自己无关,不存在违约问题,请求法院驳回原告的诉讼请求。

【问题 2】 该纠纷应如何处理?

【应用案例 2 评析】 本案应根据主体没有相应的缔约能力、主体不适格而认定合同无效,按合同无效的情况进行处理。双方对于无效合同的签订都存在过错,故应各自承担相应的责任。

【应用案例 3】 上海某房地产开发有限公司(以下简称“房地产公司”)与上海某建筑工程有限公司(以下简称“建筑公司”)签订了建设工程施工合同,约定由建筑公司对××花园工程进行施工。房地产公司委托上海某建设工程管理有限公司(以下简称“工程管理公司”)对该工程进行监理,双方于 2022 年 8 月签订建设工程监理合同。该合同主要内容为:工程名称为××花园,工程面积 11 万 m^2,工程投资约 1.3 亿元,监理范围为投资、进度、质量控制(对合同造价所涉及的桩基、结构、外墙以及水电安装工程进行质量控制,配合业主对工程进度、工程造价等方面进行控制),工程造价暂定为 1.3 亿元,收费率为 1.1%,工程监理费为 143 万元。监理合同的监理业务自 2022 年 6 月开始实施,至 2023 年年底工程竣工。

该合同签订后,双方当事人依约履行了各自的义务。工程完工以后,房地产公司发现建筑公司在修建过程中使用了许多质量低劣的建筑材料,使该工程墙体出现裂缝等质量问题。同时,工程管理公司明知建筑公司这一行为,并在掩盖这一事实的情况下签发了该工程的接收证书,致使房地产公司遭受重大损失。于是,房地产公司提起诉讼,诉请法院裁决工程管理公司承担违约责任,赔偿其损失。

【问题3】 监理人与承包商串通,遭受欺诈的业主如何依法获得赔偿?

【应用案例3评析】 本案中被告工程管理公司的义务就是监督管理建筑公司的施工行为。其不适当履行此义务,而对建筑公司使用质量低劣的建筑材料的违规施工行为予以包庇隐瞒,并在工程不合格的情况下签发了工程接收证书,导致工程质量出现问题,也导致了房地产公司的损失。《建筑法》第三十五条第二款规定,工程监理单位与承包单位串通,为承包单位谋取非法利益,给建设单位造成损失的,应与承包单位承担连带赔偿责任。该案中建筑公司应承担返修责任,工程管理公司应承担返修的连带赔偿责任。

【应用案例4】 某房地产开发公司投资开发建设某住宅小区,与某工程咨询监理公司签订委托监理合同。在监理职责条款中,合同约定:"乙方(监理公司)负责甲方(房地产开发公司)小区工程设计阶段和施工阶段的监理业务。……甲方应于监理业务结束之日起5日内支付剩余20%的监理费用。"小区工程竣工一周后,监理公司要求房地产开发公司支付剩余20%的监理费,房地产开发公司以双方有口头约定,监理公司监理职责应履行至工程保修期满为由,拒绝支付,监理公司索款未果,诉至法院。法院判决双方口头商定的监理职责延至保修期满的内容不构成委托监理合同的内容,房地产开发公司到期未支付最后一笔监理费,构成违约,应承担违约责任,支付监理公司剩余20%监理费及延期付款利息。

【问题4】 法院的判决是否正确?

【应用案例4评析】 《民法典》第七百九十六条规定:"建设工程实行监理的,发包人应当与监理人采用书面形式订立委托监理合同。发包人与监理人的权利和义务以及法律责任,应当依照本编委托合同以及其他有关法律、行政法规的规定。"本案房地产开发公司开发住宅小区,属于需要实行监理的建设工程,理应与监理人签订委托监理合同。本案争议焦点在于确定监理公司监理义务范围。依书面合同约定,监理范围包括工程设计和施工两个阶段,而未包括工程的保修阶段;双方只是口头约定还应包括保修阶段。依本条规定,委托监理合同应以书面形式订立,口头约定的监理合同不生效。因此,该委托监理合同关于监理义务的约定,只能包括工程设计和施工两个阶段,不应包括保修阶段,也就是说,监理公司已完全履行了合同义务,房地产开发公司逾期支付监理费用属违约行为,故判决其承担违约责任,支付监理费及利息,这无疑是正确的。

10.4 任务实施与评价

①此次任务完成中存在的主要问题有哪些?
②问题产生的原因有哪些? 请提出相应的解决方法。
③你认为还需要加强哪些方面的指导(实际工作过程及理论知识)?

知识回顾

通过完成本任务,主要涉及以下知识点的学习:建设工程监理的内容;建设工程监理各方关系;监理合同的特征;监理人监理合同的订立与履行;项目监理机构的人员配备及职责分工;监理酬金的支付和建设工程监理法律责任。

课后训练

一、案例分析

【案例】　某汽车大修厂与某建筑工程有限公司于 2023 年 5 月签订了建设工程施工合同。该合同约定,汽车大修厂将其业园厂房承包给建筑工程有限公司施工。合同价款为 165 万元,承包方式为总承包,建筑工程有限公司包工包料,汽车大修厂负责水电供应,水电费由建筑工程有限公司负责,工期为 2023 年 5 月 10 日至同年 9 月 10 日。2023 年 5 月汽车大修厂又与某监理公司签订了一份建设工程委托监理合同,合同约定汽车大修厂委托监理公司对业园厂房进行施工阶段的监理,该合同对监理的各个事项都有明确规定。汽车大修厂作为委托人,在监理合同中明确了监理人的权限范围,并以补充方式特别强调监理人无单独签署索赔文件的权利。

合同签订后,建筑工程有限公司进入现场施工,监理公司也派监理工程师入驻施工现场进行监理。但汽车大修厂始终未明确将监理人的权限范围以及监理人无单独签署索赔文件的权利告知建筑工程有限公司。施工过程中,发生了索赔事件,建筑工程有限公司遂要求监理人签署索赔文件,监理工程师应其要求签署了索赔文件。建筑工程有限公司遂拿着监理工程师签署的索赔文件要求汽车大修厂支付索赔款,汽车大修厂以该索赔未经过自己同意且监理人无权单独签署索赔文件为由拒绝支付,双方因此发生纠纷。建筑工程有限公司遂诉至法院,要求法院判决汽车大修厂支付索赔款项。

问题:

承包人的损害赔偿问题应如何处理?

二、实训练习

1. 请总结监理合同常见纠纷。

2. 根据教师所给项目具体要求,完成监理合同履行法律建议书。

(监理合同履行法律建议书应包括监理合同条件、履约重点、履约注意事项、履约事件解决程序、履约风险预测、履约防范和后期工作建议。)

三、建工拓展与感悟

请扫码观看视频,听专家解读"勤学、明辨、笃实",思考建工人应如何立德修身?

解读"勤学、明辨笃实"

学习模块 4　建设工程安全管理法律实务

任务 11　安全管理前期法律事务处理

《安全生产法》
解读

【建工先读】
扫码观看视频,思考建工人在安全管理中应秉承哪些职业规范?

【引例 1】
　　20××年 5 月 12 日上午 9 时许,某市某二期工程工地,一高达 75 m 的拆卸烟囱物料提升架突然向南倾翻,正在料架上进行高空拆卸作业的 30 余名民工从不同高度被瞬间抛下,造成 21 人死亡,10 人受伤(其中 4 人伤势严重)。该案发生后,该市检察院成立了案件协调小组,与纪检、公安等有关部门密切配合,在案发第一线全力以赴审查办理该案。经查:某建设公司中标承建了此二期工程,随后该公司项目经理马某将中标的烟囱工程违规转包给不具备工程施工资质的承建人刘某。为了节省开支,减少投入费用,刘某等人自行购买材料加工物料提升架,并让不具备高空作业资格的民工进行安装拆卸。5 月 12 日,刘某在明知物料提升架固定在烟囱上的两处缆绳被拆除的情况下,违反操作规程,组织民工冒险作业拆除物料提升架,导致惨剧发生。

【引导问题 1】　根据引例 1,讨论以下问题:
　　①对于建设工程安全管理,我国有哪些安全管理制度?
　　②引例 1 中的安全事故涉及哪些管理制度? 该事件应如何处理?
　　③为避免事故的发生,应当如何加强建设工程安全管理?

【引例 1 评析】
　　建设工程安全管理主要涉及安全生产监督管理制度、安全生产教育培训制度、安全生产劳动保护制度、安全生产认证制度、安全生产许可制度、生产安全事故的报告制度和安全生产责任制度。引例 1 中安全事故的原因主要有违规转包、违反操作规程作业等情形。为避免安全事故的发生,应当切实推行并监管各项安全管理制度的实施。

11.1　任务导读

2021 年第三次修正的《中华人民共和国安全生产法》（以下简称《安全生产法》）提出了系列的"新思想、新理念、新策略、新举措"，修订涉及条款 42 条，约占原来条款的 1/3，加大了对安全违规的处罚力度，进一步压实了监管部门和生产经营单位的管理责任，符合新发展阶段对安全生产提出的新要求，符合党和国家及人民对安全生产的新期待。如你现接受 A 企业委托，为其提供安全管理的前期法律服务，帮助企业树立安全生产意识，避免安全隐患，你需完成 11.2 节的任务目标。

11.2　任务目标

①按照正确的方法和途径，收集安全管理相关法律资料；
②依据资料分析结果，确定安全管理工作步骤；
③按照申报工作时间限定，完成该项目安全认证、安全许可申办和安全管理前期法律建议书；
④通过完成该任务，提出后续工作建议，完成自我评价，并提出改进意见。

安全生产方针

11.3　知识准备

11.3.1　建设工程安全监督管理制度

《安全生产法》第三条规定："安全生产工作坚持中国共产党的领导。安全生产工作应当以人为本，坚持人民至上、生命至上，把保护人民生命安全摆在首位，树牢安全发展理念，坚持安全第一、预防为主、综合治理的方针，从源头上防范化解重大安全风险。安全生产工作实行管行业必须管安全、管业务必须管安全、管生产经营必须管安全，强化和落实生产经营单位主体责任与政府监管责任，建立生产经营单位负责、职工参与、政府监管、行业自律和社会监督的机制。"

安全生产监督制度

1）生产经营单位工会的监督管理

《安全生产法》第七条规定，工会依法对安全生产工作进行监督。生产经营单位的工会依法组织职工参加本单位安全生产工作的民主管理和民主监督，维护职工在安全生产方面的合法权益。生产经营单位制定或者修改有关安全生产的规章制度，应当听取工会的意见。

【引例 2】

某建设工程公司效益不好，公司领导决定进行改革，减负增效。经研究后决定将公司安全部撤销，安全管理人员 8 人中，4 人下岗，4 人转岗，原安全部承担的工作转由工会中的两人负责。由于公司领导撤销安全部，整个公司的安全工作仅由两名负责工会工作的人兼任，致使该公司上下对安全生产工作普遍不重视，安全生产管理混乱，经常发生人员伤亡事故。

【引导问题 2】　该公司领导的做法是否合法？

【引例 2 评析】
引例 2 中建筑公司出现的情况是很常见的。建筑施工单位作为事故多发企业，应将安全生产放在首要位置来抓,否则难免出现安全问题甚至发生事故。《建设工程安全生产管理条例》第二十三条明确规定,施工单位应当设立安全生产管理机构,配备专职安全生产管理人员。引例2中公司领导撤销安全生产管理机构,违反了上述规定,应当承担相应的法律责任。

2)国务院和县级以上地方各级人民政府的监督管理

《安全生产法》第九条规定,国务院和县级以上地方各级人民政府应当加强对安全生产工作的领导,建立健全安全生产工作协调机制,支持、督促各有关部门依法履行安全生产监督管理职责,及时协调、解决安全生产监督管理中存在的重大问题。

《建设工程安全生产管理条例》第三十九条规定,国务院负责安全生产监督管理的部门依照《安全生产法》的规定,对全国建设工程安全生产工作实施综合监督管理。县级以上地方人民政府负责安全生产监督管理的部门依照《安全生产法》的规定,对本行政区域内建设工程安全生产工作实施综合监督管理。第四十三条规定,县级以上人民政府负有建设工程安全生产监督管理职责的部门在各自的职责范围内履行安全监督检查职责时,有权要求被检查单位提供有关建设工程安全生产的文件和资料,有权进入被检查单位施工现场进行检查,有权纠正施工中违反安全生产要求的行为,有权对检查中发现的安全事故隐患,责令立即排除;重大安全事故隐患排除前或者排除过程中无法保证安全的,责令从危险区域内撤出作业人员或者暂时停止施工。第四十六条规定,县级以上人民政府建设行政主管部门和其他有关部门应当及时受理对建设工程生产安全事故及安全事故隐患的检举、控告和投诉。

3)各级应急管理部门的监督管理

《安全生产法》第十条规定,国务院应急管理部门依照本法,对全国安全生产工作实施综合监督管理;县级以上地方各级人民政府应急管理部门依照本法,对本行政区域内安全生产工作实施综合监督管理。应急管理部门和对有关行业、领域的安全生产工作实施监督管理的部门,统称负有安全生产监督管理职责的部门。第六十三条规定,负有安全生产监督管理职责的部门依照有关法律、法规的规定,对涉及安全生产批准、核准、许可、注册、认证、颁发证照、验收等事项,必须严格依照有关法律、法规和国家标准或者行业标准规定的安全生产条件和程序进行审查。第六十五条规定,应急管理部门和其他负有安全生产监督管理职责的部门依法开展安全生产行政执法工作,对生产经营单位执行有关安全生产的法律、法规和国家标准或者行业标准的情况进行监督检查。第七十条规定,负有安全生产监督管理职责的部门依法对存在重大事故隐患的生产经营单位作出停产停业、停止施工、停止使用相关设施或者设备的决定,生产经营单位应当依法执行,及时消除事故隐患。

《建设工程安全生产管理条例》第四十条规定,国务院铁路、交通、水利等有关部门按照国务院规定的职责分工,负责有关专业建设工程安全生产的监督管理。县级以上地方人民政府建设行政主管部门对本行政区域内的建设工程安全生产实施监督管理。县级以上地方人民政府交通、水利等有关部门在各自的职责范围内,负责本行政区域内的专业建设工程安全生产的监督管理。

4)国家标准或行业标准立项、起草、颁布、实施部门的监督

《安全生产法》第十一条规定,国务院有关部门应当按照保障安全生产的要求,依法及时

制定有关的国家标准或者行业标准,并根据科技进步和经济发展适时修订。第十二条规定,国务院有关部门按照职责分工负责安全生产强制性国家标准的项目提出、组织起草、征求意见、技术审查。国务院应急管理部门统筹提出安全生产强制性国家标准的立项计划。国务院标准化行政主管部门负责安全生产强制性国家标准的立项、编号、对外通报和授权批准发布工作。国务院标准化行政主管部门、有关部门依据法定职责对安全生产强制性国家标准的实施进行监督检查。

《建设工程安全生产管理条例》第四十五条规定,国家对严重危及施工安全的工艺、设备、材料实行淘汰制度。具体目录由国务院建设行政主管部门会同国务院其他有关部门制定并公布。

5)监察机关的监督管理

《安全生产法》第七十一条规定,监察机关依照监察法的规定,对负有安全生产监督管理职责的部门及其工作人员履行安全生产监督管理职责实施监察。第七十三条规定,负有安全生产监督管理职责的部门应当建立举报制度,公开举报电话、信箱或者电子邮件地址等网络举报平台,受理有关安全生产的举报;受理的举报事项经调查核实后,应当形成书面材料;需要落实整改措施的,报经有关负责人签字并督促落实。对不属于本部门职责,需要由其他有关部门进行调查处理的,转交其他有关部门处理。

6)其他机构、个人的监督管理

《安全生产法》第七十四条规定,任何单位或者个人对事故隐患或者安全生产违法行为,均有权向负有安全生产监督管理职责的部门报告或者举报。因安全生产违法行为造成重大事故隐患或者导致重大事故,致使国家利益或者社会公共利益受到侵害的,人民检察院可以根据民事诉讼法、行政诉讼法的相关规定提起公益诉讼。第七十五条规定,居民委员会、村民委员会发现其所在区域内的生产经营单位存在事故隐患或者安全生产违法行为时,应当向当地人民政府或者有关部门报告。第七十七条规定,新闻、出版、广播、电影、电视等单位有进行安全生产公益宣传教育的义务,有对违反安全生产法律、法规的行为进行舆论监督的权利。

11.3.2　建设工程安全生产许可制度

安全生产许可制度

《建筑施工企业安全生产许可证管理规定》第二条规定,国家对建筑施工企业实行安全生产许可制度。建筑施工企业未取得安全生产许可证的,不得从事建筑施工活动。第三条规定,国务院住房城乡建设主管部门负责对全国建筑施工企业安全生产许可证的颁发和管理工作进行监督指导。省、自治区、直辖市人民政府住房城乡建设主管部门负责本行政区域内建筑施工企业安全生产许可证的颁发和管理工作。市、县人民政府住房城乡建设主管部门负责本行政区域内建筑施工企业安全生产许可证的监督管理,并将监督检查中发现的企业违法行为及时报告安全生产许可证颁发管理机关。

1)安全生产许可证的取得条件

①建立、健全安全生产责任制,制定完备的安全生产规章制度和操作规程;

②保证本单位安全生产条件所需资金的投入;

③设置安全生产管理机构,按照国家有关规定配备专职安全生产管理人员;

④主要负责人、项目负责人、专职安全生产管理人员经住房城乡建设主管部门或者其他有关部门考核合格;

⑤特种作业人员经有关业务主管部门考核合格,取得特种作业操作资格证书;

⑥管理人员和作业人员每年至少进行一次安全生产教育培训并考核合格;

⑦依法参加工伤保险,依法为施工现场从事危险作业的人员办理意外伤害保险,为从业人员交纳保险费;

⑧施工现场的办公、生活区及作业场所和安全防护用具、机械设备、施工机具及配件符合有关安全生产法律、法规、标准和规程的要求;

⑨有职业危害防治措施,并为作业人员配备符合国家标准或者行业标准的安全防护用具和安全防护服装;

⑩有对危险性较大的分部分项工程及施工现场易发生重大事故的部位、环节的预防、监控措施和应急预案;

⑪有生产安全事故应急救援预案、应急救援组织或者应急救援人员,配备必要的应急救援器材、设备;

⑫法律、法规规定的其他条件。

2)安全生产许可证的申请与颁发

(1)安全生产许可证的申请

建筑施工企业从事建筑施工活动前,应当依照《建筑施工企业安全生产许可证管理规定》向企业注册所在地省、自治区、直辖市人民政府住房城乡建设主管部门申请领取安全生产许可证。

建筑施工企业申请安全生产许可证时,应当向住房城乡建设主管部门提供下列材料:

①建筑施工企业安全生产许可证申请表;

②企业法人营业执照;

③与申请安全生产许可证应当具备的安全生产条件相关的文件、材料。

建筑施工企业申请安全生产许可证,应当对申请材料实质内容的真实性负责,不得隐瞒有关情况或者提供虚假材料。

(2)安全生产许可证的颁发

住房城乡建设主管部门应当自受理建筑施工企业的申请之日起45日内审查完毕;经审查符合安全生产条件的,颁发安全生产许可证;不符合安全生产条件的,不予颁发安全生产许可证,书面通知企业并说明理由。企业自接到通知之日起应当进行整改,整改合格后方可再次提出申请。住房城乡建设主管部门审查建筑施工企业安全生产许可证申请,涉及铁路、交通、水利等有关专业工程时,可以征求铁路、交通、水利等有关部门的意见。

3)安全生产许可证的有效期

安全生产许可证的有效期为3年。安全生产许可证有效期满需要延期的,企业应当于期满前3个月向原安全生产许可证颁发管理机关申请办理延期手续。企业在安全生产许可证有效期内,严格遵守有关安全生产的法律法规,未发生死亡事故的,安全生产许可证有效期届满时,经原安全生产许可证颁发管理机关同意,不再审查,安全生产许可证有效期延期3年。

4)安全生产许可证的变更、注销及补办

建筑施工企业变更名称、地址、法定代表人等,应当在变更后10日内,到原安全生产许可证颁发管理机关办理安全生产许可证变更手续;建筑施工企业破产、倒闭、撤销的,应当将安全生产许可证交回原安全生产许可证颁发管理机关予以注销;建筑施工企业遗失安全生产许可

证,应当立即向原安全生产许可证颁发管理机关报告,并在公众媒体上声明作废后,方可申请补办。

11.3.3　建设工程安全认证制度

为加强建筑生产安全监督管理,建设行政主管部门及其授权的建筑安全监督机构对建筑生产实行安全认证制度。其内容主要包括以下几方面:

认知安全认证制度

(1)建筑业企业的安全资格认证

该安全资格认证主要是审查企业是否建立、健全了安全生产责任制和安全组织保证体系,安全技术规范、标准在施工现场的贯彻落实情况和伤亡事故率等。它是建筑企业资质审查的组成部分,也是对企业资质实行动态管理的重要依据。

(2)特殊专业队伍的安全认证

该安全认证主要是指对人工挖孔桩、地基基础、护壁支撑、塔式起重机装拆、井字架(龙门架)、特种脚手架搭设等施工队伍进行资格审查,经审查合格领取《专业施工安全许可证》后方可从事专业施工。

(3)工程项目的安全认证

该安全认证主要是指开工前对安全条件的审查,其主要内容有:施工组织设计中有无针对性的安全技术措施和专项作业安全技术方案,安全员的配备情况,项目经理的安全资格条件,进入现场的机械、机具、设施是否符合安全规定等。

(4)防护用品、安全设施、机械设备等安全认证

该安全认证主要是指对进入施工现场使用的各类防护用品、电气产品、安全设施、架设机具、机械设备等要进行检验、检测,凡技术指标和安全性能不合格的,不得在施工现场使用。

(5)专职安全人员资格认证

该资格认证主要是审查专职安全人员工程建设及安全专业的知识和能力。施工单位、生产经营单位的主要负责人和安全生产管理人员必须具备与本单位所从事的生产经营活动相应的安全生产知识和管理能力。《建设工程安全生产管理条件》第三十六条规定,施工单位的主要负责人、项目负责人、专职安全生产管理人员应当经建设行政主管部门或者其他有关部门考核合格后方可任职。

11.3.4　生产安全事故报告制度

施工单位发生生产安全事故,应当按照国家有关伤亡事故报告和调查处理的规定,及时、如实地向负责安全生产监督管理的部门、建设行政主管部门或者其他有关部门报告;特种设备发生事故的,还应当同时向特种设备安全监督管理部门报告。接到报告的部门应当按照国家有关规定,如实上报。实行施工总承包的建设工程,由总承包单位负责上报事故。

解读生产事故
报告制度

11.3.5　建设工程安全生产教育培训制度

安全生产教育培训工作是建筑施工企业实现安全生产的一项基础性工作。安全生产教育培训的对象有施工单位的主要负责人、项目负责人、专职安全生产管理人员和其他企业职工。培训的主要内容包括安全生产的法律、法规知识和安全科学技术知识。

安全生产教育
培训制度

1）安全生产的法律、法规教育培训

通过对职工进行有关安全生产方面的法律、法规和政策的教育,使企业职工能够正确理解和掌握有关安全生产的法律、法规及政策,增强安全生产的法律意识,并在建筑生产活动中严格遵照执行。

2）安全科学技术知识的教育培训

安全科学技术知识的教育,是指基本安全技术知识和专业性安全技术知识的教育。其内容主要包括以下几方面:

①岗前或者进入新的施工现场前安全教育培训。《建设工程安全生产管理条例》第三十七条规定,作业人员进入新的岗位或者新的施工现场前,应当接受安全生产教育培训。未经教育培训或者教育培训考核不合格的人员,不得上岗作业。教育培训内容包括安全技术知识、设备性能、操作规程、安全制度和严禁事项,经教育培训合格后,方可进入操作岗位。

②特种作业人员安全培训。对特殊工种应针对其工作特点进行专门的安全教育。如对电工、焊工、架子工、司炉工、爆破工、起重工、打桩工和各种机动车辆司机等,除进行一般安全教育外,还应经过本工种的安全技术教育,经考试合格后,方准独立操作;对从事尘毒危害作业的职工,要进行尘毒危害和防治知识教育。《建设工程安全生产管理条例》第二十五条规定,垂直运输机械作业人员、安装拆卸工、爆破作业人员、起重信号工、登高架设作业人员等特种作业人员,必须按照国家有关规定经过专门的安全作业培训,并取得特种作业操作资格证书后,方可上岗作业。

③采用新工艺、新技术、新材料、新设备时的培训。《建设工程安全生产管理条例》第三十七条规定,施工单位在采用新技术、新工艺、新设备、新材料时,应对作业人员进行相应的安全生产教育培训。

④年度安全教育培训。《建设工程安全生产管理条例》第三十六条规定,施工单位应当对管理人员和作业人员每年至少进行一次安全生产教育培训,其教育培训情况记入个人工作档案。安全生产教育培训考核不合格的人员,不得上岗。

11.3.6　建筑安全生产劳动保护制度

1）从业人员在劳动保护方面的权利

（1）签订合法劳动合同权

生产经营单位与从业人员订立的劳动合同,应当载明有关保障从业人员劳动安全、防止职业危害的事项,以及依法为从业人员办理工伤保险的事项。生产经营单位不得以任何形式与从业人员订立免除或减轻其对从业人员因生产安全事故伤亡依法应承担责任的协议。

（2）知情权

生产经营单位的从业人员有权了解其作业场所和工作岗位存在的危险因素、防范措施及事故应急措施,生产经营单位应主动告知有关实情。

（3）建议、批评、检举、控告权

安全生产与从业人员的生命安全和健康息息相关,因此从业人员有权参与本单位生产安全方面的民主管理与民主监督。有权对本单位的安全生产工作提出建议,对本单位安全生产工作中存在的问题提出批评、检举和控告,生产经营单位不得因此而降低其工资、福利等待遇或解除与其订立的劳动合同。

安全生产劳动
保护制度

(4)对违章指挥、强令冒险作业的拒绝权

对于生产经营单位的负责人、生产管理人员和工程技术人员违反规章制度,不顾从业人员的生命安全与健康,指挥从业人员进行生产活动的行为,以及在存在危及人身安全的危险因素而又无相应安全保护措施的情况下,强迫命令从业人员冒险进行作业的行为,从业人员都依法享有拒绝服从指挥和命令的权利。生产经营单位不得因此而采取降低工资、福利等待遇或者解除劳动合同等惩罚、报复手段。

(5)停止作业及紧急撤离权

从业人员发现直接危及人身安全的紧急情况时,有权停止作业或者在采取可能的应急措施后撤离作业场所。生产经营单位不得因此而降低其工资、福利等待遇或者解除与其订立的劳动合同。

(6)依法获得赔偿权

《安全生产法》规定,因生产安全事故受到损害的从业人员,除依法享有工伤保险外,依照有关民事法律尚有获得赔偿的权利的,有权提出赔偿要求,生产经营单位应依法予以赔偿。

2)生产经营单位在劳动保护方面的职责

《建设工程安全生产管理条例》第三十二条规定,施工单位应当向作业人员提供安全防护用具和安全防护服装,并书面告知危险岗位的操作规程和违章操作的危害。作业人员有权对施工现场的作业条件、作业程序和作业方式中存在的安全问题提出批评、检举和控告,有权拒绝违章指挥和强令冒险作业。在施工中发生危及人身安全的紧急情况时,作业人员有权立即停止作业或者在采取必要的应急措施后撤离危险区域。

《建设工程安全生产管理条例》第三十四条规定,施工单位采购、租赁的安全防护用具、机械设备、施工机具及配件,应当具有生产(制造)许可证、产品合格证,并在进入施工现场前进行查验。施工现场的安全防护用具、机械设备、施工机具及配件必须由专人管理,定期进行检查、维修和保养,建立相应的资料档案,并按照国家有关规定及时报废。

《建设工程安全生产管理条例》第三十八条规定,施工单位应当为施工现场从事危险作业的人员办理意外伤害保险。意外伤害保险费由施工单位支付。实行施工总承包的,由总承包单位支付意外伤害保险费。意外伤害保险期限自建设工程开工之日起至竣工验收合格止。

11.3.7 建设工程安全生产责任制度

为了保障建筑生产的安全,参与建筑活动的各方主体都应承担相应的安全生产责任。

安全生产责任制度

1)建设单位的安全责任

(1)向施工单位提供资料的责任

《建筑法》第四十条规定,建设单位应当向建筑施工企业提供与施工现场相关的地下管线资料,建筑施工企业应当采取措施加以保护。《建设工程安全生产管理条例》第六条规定,建设单位应当向施工单位提供施工现场及毗邻区域内供水、排水、供电、供气、供热、通信、广播电视等地下管线资料,气象和水文观测资料,相邻建筑物和构筑物、地下工程的有关资料,并保证资料的真实、准确、完整。

(2)依法履行合同的责任

①不得向勘察、设计、施工、工程监理等单位提出不符合建设工程安全生产法律、法规和强制性标准规定的要求,不得压缩合同约定的工期。

建设单位和相关
单位的安全责任

②必须严格执行国家关于工程建设中保证人民群众生命和财产安全、环境保护和公共利益的法律、法规和工程强制性标准。

③不得为了早日发挥项目效益,迫使承包单位大量增加人力、物力投入,简化施工程序,盲目赶工期。

(3)提供安全生产费用的责任

《安全生产法》第二十三条第一款规定,生产经营单位应当具备的安全生产条件所必需的资金投入,由生产经营单位的决策机构、主要负责人或者个人经营的投资人予以保证,并对由于安全生产所必需的资金投入不足导致的后果承担责任。《建设工程安全生产管理条例》第八条规定,建设单位在编制工程概算时,应当确定建设工程安全作业环境及安全施工措施所需费用。因此,建设单位应提供建设工程安全生产作业环境及安全施工措施所需的费用。

(4)不得推销劣质材料设备的责任

《建设工程安全生产管理条例》第九条规定,建设单位不得明示或者暗示施工单位购买、租赁、使用不符合安全施工要求的安全防护用具、机械设备、施工机具及配件、消防设施和器材。

(5)提供安全施工措施资料的责任

《建设工程安全生产管理条例》第十条规定,建设单位在申请领取施工许可证时,应当提供建设工程有关安全施工措施的资料。依法批准开工报告的建设工程,建设单位应当自开工报告批准之日起15日内,将保证安全施工的措施报送建设工程所在地的县级以上地方人民政府建设行政主管部门或者其他有关部门备案。

(6)对拆除工程进行备案的责任

建设单位在拆除工程施工15日前,必须将下列资料报送建设工程所在地的县级以上地方人民政府建设行政主管部门或者其他有关部门备案。实施爆破作业的,还应遵守国家有关民用爆炸物品管理的规定。

①施工单位资质等级证明;

②拟拆除建筑物、构筑物及可能危及毗邻建筑的说明;

③拆除施工组织方案;

④堆放、清除废弃物的措施。

(7)办理特殊作业申请批准手续的责任

《建筑法》第四十二条规定,有下列情形之一的,建设单位应当按照国家有关规定办理申请批准手续:

①需要临时占用规划批准范围以外场地的;

②可能损坏道路、管线、电力、邮电通信等公共设施的;

③需要临时停水、停电、中断道路交通的;

④需要进行爆破作业的;

⑤法律、法规规定需要办理报批手续的其他情形。

2）施工单位的安全责任

（1）施工单位安全生产经济保障措施

第一，应保证安全生产所必需的资金。第二，应保证安全设施所需要的资金。《安全生产法》第三十一条规定，生产经营单位新建、改建、扩建工程项目（以下统称建设项目）的安全设施，必须与主体工程同时设计、同时施工、同时投入生产和使用。安全设施投资应当纳入建设项目概算。第三，应当按照规定提取和使用安全生产费用，专门用于改善安全生产条件，安全生产费用在成本中据实列支。第四，应保证劳动防护用品及进行安全生产教育培训的经费。第五，应保证工伤保险所需要的资金。生产经营单位必须依法参加工伤保险，为从业人员缴纳保险费。《建设工程安全生产管理条例》第二十二条规定，施工单位对列入建设工程概算的安全作业环境及安全施工措施所需费用，应当用于施工安全防护用具及设施的采购和更新、安全施工措施的落实、安全生产条件的改善，不得挪作他用。

（2）施工单位主要负责人的安全生产责任

《建筑法》第四十四条规定，建筑施工企业的法定代表人对本企业的安全生产负责。《建设工程安全生产管理条例》第二十一条规定，施工单位主要负责人依法对本单位的安全生产工作全面负责。同时，《安全生产法》第二十一条对其规定了以下安全生产职责：

①建立健全并落实本单位全员安全生产责任制，加强安全生产标准化建设；

②组织制定并实施本单位安全生产规章制度和操作规程；

③组织制定并实施本单位安全生产教育和培训计划；

④保证本单位安全生产投入的有效实施；

⑤组织建立并落实安全风险分级管控和隐患排查治理双重预防工作机制，督促、检查本单位的安全生产工作，及时消除生产安全事故隐患；

⑥组织制定并实施本单位的生产安全事故应急救援预案；

⑦及时、如实报告生产安全事故。

生产经营单位发生重大生产安全事故时，单位的主要负责人应当立即组织抢救，并不得在事故调查处理期间擅离职守。

（3）施工单位项目负责人的安全生产责任

施工单位项目负责人应当对建设工程项目施工的安全生产负全面责任，他是本项目安全生产的第一责任人。《建设工程安全生产管理条例》第二十一条规定，施工单位的项目负责人应当由取得相应执业资格的人员担任，对建设工程项目的安全施工负责，落实安全生产责任制度、安全生产规章制度和操作规程，确保安全生产费用的有效使用，并根据工程的特点组织制定安全施工措施，消除安全事故隐患，及时、如实报告生产安全事故。

（4）安全生产管理人员的安全责任

①组织或者参与拟定本单位安全生产规章制度、操作规程和生产安全事故应急救援预案；

②组织或者参与本单位安全生产教育和培训，如实记录安全生产教育和培训情况；

③督促落实本单位重大危险源的安全管理措施；

④组织或者参与本单位应急救援演练；

⑤检查本单位的安全生产状况，及时排查生产安全事故隐患，提出改进安全生产管理的建议；

⑥制止和纠正违章指挥、强令冒险作业、违反操作规程的行为；

⑦督促落实本单位安全生产整改措施。

《建设工程安全生产管理条例》第二十三条规定，施工单位应当设立安全生产管理机构，配备专职安全生产管理人员。专职安全生产管理人员负责对安全生产进行现场监督检查。发现安全事故隐患，应当及时向项目负责人和安全生产管理机构报告；对违章指挥、违章操作的，应当立即制止。

相关链接

《安全生产法》节选

第二十六条　生产经营单位的安全生产管理机构以及安全生产管理人员应当恪尽职守，依法履行职责。

生产经营单位作出涉及安全生产的经营决策，应当听取安全生产管理机构以及安全生产管理人员的意见。

生产经营单位不得因安全生产管理人员依法履行职责而降低其工资、福利等待遇或者解除与其订立的劳动合同。

危险物品的生产、储存单位以及矿山、金属冶炼单位的安全生产管理人员的任免，应当告知主管的负有安全生产监督管理职责的部门。

（5）总承包单位与分包单位的安全责任

建设工程实行施工总承包的，由总承包单位对施工现场的安全生产负总责。总承包单位应当自行完成建设工程主体结构的施工。总承包单位依法将建设工程分包给其他单位的，分包合同中应当明确各自的安全生产方面的权利和义务。总承包单位和分包单位对分包工程的安全生产承担连带责任。分包单位应当服从总承包单位的安全生产管理，分包单位不服从管理导致生产安全事故的，由分包单位承担主要责任。

（6）施工现场安全保障措施责任

①编制安全技术措施及专项施工方案。施工单位应当在施工组织设计中，根据建设工程的特点编制相应的安全技术措施和施工现场临时用电方案；对专业性较强的工程项目，应编制专项安全施工组织设计，并采取安全技术措施；还应根据施工阶段和周围环境及季节、气候的变化，在施工现场采取相应的安全施工措施。

对下列达到一定规模的危险性较大的分部分项工程，施工单位应编制专项施工方案，并附具安全验算结果，经施工单位技术负责人、总监理工程师签字后实施，由专职安全生产管理人员进行现场监督：

a. 基坑支护与降水工程；

b. 土方开挖工程；

c. 模板工程；

d. 起重吊装工程；

e. 脚手架工程；

f. 拆除、爆破工程；

g. 国务院建设行政主管部门或者其他有关部门规定的其他危险性较大的工程。

对工程中涉及深基坑、地下暗挖工程、高大模板工程的专项施工方案,施工单位还应组织专家进行论证、审查。

②安全施工技术交底。在建设工程施工前,施工单位负责项目管理的技术人员应当对有关安全施工的技术要求向施工作业班组、作业人员作出详细说明,并由双方签字确认。

③施工现场的安全防护。

a.施工单位应当在施工现场入口处、施工起重机械、临时用电设施、脚手架、出入通道口、楼梯口、电梯井口、孔洞口、桥梁口、隧道口、基坑边沿、爆破物及有害危险气体和液体存放处等危险部位,设置明显的安全警示标志。安全警示标志必须符合国家标准。

b.施工现场暂时停止施工的,施工单位应做好现场防护,所需费用由责任方承担,或者按照合同约定执行。

c.施工单位应对施工现场实行封闭管理,采用的封闭围挡,高度不得小于1.8 m。施工区域应办公、生活区划分清晰,保持安全距离,并应采取相应的隔离措施。办公、生活区的选址应当符合安全性要求。职工的膳食、饮水、休息场所等应当符合卫生标准。施工单位不得在尚未竣工的建筑物内设置员工集体宿舍。

d.施工现场对毗邻的建筑物、构筑物和特殊作业环境可能造成损害的,建筑施工企业应当采取安全防护措施。

e.施工现场消防管理。《建设工程安全生产管理条例》第三十一条规定,施工单位应当在施工现场建立消防安全责任制度,确定消防安全责任人,制定用火、用电、使用易燃易爆材料等各项消防安全管理制度和操作规程,设置消防通道、消防水源,配备消防设施和灭火器材,并在施工现场入口处设置明显标志。

f.安全设备管理。

第一,施工单位应在有较大危险因素的生产经营场所和有关设施、设备上,设置明显的安全警示标志;同时必须对安全设备进行经常性维护、保养,并定期检测,保证正常运转。维护、保养、检测应做好记录,并由有关人员签字。

第二,施工单位不得使用国家明令淘汰、禁止使用的危及生产安全的工艺、设备。

第三,施工单位在使用施工起重机械和整体提升脚手架、模板等自升式架设设施前,应当组织有关单位进行验收,也可以委托具有相应资质的检验检测机构进行验收;使用承租的机械设备和施工机具及配件的,由施工总承包单位、分包单位、出租单位和安装单位共同进行验收。验收合格的方可使用。施工单位还应当自施工起重机械和整体提升脚手架、模板等自升式架设设施验收合格之日起30日内,向建设行政主管部门或者其他有关部门登记。登记标志应当置于或者附着于该设备的显著位置。

g.房屋拆除安全管理。

《建筑法》第五十条规定,房屋拆除应当由具备保证安全条件的建筑施工单位承担,由建筑施工单位负责人对安全负责。

按照《建筑拆除工程安全技术规范》(JGJ 147—2016)的规定,施工单位应满足以下要求:

(a)拆除工程施工前,应签订施工合同和安全生产管理协议。

(b)拆除工程施工前,应编制施工组织设计、安全专项施工方案和生产安全事故应急预案。

(c)对危险性较大的拆除工程专项施工方案,应按相关规定组织专家论证。

(d)拆除工程施工应按有关规定配备专职安全生产管理人员,对各项安全技术措施进行监督、检查。

(e)拆除工程施工作业前,应对拟拆除物的实际状况、周边环境、防护措施、人员清场、施工机具及人员培训教育情况等进行检查;施工作业中,应根据作业环境变化及时调整安全防护措施,随时检查作业机具状况及物料堆放情况;施工作业后,应对场地的安全状况及环境保护措施进行检查。

(f)拆除工程施工应先切断电源、水源和气源,再拆除设备管线设施及主体结构;主体结构拆除宜先拆除非承重结构及附属设施,再拆除承重结构。

(g)拆除工程施工不得立体交叉作业。

(h)拆除工程施工中,应对拟拆除物的稳定状态进行监测;当发现事故隐患时,必须停止作业。

(i)对局部拆除影响结构安全的,应先加固后再拆除。

(j)拆除地下物,应采取保证基坑边坡及周边建筑物、构筑物的安全与稳定的措施。

(k)拆除工程作业中,发现不明物体应停止施工,并应采取相应的应急措施,保护现场,及时向有关部门报告。

(l)对有限空间拆除施工,应先采取通风措施,经检测合格后再进行作业。

(m)当进入有限空间拆除作业时,应采取强制性持续通风措施,保持空气流通。严禁采用纯氧通风换气。

(n)对生产、使用、储存危险品的拟拆除物,拆除施工前应先进行残留物的检测和处理,合格后方可进行施工。

(o)拆卸的各种构件及物料应及时清理、分类存放,并应处于安全稳定状态。

h.施工现场环境保护。

《建筑法》第四十一条规定,建筑施工企业应当遵守有关环境保护和安全生产的法律、法规的规定,采取控制和处理施工现场的各种粉尘、废气、废水、固体废物以及噪声、振动对环境的污染和危害的措施。《建设工程安全生产管理条例》第三十条规定,施工单位应当遵守有关环境保护法律、法规的规定,在施工现场采取措施,防止或者减少粉尘、废气、废水、固体废物、噪声、振动和施工照明对人和环境的危害和污染。

施工单位防止环境污染的措施内容应主要包括:妥善处理泥浆水,未经处理不得直接排入城市排水设施和河流;除设有符合规定的装置外,不得在施工现场熔融沥青或者焚烧油毡、油漆以及其他会产生有毒有害烟尘和恶臭气体的物质;使用密封式的圈筒或者采取其他措施处理高空废弃物;采取有效措施控制施工过程中的扬尘;禁止将有毒有害废弃物用作土方回填;对产生噪声、振动的施工机械,应采取有效控制措施,减轻噪声扰民。

【应用案例】 2022年,某工程公司在某大桥施工中与该公司职工罗某签订承包合同,约定由罗某承包大桥行车道板的架设安装。该合同还约定,施工中发生伤、亡、残事故,由罗某负责。合同签订后,罗某曾在开工前召集民工开会强调安全问题,要求民工在安放道板下的胶垫时必须使用铁钩,防止道板坠落伤人。没想到事故还是发生了,10月6日下午,民工刘某在安放道板下的胶垫时未使用铁钩,直接用手放置。由于支撑道板的千斤顶滑落,重达

10 t 的道板坠下,将刘某的左手砸伤。罗某立即送刘某到医院住院治疗,21 天后出院。其间医疗费、护理费、交通费、伙食费,以及出院后的治疗费用总计 5 308.91 元,已由罗某全部承担。但是经过医生诊断,刘某左手丧失劳动能力。之后,刘某多次要求某工程公司和罗某赔偿误工费等费用,但是都被他们以刘某违反安全操作规定造成工伤为由,拒绝赔偿。2023年 3 月,无可奈何的刘某只得向法院提起诉讼。

【问题】　该案应如何处理?

【应用案例评析】　很明显,刘某在这起安全事故中是有责任的,但是某工程公司与罗某是否可以就此推脱赔偿责任呢?

首先,根据我国宪法和劳动法的规定,罗某作为工程承包人和雇主,依法对雇员的劳动保护承担责任。采用人工安装桥梁行车道板本身具有较高的危险性,对此,罗某应采取相应的安全措施并临场加以监督和指导,但罗某仅口头强调,而疏于现场管理,以致刘某发生安全事故。虽然刘某在施工中有违反安全操作规定的过失,但其并非铁道建设专业人员,违章情节较轻,故不能免除罗某应负的民事责任。

其次,该大桥行车道板的架设安装工程,无论从现场环境还是从施工单位的技术与设备看,都允许使用吊车直接起吊道板进行安装。某工程公司作为该大桥的施工企业,在有条件采用危险性较小的工作方法施工的情况下,为了降低费用而将该项工程发包给个人,采用人工安装,增加了劳动者的安全风险。某工程公司显然对这起事故负有责任。

再次,某工程公司与罗某签订的承包合同中约定“施工中发生伤、亡、残事故,由罗某负责”,实际上是把只有企业才有能力承担的安全风险推给能力有限的自然人承担,该条款损害了劳动者的合法权益,违反了我国宪法和劳动法的有关规定,因此该约定属于无效条款。

据此,罗某应付给刘某医疗、误工、住院生活补助、护理、交通、伤残补助金、就业补助金 18 679.56 元;某工程公司对上述费用承担连带责任。

3)工程监理单位的安全责任

(1)安全技术措施及专项施工方案审查义务

《建设工程安全生产管理条例》第十四条第一款规定,工程监理单位应当审查施工组织设计中的安全技术措施或者专项施工方案是否符合工程建设强制性标准。

(2)安全生产事故隐患报告义务

《建设工程安全生产管理条例》第十四条第二款规定,工程监理单位在实施监理过程中,发现存在安全事故隐患的,应当要求施工单位整改;情况严重的,应当要求施工单位暂时停止施工,并及时报告建设单位。施工单位拒不整改或者不停止施工的,工程监理单位应当及时向有关主管部门报告。

(3)监理责任承担义务

工程监理单位和监理工程师应按照法律、法规和工程建设强制性标准实施监理,并对建设工程安全生产承担监理责任。

4)勘察设计单位的安全责任

(1)勘察单位的安全责任

《建设工程安全生产管理条例》第十二条规定,勘察单位应当按照法律、法规和工程建设强制性标准进行勘察,提供的勘察文件应当真实、准确,满足建设工程安全生产的需要;勘察单位在勘察作业时,应当严格执行操作规程,采取措施保证各类管线、设施和周边建筑物、构筑物的安全。

(2)设计单位的安全责任

第一,应当按照法律、法规和工程建设强制性标准进行设计,防止因设计不合理导致安全生产事故的发生;第二,应考虑施工安全操作和防护的需要,对涉及施工安全的重点部位和环节在设计文件中注明,并对防范安全生产事故提出指导意见;第三,采用新结构、新材料、新工艺的建设工程和特殊结构的建设工程,设计单位应当在设计中提出保障施工作业人员安全和预防生产安全事故的措施建议;第四,设计单位和注册建筑师等注册执业人员应当对其设计负责。

5)其他相关单位的安全责任

(1)机械设备和配件供应单位的安全责任

《建设工程安全生产管理条例》第十五条规定,为建设工程提供机械设备和配件的单位,应当按照安全施工的要求配备齐全有效的保险、限位等安全设施和装置。

(2)机械设备、施工机具和配件出租单位的安全责任

《建设工程安全生产管理条例》第十六条规定,出租的机械设备和施工机具及配件,应当具有生产(制造)许可证、产品合格证。出租单位应当对出租的机械设备和施工机具及配件的安全性能进行检测,在签订租赁协议时,应当出具检测合格证明。禁止出租检测不合格的机械设备和施工机具及配件。

(3)施工起重机械和自升式架设设施的安全管理

①安装与拆卸。《建设工程安全生产管理条例》第十七条第一款规定,在施工现场安装、拆卸施工起重机械和整体提升脚手架、模板等自升式架设设施,必须由具有相应资质的单位承担。

②检验检测。《建设工程安全生产管理条例》第十八条规定,施工起重机械和整体提升脚手架、模板等自升式架设设施的使用达到国家规定的检验检测期限的,必须经具有专业资质的检验检测机构检测。经检测不合格的,不得继续使用。施工起重机械和自升式架设设施在使用过程中,应按照规定进行定期检测,并及时进行全面检修保养。从事施工起重机械定期检验、监督检验的检验检测机构,应当经国务院特种设备安全监督部门核准,取得核准后方可从事检验检测活动。

《建设工程安全生产管理条例》第十九条规定,检验检测机构对检测合格的施工起重机械和整体提升脚手架、模板等自升式架设设施,应当出具安全合格证明文件,并对检测结果负责。设备检验检测机构进行设备检验检测时发现严重事故隐患,应当及时告知施工单位,并立即向特种设备安全监督管理部门报告。

11.4　任务实施与评价

①此次任务完成中存在的主要问题有哪些?

②问题产生的原因有哪些?请提出相应的解决方法。

③你认为还需要加强哪些方面的指导(实际工作过程及理论知识)?

知识回顾

　　建设工程安全生产管理以"安全第一、预防为主,综合治理"为方针。建设工程安全生产管理制度包括安全生产监督管理制度、安全生产责任制度、安全生产认证制度、安全生产教育培训制度、安全生产劳动保护制度、生产安全事故的应急救援和调查处理制度、安全生产许可制度。重点应掌握安全许可和安全认证的相关工作流程,明确项目实施过程中各方应承担的安全责任。

课后训练

一、实训练习

　　1.根据教师所给项目,帮助施工单位完成安全认证和安全许可申办。

　　(1)确定本项目安全认证的主要内容和工作步骤。

　　(2)确定本次安全生产许可证申办流程。

　　(3)检查本次许可申办所需资料是否齐全? 完成"安全许可资料清查表"的填写。

　　2.根据本项目要求,提交一份安全管理前期法律建议书。

　　(建议书应包括:涉及的法律制度与强制要求、管理内容、管理重点、安全风险和法律风险防范)

二、建工拓展与感悟

　　请扫码观看视频,智能建造时代已经到来,你准备好了吗?

智能建造时代,
你准备好了吗?

任务 12　安全事故与法律纠纷处理

【建工先读】

请扫码观看视频,思考建工人在安全事故防范中应如何体现以人为本的科学管理素养。

（二维码图注）解析建设工程模范工地的主要特征与管理要点

【引例 1】

某工程公司承建某道路改造工程,施工中发现路段中有一污水池埋在地下,需要对其进行抽水,但几天过后,水仍未抽完。该路段施工负责人张某便安排土石方班组工人在池南侧墙角上开凿排水口,由于污水池是毛石混凝土结构,人工开凿有难度,安全员罗某安排炮工放了一炮,最后在污水池墙角开了一个高约 1 m、顶宽为 30~40 cm 的倒三角形排污口进行排污。但是排污口仍无法排完池里的污水,施工员又安排土石方班组沿池侧墙开挖一条排污沟槽,并在排污沟槽内对池侧墙底部开洞排污。经过开挖,沟槽接近污水池底部。开挖过程中,污水池顶部的三根连梁被凿掉两根。某日因下雨停工,第二天土石方班组继续开挖和清理污水槽底,当沿污水池纵墙垂直下挖的沟槽底部低于污水底板时,污水池纵墙从开口处开始坍塌,在该段沟槽内作业的 5 名工人中有 3 人被压在了毛石混凝土墙下,其中 2 人当场死亡,1 人送医后经抢救无效死亡。

【引导问题 1】　根据引例 1,讨论以下问题:

①防止安全事故的措施有哪些?

②试分析该次事故原因,提出事故教训与防范措施。

③安全事故涉及哪些纠纷?应如何认定?

12.1　任务导读

安全事故管理需熟悉生产安全事故预防与报告及救援机制、安全事故等级划分、安全事故的调查处理机制,以及相关责任划分和纠纷处理方法。如你现接受 A 企业委托,为其提供安全管理的后期法律服务,并提交该项目的安全管理后期法律建议书,你需完成 12.2 节的任务目标。

12.2　任务目标

①按照正确的方法和途径,收集安全管理相关法律资料;

②依据资料分析结果,确定该任务工作步骤;

③按照工作时间限定,完成该次安全事故和相关法律纠纷处理,并提交后期法律建议书;

④通过完成该任务,提出后续工作建议,完成自我评价,并提出改进意见。

安全事故预防
与报告机制

12.3　知识准备

12.3.1　生产安全事故预防与报告机制

【引例2】

某建筑施工单位有从业人员1000多人。该单位安全部门的负责人多次向主要负责人提出要建立应急救援组织。但单位负责人另有看法,认为建立这样一个组织,平时用不上,还需要花钱养着,划不来。真有了事情,可以向上级报告,请求他们给予支援就行了。由于单位主要负责人有这样的认识,该建筑施工单位就一直没有建立应急救援组织。

【引导问题2】　该建筑施工单位的做法是否正确?

1)建立应急救援组织,制定应急救援预案

《安全生产法》第八十条规定,县级以上地方各级人民政府应当组织有关部门制定本行政区域内生产安全事故应急救援预案,建立应急救援体系。乡镇人民政府和街道办事处,以及开发区、工业园区、港区、风景区等应当制定相应的生产安全事故应急救援预案,协助人民政府有关部门或者按照授权依法履行生产安全事故应急救援工作职责。

《安全生产法》第八十一条规定,生产经营单位应当制定本单位生产安全事故应急救援预案,与所在地县级以上地方人民政府组织制定的生产安全事故应急救援预案相衔接,并定期组织演练。

《建设工程安全生产管理条例》第四十八条规定,施工单位应当制定本单位生产安全事故应急救援预案,建立应急救援组织或者配备应急救援人员,配备必要的应急救援器材、设备,并定期组织演练。

【引例2 评析】

引例2是一起建筑施工单位不依法建立应急救援组织的案件。按照《安全生产法》第八十一条的规定,生产经营单位应当制定本单位生产安全事故应急救援预案,与所在地县级以上地方人民政府组织制定的生产安全事故应急救援预案相衔接,并定期组织演练。按照《建设工程安全生产管理条例》第四十八条的规定,施工单位应当制定本单位生产安全事故应急救援预案,建立应急救援组织或者配备应急救援人员,配备必要的应急救援器材、设备,并定期组织演练。引例2中的建筑施工单位有1000多名从业人员,但该单位主要负责人却不算安全账,不建立应急救援组织。有关负有安全生产监督管理职责的部门应责令其予以纠正。

应急救援预案是指事先制定的关于生产安全事故发生时进行紧急救援的组织、程序、措施、责任以及协调等方面的方案和计划。应急救援组织是指单位内部建立的专门负责对事故进行抢救的组织。

AI技术在事故应
急预案中的应用

（1）施工单位的应急救援预案应满足的要求

①建立应急救援工作组织机构。所有施工单位都应制定应急救援预案,建立专门从事应急救援工作的组织机构。一旦发生生产安全事故,应急救援组织应迅速、有效地

投入抢救工作,防止事故的进一步扩大,最大限度地减少人员伤亡和财产损失。对一些施工规模较小、从业人员较少、发生事故时应急救援任务相对较轻的施工单位,可以配备能够胜任的兼职应急救援人员,来保证应急救援预案的实施。

②培训和演练应急救援人员。应急救援人员应经过培训和必要的演练,使其了解本行业安全生产的方针、政策和安全救护规程;掌握救援行动的方法、技能和注意事项;熟悉本单位安全生产情况;掌握应急救援器材、设备的性能、使用方法。

③配备并保证应急救援器材、设备处于正常运转状态。施工单位应根据生产经营活动的性质、特点以及应急救援工作的实际需要,有针对、有选择地配备应急救援器材、设备,并保证这些器材、设备处于正常运转状态。

④进行消防安全培训。对职工进行消防安全培训,普及消防知识。对于不同的预案,要有计划地组织救援人员培训,定期进行演练,以使配备的应急救援物资、人员符合实际发生事故时的需要。

(2)施工单位在施工现场落实应急救援预案责任的划分

《建设工程安全生产管理条例》第四十九条规定,施工单位应当根据建设工程施工的特点、范围,对施工现场易发生重大事故的部位、环节进行监控,制定施工现场生产安全事故应急救援预案。实行施工总承包的,由总承包单位统一组织编制建设工程生产安全事故应急救援预案,工程总承包单位和分包单位按照应急救援预案,各自建立应急救援组织或者配备应急救援人员,配备救援器材、设备,并定期组织演练。此条规定了施工单位在施工现场应急救援预案的责任划分。

为了贯彻"安全第一、预防为主、综合治理"的方针,施工单位应根据工程特点、施工范围,在开工前对施工过程进行安全策划,对可能出现的危险因素进行识别,列出重大危险源,制订消除或减小危险性的安全技术方案、措施,对易发生重大事故的作业,脚手架、施工用电、基坑支护、模板支撑、起重吊装、塔吊、物料提升机及其他垂直运输设备,爆破、拆除工程等应有专项技术方案并落实控制措施进行监控;制定施工现场生产安全事故应急救援预案,对可能发生的事故及随之引发的伤害和其他影响采取抢救行动。

实行施工总承包的,施工总承包单位要对施工现场的施工组织和安全生产进行统一管理和全面负责,因此,工程项目的生产安全事故应急救援预案应由总承包单位统一组织、编制,分包单位应服从总承包单位的管理,总承包单位与分包单位按照事故应急救援预案,各自建立应急救援组织或配备应急救援人员。对配备的救援器材、设备,要定期维护保养,并定期组织培训演练。

相关链接

建设工程职业健康安全与环境管理目标的内容如下:
①控制和杜绝因公负伤、死亡事故的发生(负伤频率在6‰以下,死亡率为零);
②一般事故频率控制目标(通常在6‰以内);
③无重大设备、火灾、中毒事故及扰民事件;
④环境污染物控制目标;
⑤能源资源节约目标;

⑥及时消除重大事故隐患,一般隐患整改率达到目标(不应低于95%);

⑦扬尘、噪声、职业危害作业点合格率(应为100%);

⑧施工现场创建安全文明工地目标;

⑨其他需满足的总体目标。

2)事故报告与救援机制

(1)报告程序

事故报告与
救援机制

事故发生后,事故现场有关人员应当立即向本单位负责人报告;单位负责人接到报告后,应当于1小时内向事故发生地县级以上人民政府安全生产监督管理部门和负有安全生产监督管理职责的有关部门报告。情况紧急时,事故现场有关人员可以直接向事故发生地县级以上人民政府安全生产监督管理部门和负有安全生产监督管理职责的有关部门报告。事故等级见表12.1。

表12.1　事故等级汇总表

等　级	死/人	伤/人	损　失	上　报
特别重大	30以上	100以上	1亿元以上	国务院安全生产监督管理部门和负有安全生产监督管理职责的有关部门
重　大	10~30	50~100	5 000万~1亿元	国务院安全生产监督管理部门和负有安全生产监督管理职责的有关部门
较　大	3~10	10~50	1 000万~5 000万元	省级人民政府安全生产监督管理部门和负有安全生产监督管理职责的有关部门
一　般	3以下	10以下	1 000万元以下	市级人民政府安全生产监督管理部门和负有安全生产监督管理职责的有关部门

安全生产监督管理部门和负有安全生产监督管理职责的有关部门接到事故报告后,应当依照下列规定上报事故情况,并通知公安机关、劳动保障行政部门、工会和人民检察院:

①特别重大事故、重大事故逐级上报至国务院安全生产监督管理部门和负有安全生产监督管理职责的有关部门;

②较大事故逐级上报至省、自治区、直辖市人民政府安全生产监督管理部门和负有安全生产监督管理职责的有关部门;

③一般事故上报至设区的市级人民政府安全生产监督管理部门和负有安全生产监督管理职责的有关部门。

安全生产监督管理部门和负有安全生产监督管理职责的有关部门依照前款规定上报事故情况,应当同时报告本级人民政府。国务院安全生产监督管理部门和负有安全生产监督管理职责的有关部门以及省级人民政府接到发生特别重大事故、重大事故的报告后,应当立即报告国务院。必要时,安全生产监督管理部门和负有安全生产监督管理职责的有关部门可以越级上报事故情况。安全生产监督管理部门和负有安全生产监督管理职责的有关部门逐级上报事故情况,每级上报的时间不得超过2小时。

（2）报告内容

报告事故应当包括下列内容：

①事故发生单位概况；

②事故发生的时间、地点以及事故现场情况；

③事故的简要经过；

④事故已经造成或者可能造成的伤亡人数（包括下落不明的人数）和初步估计的直接经济损失；

⑤已经采取的措施；

⑥其他应当报告的情况。

自事故发生之日起30日内，事故造成的伤亡人数发生变化的，还应当及时补报。道路交通事故、火灾事故自发生之日起7日内，事故造成的伤亡人数发生变化的，应当及时补报。

（3）事故救援与现场保护

事故发生单位负责人接到事故报告后，应当立即启动事故相应应急预案，或者采取有效措施，组织抢救，防止事故扩大，减少人员伤亡和财产损失。

事故发生后，有关单位和人员应当妥善保护事故现场以及相关证据，任何单位和个人不得破坏事故现场、毁灭相关证据。因抢救人员、防止事故扩大以及疏通交通等原因，需要移动事故现场物件的，应当做出标志，绘制现场简图并作出书面记录，妥善保存现场重要痕迹和物证。

事故发生地有关地方人民政府、安全生产监督管理部门和负有安全生产监督管理职责的有关部门接到事故报告后，其负责人应当立即赶赴事故现场，组织事故救援。任何单位和个人都应当支持、配合事故抢救，并提供一切便利条件。防范和整改措施的落实情况应当接受社会和职工的监督。安全生产监督管理部门和负有安全生产监督管理职责的有关部门应当对事故发生单位落实防范和整改措施的情况进行监督检查。事故处理的情况由负责事故调查的人民政府或者其授权的有关部门、机构向社会公布，依法应当保密的除外。

12.3.2 安全事故的调查处理

安全事故发生后，施工单位应按照国家有关伤亡事故报告和调查处理的规定，及时、如实地向负责安全生产监督管理的部门、建设行政主管部门或者其他有关部门报告。事故调查处理应当按照"科学严谨、依法依规、实事求是、注重实效"的原则，及时、准确地查清事故原因，查明事故性质和责任，评估应急处置工作，总结事故教训，提出整改措施，并对事故责任单位和人员提出处理意见。《生产安全事故报告和调查处理条例》规定了事故调查和处理的具体办法。

1）事故调查机关

特别重大事故由国务院或者国务院授权有关部门组织事故调查组进行调查。重大事故、较大事故、一般事故分别由事故发生地省级人民政府、设区的市级人民政府、县级人民政府负责调查。省级人民政府、设区的市级人民政府、县级人民政府可以直接组织事故调查组进行调查，也可以授权或者委托有关部门组织事故调查组进行调查。未造成人员伤亡的一般事故，县级人民政府也可以委托事故发生单位组织事故调查组进行调查。

上级人民政府认为必要时，可以调查由下级人民政府负责调查的事故。自事故发生之日起30日内（道路交通事故、火灾事故自发生之日起7日内），因事故伤亡人数变化导致事故等级发生变化,依照规定应当由上级人民政府负责调查的,上级人民政府可以另行组织事故调查组进行调查。

特别重大事故以下等级事故,事故发生地与事故发生单位不在同一个县级以上行政区域的,由事故发生地人民政府负责调查,事故发生单位所在地人民政府应当派人参加。

2)调查处理应遵循的基本原则

《安全生产法》第八十六条规定,事故调查处理应当按照科学严谨、依法依规、实事求是、注重实效的原则,及时、准确地查清事故原因,查明事故性质和责任,评估应急处置工作,总结事故教训,提出整改措施,并对事故责任单位和人员提出处理建议。事故调查报告应当依法及时向社会公布。事故调查和处理的具体办法由国务院制定。事故发生单位应当及时全面落实整改措施,负有安全生产监督管理职责的部门应当加强监督检查。

3)事故调查报告内容

事故调查报告应当包括下列内容:

①事故发生单位概况;

②事故发生经过和事故救援情况;

③事故造成的人员伤亡和直接经济损失;

④事故发生的原因和事故性质;

⑤事故责任的认定以及对事故责任者的处理建议;

⑥事故防范和整改措施。

事故调查报告应当附具有关证据材料。事故调查组成员应当在事故调查报告上签名。事故调查报告报送负责事故调查的人民政府后,事故调查工作即告结束。事故调查的有关资料应当归档保存。

4)事故处理

重大事故、较大事故、一般事故,负责事故调查的人民政府应当自收到事故调查报告之日起 15 日内作出批复;特别重大事故,30 日内作出批复,特殊情况下,批复时间可以适当延长,但延长的时间最长不超过 30 日。事故调查中需要进行技术鉴定的,事故调查组应当委托具有国家规定资质的单位进行技术鉴定。必要时,事故调查组可以直接组织专家进行技术鉴定。技术鉴定所需时间不计入事故调查期限。

12.3.3　建设工程安全生产法律责任

安全事故案例分析

【引例 3】

20××年 12 月 14 日,由××公司总承包的某发电有限公司 2×600 MW 机组主厂房及炉后工程,江苏××建设集团有限公司分包的钢煤斗制作与安装工程,江苏××建设集团公司 1 名施工人员在楼面传递物品,3 名施工人员(A、B、C)在钢煤斗顶部进行 7#机组第 6 个煤斗的盖板安装焊接施工。两边的两块扇形盖板已就位固定,中间两块梯形盖板分别搁置于两边扇形盖板之上,需要将其向圆心移动就位后焊接固定。在用葫芦牵引就位的过程中导致第三块和第四块钢板从两侧同时向中间移动,C 先随一块钢板坠落于煤斗中,又从煤斗口坠落于地,后 A、B 随之坠落,并被钢板卡住,3 名当事人 2 死 1 伤。

【引导问题 3】　引例 3 中涉及各方的法律责任应如何认定?

【引例 1 评析】

该事故的原因如下:

（1）直接原因

①施工过程中土方堆置不合理。土方堆置未按规范规定的"单侧堆土高度不得超过 1.5 m、离沟槽边距离不得小于 1.2 m"的要求进行,实际堆土高度达 2 m,距沟槽边距离仅 1 m。

②现场土质较差。现场为原沟浜回填土,约 4 m 深,且紧靠开挖的沟槽,其中夹有许多垃圾,土体非常松散。

（2）间接原因

①施工现场安全措施针对性较差。未能考虑员工逃生办法,对事故的预见性较差,麻痹大意。

②施工人员安全意识较淡薄。对三级安全教育、安全技术交底、进场安全教育未能引起足够的重视,凭经验作业。

③坑底作业人员站位不当,自身防范意识不强,逃生时晕头转向,从而发生了事故。

④施工现场管理不力。由于刚进场作业,对安全生产方面准备不充分,思想上未能引起足够的重视,管理不到位。

（3）主要原因

①施工过程中土方堆置不合理。

②开挖后未按规定在深度达 1.2 m 时进行分层支撑,实际开挖至 2 m 后,才开始支撑挡板。

③现场土质较差,土体非常松散。

事故预防及控制措施:

①暂停施工,进行全面安全检查整改。

②召开事故现场会,进一步对职工进行安全教育。

③制定针对性强的施工安全技术措施和安全操作规程,对上岗职工进行安全技术交底,配备足够的施工保护设施用品,如横列板、钢板柱、逃生扶梯等,并督促落实。

1）事故责任的种类与划分

目前,我国法律、法规对安全责任的设定主要有行政首长负责制、层级责任制、岗位责任制、技术责任制 4 种。

①按违法行为的性质、产生危害后果的大小来划分,有行政责任、民事责任和刑事责任。

②按事故发生的因果关系来划分,有直接责任和间接责任。

a. 直接责任:指行为人的行为与事故有着直接的因果关系。一般根据事故发生的直接原因确定直接责任者。

b. 间接责任:指行为人的行为与事故有着间接的因果关系。一般根据事故发生的间接原因确定间接责任者。

③按事故责任人的过错严重程度来划分,有主要责任与次要（重要）责任、全部责任与同等责任。

a. 主要责任:指行为人的行为导致事故的直接发生,对事故的发生起主要作用。一般由肇事者或有关人员负主要责任。

b. 次要(重要)责任:指行为人的行为不一定导致事故的发生,但由于不履行或不正确履行其职责,对事故的发生起重要作用或间接作用。

c. 全部责任:指行为人的行为导致事故的直接发生,与其他行为人的行为无关。

d. 同等责任:指两个或两个以上行为人的行为共同导致事故的发生,对事故的发生起同等的作用,承担相同的责任。

④按领导的隶属关系或管理与被管理的关系来划分,有直接领导责任与领导责任。

a. 直接领导责任:指事故行为人的直接领导者对事故的发生应当承担的责任。

b. 领导责任:指除事故行为人的直接领导外,有层级管理关系的其他领导者对事故的发生应当承担的责任。

⑤按行政机关、职能部门、管理机构的职责来划分,有监管不力责任。行政机关、职能部门、管理机构对职责范围内的安全生产有监管职责,如果工作不力或玩忽职守就要负监管不力责任。

⑥按建设工程的安全责任主体来划分,有建设单位、勘察单位、设计单位、监理单位、施工单位以及为建设工程提供机械设备和配件的单位、安拆起重机械或整体脚手架等有关服务单位的安全责任。

2)事故责任的认定

(1)建设单位承担事故责任的认定

建设单位有下列情形之一的,负相应管理责任:

①工程没有领取施工许可证擅自施工;

②建设单位违章指挥;

③提出压缩合同工期等不符合建设工程安全生产法律法规和强制性标准要求;

④将工程发包给不具备相应资质等级或无安全生产许可证的单位施工;

⑤将工程勘察、设计业务发包给不具备相应资质等级的勘察、设计单位;

⑥施工前未按要求向承包方提供与工程施工作业有关的资料,致使承包方未采取相应的安全技术措施;

⑦建设单位直接发包的施工单位与同一施工现场其他施工单位进行交叉作业或建设单位直接将分包工程发包给分包施工单位(总承包方又不收取管理费用)发生生产安全事故。

(2)勘察单位承担事故责任的认定

勘察单位有下列情形之一的,负相应勘察责任或主要责任:

①在勘察作业时,未采取相应安全技术措施,致使各类管线、设施和周边建筑物或构筑物破坏或坍塌;

②未按工程建设强制性标准进行勘察,提供的勘察文件不实或严重错误导致发生生产安全事故。

(3)设计单位承担事故责任的认定

设计单位有下列情形之一的,负相应设计责任或连带责任:

①未根据勘察文件或未按工程建设强制性标准进行设计,提供的设计文件不实或严重错

误导致发生生产安全事故;

②对涉及施工的重点部位、环节,在提供的设计文件中未注明预防生产安全事故措施的意见;

③指定的建筑材料、构配件是发生生产安全事故的因素。

(4)监理单位承担事故责任的认定

监理单位有下列情形之一的,负相应监理责任或连带责任:

①未对安全技术措施或专项施工方案进行审查签字;

②未对施工企业的安全生产许可证和项目经理、技术负责人等资格进行审查;

③发现安全隐患未及时要求施工单位整改或暂停施工;

④施工单位对安全隐患拒不整改或不停止施工时,未及时向有关管理部门报告;

⑤未依照法律法规和工程建设强制性标准实施监理。

(5)施工单位承担事故责任的认定

①总承包与分包施工单位间的事故责任按下列不同情形认定:

a.总承包方向分包方收取管理费用,分包方发生生产安全事故的,总承包方负连带管理责任,分包方负主要责任;

b.总承包方违法分包或转包给不具备相应资质等级或无安全生产许可证的单位施工发生生产安全事故的,总承包方负主要责任;

c.总承包方在施工前未按要求向分包方提供与工程施工作业有关的资料,致使分包方未采取相应安全技术措施发生生产安全事故的,总承包方负主要责任;

d.总承包方与分包方在同一施工现场发生塔吊碰撞的,总承包方负主要责任,但由于违章指挥、违章作业发生塔吊碰撞的,由违章指挥、违章作业人员所在单位负主要责任;

e.作业人员任意拆改安全防护设施发生生产安全事故的,由拆改人员所在单位负主要责任;

f.由于前期施工质量缺陷或隐患发生生产安全事故的,由前期施工的单位负主要责任。

②非总包与分包关系,在同一施工区域的两个施工单位间的事故责任按下列不同情形认定:

a.双方未履行职责有过错的,由双方共同承担事故责任;

b.由于安全管理责任不落实或安全技术措施不当发生生产安全事故的,由肇事单位负全部责任或主要责任;

c.发生塔吊碰撞的,由后安装塔吊的单位负主要责任。

(6)安全责任人的直接责任或主要责任的认定

有下列情形之一的,负直接责任或主要责任:

①违章指挥、违章冒险作业造成生产安全事故;

②忽视安全、忽视警告,操作错误造成生产安全事故;

③不进行安全技术交底。

【引例3评析】

综上所述,引例3涉及的法律责任可作出以下认定:

①A、B、C三人未佩戴好个人防护用品,违章操作,对此事故负有直接责任。

　　②江苏××建设集团有限公司对操作人员疏于管理,安全施工措施不到位,对此事故负有主要责任。

　　③江苏××建设集团有限公司的项目负责人未落实安全生产责任制、安全规章制度和操作规程,放任自流,对此事故负有重要领导责任。

　　④××公司未安排管理人员进行现场安全管理,未严格履行总承包单位的安全责任,对此事故负有连带责任。

　　⑤××公司的项目负责人,未严格履行项目的安全监管职责,对此事故负有领导责任。

　　⑥××公司的安全管理责任人,未严格履行现场安全管理职责,对此事故负有直接管理责任。

　　⑦湖北××建设监理公司未履行安全监理职责,对此事故负有重要管理责任。

　　⑧项目总监履行安全监理职责不到位,对此事故负有领导责任。

相关链接

《生产安全事故报告和调查处理条例》节选

　　第三十五条　事故发生单位主要负责人有下列行为之一的,处上一年年收入 40% 至 80% 的罚款;属于国家工作人员的,并依法给予处分;构成犯罪的,依法追究刑事责任:

　　(一)不立即组织事故抢救的;

　　(二)迟报或者漏报事故的;

　　(三)在事故调查处理期间擅离职守的。

　　第三十六条　事故发生单位及其有关人员有下列行为之一的,对事故发生单位处 100 万元以上 500 万元以下的罚款;对主要负责人、直接负责的主管人员和其他直接责任人员处上一年年收入 60% 至 100% 的罚款;属于国家工作人员的,并依法给予处分;构成违反治安管理行为的,由公安机关依法给予治安管理处罚;构成犯罪的,依法追究刑事责任:

　　(一)谎报或者瞒报事故的;

　　(二)伪造或者故意破坏事故现场的;

　　(三)转移、隐匿资金、财产,或者销毁有关证据、资料的;

　　(四)拒绝接受调查或者拒绝提供有关情况和资料的;

　　(五)在事故调查中作伪证或者指使他人作伪证的;

　　(六)事故发生后逃匿的。

　　第三十七条　事故发生单位对事故发生负有责任的,依照下列规定处以罚款:

　　(一)发生一般事故的,处 10 万元以上 20 万元以下的罚款;

　　(二)发生较大事故的,处 20 万元以上 50 万元以下的罚款;

　　(三)发生重大事故的,处 50 万元以上 200 万元以下的罚款;

　　(四)发生特别重大事故的,处 200 万元以上 500 万元以下的罚款。

　　第三十八条　事故发生单位主要负责人未依法履行安全生产管理职责,导致事故发生的,依照下列规定处以罚款;属于国家工作人员的,并依法给予处分;构成犯罪的,依法追究刑事责任:

　　(一)发生一般事故的,处上一年年收入 30% 的罚款;

　　(二)发生较大事故的,处上一年年收入 40% 的罚款;

（三）发生重大事故的，处上一年年收入60%的罚款；

（四）发生特别重大事故的，处上一年年收入80%的罚款。

第三十九条　有关地方人民政府、安全生产监督管理部门和负有安全生产监督管理职责的有关部门有下列行为之一的，对直接负责的主管人员和其他直接责任人员依法给予处分；构成犯罪的，依法追究刑事责任：

（一）不立即组织事故抢救的；

（二）迟报、漏报、谎报或者瞒报事故的；

（三）阻碍、干涉事故调查工作的；

（四）在事故调查中作伪证或者指使他人作伪证的。

第四十条　事故发生单位对事故发生负有责任的，由有关部门依法暂扣或者吊销其有关证照；对事故发生单位负有事故责任的有关人员，依法暂停或者撤销其与安全生产有关的执业资格、岗位证书；事故发生单位主要负责人受到刑事处罚或者撤职处分的，自刑罚执行完毕或者受处分之日起，5年内不得担任任何生产经营单位的主要负责人。

为发生事故的单位提供虚假证明的中介机构，由有关部门依法暂扣或者吊销其有关证照及其相关人员的执业资格；构成犯罪的，依法追究刑事责任。

第四十一条　参与事故调查的人员在事故调查中有下列行为之一的，依法给予处分；构成犯罪的，依法追究刑事责任：

（一）对事故调查工作不负责任，致使事故调查工作有重大疏漏的；

（二）包庇、袒护负有事故责任的人员或者借机打击报复的。

《安全生产法》节选

第一百一十条　生产经营单位的主要负责人在本单位发生生产安全事故时，不立即组织抢救或者在事故调查处理期间擅离职守或者逃匿的，给予降级、撤职的处分，并由应急管理部门处上一年年收入百分之六十至百分之一百的罚款；对逃匿的处十五日以下拘留；构成犯罪的，依照刑法有关规定追究刑事责任。生产经营单位的主要负责人对生产安全事故隐瞒不报、谎报或者迟报的，依照前款规定处罚。

第一百一十一条　有关地方人民政府、负有安全生产监督管理职责的部门，对生产安全事故隐瞒不报、谎报或者迟报的，对直接负责的主管人员和其他直接责任人员依法给予处分；构成犯罪的，依照刑法有关规定追究刑事责任。

应用案例分析1

应用案例分析2

12.4　任务实施与评价

①此次任务完成中存在的主要问题有哪些？

②问题产生的原因有哪些？请提出相应的解决方法。

③你认为还需要加强哪些方面的指导（实际工作过程及理论知识）？

知识回顾

该任务涉及以下知识点：如何制定应急救援预案，建立应急救援组织；识别安全事故等级，如何进行安全事故报告;如何进行安全事故调查处理;建设工程安全生产法律责任的认定。

课后训练

一、案例分析

【案例 1】　20××年 4 月 6 日,在江苏某建设集团下属公司承接的某高层项目 5 号房工地上,项目部安排瓦工薛某、唐某拆除西单元楼内电梯井防护隔离。由于木工在支设 12 层电梯井时西北角少预留一个销轴洞,因此在设置 12 层防护隔离时,西北角的搁置点采用一根 φ48 钢管从 11 层支撑至 12 层作为补救措施。薛某、唐某在作业时,均未按要求使用安全带,而且颠倒拆除程序,先拆除 11 层防护隔离(薛某将用于补救措施的钢管也一起拆掉),后拆除 12 层防护隔离。10 时 30 分,薛某在进入电梯井西北角拆除防护隔离时,3 个搁置点的钢管框架发生倾翻,人随防护隔离一起从 12 层(32 m 处)高空坠落至电梯井底。事故发生后,工地负责人立即派人将薛某紧急送往医院,但因薛某伤势严重,经抢救无效于当日 12 时 30 分死亡。

问题:

1. 事故原因是什么?

2. 对事故责任者应如何处理?

3. 整改措施有哪些?

【案例 2】　20××年 3 月 13 日,在江苏某市政公司承接的苏州河滞留污水截流工程金钟路某号段工地上,施工单位正在做工程前期准备工作。为了交接地下管线情况、土质情况及实测原有排水管涵位置标高,15 时 30 分开始地下管线探摸、样槽开挖作业。16 时 30 分左右,当挖掘机将样槽挖至约 2 m 深时,突然土体发生塌方,正在坑底进行挡土板作业的工人周某避让不及,头部以下被埋入土中,事故发生后,现场项目经理、施工人员立即组织人员进行抢救,并通知 120 救护中心、119 消防部门赶赴现场抢救,虽经多方抢救但未能成功,17 时 20 分左右,周某在某中心医院死亡。

问题:

1. 该事故发生后,应采取哪些应急措施? 如何上报?

2. 如何追究事故责任?

3. 应提出哪些整改和预防措施?

【案例 3】　某制罐有限公司的职工住宅楼项目由该市某建筑工程公司总承包,双方于 20××年 3 月 8 日签订了建筑工程承包合同。其后,该建筑工程公司又将桩基工程分包给××设计院。××设计院于 20××年 5 月 6 日、7 日进行压桩施工,震坏了陈某的房屋,陈某于 5 月 8 日向被告单位现场项目经理报告,并强烈要求立即停止侵害自己的合法权益,并作出赔偿。被告××设计院 5 月 9 日虽派人上门查看,且已知道原告房屋所震裂的程度,但一直没给原告答复,仍然继续违法施工,也没有向该市住房和城市建设局等有关部门报告。5 月 24 日陈某不得不向该市住房和城市建设局投诉,当日上午该市住房和城市建设局派出专家和领导查看现场,肯定了所看到的裂缝,多数裂缝是打桩造成的,有些旧裂缝也加宽了。该市住房和城市建设局领导希望业主和施工单位认真对待发生的问题,不处理好问题,不能恢复压桩施工。但被告对该市住房和城市建设局领导和专家的意见置之不理,仍然采取静压预制桩施工。6 月 19 日 6 时 40 分,施工造成陈某房屋已产生的裂缝更宽,陈某蒙受更多损失。后陈某起诉至法院,要求被告对其损害房屋的行为进行赔偿。

问题：他人建筑施工损害自己房屋可以要求赔偿吗？

【案例4】 20××年12月2日10时许，黎某头戴摩托车头盔，未经××建筑工程公司允许，进入正在施工的某工地推销产品，被施工现场坠落的木板击中受伤，原告黎某被送到医院接受治疗。另查，××建筑工程公司承建的某工地四周封闭，只有北面留有一个出入口，并安装有铁门，在门口的正上方及铁门的正面悬挂有"当心落物"等警示标志。

原审认为，原告未与被告有任何业务往来，也不是被告工地的员工，其不是必须进入被告工地的。而原告未经被告允许擅自进入被告正在施工的工地现场，其应该意识到潜在的危险。因此，原告无故进入被告工地，过错在于原告，这也是这次损害事件的起因，原告对其自身受到的损害应承担相应的责任。被告工地四周封闭，只留有一个出入口，且在出入口处悬挂有"当心落物"等警示标志，作为工地管理人的被告已尽了注意义务，其对原告受到的损害没有过错。因此，原告的诉讼请求不成立，不予支持，判决驳回原告黎某的诉讼请求。

问题：施工单位充分履行了安全防范措施义务，对他人在施工现场受伤可以免责吗？

二、实训练习

1. 根据教师所给项目情况，完成安全事故防范与处理法律建议书。

2. 根据教师所给项目情况，完成安全管理法律纠纷防范与处理法律建议书。

（提示：应包括常见纠纷种类、安全风险、管理重点、防范措施和纠纷处理办法几方面内容）

三、拓展训练

1）事故经过

20××年12月1日上午11时30分左右，某市某水泥构件有限公司起重操作工陈某与吴某两人正在进行行车吊装水泥沟管作业。陈某用无线遥控操作行车运行，挂钩工吴某负责水泥沟管吊装。当行车吊装水泥沟管离地约20 cm时，沟管出现摆动，碰撞陈某小腿，致使陈某后仰倒下，头部撞到身后堆放的水泥沟管内，同事立即将其送往医院，后陈某经抢救无效死亡。

2）事故原因

（1）直接原因

该公司职工陈某上岗作业，未经行车操作培训，未取得特种作业操作资格证；在作业过程中，未佩戴劳动防护用品安全帽等，注意力不集中，当起吊物出现摆动时，对周围状况估计不足，采取措施不当，致使沟管碰撞本人小腿后仰倒地，头部撞到身后堆放的水泥沟管内，救治无效死亡。这是造成此次事故的直接原因。

（2）间接原因

①该公司法定代表人许某对安全生产工作领导不力，意识不强，措施不实，没有严格督促、检查本单位的安全生产工作，没有落实安全生产责任制，并雇佣无特种作业操作资格证人员操作特种设备，导致事故发生。

②李某作为分管生产负责人，没有履行"管生产必须管安全"的责任，在吊装作业过程中，未落实指挥人员，未督促落实劳动防护用品使用，致使陈某、吴某在吊装作业中未佩戴安全帽，失去应有的安全保护。

③该公司职工吴某未取得特种作业操作资格证，在从事吊装过程中，与陈某配合不当，对

吊装物(水泥沟管)出现摆动没有及时采取措施,导致事故的发生。

④该公司在生产中忽视安全生产工作,对危险性较大的生产设备——起重行车未经有关部门验收合格,擅自投入使用,并在事故发生后,对事故现场保护措施不力。

依据《安全生产法》的相关规定请回答:

(1)该公司起重操作工陈某对这起事故负什么责任?并说明理由。

(2)该公司法定代表人许某对这起事故负什么责任?并说明理由。

(3)该公司对这起事故负什么责任?并说明理由。

(4)该公司生产负责人李某对这起事故负什么责任?并说明理由。

(5)该公司职工吴某对这起事故负什么责任?并说明理由。

四、建工拓展与感悟

请扫码观看视频,初识数据合规管理,思考大数据时代如何做好工程管理?

初识数据合规管理

学习模块 5　建设工程质量管理法律实务

任务 13　质量管理前期法律事务处理

港珠澳大桥——
大国工匠解读

【建工先读】

请扫码观看视频,思考建工质量品牌有哪些内涵?

【引例 1】

某市花园小区 6 号楼为 5 层砖混结构住宅楼,设计采用混凝土小型砌块砌筑,墙体交会处和转角处加混凝土构造柱,施工过程中发现部分墙体出现裂缝,经处理后继续施工,竣工验收合格后交付使用。业主装修时发现墙体空心,经核实,原来设计混凝土构造柱的地方只放置了少量钢筋,没有浇筑混凝土。最后经法定检测机构采用超声波检测法检测后,统计发现大约有75%墙体未按设计要求设置构造柱,只在 1 层部分墙体中有构造柱,造成了重大质量隐患。

【引导问题 1】　根据引例 1,讨论以下问题:

①引起工程质量问题的原因有哪些? 我国在工程质量管理方面主要有哪些制度?

②该砖混结构住宅楼工程质量验收的基本要求是什么? 该工程有裂缝的墙体应如何验收?

③该工程已交付使用,施工单位是否需要对此承担责任? 为什么?

13.1　任务导读

我国建设工程质量管理体系包括宏观管理和微观管理两个方面。宏观管理贯穿工程建设全过程各个环节,由建设行政主管部门及其委托授权机构实施,对建设工程质量所进行的监督管理。微观管理一方面是工程承包单位(如勘察单位、设计单位、施工单位)对所承担工作的质量管理。它们要按要求建立专门质检机构,配备相应的质检人员,建立相应的质量保证制度,如审核校对制、培训上岗制、质量抽检制、各级质量责任制和部门领导质量责任制等。另一方面是建设单位对所建工程的管理,它可成立相应的机构和人员,也可委托社会监督单位对所建工程的质量进行监督管理。

你现接受 A 企业委托,为其提供质量管理的前期法律服务。本任务的完成需掌握以下质量管理制度:建设工程质量标准化制度、建设工程质量体系认证制度、建筑材料使用许可制度、建设工程质量检测制度、建设工程质量事故报告制度、建设工程质量竣工验收与备案制度、建设工程质量奖励制度以及建设工程质量保修制度。在掌握上述质量管理制度的基础上,你需要完成 13.2 节的任务目标。

13.2　任务目标

①按照正确的方法和途径,收集质量管理相关法律资料;
②依据资料分析结果,明确发承包双方质量保障义务,参与编制项目质量计划;
③按照工作时间限定,提出质量保障体系和质量验收工作法律建议;
④通过完成该任务,提出后续工作建议,完成自我评价,并提出改进意见。

13.3　知识准备

工程建设标准

1)建设工程质量标准化制度

(1)工程建设标准分级

《中华人民共和国标准化法》(以下简称《标准化法》)将标准分为国家标准、行业标准、地方标准、团体标准和企业标准。按该法第二条规定,国家标准又分为强制性标准和推荐性标准,行业标准、地方标准是推荐性标准。强制性标准必须执行,国家鼓励采用推荐性标准。

①国家标准。《标准化法》第十条、第十一条规定,对保障人身健康和生命财产安全、国家安全、生态环境安全以及满足经济社会管理基本需要的技术要求,应当制定强制性国家标准;对满足基础通用、与强制性国家标准配套、对各有关行业起引领作用等需要的技术要求,可以制定推荐性国家标准。

②行业标准。《标准化法》第十二条规定,对没有推荐性国家标准、需要在全国某个行业范围内统一的技术要求,可以制定行业标准。行业标准由国务院有关行政主管部门制定,报国务院标准化行政主管部门备案。

③地方标准。《标准化法》第十三条规定,为满足地方自然条件、风俗习惯等特殊技术要求,可以制定地方标准。地方标准由省、自治区、直辖市人民政府标准化行政主管部门制定;设区的市级人民政府标准化行政主管部门根据本行政区域的特殊需要,经所在地省、自治区、直辖市人民政府标准化行政主管部门批准,可以制定本行政区域的地方标准。地方标准由省、自治区、直辖市人民政府标准化行政主管部门报国务院标准化行政主管部门备案,由国务院标准化行政主管部门通报国务院有关行政主管部门。

④团体标准。《标准化法》第十八条规定,国家鼓励学会、协会、商会、联合会、产业技术联盟等社会团体协调相关市场主体共同制定满足市场和创新需要的团体标准,由本团体成员约定采用或者按照本团体的规定供社会自愿采用。国务院标准化行政主管部门会同国务院有关行政主管部门对团体标准的制定进行规范、引导和监督。

⑤企业标准。《标准化法》第十九条规定,企业可以根据需要自行制定企业标准,或者与其他企业联合制定企业标准。

《标准化法》第二十条规定,国家支持在重要行业、战略性新兴产业、关键共性技术等领域利用自主创新技术制定团体标准、企业标准。第二十一条规定,推荐性国家标准、行业标准、地方标准、团体标准、企业标准的技术要求不得低于强制性国家标准的相关技术要求。国家鼓励社会团体、企业制定高于推荐性标准相关技术要求的团体标准、企业标准。

（2）工程建设强制性标准的实施

工程建设强制性标准的实施

严格执行工程建设强制性标准是工程建设主体的法定义务,是工程建设从业人员的法定责任,违反了强制性标准即为违法,要承担相应的民事、行政甚至刑事责任。以下是各建设主体由此承担的相应责任:

①《建设工程质量管理条例》第十条规定,建设单位不得明示或者暗示设计单位或者施工单位违反工程建设强制性标准,降低建设工程质量。

②《建设工程质量管理条例》第十九条规定,勘察、设计单位必须按照工程建设强制性标准进行勘察、设计,并对勘察、设计的质量负责。

③《建设工程质量管理条例》第二十八条规定,施工单位必须按照工程设计图纸和施工技术标准施工,不得擅自修改工程设计,不得偷工减料。

④《建设工程质量管理条例》第三十六条规定,工程监理单位应依照法律、法规以及有关技术标准、设计文件和建设工程承包合同,代表建设单位对施工质量实施监理,并对施工质量承担监理责任。

（3）实施工程建设强制性标准的监督管理

《建设工程质量管理条例》第四十四条,国务院建设行政主管部门和国务院铁路、交通、水利等有关部门应当加强对有关建设工程质量的法律、法规和强制性标准执行情况的监督检查。第四十七条规定,县级以上地方人民政府建设行政主管部门和其他有关部门应当加强对有关建设工程质量的法律、法规和强制性标准执行情况的监督检查。

①监督机构。《实施工程建设强制性标准监督规定》第六条、第八条规定:

a.建设项目规划审查机构应对工程建设规划阶段执行强制性标准的情况实施监督;

b.施工图设计文件审查单位应对工程建设勘察、设计阶段执行强制性标准的情况实施监督;

c.建筑安全监督管理机构应对工程建设施工阶段执行施工安全强制性标准的情况实施监督;

d.工程质量监督机构应对工程建设施工、监理和验收等阶段执行强制性标准的情况实施监督;

e.工程建设标准批准部门应当定期对建设项目规划审查机关、施工图设计文件审查单位、建筑安全监督管理机构、工程质量监督机构实施强制性标准的监督进行检查,对监督不力的单位和个人,给予通报批评,建议有关部门处理。

②监督检查内容。《实施工程建设强制性标准监督规定》第十条对监督检查的内容作了如下规定:

a.有关工程技术人员是否熟悉、掌握强制性标准;

b.工程项目的规划、勘察、设计、施工和验收等是否符合强制性标准的规定;

c.工程项目采用的材料、设备是否符合强制性标准的规定;

d. 工程项目的安全、质量是否符合强制性标准的规定；

e. 工程中采用的导则、指南、手册和计算机软件的内容是否符合强制性标准的规定。

2）建设工程质量体系认证制度

《建筑法》第五十三条规定，国家对从事建筑活动的单位推行质量体系认证制度。从事建筑活动的单位根据自愿原则可以向国务院产品质量监督管理部门或者国务院产品质量监督管理部门授权的部门认可的认证机构申请质量体系认证。经认证合格的，由认证机构颁发质量体系认证证书。

（1）质量管理体系的建立与运行

质量管理体系是组织建立质量方针和质量目标并实现这些目标的体系。该体系一般分为建立质量管理体系、编制质量管理体系文件和运行质量管理体系三阶段工作内容。

①建立质量管理体系。建立质量管理体系是根据质量管理原则，在确定市场及顾客需求的前提下，制定组织的质量方针、质量目标、质量手册、程序文件和质量记录等体系文件，并将质量目标落实到相关层次、相关岗位的职能中，形成组织质量管理体系执行的系列工作。

②编制质量管理体系文件。编制质量管理体系文件是质量管理体系的重要组成部分，也是组织进行质量管理和质量保证的基础，是保持体系有效运行和提供有效证据的重要基础工作。

③运行质量管理体系。运行质量管理体系是指按照质量管理体系文件制定的程序、标准、工作要求及目标分解的岗位职责实施运行。

（2）质量管理体系的认证与监督

①质量管理体系的认证程序。质量管理体系的认证程序是由具有公正性的第三方认证机构，依据质量管理体系的标准，审核组织质量管理体系要求的符合性和实施的有效性，进行独立、客观、科学、公正的评价，得出结论。认证一般按照申请、审核、审批与注册发证程序进行。

②获准认证后的监督管理。组织获准认证后，应经常性地进行内部审核，保持质量管理体系运行的有效性，并每年接受一次认证机构对组织质量管理体系实施的监督管理。组织获准认证的有效期为 3 年。获准认证后监督管理的主要工作有组织通报、监督检查、认证注销、认证暂停、认证撤销、复评及重新换证等。

3）建筑材料使用许可制度

建筑材料使用许可制度包括建筑材料生产许可制度、建筑材料产品质量认证制度、建筑材料产品推荐制度和建筑材料进场检验制度。其目的是保证建设工程使用的建筑材料符合现行的国家标准、设计要求和合同约定，从而确保建设工程质量。

建筑材料使用
许可制度

（1）建筑材料生产许可制度

《中华人民共和国行政许可法》第十二条（四）规定，直接关系公共安全、人身健康、生命财产安全的重要设备、设施、产品、物品，需要按照技术标准、技术规范，通过检验、检测、检疫等方式进行审定的事项，可以设定行政许可。政府对建设工程中的对安全、卫生、环境保护和公共利益起决定性的建筑材料，实行生产许可制度。生产如建筑用钢、水泥等建筑材料产品的企业必须具备许可证规定的生产条件、技术装备、技术人员和产品质量保证体系，经政府部门审核批准后，方可进行建筑材料的生产和销售。

(2)建筑材料产品认证制度

国家对重要的建筑材料和设备,推行产品质量认证制度。经认证合格的产品或企业,由认证机构颁发质量认证证书,准许企业在其产品或包装上使用质量认证标志。同时,在其销售的产品或包装上除标有产品质量检验合格证明外,还应标明质量认证的编号、批准日期和有效期。使用单位经检验发现已认证的产品质量不合格的,有权向产品质量认证机构投诉。

(3)建筑材料产品推荐使用制度

为造福子孙后代,国家推广使用民用建筑节能的新技术、新工艺、新材料和新设备,限制使用或者禁止使用能源消耗高的技术、工艺、材料和设备。国务院节能工作主管部门和建设行政主管部门应当制定、公布,并及时更新推广使用、限制使用、禁止使用目录。住房和城乡建设部对尚未经过产品质量认证的节能降耗建材,各省、自治区、直辖市建设行政主管部门可以推荐使用,如墙体保温材料、玻璃、门窗型材等。

【引例2】

某施工单位承接了某市重点工程,该工程为现浇框架结构,地下2层,地上11层。在该工程地下室顶板施工过程中,钢筋已经送检。施工单位为了在雨季到来之前完成基础施工,在钢筋送检没有得到检验结果时,未经监理工程师许可,擅自进行混凝土施工。待地下室顶板混凝土浇筑完毕后,钢筋检验结果出来,发现此批钢筋有一个重要指标不符合规范要求,造成该地下室顶板工程返工。

【引导问题2】 什么是建筑材料进场检验制度？该事件应如何处理？

(4)建筑材料进场检验制度

《建筑法》第五十九条规定,建筑施工企业必须按照工程设计要求,施工技术标准和合同的约定,对建筑材料、建筑构配件和设备进行检验,不合格的不得使用。《建设工程质量管理条例》第二十九条规定,施工单位必须按照工程设计要求、施工技术标准和合同约定,对建筑材料、建筑构配件、设备和商品混凝土进行检验,检验应当有书面记录和专人签字；未经检验或者检验不合格的,不得使用。

建筑材料进场
检验制度

建筑承包企业必须加强对进场的建筑材料、构配件及设备的质量检查和检测。对所有建筑材料和构配件等必须进行复检。凡涉及结构安全的试块、试件以及有关材料,应按规定进行见证取样检测。见证取样和送检的比例不得低于有关技术标准中规定应取样数量的30%。质量不合格的建筑材料、构配件及设备,不得在工程上使用,如果材料进场,应在见证的情况下退场。

【引例2评析】

引例2中,施工单位应承担返工责任。因为地下室顶板未进行隐蔽验收,不能进行下一道工序；材料进场后,施工单位还应向监理单位提交工程材料报审表,附钢筋出厂合格证、技术说明书及按规定要求进行送检的检验报告,经监理工程师审查并确认合格后,方可使用。

相关链接

　　见证取样和送检是指在建设单位或监理单位人员的见证下,由施工单位的现场试验人员对工程中涉及结构安全的试块、试件和材料在现场取样,并送至经省级以上建设行政主管部门对其资质认可和质量技术监督部门对其计量认证的质量检测单位进行检测。

4)建设工程质量检测制度

　　《建设工程质量检测管理办法》(住房和城乡建设部令第 57 号)规定,建设工程质量检测是指在新建、扩建、改建房屋建筑和市政基础设施工程活动中,建设工程质量检测机构接受委托,依据国家有关法律、法规和标准,对建设工程涉及结构安全、主要使用功能的检测项目,进入施工现场的建筑材料、建筑构配件、设备,以及工程实体质量等进行的检测。它是政府进行建设工程质量监督管理工作的重要手段之一。

《建设工程质量检测管理办法》解读

(1)建设工程质量检测机构

　　《建设工程质量检测管理办法》第三条、第五条规定,检测机构应当取得建设工程质量检测机构资质,其资质分为综合类资质、专项类资质。第六条规定,申请检测机构资质的单位应当是具有独立法人资格的企业、事业单位,或者依法设立的合伙企业,并具备相应的人员、仪器设备、检测场所、质量保证体系等条件。第十五条规定,检测机构与所检测建设工程相关的建设、施工、监理单位,以及建筑材料、建筑构配件和设备供应单位不得有隶属关系或者其他利害关系;检测机构及其工作人员不得推荐或者监制建筑材料、建筑构配件和设备。

(2)建设工程检测机构的法律责任

　　①违规取得资质的相关责任。《建设工程质量检测管理办法》第三十九条规定,违反本办法规定,未取得相应资质、资质证书已过有效期或者超出资质许可范围从事建设工程质量检测活动的,其检测报告无效,由县级以上地方人民政府住房和城乡建设主管部门处 5 万元以上10 万元以下罚款;造成危害后果的,处 10 万元以上 20 万元以下罚款;构成犯罪的,依法追究刑事责任。第四十条规定,检测机构隐瞒有关情况或者提供虚假材料申请资质,资质许可机关不予受理或者不予行政许可,并给予警告;检测机构 1 年内不得再次申请资质。第四十一条规定,以欺骗、贿赂等不正当手段取得资质证书的,由资质许可机关予以撤销;由县级以上地方人民政府住房和城乡建设主管部门给予警告或者通报批评,并处 5 万元以上 10 万元以下罚款;检测机构 3 年内不得再次申请资质;构成犯罪的,依法追究刑事责任。第四十二条第一款规定,检测机构未按照本办法第十三条第一款规定办理检测机构资质证书变更手续的,由县级以上地方人民政府住房和城乡建设主管部门责令限期办理;逾期未办理的,处 5 000 元以上 1 万元以下罚款。

　　②违规使用资质的法律责任。《建设工程质量检测管理办法》第四十二条第二款规定,检测机构未按照本办法第十三条第二款规定向资质许可机关提出资质重新核定申请的,由县级以上地方人民政府住房和城乡建设主管部门责令限期改正;逾期未改正的,处 1 万元以上 3 万元以下罚款。

　　③违规执业行为的法律责任。《建设工程质量检测管理办法》第四十五条规定,对检测机

构的 9 种违规行为,处以 1 万元以上 5 万元以下罚款。这 9 种违规行为分别是:与所检测建设工程相关的建设、施工、监理单位,以及建筑材料、建筑构配件和设备供应单位有隶属关系或者其他利害关系的;推荐或者监制建筑材料、建筑构配件和设备的;未按照规定在检测报告上签字盖章的;未及时报告发现的违反有关法律法规规定和工程建设强制性标准等行为的;未及时报告涉及结构安全、主要使用功能的不合格检测结果的;未按照规定进行档案和台账管理的;未建立并使用信息化管理系统对检测活动进行管理的;不满足跨省、自治区、直辖市承担检测业务的要求开展相应建设工程质量检测活动的;接受监督检查时不如实提供有关资料、不按照要求参加能力验证和比对试验,或者拒绝、阻碍监督检查的。

第四十七条规定,对建设、施工、监理等单位的 7 种违规行为处 3 万元以上 10 万元以下罚款;造成危害后果的,处 10 万元以上 20 万元以下罚款;构成犯罪的,依法追究刑事责任。7 种违规行为分别是:委托未取得相应资质的检测机构进行检测的;未将建设工程质量检测费用列入工程概预算并单独列支的;未按照规定实施见证的;提供的检测试样不满足符合性、真实性、代表性要求的;明示或者暗示检测机构出具虚假检测报告的;篡改或者伪造检测报告的;取样、制样和送检试样不符合规定和工程建设强制性标准的。

相关链接

《建设工程质量检测管理办法》(住建部令第 57 号)8 个重要变化

①回避条款中将设计方改为建设方,明确检测机构应回避的对象;

②无须取得 CMA 资质证书即可申报建工资质;

③检测资质分为综合类资质和专项类资质;

④资质证书实行电子证照,资质有效期由 3 年改为 5 年;

⑤新增建设单位编制工程概预算时检测费用要单独列支;

⑥非建设单位委托的检测机构出具的检测报告不得作为工程质量验收资料;

⑦明确建立信用管理制度,实行守信激励和失信惩戒;

⑧检测机构及检测人员违规处罚的变化。

【引例 3】

某质量监督站派出的监督人员到施工现场进行检查,发现工程进度相对于施工合同中约定的进度,已经严重滞后。于是,质量监督站的监督人员对施工单位和监理单位提出了批评,并拟对其进行行政处罚。

【引导问题 3】 什么是建设工程质量监督制度?你认为质量监督站的决定正确吗?

5)建设工程质量监督制度

《建设工程质量管理条例》第四十七条规定,县级以上地方人民政府建设行政主管部门和其他有关部门应当加强对有关建设工程质量的法律、法规和强制性标准执行情况的监督检查。第四十八条规定,县级以上人民政府建设行政主管部门和其他有关部门履行监督检查职责时,有权采取下列 3 项措施:一是要求被检查的单位提供有关工程质量的文件和资料;二是进入被检查单位的施工现场进行检查;三是发现有影响工程质量的问题时,责令改正。

工程质量监督制度

【引例 3 评析】

引例 3 中质量监督站的决定不正确。因为政府监督的依据是法律、法规和强制性标准,而不是合同,进度不符合合同要求不属于监督范围之内。即使应该予以行政处罚,也应由监督人员报告委托部门后实施,而不是由其直接处罚。

6）建设工程质量事故报告制度

《建设工程质量管理条例》第五十二条规定,建设工程发生质量事故,有关单位应在 24 小时内向当地建设行政主管部门和其他有关部门报告。对重大质量事故,事故发生地的建设行政主管部门和其他有关部门应当按照事故类别和等级向当地人民政府、上级建设行政主管部门和其他有关部门报告。特别重大质量事故的调查程序按照国务院有关规定办理。

建设工程质量
事故报告制度

【引例 4】

某综合楼为现浇框架结构,地下 1 层,地上 8 层。主体结构施工到第 6 层时,发现二层竖向结构混凝土试块强度达不到设计要求,后委托省级有资质的检测单位对二层竖向实体结构进行检测鉴定,认定二层竖向实体结构强度能够达到设计要求。

【引导问题 4】　什么是建设工程质量竣工验收与备案制度?二层竖向结构的质量应如何验收?

7）建设工程质量竣工验收与备案制度

（1）竣工验收制度

工程竣工验收制度

①竣工验收应满足的条件。按照《房屋建筑和市政基础设施工程竣工验收规定》（建质〔2013〕171 号）第五条规定,工程应符合下列 11 项条件,方可进行竣工验收:

a.完成工程设计和合同约定的各项内容。

b.施工单位在工程完工后对工程质量进行了检查,确认工程质量符合有关法律、法规和工程建设强制性标准,符合设计文件及合同要求,并提出工程竣工报告。工程竣工报告应经项目经理和施工单位有关负责人审核签字。

c.对于委托监理的工程项目,监理单位对工程进行了质量评估,具有完整的监理资料,并提出工程质量评估报告。工程质量评估报告应经总监理工程师和监理单位有关负责人审核签字。

d.勘察、设计单位对勘察、设计文件及施工过程中由设计单位签署的设计变更通知书进行了检查,并提出质量检查报告。质量检查报告应经该项目勘察、设计负责人和勘察、设计单位有关负责人审核签字。

e.有完整的技术档案和施工管理资料。

f.有工程使用的主要建筑材料、建筑构配件和设备的进场试验报告,以及工程质量检测和功能性试验资料。

g.建设单位已按合同约定支付工程款。

h.有施工单位签署的工程质量保修书。

i.对于住宅工程,进行分户验收并验收合格,建设单位按户出具《住宅工程质量分户验收表》。

j.建设主管部门及工程质量监督机构责令整改的问题全部整改完毕。

k.法律、法规规定的其他条件。

②竣工验收组织与程序。按照《房屋建筑和市政基础设施工程竣工验收规定》(建质〔2013〕171号)第六条、第七条、第九条的规定,可将验收工作分为三大阶段。

a.准备阶段。工程完工后,施工单位向建设单位提交工程竣工报告,申请工程竣工验收。实行监理的工程,工程竣工报告须经总监理工程师签署意见。建设单位收到工程竣工报告后,对符合竣工验收要求的工程,组织勘察、设计、施工、监理等单位组成验收组,制定验收方案。对于重大工程和技术复杂工程,根据需要可邀请有关专家参加验收组。建设单位应当在工程竣工验收7个工作日前将验收的时间、地点及验收组名单书面通知负责监督该工程的工程质量监督机构。

b.验收阶段。由建设单位组织工程竣工验收,验收工作大概分为四个环节:建设、勘察、设计、施工、监理单位分别汇报工程合同履约情况和在工程建设各个环节执行法律、法规和工程建设强制性标准的情况;审阅建设、勘察、设计、施工、监理单位的工程档案资料;实地查验工程质量;对工程勘察、设计、施工、设备安装质量和各管理环节等方面作出全面评价,形成经验收组人员签署的工程竣工验收意见。

c.结束阶段。工程竣工验收合格后,建设单位应当及时提出工程竣工验收报告。工程竣工验收报告主要包括工程概况,建设单位执行基本建设程序情况,对工程勘察、设计、施工、监理等方面的评价,工程竣工验收时间、程序、内容和组织形式,工程竣工验收意见等内容。

工程竣工验收报告还应附有施工许可证,施工图设计文件审查意见,工程竣工报告,工程质量检查报告,工程质量评估报告,工程质量保修书,验收组人员签署的工程竣工验收意见,法规、规章规定的其他有关文件。

工程竣工验收
的主体和条件

工程竣工验收
要求与标准

(2)备案制度

建设单位应当自工程竣工验收合格之日起15日内,按照《房屋建筑和市政基础设施工程竣工验收备案管理办法》(住房和城乡建设部令第2号)的规定,向工程所在地的县级以上地方人民政府建设主管部门备案。

【引例4评析】

引例4中,二层竖向结构的质量可以正常验收。混凝土试块强度不足是检验中发现的质量问题,经过有资质的检测机构进行实体检测后,混凝土实体强度符合设计要求,可以认定混凝土强度符合设计要求。质量验收时,应附实体检测报告。

【引例1评析】

引例1中,砖混结构住宅楼工程质量验收的基本条件应符合《建筑工程施工质量验收统一标准》(GB 50300—2013)中的要求和其他专业验收规范的要求。

有裂缝的墙体应按下列情况进行验收:对不影响结构安全的裂缝墙体,应予验收;对影响使用功能和观感质量的裂缝,应进行处理;对可能影响结构安全的裂缝墙体,应由有资质的检测机构检测鉴定,需要返修或加固处理的墙体,待返修或加固处理满足设计要求后进行重新验收。

施工单位对引例1中的质量问题,必须承担责任。因为该工程质量问题是由施工单位在施工过程中未按设计要求施工造成的。

8)建设工程质量奖励制度

工程质量奖励是与工程投资、功能相互关联的。为控制工程造价,应在建设工程施工合同中载明工程质量奖励的具体要求,而不是工程竣工后才确定工程质量奖励。由住房和城乡建设部指导、中国建筑业协会实施评选的鲁班奖,是中国建筑行业工程质量颁发的最高荣誉奖。该奖对建筑施工企业加强工程质量管理、争创一流工程具有很好的激励作用。

特别提示

施工工艺、施工质量验收和评优奖励这三个阶段是与质量保证、质量监督、质量评价三大体系相对应的。施工工艺是指导企业具体操作的标准,与质量保证体系相对应;施工质量验收是有关各方实施监督验收的依据,与质量监督体系相对应;评优奖励是权威机构对工程评定优质工程的准绳,与质量评定体系相对应。

9)建设工程质量保修制度

建设工程质量
保修制度

建设工程质量保修制度是指建设工程办理竣工验收,签署竣工验收鉴定书后,在质量保修书中规定的保修期内,因勘察、设计、施工、材料等原因造成的质量缺陷,应当由施工承包单位负责维修、返工或更换,由责任单位负责赔偿损失的法律制度。

(1)建设工程质量的保修范围和保修期限

①工程质量保修书。工程质量保修书是发承包双方就保修范围、保修期限和保修责任等设立权利和义务的协议,集中体现了承包单位对发包单位的工程质量保修承诺,具有合同效力。《建设工程质量管理条例》第三十九条第二款规定,建设工程承包单位在向建设单位提交工程竣工验收报告时,应当向建设单位出具质量保修书,并明确建设工程的保修范围、保修期限和保修责任,还应包括保修金的有关约定(特别是应明确保修金的具体返还期限)。施工单位签署的工程质量保修书是建设工程竣工验收应具备的条件之一。

②保修范围。《建筑法》第六十二条规定,建设工程的保修范围应当包括地基基础工程、主体结构工程、屋面防水工程和其他土建工程,以及电气管线、上下水管线的安装工程,供热、供冷系统工程等项目。

③保修期限。《建设工程质量管理条例》第四十条规定,在正常使用条件下,建设工程的最低保修期限为:

a.基础设施工程、房屋建筑的地基基础工程和主体结构工程,为设计文件规定的该工程的合理使用年限;

b.屋面防水工程、有防水要求的卫生间、房间和外墙面的防渗漏,为5年;

c.供热与供冷系统,为两个采暖期、供冷期;

d.电气管线、给排水管道、设备安装和装修工程,为2年。

其他项目的保修期限由发包方与承包方约定。

上述保修范围属于法律强制性规定。发承包双方约定的保修期限不得低于《建设工程质量管理条例》规定的期限,但可以延长。建设工程的保修期,自竣工验收合格之日起计算。

(2)建设工程保修责任

《建设工程质量管理条例》第四十一条规定,建设工程在保修范围和保修期限内发生质量问题的,施工单位应当履行保修义务,并对造成的损失承担赔偿责任。《房屋建筑工程质量保修办法》规定了以下3种不属于保修范围的情况:

①因使用不当造成的质量缺陷;

②第三方造成的质量缺陷;

③不可抗力造成的质量缺陷。

(3)保修程序

①建设工程在保修期限内出现质量缺陷,发包单位应当向承包单位发出保修通知。

②承包单位接到保修通知后,应当到现场核查情况,在工程质量保修书约定的时间内予以保修。发生涉及结构安全或者严重影响使用功能的紧急抢修事故,承包单位接到保修通知后,应当立即到达现场抢修。

③承包单位不按工程质量保修书约定保修的,发包单位可以另行委托其他单位保修,由原承包单位承担相应责任。

④保修费用由造成质量缺陷的责任方承担。

a.如质量缺陷是因承包单位未按照工程建设强制性标准和合同要求施工造成的,承包单位不仅应负责保修,还应承担保修费用。

b.如质量缺陷是因设计单位、勘察单位或发包单位、监理单位的过失造成的,承包单位仅负责保修,并有权对由此发生的保修费用向建设单位索赔。发包单位向承包单位承担赔偿责任后,有权向造成质量缺陷的责任方追偿。

【应用案例】 A公司(原告)与被告签订了一份防腐工程合同,合同约定,由A公司采取包工包料的方式为被告进行生产设备(包括烟囱、凉水塔)除锈、油漆,工期60天;合同价为260 000元;合同签订10日内被告将合同总价的20%预付款支付给原告,被告在工程竣工验收合格后半年,再付合同总价的77%,合同总价的3%为质量保证金,在质保期满后一个月内结清;工程质保期为1年。合同签订后,A公司按照双方约定进行了工程施工。由于被告急于使用在建工程,工程未经验收就投入使用。后工程质量出现问题,双方就维修问题发生纠纷。

【问题】 该事件应如何处理?

【应用案例评析】 竣工验收是发包人依据验收规范、质量标准和合同约定对已经完成的建筑工程,检查其是否符合设计文件和质量约定的行为。竣工验收是质量控制的必要措施之一,验收合格表明承包人全面履行了合同义务,发包人应当接受工程并支付工程款。《建筑法》和《建设工程质量管理条例》均规定:建设工程竣工经验收合格后,方可交付使用;未经验收或者验收不合格的,不得交付使用。但是未经验收而擅自使用出现质量问题如何承担责任,缺乏明确规定,《最高人民法院关于审理建设工程施工合同纠纷案件适用法律问题的解释(一)》(法释〔2020〕25 号)第十四条弥补了法律漏洞:"建设工程未经竣工验收,发包人擅自使用后,又以使用部分质量不符合约定为由主张权利的,人民法院不予支持;但是承包人应当在建设工程的合理使用寿命内对地基基础工程和主体结构质量承担民事责任。"

13.4　任务实施与评价

①此次任务完成中存在的主要问题有哪些?

②问题产生的原因有哪些? 请提出相应的解决方法。

③你认为还需要加强哪些方面的指导(实际工作过程及理论知识)?

知识回顾

通过本任务的完成,应熟悉建设工程质量标准化制度、建筑材料使用许可制度;掌握建设工程质量认证、质量检测、竣工验收、质量保修制度。其中,工程建设标准强制性条文、建设工程质量监督机构的职责、工程质量见证取样检测、建筑材料进场检验制度、工程竣工质量验收的要求和程序、工程质量保修责任和期限是学习重点。

课后训练

一、案例分析

【案例 1】　某工程建筑面积为 35 000 m²,建筑高度为 115 m,为 36 层现浇框架-剪力墙结构,地下 2 层,抗震设防烈度为 8 度,由某市建筑公司总承包,工程于 2024 年 2 月 18 日开工。工程开工后,由项目经理部质量负责人组织编制施工项目质量计划。

问题:

1.项目经理部质量负责人组织编制施工项目质量计划的做法对吗? 为什么?

2.施工项目质量计划的编制要求有哪些?

3.项目质量控制的方针和基本程序是什么?

【案例 2】　某工程,建设单位与甲施工单位签订了施工合同,与丙监理单位签订了监理合同。经建设单位同意,甲施工单位确定乙施工单位作为分包单位,并签订了分包合同。

施工过程中,甲施工单位资金出现困难,无法按分包合同约定支付乙施工单位工程进度款,乙施工单位向建设单位提出支付申请,建设单位同意申请,并向乙施工单位支付进度款。专业监理工程师在巡视中发现,乙施工单位施工的在施部位存在质量隐患,专业监理工程师随即向甲施工单位签发整改通知。甲施工单位回函称,建设单位已直接向乙施工单位支付工程进度款,因此本单位对乙施工单位施工的工程质量不承担责任。

工程完工,甲施工单位向建设单位提交竣工验收报告后,建设单位于 2021 年 9 月 20 日组织勘察、设计、施工、监理等单位竣工验收,工程竣工验收通过,各单位分别签署了工程质量竣工验收鉴定证书。建设单位于 2022 年 3 月办理了工程竣工备案。因使用需要,建设单位于

2021 年 10 月中旬,要求乙施工单位按其示意图在已竣工验收的地下车库承重墙上开车库大门,该工程于 2021 年 11 月底正式投入使用。

2023 年 2 月,该工程排水管道严重漏水,经丙监理单位实地检查,确认系新开车库门施工时破坏了承重结构所致。建设单位依据工程还在质量保修期内,要求甲施工单位无偿修理。建设行政主管部门对责任单位进行了处罚。

问题:

1. 甲施工单位回函的说法是否正确?

2. 工程竣工验收程序是否合适?

3. 造成严重漏水,应该由哪个单位承担责任?

4. 建设行政主管部门应该对哪个单位进行处罚?

二、实训练习

1. 请根据教师所给项目具体情况,确定本次应承担的质量保障责任。

2. 根据本次质量保障责任确定本项目质量管理重点。

3. 根据质量管理重点编制本项目质量计划的法律建议书。

4. 为本项目质量保障体系的建立与运行提出法律建议。

三、建工拓展与感悟

请扫码观看视频,了解北京建工数字化建设四字诀,思考如何实现数字强国?

解析北京建工数
字化建设四字诀

任务 14　质量管理法律纠纷处理

警钟长鸣——倾覆事故背后的思考

【建工先读】
扫码观看视频,思考建工人应如何心怀家国,合规守法保质量?

【引例 1】
某化工厂为扩大再生产,厂区领导决定在同一厂区建设第二个大型厂房。按照该市城市总体规划及局部详细规划,已经批准该化工厂扩大建设用地。经厂房建设指挥部查看第一个厂房的勘察成果及第二个厂区的地质状况,商讨决定不进行勘察,将 4 年前第一个厂房的勘察成果提供给设计院作为设计依据,不仅节省了投资,也加快了工程进度。设计院根据厂房建设指挥部的要求和设计资料、规范等文件进行设计。建设单位将该工程的施工任务委托给李某所带的施工队进行施工,厂房投入使用后仅一年就发现北墙地基沉陷明显,北墙墙体多处开裂,根据质量保修书的规定,厂房建设指挥部与李某交涉,李某认为不是自身原因造成的,不予返修。

【引导问题 1】　根据引例 1,讨论以下问题:
①常见的质量纠纷有哪些?
②本案中的质量责任应当由谁承担? 并说明依据。
③建设单位的做法存在哪些不妥? 并说明理由。

14.1　任务导读

工程项目建设过程中,建设参与方常就各类质量事件发生质量纠纷。为完成本任务,你需要掌握建设工程质量责任制度,熟悉建设工程施工质量缺陷问题及产生纠纷的原因,学会如何正确适用法律。如你现接受 A 企业委托,为其提供质量管理的后期法律服务,并提交该项目的质量管理后期法律意见书,你需完成 14.2 节的任务目标。

14.2　任务目标

①按照正确的方法和途径,收集质量管理相关法律资料;
②依据资料分析结果,确定该次任务工作步骤;
③在规定时间内完成该质量管理事件和相关法律纠纷处理,并提交后期法律建议书;
④通过完成该任务,提出后续工作建议,完成自我评价,并提出改进意见。

14.3　知识准备

建设单位的质量责任和义务

14.3.1　建设工程质量责任制度

1)建设单位的质量责任和义务

(1)依法对工程进行发包的责任
《建筑法》明确规定,建设单位应依法行使工程发包权。《建设工程质量管理条例》第七条规定,建设单位应当将工程发包给具有相应资质等级的单位,不得将建设工程肢解发包。

(2)依法对材料设备招标的责任

《建设工程质量管理条例》第八条规定,建设单位应当依法对工程建设项目的勘察、设计、施工、监理以及与工程建设有关的重要设备、材料等的采购进行招标。

建设单位实施的工程建设项目采购行为,应符合《中华人民共和国招标投标法》及其相关规定。

(3)提供原始资料的责任

《建设工程质量管理条例》第九条及《建设工程安全生产管理条例》规定,建设单位必须向有关的勘察、设计、施工、工程监理等单位提供与建设工程有关的原始资料。原始资料必须真实、准确、齐全。

(4)不得干预投标人的责任

《建设工程质量管理条例》第十条规定,建设工程发包单位不得迫使承包方以低于成本的价格竞标,不得任意压缩合理工期,不得明示或者暗示设计单位或者施工单位违反工程建设强制性标准,降低建设工程质量。

(5)送审施工图的责任

《建设工程质量管理条例》第十一条规定,施工图设计文件审查的具体办法,由国务院建设行政主管部门、国务院其他有关部门制定。施工图设计文件未经审查批准的,不得使用。施工图设计文件审查是基本建设必须进行的程序之一,建设单位应当严格执行。

《建设工程勘察设计管理条例》第三十三条规定,施工图设计文件审查机构应当对房屋建筑工程、市政基础设施工程、施工图设计文件中涉及公共利益、公共安全、工程建设强制性标准的内容进行审查。县级以上人民政府交通运输等有关部门应当按照职责对施工图设计文件中涉及公共利益、公众安全、工程建设强制性标准的内容进行审查。

(6)依法委托监理的责任

《建设工程质量管理条例》第十二条规定,实行监理的建设工程,建设单位应当委托具有相应资质等级的工程监理单位进行监理,也可以委托具有工程监理相关资质等级并与被监理工程的施工承包单位没有隶属关系或者其他利害关系的该工程的设计单位进行监理。

(7)确保提供的物资符合要求的责任

《建设工程质量管理条例》第十四条规定,按照合同约定,由建设单位采购建筑材料、建筑构配件和设备的,建设单位应当保证建筑材料、建筑构配件和设备符合设计文件和合同要求。建设单位不得明示或者暗示施工单位使用不合格的建筑材料、建筑构配件和设备。

如建设单位提供的建筑材料、建筑构配件和设备不符合设计文件和合同要求,应向施工单位承担违约责任,施工单位有权拒绝接收这些货物。

(8)不得擅自改变主体和承重结构进行装修的责任

《建设工程质量管理条例》第十五条规定,涉及建筑主体和承重结构变动的装修工程,建设单位应当在施工前委托原设计单位或者具有相应资质等级的设计单位提出设计方案;没有设计方案的,不得施工。

(9)依法组织竣工验收的责任

《建设工程质量管理条例》第十六条规定,建设单位收到建设工程竣工报告后,应当组织设计、施工、工程监理等有关单位进行竣工验收。

（10）移交建设项目档案的责任

《建设工程质量管理条例》第十七条规定,建设单位应当严格按照国家有关档案管理的规定,及时收集,整理建设项目各环节的文件资料,建立、健全建设项目档案,并在建设工程竣工验收后,及时向建设行政主管部门或者其他有关部门移交建设项目档案。

【引例 2】

某市工商支行与某建筑工程公司于 2020 年 7 月 26 日签订了建筑安装工程施工合同。合同约定:某建筑工程公司为某市工商支行建设一幢面积为 22 806 m^2 的住宅楼;2020 年 8 月 10 日开工,2022 年 7 月 1 日竣工;工程总造价为 942 万元,一次包死。合同还对双方各自的责任、付款与结算办法及奖罚作出了规定。

在合同履行中,由于某建筑工程公司施工措施不力,技术水平、组织管理水平较低,加之某市工商支行未能及时提供图纸,工程没有按期完工。双方于 2021 年 6 月 27 日在某市公证部门主持下就该工程达成协议,继续执行原合同,并将工程竣工时间顺延至 2023 年 11 月 15 日。某建筑工程公司遂加班加点,按期完工,并向某市工商支行发出了交工通知书。某市工商支行请质量监督部门对工程进行验收。经验收合格后,某市工商支行接收了该住宅楼,并与某建筑工程公司按照约定的方式和期限进行了工程决算,支付了全部工程款。

但在某市工商支行员工搬入住宅楼半年后,工程基础出现沉降现象,底层住户家中地板出现较大裂缝。

某市工商支行认为这是由于某建筑工程公司施工水平低下、工程质量低劣所致,遂向人民法院起诉,要求某建筑工程公司在规定期限内无偿返工或修理,并赔偿某市工商支行因此遭受的经济损失,承担违约责任。

【引导问题 2】　勘察、设计单位是否对勘察、设计的质量负责?

2）勘察、设计单位的质量责任和义务

（1）遵守执业资质等级制度的责任

《建设工程质量管理条例》第十八条规定,从事建设工程勘察、设计的单位应当依法取得相应等级的资质证书,并在其资质等级许可的范围内承揽工程。

勘察、设计单位的质量责任和义务

禁止勘察、设计单位超越其资质等级许可的范围或者以其他勘察、设计单位的名义承揽工程。禁止勘察、设计单位允许其他单位或者个人以本单位的名义承揽工程。勘察、设计单位不得转包或者违法分包所承揽的工程。

（2）执行强制性标准的责任

《建设工程质量管理条例》第十九条规定,勘察、设计单位必须按照工程建设强制性标准进行勘察、设计,并对其勘察、设计的质量负责。注册建筑师、注册结构工程师等注册执业人员应当在设计文件上签字,对设计文件负责。

（3）勘察、设计成果的责任

《建设工程质量管理条例》第二十条规定,勘察单位提供的地质、测量、水文等勘察成果必须真实、准确。

《建设工程质量管理条例》第二十一条规定,设计单位应当根据勘察成果文件进行建设工程设计。设计文件应当符合国家规定的设计深度要求,注明工程合理使用年限。

《建设工程质量管理条例》第二十二条规定,设计单位在设计文件中选用的建筑材料、建筑构配件和设备,应当注明规格、型号、性能等技术指标,其质量要求必须符合国家规定的标准。除有特殊要求的建筑材料、专用设备、工艺生产线等外,设计单位不得指定生产厂、供应商。

(4)解释设计文件的责任

《建设工程质量管理条例》第二十三条规定,设计单位应当就审查合格的施工图设计文件向施工单位作出详细说明。

《建设工程勘察设计管理条例》第三十条规定,建设工程勘察、设计单位应当在建设工程施工前,向施工单位和监理单位说明建设工程勘察、设计意图,解释建设工程勘察、设计文件。建设工程勘察、设计单位应当及时解决施工中出现的勘察、设计问题。

(5)参与质量事故分析的责任

《建设工程质量管理条例》第二十四条规定,设计单位应当参与建设工程质量事故分析,并对因设计造成的质量事故,提出相应的技术处理方案。

【引例2 评析】

引例2中,该住宅楼工程基础出现沉降现象是由于提供图纸的某市设计院设计不当所致。因此,设计单位应对设计的质量负责。

【引例3】

某县第二建筑工程公司通过招投标方式总承包该县第一中学的新教学楼兴建和旧教学楼装修工程。第二建筑工程公司与第一中学签订承包合同时,为确保按期完成工程任务,经第一中学同意,将总承包工程项目中的旧教学楼装修工程分包给该县某乡建筑队,合同中明确约定第二建筑工程公司要对某乡建筑队的施工质量负责。该建设工程全部竣工后,在进行竣工验收时,发现某乡建筑队分包的旧教学楼装修工程没有达到质量要求。经查,原因是某乡建筑队负责该装修工程的施工队伍未取得相应等级的资质证书,技术力量明显不足,所使用的材料也明显达不到合同约定的质量标准。据此,第一中学要求第二建筑工程公司负责返修。经协商未果,第一中学诉至某县人民法院。

【引导问题3】 分包单位施工质量不合格,总承包单位是否对建设单位承担质量责任?

3)施工单位的质量责任和义务

(1)依法承揽工程的责任

施工单位的质量
责任和义务

《建设工程质量管理条例》第二十五条规定,施工单位应当依法取得相应等级的资质证书,并在其资质等级许可的范围内承揽工程。禁止施工单位超越本单位资质等级许可的业务范围或者以其他施工单位的名义承揽工程。禁止施工单位允许其他单位或者个人以本单位的名义承揽工程。施工单位不得转包或者违法分包工程。

(2)建立质量保证体系的责任

《建设工程质量管理条例》第二十六条规定,施工单位对建设工程的施工质量负责。施工单位应建立质量责任制,确定工程项目的项目经理、技术负责人和施工管理负责人。建设工程实行总承包的,总承包单位应当对全部建设工程质量负责;建设工程勘察、设计、施工、设备采购的一项或者多项实行总承包的,总承包单位应当对其承包的建设工程或者采购的设备的质量负责。

(3)分包单位保证工程质量的责任

《建设工程质量管理条例》第二十七条规定,总承包单位依法将建设工程分包给其他单位的,分包单位应当按照分包合同的约定对其分包工程的质量向总承包单位负责,总承包单位与分包单位对分包工程的质量承担连带责任。

可见【引例3】中总承包单位应对建设单位承担质量责任。

【引例4】

甲市的乙建设工程股份公司首次进入丙市施工,为了落实乙建设工程股份公司长期占有丙市建筑市场份额的理念,乙建设工程股份公司董事会明确了在丙市施工工程的主导思想,即"干一个工程,竖一块丰碑,建立公司良好的社会信誉"。公司年轻的项目经理赵某根据自己的意愿,为了确保工程质量高于验收标准,并确保本工程获得丙市的优质样板工程,决定暗自修改基础、主体工程混凝土的配合比,使得修改后的混凝土强度比施工图纸设计的混凝土强度整体高一个等级,项目经理部自己承担所增加的费用。

【引导问题4】　项目经理赵某的决定是否妥当?

(4)按图施工的责任

《建设工程质量管理条例》第二十八条规定,施工单位必须按照工程设计图纸和施工技术标准施工,不得擅自修改工程设计,不得偷工减料。如施工单位没有按照工程设计图纸施工,首先要对建设单位承担违约责任。同时,还要承担相应的违法责任。

施工单位在施工过程中发现设计文件和图纸有差错的,应及时提出意见和建议,并按照规定程序提请变更。

【引例4评析】

引例4中项目经理的决定不妥当。项目经理的决定将改变设计图纸,此时应先征得设计人的同意。项目经理的决定是单方面的好意,表面上看是提高了建筑工程的混凝土强度,对建筑工程施工是有积极意义的,殊不知建筑工程是一个整体,单方面提高混凝土强度不一定会提高建筑工程的整体强度。

(5)对建筑材料、构配件和设备进行检验的责任

施工单位对建筑材料、建筑构配件、设备和商品混凝土的检验是保证工程质量的重要环节。《建设工程质量管理条例》第二十九条规定,施工单位必须按照工程设计要求、施工技术标准和合同约定,对建筑材料、建筑构配件、设备和商品混凝土进行检验,检验应当有书面记录和专人签字;未经检验和检验产品不合格的,不得使用。

(6)对施工质量进行检验的责任

隐蔽工程具有不可逆性,对隐蔽工程的验收应严格按照法律、法规、强制性标准及合同约定进行。《建设工程质量管理条例》第三十条规定,施工单位必须建立、健全施工质量的检验制度,严格工序管理,做好隐蔽工程的质量检查和记录。隐蔽工程在隐蔽前,施工单位应当通知建设单位和建设工程质量监督机构。

(7)见证取样的责任

《建设工程质量管理条例》第三十一条规定,施工人员对涉及结构安全的试块、试件以及有关材料,应当在建设单位或者工程监理单位监督下现场取样,并送具有相应资质等级的质量检测单位进行检测。

【引例5】

事件1:某公路工程施工企业在缺陷责任期满向建设单位申请退还质量保证金时,建设单位以在保修期间曾自行针对合同路段进行过维修为由,扣除40%的质量保证金,仅将剩余部分的质量保证金退还。

事件2:某建筑施工企业与建设单位在某项建筑工程竣工结算后达成协议,承包单位放弃部分结算款项,由建设单位一次性将工程尾款支付给承包单位,承包单位在依约向建设单位索要工程尾款时,建设单位提出应扣除10%的款项作为质量保修金,一年后再退还。

【引导问题5】 上述两个事件中,建设单位的做法正确吗?

(8)返修保修的责任

《建设工程质量管理条例》第三十二条规定,施工单位对施工中出现质量问题的建设工程或者竣工验收不合格的建设工程,应当负责返修。建设工程竣工验收合格后,施工单位应对保修期内出现的质量问题履行保修义务。

质量返修保修
实例分析

【引例5 评析】

针对引例5中事件1,在没有证据证明建设单位通知承包单位履行缺陷责任期内的保修责任,并且造成工程出现质量问题的原因系"由于承包人所用的材料、设备或者操作工艺不符合合同要求,或者承包人的疏忽或未遵守合同中对承包人规定的义务而造成的"情况下,建设单位不能直接扣除承包单位的质量保证金。

针对引例5中事件2,建设单位理应依约全额支付工程尾款,其提出的扣减10%的质量保修金在一年后退还,违背了双方补充合同的本意。因为如果建筑工程在保修期内出现质量问题,承包单位理应自费承担保修责任,如承包单位在建设单位通知后拒不履行保修责任,建设单位可以在自行修复后要求承包单位承担保修费用或者通过诉讼或者仲裁要求承包单位履行保修责任,如果由于质量缺陷或者保修不及时给建设单位或者工程使用人造成损害,建设单位还有权要求其承担质量赔偿责任。

相 关链接

《建设工程质量保证金管理办法》(建质〔2017〕138号)相关规定

第二条　本办法所称建设工程质量保证金(以下简称保证金)是指发包人与承包人在建设工程承包合同中约定,从应付的工程款中预留,用以保证承包人在缺陷责任期内对建设工程出现的缺陷进行维修的资金。

缺陷是指建设工程质量不符合工程建设强制性标准、设计文件,以及承包合同的约定。

缺陷责任期一般为1年,最长不超过2年,由发、承包双方在合同中约定。

第五条　推行银行保函制度,承包人可以银行保函替代预留保证金。

第六条　在工程项目竣工前,已经缴纳履约保证金的,发包人不得同时预留工程质量保证金。

采用工程质量保证担保、工程质量保险等其他保证方式的,发包人不得再预留保证金。

第七条　发包人应按照合同约定方式预留保证金,保证金总预留比例不得高于工程价款结算总额的 3%。合同约定由承包人以银行保函替代预留保证金的,保函金额不得高于工程价款结算总额的 3%。

第八条　缺陷责任期从工程通过竣工验收之日起计。由于承包人原因导致工程无法按规定期限进行竣工验收的,缺陷责任期从实际通过竣工验收之日起计。由于发包人原因导致工程无法按规定期限进行竣工验收的,在承包人提交竣工验收报告 90 天后,工程自动进入缺陷责任期。

质量保证金解读

4)工程监理单位的质量责任和义务

(1)依法承揽业务的责任

《建设工程质量管理条例》第三十四条规定,工程监理单位应依法取得相应等级的资质证书,并在其资质等级许可的范围内承担工程监理业务。禁止工程监理单位超越本单位资质等级许可的范围或者以其他工程监理单位的名义承担工程监理业务。禁止工程监理单位允许其他单位或者个人以本单位的名义承担工程监理业务。工程监理单位不得转让工程监理业务。

工程监理单位的质量责任和义务

(2)独立监理的责任

《建设工程质量管理条例》第三十五条规定,工程监理单位与被监理工程的施工承包单位以及建筑材料、建筑构配件和设备供应单位有隶属关系或者其他利害关系的,不得承担该项建设工程的监理业务。

(3)依法监理的责任

《建设工程质量管理条例》第三十六条规定,工程监理单位应依照法律、法规以及有关技术标准、设计文件和建设工程承包合同,代表建设单位对施工质量实施监理,并对施工质量承担监理责任。第三十八条规定,监理工程师应当按照工程监理规范的要求,采取旁站、巡视和平行检验等形式,对建设工程实施监理。

(4)确认质量和应付工程款的责任

《建设工程质量管理条例》第三十七条规定,工程监理单位应当选派具备相应资格的总监理工程师和监理工程师进驻施工现场。未经监理工程师签字,建筑材料、建筑构配件和设备不得在工程上使用或者安装,施工单位不得进行下一道工序的施工。未经总监理工程师签字,建设单位不拨付工程款,不进行竣工验收。

【引例 1 评析】

综上所述,引例 1 中各方涉及责任应作出以下分析:

①质量责任应由建设方承担,设计方也应承担部分责任。根据《建筑法》第五十四条规定,建设单位不得以任何理由,要求建筑设计单位或者施工单位在工程设计或者施工作业中,违反法律、行政法规和建筑工程质量、安全标准,降低工程质量。该化工厂为节省投资,没有进行勘察,违反了法律规定,对该工程质量应承担主要责任。

《建筑法》第五十四条还规定,建筑设计单位和建筑施工企业对建设单位违反规定提出的降低工程质量的要求,应当予以拒绝。设计单位对于建设单位的不合理要求没有予以拒绝,因此应承担次要质量责任。

②建设单位应当将工程委托给具有相应资质等级的单位,而不能委托给李某,个人不具备工程建设承揽业务的资质。

14.3.2 建设工程质量问题发生的阶段

在处理建设工程质量纠纷时,首先要判断是哪个阶段发生了质量问题,然后才能正确适用法律,采取针对性的措施予以解决。建设工程质量问题发生的阶段主要可分为:

①施工过程中发生的质量问题;

②竣工验收过程中发生的质量问题;

③保修期发生的质量问题;

④保修期届满后发生的质量问题。

14.3.3 建设工程施工质量缺陷问题及产生纠纷的原因

常见的工程质量问题包括地基基础下沉、主体结构承载力不够、墙面屋顶渗水漏水、墙体楼板裂缝等。究其原因可分为以下几个方面:

建设工程质量
常见纠纷

1) 建设单位或发包人方面的原因

①建设单位不顾实际降低造价,缩短工期;

②建设单位不按建设程序运作;

③建设单位在设计或施工中提出违反法律、行政法规和建筑工程质量、安全标准的要求;

④建设单位将工程发包给没有资质的单位或将工程任意肢解进行分包;

⑤建设单位未将施工图设计文件报县级以上人民政府建设行政主管部门及其他有关部门审查;

⑥建设单位采购的建筑材料、建筑构配件和设备不合格或给施工单位指定厂家,明示、暗示使用不合格的材料、构配件和设备。

2) 勘察设计单位方面的原因

①勘察设计单位资质瑕疵;

②勘察设计成果瑕疵。

3) 施工单位或承包人方面的原因

①施工单位脱离设计图纸,违反技术规范及在施工中偷工减料;

②施工单位不具有相关资质进行施工和其他相关违法活动;

③施工单位未履行属于自己在施工前产品检验的强化责任;

④施工单位对于在质量保修期内出现的质量缺陷不履行质量保修责任。

4) 监理单位方面的原因

①工程监理单位未依照法律、法规以及有关技术标准、设计文件和建设工程承包合同,代表建设单位对施工质量实施监理;

②监理工程师未按照工程监理规范的要求，采取旁站、巡视和平行检验等形式，对建设工程实施监理。

14.3.4　如何正确适用法律

工程质量责任范围

1) 工程质量责任范围

工程质量责任范围一般原则是"谁勘察设计谁负责，谁施工谁负责"。首先，参与工程建设的各方都是工程质量的主体，都有可能要承担责任；其次，有共同责任的，共同责任又分按份责任和连带责任；最后，双方责任，也就是发包人和其他建设主体各自承担责任。

2) 承担责任的方式

承包人承担责任的方式：修理、返工、改建，减少价款，质量不合格造成其他损失的还要承担损失赔偿责任。

发包人承担责任的方式：提供材料不符合强制性标准且经承包人催告仍不改的，承包人有权解除合同并要求赔偿损失；另外，由于提供的材料不合格造成第三人损失的，发包人也应当承担赔偿责任。

3) 发包人擅自使用未经竣工验收的工程后果

《最高人民法院关于审理建设工程施工合同纠纷案件适用法律问题的解释（一）》（法释〔2020〕25号）第十四条规定："建设工程未经竣工验收，发包人擅自使用后，又以使用部分质量不符合约定为由主张权利的，不予支持；但是承包人应当在建设工程的合理使用寿命内对地基基础工程和主体结构质量承担民事责任。"

该规定有三方面的意思：第一，未经竣工验收的工程，发包人擅自使用的，发包人承担责任；第二，发包人仅对擅自使用部分的质量问题承担责任；第三，承包人在建设工程合理使用寿命内对地基基础工程和主体结构质量仍要承担责任。

【应用案例 1】　上海某公司承接长沙某厂房项目，工程完工后，业主未经验收即使用了厂房。但承包方未能及时固定业主使用的事实。在多次催要工程款无果后，承包方决定起诉。承包方在工商资料中调阅到一份业主申请迁址的资料，资料显示，在工程完工后不久，业主即向工程所在地工商局申请将工厂由原址迁至工程所在地。在承包方起诉后，业主提起工期逾期和质量损失索赔的反诉。对此，承包方向法院提供业主迁址申请文件，并强调业主申请迁址的行为表明，新址自申请之日即已经具备使用条件，业主对工程质量已经予以认可，不存在工程逾期；由于业主未经竣工验收即使用了工程，因此根据《最高人民法院关于审理建设工程施工合同纠纷案件适用法律问题的解释（一）》（法释〔2020〕25号）规定，承包方对业主提出的一般性质量问题不承担责任。法院最终采信了承包方的意见，驳回业主的索赔请求。业主上诉，二审法院维持原判。

【问题 1】　业主未经竣工验收使用工程，承包方有哪些责任？

【应用案例 1 评析】　业主使用厂房的表现形式有很多。在未能及时有效固定业主使用的直接证据的情况下，承包方可通过收集其他间接证据证明业主实际使用或认可工程质量的事实。本案例中业主迁址申请就是很有力的证明之一。在建设工程未经竣工验收或验收不合格的情况下，发包方如擅自或强行使用，可视为其对建设工程质量的认可或者自愿承担质量责任。但发包方仅对擅自使用部分的质量问题承担责任。承包方在建设工程合理使用寿命内对地基基础工程和主体结构质量仍要承担责任。

【应用案例2】 某房地产开发商与某建设集团签订了工程总承包合同,约定由某建设集团承包某房地产开发商开发的某高层住宅小区施工工程。工程范围包括桩基、基础围护等土建工程和室内电话排管、排线等安装工程。在该合同中,双方还约定,某房地产开发商可以指定分包大部分安装工程和一部分土建工程;对于不属于总包单位承包的范围但需总包单位进行配合的项目,可以收取2%的配合费;工程工期为455天,质量必须全部达到优良,否则按未达优良工程建筑面积以每平方米10元处罚总包单位;分包单位的任何违约或疏忽,均视为总包单位的违约或疏忽。

总包单位如约进场施工,某房地产开发商也先后将24项工程分包出去,分别为:塑钢门窗,铸铁栏杆,防水卷材,保温工程,防火防盗门,分户门,消防室内立管,干挂大理石,伸缩缝不锈钢板,屋顶水箱,锻钢栏杆,污水处理池,底层公用部位地砖,下水道,绿化,商场大理石及楼梯踏步、扶手,喷毛,小区道路,商场地下室配电箱、柜安装,地下室水泵房控制柜出线安装,用户站各单元配电箱出线安装,母线槽到各楼层控制箱电线及金属软管安装,各单元住宅和灯箱安装,地下室水泵房涂锌钢管安装。

在施工过程中,双方对合同中关于某些工程"可以指定分包"的理解发生争执,并且分包单位因指定购买的建筑材料、建筑构配件、设备不符合强制性标准,导致高层住宅小区存在严重的工程质量问题。在争议期间,某房地产开发商拖延支付进度款,某建设集团也相应停止施工。数次协商未果,某建设集团起诉到人民法院,要求某房地产开发商给付工程款并赔偿损失,同时要求解除工程承包合同。

【问题2】 肢解发包建设工程所造成的建筑物质量问题,发包人是否应当承担责任?

【应用案例2评析】 发包人分包出去的24项工程中除绿化项目外,其他项目都在或应在总承包项目中,因此发包人在没有经过总包人同意的情况下擅自剥离直接发包,并非真正意义上的指定分包,而是肢解发包的行为。《建筑法》第二十四条明确规定禁止将建筑工程肢解发包。因此,如果发包人违反法律规定进行肢解分包,并因肢解分包造成工程质量问题,则由发包人自己承担。

双方在合同中约定的一部分工程可以由发包人指定分包的条款,由于违反法律法规有关"建设单位不得指定分包"的规定应被认定为无效。

发包人的肢解发包行为,使得总包人在没有与其他施工单位签订任何分包合同的情况下,无任何依据约束相关单位的行为,因此总包人仅需在自己的施工范围内承担责任,无须就发包人肢解分包的项目承担责任。发包人除应归还拖欠的工程款外,还要支付拖欠工程款利息和赔偿总包单位因此造成的损失。

【应用案例3】 某县教育局修建一栋宿舍楼,通过招标方式将工程施工承包给该县第一建筑公司。为保证建筑施工质量,教育局又与某县建设工程监理公司签订委托监理合同,委托建设工程监理公司对建筑工程施工进行监督。双方在委托合同中约定,建设工程监理公司应当选派具有相应资质的监理工程师进驻施工现场对施工情况进行监督,并约定进入施工现场的建筑材料、建筑构配件和设备,未经监理工程师检验签字,不得使用。但施工一个月后,建设工程监理公司将原选派到施工现场的监理工程师指派到其他施工现场监督,而另行委派一位不具有监理工程师任职资格的职工实施监理。由于该名职工不具有相应资质,又缺乏监理经验,致使施工单位乘机将部分不符合质量要求的水泥使用到工程上。

工程竣工验收时发现部分房屋的地板及顶层地板有开裂和脱落现象,经查,原因为施工单位使用的部分水泥不符合要求,施工质量差。教育局认为施工单位和监理单位对施工质量不合格都负有责任,诉至该县人民法院,要求两单位进行修复并赔偿损失。

【问题 3】 监理单位未尽管理职责造成工程质量不符合要求,是否应承担质量责任?

【应用案例 3 评析】《建设工程质量管理条例》第三十四条规定,工程监理单位应当依法取得相应等级的资质证书,并在其资质等级许可的范围内承担工程监理业务。《建设工程质量管理条例》第三十六条规定,工程监理单位应当依照法律、法规以及有关技术标准、设计文件和建设工程承包合同,代表建设单位对施工质量实施监理,并对施工质量承担监理责任。应用案例 3 中监理单位将原选派到施工现场的监理工程师指派到其他施工现场监督,而另行委派一位不具有监理工程师任职资格的职工实施监理,属于违规行为,由此造成工程质量不合格,应与施工方向建设方承担连带赔偿责任。

如果工程质量严重不合格,视情节监理方有可能承担处以 50 万元以上 100 万元以下的罚款,降低资质等级或者吊销资质证书等行政责任,构成犯罪的,依法追究刑事责任。

14.4   任务实施与评价

①此次任务完成中存在的主要问题有哪些?

②问题产生的原因有哪些? 请提出相应的解决方法。

③你认为还需要加强哪些方面的指导(实际工作过程及理论知识)?

知识回顾

通过完成本任务,我们主要学习了以下知识点:建设工程质量责任制度中对各方责任的规定,建设工程质量问题发生的几个阶段,建设工程施工质量缺陷问题及产生纠纷的原因和如何正确适用法律。

课后训练

一、案例分析

【案例 1】 某白灰窑主体工程项目采用预应力高强混凝土管桩(PHC 型)基础,管桩规格为外径 550 mm,壁厚 125 mm,单节长等于或小于 15 m,混凝土强度等级为 C80,设计管桩深度 23.5 m。建设单位以公开招标的方式委托某监理公司承担施工阶段的监理任务。工程涉及土建施工、打桩和混凝土管桩的制作。

问题:

1.打桩施工单位如何进行管桩的检查验收?

2.如果发现管桩制作单位违反合同规定的交货日期延期交货或经现场检查管桩质量不合

格,对施工进度造成影响时,施工方应向谁提出索赔?

【案例2】 某承包商承接某工程,占地面积1.63万 m²,建筑层数地上22层、地下2层,基础类型为桩基筏式承台板,结构形式为现浇剪力墙,混凝土采用商品混凝土,强度等级有 C25、C30、C35、C40级,钢筋采用 HRB400级。屋面防水采用 SBS 改性沥青防水卷材,外墙面喷涂,内墙面和顶棚刮腻子喷大白,屋面保温采用憎水珍珠岩,外墙保温采用聚苯保温板,根据要求,该工程实行工程监理。

问题:

1. 对进场材料质量管理的基本要求是什么?

2. 承包商对进场材料如何向监理报验?

【案例3】 2021年1月5日,某制药公司与某施工单位签订建设工程施工合同,双方约定由该施工单位承包制药公司的提取车间等约1万 m²的建筑工程土建及配套附属工程。在施工过程中,对于配套的排水工程管道,经过开挖、安装管道并经测量复核,误差在允许范围之内,随后就进行了回填夯实。施工单位在施工期间聘用大量对于管道施工缺乏经验的工人,工人根据以往其他工程的经验进行施工。在主体工程施工时,施工单位发现施工图设计的边柱尺寸过大,于是根据施工经验将施工图设计的 900 mm×900 mm 的柱子变更为 600 mm×600 mm,柱子的钢筋配置也进行了调整,由原来的8根变更为6根,按照计划,该工程于2022年8月完工并投入使用。2022年6月5日,王某找到该施工单位,打算以该施工单位的名义承揽一项乡政府办公楼的工程,根据王某和施工单位负责人的洽谈,双方达成一致并签订了协议,该施工单位同意王某以自己公司的名义参与乡政府办公楼工程的投标活动。2023年1月,制药公司发现局部墙体开裂,要求施工单位返修,施工单位认为此工程质量问题不属于自身造成的,拒绝承担维修责任。

问题:施工单位存在哪些违法行为?请逐一列出并说明理由。

二、实训练习

1. 通过对应用案例的处理,总结质量事件与纠纷的处理程序与方法。

2. 根据教师所给项目具体要求,填写质量管理事件表,并提交本项目质量事件与纠纷处理的法律建议书。

三、建工拓展与感悟

请扫码观看视频,通过分析数据违规导致的民事索赔,思考如何在工程管理过程中做好合规管理?

数据违规导致的
民事索赔分析

学习模块 6 建设工程相关法律实务

任务 15 建设工程相关经济法律事务处理

建工人的经世
济民之道

【建工先读】

请扫码观看视频,思考如何在工程建设与运营过程中经世济民?

【引例1】

某建筑工程公司承建某食品加工厂的污水处理工程,建筑工程公司为该工程投保了建筑工程一切险。工程完工后,该食品加工厂委托有关部门进行鉴定,鉴定结果是该工程没有达到环保要求,鉴定费用5 000元,被环保部门罚款4 000元。于是,该食品加工厂拒付剩余工程款,并要求该建筑工程公司承担相应的经济损失1万元。该建筑工程公司遂将食品加工厂起诉到法院,法院判决建筑工程公司败诉并承担诉讼费(6 000元),以及该诉讼聘用的律师费3 000元。

【引导问题1】 根据引例1,讨论以下问题:

①按照公司法规定,该公司应遵守哪些相关法律制度?

②按照劳动、税务、保险法规,该公司应遵守哪些法律制度?

③该公司在此情形下,可要求保险公司承担哪些保险赔偿责任?

15.1 任务导读

工程项目建设过程中,建设参与方应了解公司法、劳动法、保险法及税法相关法律制度,学会如何正确适用法律,处理相关事务。如你现接受A企业委托,为其提供公司法、劳动法、保险法及税法相关法律服务,你需完成15.2节的任务目标。

15.2 任务目标

①熟悉公司法、劳动法相关法规,掌握处理相关法律纠纷的程序和方法;

②熟悉工程保险和税法等法规,掌握处理相关法律纠纷的程序和方法;

③通过对相关案例的分析处理,进一步提高前几个学习模块各任务的完成能力。

15.3　知识准备

15.3.1　公司法律制度

公司是企业法人,有独立的法人财产,享有法人财产权。公司以其全部财产对公司的债务承担责任。有限责任公司的股东以其认缴的出资额为限对公司承担责任;股份有限公司的股东以其认购的股份为限对公司承担责任。公司股东依法享有资产收益、参与重大决策和选择管理者等权利。公司可以设立分公司和子公司,分公司不具有法人资格,其民事责任由公司承担;子公司具有法人资格,依法独立承担民事责任。

公司的"一生"

1)公司设立

设立公司,应当依法向公司登记机关申请设立登记。法律、行政法规规定设立公司必须报经批准的,应当在公司登记前依法办理批准手续。设立公司应当依法制定公司章程。公司的经营范围由公司章程规定。公司章程对公司、股东、董事、监事、高级管理人员具有约束力。公司的法定代表人按照公司章程的规定,由代表公司执行公司事务的董事或者经理担任。符合《中华人民共和国公司法》(以下简称《公司法》)规定的设立条件的,由公司登记机关分别登记为有限责任公司或者股份有限公司。依法设立的公司,由公司登记机关发给公司营业执照。公司营业执照签发日期为公司成立日期。公司以其主要办事机构所在地为住所。

公司营业执照应当载明公司的名称、住所、注册资本、经营范围、法定代表人姓名等事项。公司登记机关可以发给公司电子营业执照。电子营业执照与纸质营业执照具有同等法律效力。公司营业执照记载的事项发生变更的,公司办理变更登记后,由公司登记机关换发营业执照。公司变更前的债权、债务由变更后的公司承继。

常见的三类公司

2)常见的三类公司

(1)有限责任公司

有限责任公司由 1 个以上 50 个以下股东出资设立。有限责任公司的注册资本为在公司登记机关登记的全体股东认缴的出资额。全体股东认缴的出资额由股东按照公司章程的规定自公司成立之日起 5 年内缴足。股东可以用货币出资,也可以用实物、知识产权、土地使用权、股权、债权等可以用货币估价并可以依法转让的非货币财产作价出资;但是,法律、行政法规规定不得作为出资的财产除外。

股东应当按期足额缴纳公司章程规定的各自所认缴的出资额。股东以货币出资的,应当将货币出资足额存入有限责任公司在银行开设的账户;以非货币财产出资的,应当依法办理其财产权的转移手续。股东未按期足额缴纳出资的,除应当向公司足额缴纳外,还应当对给公司造成的损失承担赔偿责任。

有限责任公司设立时,股东未按照公司章程规定实际缴纳出资,或者实际出资的非货币财产的实际价额显著低于所认缴的出资额的,设立时的其他股东与该股东在出资不足的范围内承担连带责任。

设立有限责任公司,应当具备下列条件:

①股东符合法定人数；

②有符合公司章程规定的全体股东认缴的出资额；

③股东共同制定公司章程；

④有公司名称，建立符合有限责任公司要求的组织机构；

⑤有公司住所。

有限责任公司的组织机构包括股东会、董事会和监事会等。

有限责任公司的股东之间可以相互转让其全部或者部分股权。股东向股东以外的人转让股权，要符合法律规定。《公司法》同时还规定了有限责任公司的股权继承。

对一人有限责任公司的，有特别规定：一个自然人只能投资设立一个一人有限责任公司，该一人有限责任公司不能投资设立新的一人有限责任公司。

(2)国家出资公司

国家出资公司，是指国家出资的国有独资公司、国有资本控股公司，包括国家出资的有限责任公司、股份有限公司。国家出资公司，由国务院或者地方人民政府分别代表国家依法履行出资人职责，享有出资人权益。国务院或者地方人民政府可以授权国有资产监督管理机构或者其他部门、机构代表本级人民政府对国家出资公司履行出资人职责。国家出资公司的组织机构，适用《公司法》中的特别规定；规定没有涉及的适用《公司法》其他规定。

(3)股份有限公司

设立股份有限公司，应当有1人以上200人以下为发起人，其中须有半数以上的发起人在中国境内有住所，可以采取发起设立或者募集设立的方式。发起设立，是指由发起人认购公司应发行的全部股份而设立公司。募集设立，是指由发起人认购公司应发行股份的一部分，其余股份向社会公开募集或者向特定对象募集而设立公司。股份有限公司的注册资本为在公司登记机关登记的已发行股份的股本总额。在发起人认购的股份缴足前，不得向他人募集股份。以发起设立方式设立股份有限公司的，发起人应当认足公司章程规定的公司设立时应发行的股份。以募集设立方式设立股份有限公司的，发起人认购的股份不得少于公司章程规定的公司设立时应发行股份总数的35%。发起人应当在公司成立前按照其认购的股份全额缴纳股款。

设立股份有限公司，应当具备下列条件：

①发起人符合法定人数；

②有符合公司章程规定的全体发起人认购的股本总额或者募集的实收股本总额；

③股份发行、筹办事项符合法律规定；

④发起人制定公司章程，采用募集方式设立的经成立大会通过；

⑤有公司名称，建立符合股份有限公司要求的组织机构；

⑥有公司住所。

股份有限公司的组织机构由股东大会、董事会、经理和监事会组成。按照《公司法》第一百二十一条、第一百三十三条的规定，只有一个股东的股份有限公司可以不设股东会，规模较小或者股东人数较少的股份有限公司，可以不设监事会，设一名监事，行使本法规定的监事会的职权。

相关测试

不定项选择题

1. B公司是A建筑公司的分公司,C公司是A建筑公司的子公司。B公司在某项目的施工过程中出现了重大安全事故,C公司因拖欠D公司建筑材料款被提起诉讼。以下分析正确的是(   )。

A. 重大安全事故责任由A公司承担

B. 重大安全事故责任由B公司承担

C. A公司对建筑材料款有支付义务

D. A公司对建筑材料款不承担支付义务

E. 建筑材料款由C公司自己承担

2. 甲公司出资30%,乙公司出资70%共同设立建筑工程有限责任公司丙(注册资本3 000万元),双方对投资协议进行了约定,以下说法正确的是(   )。

A. 甲货币出资1 000万元

B. 甲以某地块的使用权出资,但未做使用权变更登记

C. 甲以机器设备出资,但对该设备未作价格评估

D. 乙以劳务出资

E. 乙以业绩出资

3. 丙公司是一家股份有限公司,以下说法正确的是(   )。

A. 公司发起人有300人

B. 可采用募集发起

C. 如采取发起设立方式设立的,注册资本为在公司登记机关登记的全体发起人认购的股本总额的50%

D. 在发起人认购的股份没有缴足前,可以向他人募集股份

E. 如采取募集方式设立的,注册资本为在公司登记机关登记的实收股本总额

3)公司利润分配

公司利润的分配顺序是:第一,弥补以前年度亏损(在不超过税法规定的弥补期限之内);第二,缴纳所得税;第三,弥补在税前利润弥补亏损之后仍存在的亏损;第四,提取法定公积金;第五,提取任意公积金;第六,支付股利。

解析公司利润分配

公司分配当年税后利润时,应当提取利润的10%列入公司法定公积金。公司法定公积金累计额为公司注册资本的50%以上的,可以不再提取。

公司的法定公积金不足以弥补以前年度亏损的,在依照前款规定提取法定公积金之前,应当先用当年利润弥补亏损。

公司从税后利润中提取法定公积金后,经股东会决议,还可以从税后利润中提取任意公积金。

公司弥补亏损和提取公积金后所余税后利润,有限责任公司按照股东实缴的出资比例分配利润,全体股东约定不按照出资比例分配利润的除外;股份有限公司按照股东所持有的股份比例分配利润,公司章程另有规定的除外。公司违反《公司法》规定向股东分配利润的,股东应当将违反规定分配的利润退还公司。公司持有的本公司股份不得分配利润。

4）公司的合并、分立和解散

（1）公司合并

按照《公司法》第二百一十八条、第二百一十九条、第二百二十条、第二百二十一条的规定，公司合并可以采取吸收合并或者新设合并。公司与其持股90%以上的公司合并，被合并的公司不须经股东会决议，但应当通知其他股东，其他股东有权请求公司按照合理的价格收购其股权或者股份。公司合并支付的价款不超过本公司净资产10%的，可以不经股东会决议，应当经董事会决议。公司合并，应当由合并各方签订合并协议，并编制资产负债表及财产清单。公司应当自作出合并决议之日起10日内通知债权人，并于30日内在报纸上或者国家企业信用信息公示系统公告。合并各方的债权、债务，应当由合并后存续的公司或者新设的公司承继。

（2）公司分立

按照《公司法》第二百二十二条、第二百二十三条的规定，公司分立，应当编制资产负债表及财产清单。公司应当自作出分立决议之日起10日内通知债权人，并于30日内在报纸上或者国家企业信用信息公示系统公告。公司分立前的债务由分立后的公司承担连带责任。

（3）公司解散

按照《公司法》第二百二十九条的规定，公司应当在10日内将解散事由通过国家企业信用信息公示系统予以公示。公司解散原因如下：

①公司章程规定的营业期限届满或者公司章程规定的其他解散事由出现；

②股东会决议解散；

③因公司合并或者分立需要解散；

④依法被吊销营业执照、责令关闭或者被撤销；

⑤人民法院依照《公司法》第二百三十一条的规定予以解散。

【引例1】中的建筑工程公司应遵循公司成立、利润分配、公司合并、分立和解散的相关规定，合法经营。

相关链接

> **《公司法》节选**
>
> 第二百三十一条　公司经营管理发生严重困难，继续存续会使股东利益受到重大损失，通过其他途径不能解决的，持有公司百分之十以上表决权的股东，可以请求人民法院解散公司。
>
> 第二百三十二条　公司因本法第一百八十一条第（一）项、第（二）项、第（四）项、第（五）项规定而解散的，应当在解散事由出现之日起十五日内成立清算组，开始清算。有限责任公司的清算组由股东组成，股份有限公司的清算组由董事或者股东大会确定的人员组成。逾期不成立清算组进行清算的，债权人可以申请人民法院指定有关人员组成清算组进行清算。人民法院应当受理该申请，并及时组织清算组进行清算。

15.3.2　劳动法法律制度

劳动法是指调整劳动关系以及与劳动关系有密切联系的其他社会关系的法律。调整劳动关系是劳动法的核心内容。其内容主要包括：劳动者的主要权利和义务；劳动就业方针政策及录用职工的规定;劳动合同的订立、变更与解除程序的规定;集体合同的签订与执行办法;工作时间与休息休假制度;劳动报酬制度;劳动卫生和安全技术规程等。根据《中华人民共和国劳动法》(以下简称《劳动法》)的规定,劳动者的法定最低就业年龄为16周岁。劳动合同是劳动者与用人单位确立劳动关系、明确双方权利义务的协议。

1)合同内容

合同内容包括必备条款和可备条款。必备条款是法定的,主要包括合同期限、工作内容、劳动保护与劳动条件、劳动报酬、劳动纪律、合同终止条件和违反合同的责任。可备条款包括试用期及保密规定等,不影响合同的成立。当事人违反法律、法规或以欺诈、胁迫订立的合同无效。

劳动合同订立、履行与变更的规定

2)劳动合同的期限

劳动合同的期限分为有固定期限、无固定期限和以完成一定的工作为期限。

劳动者在同一用人单位连续工作满10年以上,当事人双方同意续延劳动合同的,如果劳动者提出订立无固定期限的劳动合同,应当订立无固定期限的劳动合同。劳动合同可以约定试用期。试用期最长不得超过6个月。

3)合同解除

经劳动合同当事人协商一致,劳动合同可以解除。

劳动合同解除与终止的规定

劳动者有下列情形之一的,用人单位可以解除劳动合同:在试用期间被证明不符合录用条件的;严重违反劳动纪律或者用人单位规章制度的;严重失职,营私舞弊,对用人单位利益造成重大损害的;被依法追究刑事责任的。

有下列情形之一的,用人单位可以解除劳动合同,但是应当提前30日以书面形式通知劳动者本人:劳动者患病或者非因工负伤,医疗期满后,不能从事原工作也不能从事由用人单位另行安排的工作的;劳动者不能胜任工作,经过培训或者调整工作岗位,仍不能胜任工作的;劳动合同订立时所依据的客观情况发生重大变化,致使原劳动合同无法履行,经当事人协商不能就变更劳动合同达成协议的。

用人单位濒临破产进行法定整顿期间或者生产经营状况发生严重困难,确需裁减人员的,应当提前30日向工会或者全体职工说明情况,听取工会或者职工的意见,经向劳动行政部门报告后,可以裁减人员。用人单位依据上述规定裁减人员,在6个月内录用人员的,应当优先录用被裁减的人员。

特别提示

劳动者有下列情形之一的,用人单位不得依据《劳动法》第二十六条、第二十七条的规定解除劳动合同:
①患职业病或者因工负伤被确认丧失或部分丧失劳动能力的;
②患病或者负伤,在规定的医疗期内的;
③女职工在孕期、产期、哺乳期内的;
④法律、行政法规规定的其他情形。

4)对劳动者在劳动中的安全和健康的法律保证

①用人单位必须建立、健全劳动安全卫生制度,严格执行国家劳动安全卫生规程和标准,

对劳动者进行劳动安全卫生教育,防止劳动过程中的事故,减少职业危害。

②劳动安全卫生设施必须符合国家规定的标准。新建、改建、扩建工程的劳动安全卫生设施必须与主体工程同时设计、同时施工、同时投入生产和使用。

③用人单位必须为劳动者提供符合国家规定的劳动安全卫生条件和必要的劳动防护用品,对从事有职业危害作业的劳动者应当定期进行健康检查。

劳动保护的相关规定

④从事特种作业的劳动者必须经过专门培训并取得特种作业资格。

⑤劳动者在劳动过程中必须严格遵守安全操作规程。劳动者对用人单位管理人员违章指挥、强令冒险作业,有权拒绝执行;对危害生命安全和身体健康的行为,有权提出批评、检举和控告。

此外,应注意对女工、未成年工的特殊保护。

5)辞退赔偿

用人单位单方解除劳动关系的,应当向劳动者支付经济补偿。《中华人民共和国劳动合同法》(以下简称《劳动合同法》)第四十七条规定,经济补偿按劳动者在本单位工作的年限,每满1年支付1个月工资的标准向劳动者支付。6个月以上不满1年的,按1年计算;不满6个月的,向劳动者支付半个月工资的经济补偿。月工资是指劳动者在劳动合同解除或者终止前12个月的平均工资。

用人单位违反《劳动合同法》规定解除或者终止劳动合同的,应当依照《劳动合同法》规定的经济补偿标准的2倍向劳动者支付赔偿金。

6)工伤认定

《工伤保险条例》第十四条规定,职工有下列情形之一的应当认定为工伤:

工伤认定解析

①在工作时间和工作场所内,因工作原因受到事故伤害的;

②工作时间前后在工作场所内,从事与工作有关的预备性或者收尾性工作受到事故伤害的;

③在工作时间和工作场所内,因履行工作职责受到暴力等意外伤害的;

④患职业病的;

⑤因工外出期间,由于工作原因受到伤害或者发生事故下落不明的;

⑥在上下班途中,受到非本人主要责任的交通事故或者城市轨道交通、客运轮渡、火车事故伤害的;

⑦法律、行政法规规定应当认定为工伤的其他情形。

7)纠纷解决方式

劳动争议可采用协商、调解、仲裁、诉讼4种不同的处理方式。

相关测试

单项选择题

1.下列各种社会关系中,不属于《劳动法》调整对象的是(　　　)。

A.甲公司与其职工因支付加班费用而发生的关系

B.乙私营企业与其职工因培训而发生的关系

C.丙出版社与作家张某因稿酬发生的关系

D.劳动监察执法人员查处丁公司招用未满16周岁的未成年人的关系

2.某贸易公司甲与应届毕业大学生乙以书面形式签订了一份劳动合同,并且约定了试用期。那么,根据我国《劳动法》的规定,双方在劳动合同中约定的试用期最长不得超过(　　)。

A.1个月　　　　B.3个月　　　　C.6个月　　　　D.1年

3.根据《劳动法》的规定,劳动合同应当订立的形式为(　　)。

A.口头形式　　　B.书面形式　　　C.口头或书面形式　D.协商

【引例2】

2021年10月10日,某单位在某保险公司购买建筑工程一切险及第三者责任险,保险项目为建筑工程(包括永久和临时工程及材料),投保金额为3.07亿元。保险期限自2021年10月10日0时起至2024年4月22日24时止。双方在保险合同中将各种自然灾害引起的物质损失绝对免赔额分别作了限定,并特别约定:物质损失部分每次事故赔偿限额人民币300万元。2021年10月15日施工单位一次性缴纳保险费130余万元。

2023年7月29日,该地区遭遇特大暴雨,山洪暴发,致使施工区域内山体塌方,施工便道被冲毁,大量桩基被埋,抗滑桩垮塌,部分施工材料被冲走,工地受损严重。该单位经估算,预计损失金额为256余万元。保险公司接到报案后,聘请了某保险公估公司对事故现场进行实地勘察,先后出具了两次损失统计表,其定损金额均与该单位实际受损情况存在很大差异。该单位提出异议,对受损金额不予认可,故全权委托某保险经纪公司为其保险顾问。

【引导问题2】　引例2涉及纠纷是否属于保险纠纷?保险制度包括哪些内容?

【引例2评析】

引例2是一起典型的保险纠纷,要解决该纠纷应了解保险合同的基本含义与分类、保险合同的订立阶段、保险要素、保险当事人双方的告知和说明义务、投保人与保险人的主要义务、建设工程保险的主要种类和投保收益等相关保险法律制度。

15.3.3　保险法

1)保险合同的基本含义与分类

①保险合同是双务有偿合同。保险合同的当事人是指保险人与投保人,其关系人是指被保险人和受益人,投保人也可以为被保险人和受益人。

②投保人对保险标的应具有保险利益,否则保险合同无效。

保险概述与
保险合同

③保险价值(订立财产保险合同时约定的保险标的的实际价值)的确定直接影响保险金额的大小。

④保险合同可分为:财产保险合同、人身保险合同;强制保险合同、自愿保险合同。

2)保险合同的订立阶段

保险合同的订立应当经过投保和承保两个阶段。

3)保险要素

投保单与保险单为订立保险合同不可或缺的要素。投保单是订立保险合同的书面要约保险单,是保险人与投保人订立保险合同的正式书面形式,是保险合同双方当事人履行合同的依据。

4)保险当事人双方的告知和说明义务

订立保险合同,保险人应向投保人说明保险合同的条款内容,并可以就保险标的或者被保险人的有关情况提出询问,投保人应当如实告知。如投保人故意隐瞒事实,不履行如实告知义务的,或者因重大过失未履行如实告知义务,足以影响保险人决定是否同意承保或者提高保险费率的,保险人有权解除保险合同。

投保人故意不履行如实告知义务的,保险人对于保险合同解除前发生的保险事故,不承担赔偿或者给付保险金的责任,并不退还保险费。

投保人因重大过失未履行如实告知义务,对保险事故的发生有严重影响的,保险人对于保险合同解除前发生的保险事故,不承担赔偿或者给付保险金的责任,但应当退还保险费。

保险合同中规定有关于保险人责任免除条款的,保险人在订立保险合同时应向投保人明确说明,未明确说明的,该条款不产生效力。

5)投保人与保险人的主要义务

(1)投保人的主要义务

①给付保险费。给付保险费是投保人的主要义务。保险费是投保人转移危险,由保险人承担保险责任的代价,法律不允许存在无给付保险费义务的保险合同。

②通知义务。通知义务是投保人根据合同规定而承担的义务。通知义务主要有两种:一是"危险增加"的通知义务;二是危险事故发生的通知义务。

③避免损失扩大的义务。避免损失扩大为投保人或被保险人的主要义务之一。在保险事故发生后,投保人有责任采取一切必要措施,避免扩大损失。如果投保人没有采取措施,保险人因此而遭受扩大的损失,有权拒绝赔偿。

(2)保险人的主要义务

①赔付保险金的义务。保险事故发生后,保险人依据保险合同向被保险人或受益人承担赔偿或给付保险金的责任。保险金的支付仅在保险合同约定或者法律规定的责任范围内进行,保险金最高赔付额不超过合同约定的保险金额。

②告知义务。订立保险合同,保险人应当向投保人说明保险合同的条款内容,否则该条款不产生效力。

③及时签发保险单证的义务。保险合同成立后,保险人应及时向投保人签发保险单或其他保险凭证,并载明当事人双方约定的合同内容。

④积极进行防灾防损的义务。保险人应允许利用自身拥有的专业技术,配合被保险人积极进行防灾防损工作。

6)保险人的代位求偿权

保险代位求偿权又称保险代位权,是指当保险标的遭受保险事故造成的损失,依法应由第三者承担赔偿责任时,保险公司自支付保险赔偿金之日起,在赔偿金额的限度内,相应地取得向第三者请求赔偿的权利。

保险事故发生后,如被保险人已从第三者取得损害赔偿的,保险人赔偿保险金时,可以相应扣减被保险人从第三者已取得的赔偿金额。如保险人未赔偿保险金之前,被保险人放弃对第三者的请求赔偿的权利的,保险人不承担赔偿保险金的责任。保险人向被保险人赔偿保险金后,被保险人未经保险人同意放弃对第三者请求赔偿的权利的,该行为无效。

保险人行使代位请求赔偿的权利,不影响被保险人就未取得赔偿的部分向第三者请求赔偿的权利。但由于被保险人的过错致使保险人不能行使代位请求赔偿的权利的,保险人可以相应扣减保险赔偿金。

7)建设工程保险的主要种类

(1)建筑工程一切险

建筑工程一切险是承保各类民用、工业和公共事业建筑工程项目,在建造过程中因自然灾害或意外事故而引起的一切损失的险种。

①投保人与被保险人。这具体包括:业主或工程所有人;承包商或者分包商;技术顾问,包括业主聘用的建筑师、工程师及其他专业顾问。

②保险责任范围。保险人对下列原因造成的损失和费用负责赔偿:人力不可抗拒的破坏力强大的自然现象;意外事故,被保险人无法控制并造成物质损失或人身伤亡的突发性事件,如火灾和爆炸等。

③除外责任。保险人对下列原因造成的损失不负责赔偿:

a. 设计错误引起的损失和费用;

b. 自然磨损和物品本身的缺陷及正常理化变化损失和费用;

c. 因原材料缺陷或工艺不善引起的保险财产本身的损失以及为换置、修理或矫正这些缺点错误所支付的费用;

d. 非外力引起的机械或电气装置的本身损失,或施工用机具、设备、机械装置失灵造成的本身损失;

e. 维修保养或正常检修;

f. 档案、文件、账簿、票据、现金、各种有价证券、图表资料及包装物料的损失;

g. 盘点时发现的短缺;

h. 领有公共运输行驶执照的或已由其他保险予以保障的车辆、船舶和飞机的损失;

i. 除非另有约定,在保险工程开始以前已经存在或形成的位于工地范围内或其周围的属于被保险人的财产损失;

j. 除另有约定,在本保险单保险期限终止以前,保险财产中已由工程所有人签发完工验收证书或验收合格或实际占有或使用或接收的部分。

【引例1】中的建筑工程公司因违反环保规定,导致的鉴定费、罚款、经济赔偿费、诉讼费属于建筑工程一切险除外责任范围内,保险公司将不予赔偿。

(2)第三者责任险

建筑工程一切险如果加保第三者责任险,保险人对下列原因造成的损失和费用,负责赔偿:

①在保险期限内,因发生与所保工程直接相关的意外事故引起工地内及邻近区域的第三者人身伤亡、疾病或财产损失;

②被保险人因上述原因支付的诉讼费用以及事先未经保险人书面同意而支付的其他费用。

（3）赔偿金额

在保险期限内，保险人经济赔偿的最高赔偿责任不得超过本保险单明细表中列明的累计赔偿限额。

（4）保险期限

自保险在工地动工或用于保险工程的材料、设备运抵工地之时起始，至工程所有人对部分或全部工程签发完工验收证书或检验合格，或工程所有人实际占用或使用或接收该部分或全部工程之时终止，以先发生为准。

相关测试

单项选择题

1. 在一起保险事故查勘定损过程中，保险人、被保险人为查明和确定该起保险事故的性质、原因和保险标的的损失程度支付了合理的费用，该笔费用应由（　　）。

　　A. 被保险人承担　　　B. 保险人承担　　　C. 投保人承担　　　D. 受益人承担

2. 某市政公司通过招投标将某桥梁工程承包给甲公司建造。

（1）甲公司作为工程的施工单位，按照《建筑法》的规定，必须投保的险种是（　　）。

　　A. 建筑工程一切险　　　　　　　B. 安装工程一切险

　　C. 工程监理责任保险　　　　　　D. 建筑意外伤害险

（2）乙设计院为该工程的监理公司，如果甲公司为该工程投保了建筑工程一切险，下列说法正确的是（　　）。

　　A. 市政公司、甲公司、乙设计院都是某桥梁工程一切险的被保险人

　　B. 市政公司、甲公司是建筑工程一切险的被保险人，乙设计院不是

　　C. 甲公司是建筑工程一切险的被保险人，市政公司、乙设计院都不是

　　D. 市政公司是建筑工程一切险的被保险人，其他单位都不是

（3）甲公司在投保建筑工程一切险之前，咨询了解到建筑工程一切险是一种综合性保险，该险种所承保的损失范围包括（　　）。

　　A. 信用保险和意外伤害保险　　　B. 财产损失保险和责任保险

　　C. 财产损失保险和意外伤害保险　D. 健康保险和责任保险

【引例3】

房地产开发及建筑安装企业偷税的几种手段

1. 售房收入不及时记账、纳税申报不真实

一些房地产开发企业采用向税务机关提供修改过的购房合同、故意降低售房单价和开具自制收据收取房款等手段，将收入存放在不同的银行账户中，大量收入不及时记账，不就其真实收入进行纳税申报，形成偷税。

2. 以商品房抵顶借（贷）款、工程款和土地转让款，不申报纳税

多数房地产企业都是借（贷）款进行房地产开发，有些房地产商因贷款到期后不能偿还或者无钱支付建安公司工程款及土地（出）转让价款，便以部分商品房抵顶这些款项，而对这部分商品房，企业采取不记或少记收入的手段，造成少缴税款。

3. 房地产企业"提前返租""有奖销售"等行为不计收入

个别房地产企业为了尽快销售房屋，推出一系列优惠方案，主要有"提前返还租金"，即客

户在购买门市时,销售方承诺在几年内负责对外出租,并在客户付款时按照一定比例提前支付几年租金,这几年租金在购房款中抵扣,客户只需交齐剩余房款,就可视同全额购房;"有奖销售",即对购买商铺者进行抽奖活动,中奖者返还一定金额的购房款或者赠送部分商铺面积,而销售方未将返还的租金收入、购房金额或赠送面积作价计入销售收入,造成少缴税金。

4.不按规定清算土地增值税

按照《中华人民共和国土地增值税暂行条例实施细则》第十六条规定,纳税人在项目全部竣工结算前转让房地产取得的收入,由于涉及成本确定或其他原因,而无法据以计算土地增值税的,可以预征土地增值税,待该项目全部竣工、办理结算后再进行清算,多退少补。而多数房地产开发企业利用种种手段钻这一政策"空子",迟迟不进行决算,或留下几套"尾房"不进行销售,逃避土地增值税的清算,影响了土地增值税税款的及时足额入库。

5.建筑安装企业不按工程形象进度计算收入,少缴税款

大多数建筑安装企业不按工程形象进度计算收入,而是按实际收到工程款作为工程收入的实现;个别建筑安装企业即使收到工程款,也不及时申报纳税。

6.建筑安装企业成本结转比较混乱,影响企业所得税

由于建筑安装企业的工程项目多、工期长、成本不固定,许多企业不按单个工程项目核算成本,造成收入与成本配比困难,而大多数建筑安装企业在核算时以实际收到工程款作为收入的实现,发生的成本、费用据实列支,从而造成成本费用和收入不配比的现象比较严重,影响了利润,造成少缴企业所得税。

【引导问题3】 阅读引例3,讨论以下问题:
①什么是税收制度? 建筑企业主要涉及哪些税种的缴纳?
②偷税会给建筑企业带来哪些不良影响?

【引例3评析】
税收制度是国家以法律或法令形式确定的各种课税办法的总和,反映国家与纳税人之间的经济关系,是国家财政制度的主要内容,是国家以法律形式规定的各种税收法令和征收管理办法的总称。税收制度的内容包括税种的设计、各个税种的具体内容,如征税对象、纳税人、税率、纳税环节、纳税期限、违章处理等。建筑企业常见的偷税漏税会导致补税、缴纳滞纳金、罚款、没收违法所得等行政处罚,情节严重可能有刑事责任。

15.3.4 税收法律制度

税法是调整税收征纳关系的法律规范的总称,主要包括《中华人民共和国税收征收管理法》《中华人民共和国企业所得税法》《中华人民共和国个人所得税法》和《中华人民共和国企业所得税法实施条例》等税收法律法规。

1)税收制度

(1)税收的概念与特征

税收是国家凭借政治权力或公共权力对社会产品进行分配的形式。税收是满足社会公共需要的分配形式。税收具有强制性、无偿性和固定性等特征。

认识税收制度

(2)税收制度的构成要素

构成税种的要素一般包括以下几项:纳税人、课税对象、税目、税率、计税方法、纳税环节、

纳税期限、纳税地点和税收优惠。

①纳税人。纳税人是税法规定的直接负有纳税义务的法人和自然人,法律术语称为课税主体。纳税人是税收制度最基本的构成要素之一,任何税种都有纳税人。

②课税对象。课税对象又称征税对象,是税法规定的征税的目的物,法律术语称为课税客体。课税对象是一个税种区别于另一种税种的主要标志,是税收制度的基本要素之一。每一种税都必须明确规定对什么征税,体现着税收范围的广度。一般来说,不同的税种有着不同的课税对象,不同的课税对象决定着税种所应有的不同性质。

③税目。税目是课税对象的具体项目。有些税种不分课税对象的性质,一律按照课税对象的应税数额采用同一税率计征税款,因此没有必要设置税目,如企业所得税。有些税种具体课税对象复杂,需要规定税目,如消费税等,一般都规定有不同的税目。

④税率。税率是应纳税额与课税对象之间的比例,是计算应纳税额的尺度,它体现征税的深度,直接关系着国家财政收入的多少和纳税人税收负担的高低。

我国现行税率大致可分为以下3种:

a. 比例税率。实行比例税率,对同一课税对象不论数额大小,都按同一比例征税。比例税率在具体运用上可分为:

● 行业比例税率:即按不同行业规定不同的税率,同一行业采用同一税率。

● 产品比例税率:即对不同产品规定不同税率,同一产品采用同一税率。

● 地区差别比例税率:即对不同地区实行不同税率。

● 幅度比例税率:即中央只规定一个幅度税率,各地可在此幅度内,根据本地区实际情况,选择、确定一个比例作为本地适用税率。

b. 定额税率。定额税率是税率的一种特殊形式。它不是按照课税对象规定征收比例,而是按照课税对象的计量单位规定固定税额,一般适用于从量计征的税种。定额税率在具体运用上又分为以下几种:

● 地区差别税额:即为了照顾不同地区的自然资源、生产水平和盈利水平的差别,根据各地区经济发展的不同情况分别制定的不同税额。

● 幅度税额:即中央只规定一个税额幅度,由各地根据本地区实际情况,在中央规定的幅度内确定一个执行数额。

● 分类分级税额:把课税对象划分为若干个类别和等级,对各类各级由低到高规定相应的税额,等级高的税额高,等级低的税额低,具有累进税的性质。

c. 累进税率。累进税率即按课税对象数额的大小,划分若干等级,每个等级由低到高规定相应的税率。课税对象数额越大,税率越高;数额越小,税率越低。累进税率因计算方法和依据的不同,又分为以下几种:

● 全额累进税率:即对课税对象的金额按照与之相适应等级的税率计算税额。当课税对象提高一个级距时,对课税对象金额都按高一级的税率征税。

● 全率累进税率:它与全额累进税率的原理相同,只是税率累进的依据不同。全额累进税率的依据是课税对象的数额,而全率累进税率的依据是课税对象的某种比例,如销售利润率、资金利润率等。

● 超额累进税率:即把课税对象按数额大小划分为若干等级,每个等级由低到高规定相应的税率,每个等级分别按该级的税率计税。

●超率累进税率:与超额累进税率的原理相同,只是税率累进的依据不是课税对象的数额,而是课税对象的某种比率。

⑤纳税环节。纳税环节主要指税法规定的课税对象在从生产到消费的流转过程中应当缴纳税款的环节。任何税种都要确定纳税环节,有的比较明确、固定,有的则需要在许多流转环节中选择确定。如对一种产品,在生产、批发和零售诸个环节中,可以选择只在生产环节征税,称为一次课征制;也可以选择在两个环节征税,称为两次课征制;还可以选择在所有流转环节都征税,称为多次课征制。

确定纳税环节是流转课税的一个重要问题。它关系到税制结构和税种的布局,关系到税款能否及时足额入库,关系到地区间税收收入的分配,同时关系到企业的经济核算和是否便利纳税人缴纳税款等问题。

⑥纳税期限。纳税期限是负有纳税义务的纳税人向国家缴纳税款的最后时间限制。它是税收强制性、固定性在时间上的体现。确定纳税期限,要根据课税对象和国民经济各部门生产经营的不同特点来决定。

⑦税收优惠。税收优惠是指税法对某些特定的纳税人或课税对象给予免除部分或全部纳税义务的规定。减税是对应纳税额少征一部分税款;免税是对应纳税额全部免征。减税免税是对某些纳税人和课税对象给予鼓励和照顾的一种措施。

(3)现行的税种

按课税对象分类,税收可以分为流转税、所得税、财产税、资源税和行为税。

①流转税:增值税、消费税、关税。

②所得税:企业所得税、个人所得税等。

所得税

2)纳税人的权利与义务

根据《中华人民共和国税收征收管理法》(以下简称《税收征收管理法》)规定,法律、行政法规规定负有纳税义务的单位和个人为纳税人。法律、行政法规规定负有代扣代缴、代收代缴税款义务的单位和个人为扣缴义务人。

纳税人、扣缴义务人必须依照法律、行政法规的规定缴纳税款、代扣代缴、代收代缴税款。

(1)纳税人的权利

①依法提出申请享受税收优惠的权利;

②依法请求税务机关退回多征税款的权利;

③依法提起税务行政复议和税务行政诉讼的权利;

④依法对税务人员的违法行为进行检举和控告的权利;

⑤因税务机关的行为违法或不当,致使纳税人合法权益遭受损害时,有依法请求得到赔偿的权利;

⑥向税务机关咨询税法及纳税程序的权利;

⑦要求税务机关为其保密的权利;

⑧对税务机关作出的决定享有陈述和申辩的权利。

(2)纳税人的义务

①依法办理税务登记、变更或注销税务登记;

②依法进行账簿、凭证管理；

③按期进行纳税申报，按时足额缴纳税款；

④向税务机关提供生产销售情况和其他资料，主动接受并配合税务机关的税务检查；

⑤执行税务机关的行政处罚决定，按照规定缴纳滞纳金和罚款。

3）税务管理制度

（1）税务登记制度

①开业、变更、注销登记。企业及其在外地设立的分支机构等从事生产、经营的纳税人，应自领取营业执照之日起 30 日内，持有关证件向税务机关申报办理税务登记。税务登记内容发生变化的，纳税人应自办理工商变更登记之日起 30 日内，向税务机关办理变更登记。在办理工商注销登记前，先办理税务注销登记。

②税务登记证件。除按照规定不需要发给税务登记证件的外，纳税人办理下列事项时，必须持税务登记证件：开立银行账户；申请减税、免税、退税；申请办理延期申报、延期缴纳税款；领购发票；申请开具外出经营活动税收管理证明；办理停业、歇业；其他有关税务事项。

（2）账簿凭证管理制度

根据《税收征收管理法》的有关规定，纳税人、扣缴义务人按照有关法律、行政法规和国务院财政、税务主管部门的规定设置账簿，根据合法、有效凭证记账，进行核算。从事生产、经营的纳税人、扣缴义务人必须按照国务院财政、税务主管部门规定的保管期限保管账簿、记账凭证、完税凭证及其他有关资料。账簿、记账凭证、完税凭证及其他有关资料不得伪造、变造或者擅自损毁。

（3）纳税申报管理制度

纳税人必须依照法律、行政法规规定或者税务机关依照法律、行政法规规定确定的申报期限、申报内容如实办理纳税申报，报送纳税申报表、财务会计报表以及税务机关根据实际需要要求纳税人报送的其他纳税资料。扣缴义务人必须依照法律、行政法规规定或者税务机关依照法律、行政法规的规定确定的申报期限、申报内容如实报送代扣代缴、代收代缴税款报告表以及税务机关根据实际需要要求扣缴义务人报送的其他关资料。

纳税人、扣缴义务人不能按期办理纳税申报或者报送代扣代缴、代收代缴税款报告表的，经税务机关核准，可以延期申报，但应在核准的延期内办理税款结算。

4）税款征收制度

（1）代扣代缴税款制度

扣缴义务人依照法律、行政法规的规定履行代扣、代收税款的义务。对法律、行政法规没有规定负有代扣、代收税款义务的单位和个人，税务机关不得要求其履行代扣、代收税款义务。扣缴义务人依法履行代扣、代收税款义务时，纳税人不得拒绝。纳税人拒绝的，扣缴义务人应当及时报告税务机关处理。税务机关按照规定付给扣缴义务人代扣、代收手续费。

（2）延期缴纳税款制度

纳税人、扣缴义务人按照法律、行政法规规定或者税务机关依照法律、行政法规的规定确定的期限，缴纳或者解缴税款。纳税人因有特殊困难，不能按期缴纳税款的，经省、自治区、直辖市国家税务总局、地方税务局批准，可以延期缴纳税款，但最长不得超过 3 个月。

(3)税收滞纳金征收制度

纳税人未按照规定期限缴纳税款的,扣缴义务人未按照规定期限解缴税款的,税务机关除责令限期缴纳外,从滞纳税款之日起,按日加收滞纳税款0.05%的滞纳金。

(4)税收保全措施

税务机关有根据认为从事生产、经营的纳税人有逃避纳税义务行为的,可以在规定的纳税期之前,责令限期缴纳应纳税款;在限期内发现纳税人有明显的转移、隐匿其应纳税的商品、货物以及其他财产或者应纳税收入的迹象的,税务机关可以责成纳税人提供纳税担保。如果纳税人不能提供纳税担保,经县以上税务局(分局)局长批准,税务机关可以采取下列税收保全措施:书面通知纳税人开户银行或者其他金融机构冻结纳税人的金额相当于应纳税款的存款;扣押、查封纳税人的价值相当于应纳税款的商品、货物或者其他财产。纳税人在前款规定的限期内缴纳税款的,税务机关必须立即解除税收保全措施;限期期满仍未缴纳税款的,经县级以上税务局(分局)局长批准,税务机关可以书面通知纳税人开户银行或者其他金融机构从其冻结的存款中扣缴税款,或者依法拍卖或者变卖所扣押、查封的商品、货物或者其他财产,以拍卖或者变卖所得抵缴税款。

纳税人在限期内已缴纳税款,税务机关未立即解除税收保全措施,使纳税人的合法利益遭受损失的,税务机关应承担赔偿责任。

(5)税收强制执行措施

从事生产、经营的纳税人、扣缴义务人未按照规定的期限缴纳或者解缴税款,纳税担保人未按照规定的期限缴纳所担保的税款,由税务机关责令限期缴纳,逾期仍未缴纳的,经县以上税务局(分局)局长批准,税务机关可以采取下列强制执行措施:书面通知其开户银行或者其他金融机构从其存款中扣缴税款;扣押、查封、依法拍卖或者变卖其价值相当于应纳税款的商品、货物或者其他财产,以拍卖或者变卖所得抵缴税款。税务机关采取强制执行措施时,对前款所列纳税人、扣缴义务人、纳税担保人未缴纳的滞纳金同时强制执行。

5)违反税法的法律责任

(1)法律责任的形式

经济责任主要包括加收滞纳金和赔偿损失。

行政责任主要包括行政处罚和行政处分。前者主要是针对纳税人和扣缴义务人的,主要包括责令限期改正,责令缴纳税款,采取税收保全措施和税收强制执行措施;罚款;吊销税务登记证;收回税务机关发给的票证和吊销营业执照等。行政处分是针对税务机关的工作人员的,主要包括警告、记过、记大过、降级、撤职和开除。

刑事责任主要包括罚金、拘役、有期徒刑和无期徒刑。

(2)主要违法行为的法律责任

①纳税人未按照规定期限缴纳税款的,扣缴义务人未按照规定期限解缴税款的,税务机关除责令限期缴纳外,从滞纳税款之日起,按日加收滞纳税款0.05%的滞纳金。

②纳税人有下列行为之一的,由税务机关责令限期改正,可以处2 000元以下的罚款;情节严重的,处2 000元以上1万元以下的罚款:未按照规定的期限申报办理税务登记、变更或者注销登记的;未按照规定设置、保管账簿或者保管记账凭证和有关资料的;未按照规定将财务、会计制度或者财务、会计处理办法和会计核算软件报送税务机关备查的;未按照规定将其

全部银行账号向税务机关报告的;未按照规定安装、使用税控装置,或者损毁或擅自改动税控装置的。

③按照《税收征收管理法》第六十三条规定,对纳税人偷税的,由税务机关追缴其不缴或者少缴的税款、滞纳金,并处不缴或者少缴的税款 50% 以上 5 倍以下的罚款;构成犯罪的,依法追究刑事责任。按照《刑法》第二百零一条规定,纳税人采取欺骗、隐瞒手段进行虚假纳税申报或者不申报,逃避缴纳税款数额较大并且占应纳税额 10% 以上的,处 3 年以下有期徒刑或者拘役,并处罚金;数额巨大并且占应纳税额 30% 以上的,处 3 年以上 7 年以下有期徒刑,并处罚金。

④纳税人欠缴应纳税款,采取转移或者隐匿财产的手段,妨碍税务机关追缴欠缴的税款的,由税务机关追缴欠缴的税款、滞纳金,并处欠缴税款 50% 以上 5 倍以下的罚款;构成犯罪的,依法追究刑事责任。欠缴税款数额在 1 万元以上不满 10 万元的,处 3 年以下有期徒刑或者拘役,并处或者单处欠缴税款 1 倍以上 5 倍以下罚金;数额在 10 万元以上的,处 3 年以上 7 年以下有期徒刑,并处欠缴税款 1 倍以上 5 倍以下罚金。以暴力、威胁方法拒不缴纳税款的,是抗税,除由税务机关追缴其拒缴的税款、滞纳金外,处 3 年以下有期徒刑或者拘役,并处拒缴税款 1 倍以上 5 倍以下罚金;情节严重的,处 3 年以上 7 年以下有期徒刑,并处拒缴税款 1 倍以上 5 倍以下罚金;情节轻微,未构成犯罪的,由税务机关追缴其拒缴的税款、滞纳金,并处拒缴税款 1 倍以上 5 倍以下罚款。

⑤纳税人、扣缴义务人的开户银行或者其他金融机构拒绝接受税务机关依法检查纳税人、扣缴义务人存款账户,或者拒绝执行税务机关作出的冻结存款或者扣缴税款的决定,或者在接到税务机关的书面通知后帮助纳税人、扣缴义务人转移存款,造成税款流失的,由税务机关处 10 万元以上 50 万元以下的罚款,对直接负责的主管人员和其他直接责任人员处 1 000 元以上 1 万元以下的罚款。

(3)追究法律责任的主体和期限

追究法律责任的主体主要包括征税机关和人民法院。行政处罚,罚款额在 2 000 元以下的,可以由税务所决定。违反税收法律、行政法规应当给予行政处罚,在 5 年内未被发现的,不再给予行政处罚。

6)建筑类企业主要缴纳税种

【引例 4】

A 公司 4 月份购买甲产品支付货款 10 000 元,增值税进项税额 1 700 元,取得增值税专用发票。销售甲产品含税销售额为 23 400 元。

【引导问题 4】　A 公司应缴纳多少增值税?

(1)建筑业增值税

增值税及其附加

增值税是以商品(含应税劳务)在流转过程中产生的增值额作为计税依据而征收的一种流转税。从计税原理上说,增值税是对商品生产、流通、劳务服务中多个环节的新增价值或商品的附加值征收的一种流转税。实行价外税,也就是由消费者负担,有增值才征税,没增值不征税。

增值税应纳税的计算公式为:

应纳税额=当期销项税额-当期进项税额

销项税额=销售额×税率

销售额=含税销售额÷(1+税率)

式中,销项税额是指纳税人提供应税服务按照销售额和增值税税率计算的增值税额。进项税额是指纳税人购进货物或者接受加工修理修配劳务和应税服务,支付或者负担的增值税税额。

【引例4 评析】

A 公司进项税额=1 700 元

销项税额=23 400 元/(1+17%)×17%=3 400 元

应纳税额=3 400 元-1 700 元=1 700 元。

建筑企业缴纳税费主要包括增值税、城市维护建设税、教育费附加和地方教育附加。一般纳税人执行一般计税法的建筑企业,应缴增值税=销项税-进项税,销项税=含税价÷(1+9%)×9%;一般纳税人执行简易计税法的和小规模纳税人建筑企业,应缴增值税=含税价÷(1+3%)×3%。

(2)城市维护建设税

城市维护建设税(简称"城建税")是我国为了加强城市的维护建设,扩大和稳定城市维护建设资金的来源开征的一种税种。它以承担城市维护建设税纳税义务的单位和个人为纳税人,实行地区差别税率,按照纳税人所在地的不同,税率分别规定为7%,5%,1%三个档次,不同地区的纳税人实行不同档次的税率。其具有以下性质:

①附加税、间接税。该税种没有独立的征税对象或税基,而是以纳税人依法实际缴纳的增值税、消费税税额为计税依据。因此,其本质上属于附加税,也具有间接税的性质。

②地方税、专项税。城市维护建设税被用于保证城市的公共事业、公共设施的维护和建设。所征税款专门用于城市住宅、道路、桥梁、防洪、给水、排水、供热、轮渡、园林绿化、环境卫生以及公共消防、交通标志、路灯照明等公共设施的建设和维护。

③环境税、受益税。它也是一种具有受益税性质的税,充分体现了对受益者课税,权利与义务相一致的原则。

(3)教育费附加

教育费附加是对在城市和县城凡缴纳增值税、消费税的单位和个人,就实际缴纳的税额征收的一种附加。其以各单位和个人实际缴纳的增值税、消费税的税额为计征依据,分别与增值税、消费税同时缴纳。

征收教育费附加的目的是多渠道筹集教育经费,改善中小学办学条件。教育费附加具有专款专用的性质。其计算公式为:

$$应缴的教育费附加=(实缴增值税+实缴消费税)×3\%$$

【引例1】中的建筑工程公司在经营过程中,应依法纳税,保护员工权益。

15.4 任务实施与评价

①此次任务完成中存在的主要问题有哪些?

②问题产生的原因有哪些?请提出相应的解决方法。

③你认为还需要加强哪些方面的指导(实际工作过程及理论知识)?

知识回顾

通过完成本任务，主要涉及以下知识点的学习：公司对内对外法律关系；公司法的特征；常见的三类公司；公司的合并、分立和解散；劳动合同的内容和解除；对劳动者在劳动中的安全和健康的法律保证；劳动纠纷解决方式；保险合同的基本含义与分类；保险合同的订立阶段、要素和当事人双方的告知和说明义务；投保人与保险人的主要义务以及保险人的代位求偿权；建设工程领域常见的保险种类；税收制度；纳税人的权利与义务；税务管理制度；税款征收制度；违反税法的法律责任；建筑类企业主要缴纳税种。

课后训练

一、案例分析

【案例 1】　某房地产开发公司与某建筑工程公司签订了建筑工程承包合同，工程总造价为 5 000 万元，其中商品混凝土（造价 500 万元）和钢筋（造价 500 万元）约定由房地产公司负责供应。

问题：案例中的建筑工程公司纳税时，哪些费用可以申请抵扣？

【案例 2】　2022 年 11 月，大康公司与某保险公司签订了一份财产保险合同，约定由某保险公司承保共康服饰城内 3 号和 4 号馆房屋资产，协议签订后，大康公司按约支付了保险费。2023 年 1 月底，共康服饰城委托浙江某建筑公司对 4 号馆进行改造装修。而服饰城 4 号馆至5 号馆之间的天桥改造工程则由共康服饰城工程部经理管某发包给一个没有资质的个体户施工。同年 2 月 10 日晚 10 时许，一名无证施工人员在天桥上进行电焊气割作业，由于违章操作，气割熔渣飞溅到 4 号馆的一店铺内，引燃铺内物品，酿成火灾。事发后，某保险公司委托有关保险评估机构对火灾受损情况、费用以及事故原因、责任作出评估和认定。公估结论为此次火灾属保险责任范围，建议理赔金额为 75.6 万余元。此后，由于某保险公司拒绝大康公司提出的索赔请求，从而引起诉讼。此案经一审法院审理，判决某保险公司支付大康公司保险赔偿款 75.6 万余元。

问题：建筑工程常见险种有哪些？ 保险公司可以拒赔吗？

二、实训练习

1. 请对教师所给项目施工单位的公司章程、组织结构等方面进行法律评价。

2. 请对该项目施工单位涉及的劳动合同进行法律评价。

3. 请对该项目施工单位的纳税与保险措施进行法律评价。

三、建工拓展与感悟

请扫码观看视频，听 AI 背景下劳务派遣的法律建议，思考如何提高数智素养？

AI背景下劳务
派遣的法律建议

任务 16　环保、节能、消防、档案法律事务与纠纷处理

从全国生态日
谈建工双碳节能

【建工先读】

请扫码观看视频,思考如何在工程建设过程中践行党的二十大报告提出的"双碳"目标?

【引例1】

20××年10月,A小区27户居民联名将某建筑公司告上法庭。4个月以前,与该居民区一墙之隔的B花园小区破土动工。建筑工地日夜施工,刺耳的噪声使附近居民夜不能寐、痛苦不堪。A花园小区的居民以老人和孩子居多,睡眠不足使得老人身体每况愈下,孩子们的健康和学业也受到影响。居民们不堪忍受建筑噪声,愤而向生态环境主管部门投诉。

生态环境主管部门接到投诉后,进行了实地勘察和监测,该项目夜间施工噪声达到60 dB。经查明,该工程是由某建筑公司承建的。该建筑公司在开工前,未向该市生态环境主管部门进行申报。生态环境主管部门到工地查看时,发现工地正在夜间施工,对此该建筑公司负责人申辩:他们并未在夜间大规模施工,只是因混凝土浇筑工艺的特殊需要,开始之后就无法中止,即便是夜间也不能停工。但是该建筑公司并没有办理相关的夜间开工手续。

【引导问题1】　根据引例1,讨论以下问题:

①我国建设工程法规在环保、节能、消防、档案方面对建设主体提出了哪些要求?

②该引例中,施工方是否存在违法之处。

16.1　任务导读

工程项目建设过程中,建设参与方常就各类环保、节能、消防、档案管理事务发生纠纷。如你现接受A企业委托,为其提供上述法律服务,你需完成16.2节的任务目标。

16.2　任务目标

①熟悉环保法规,掌握处理相关法律纠纷的程序和方法;

②熟悉节能、消防法规,掌握处理相关法律纠纷的程序和方法;

③熟悉工程档案管理法规,掌握处理相关法律纠纷的程序和方法;

④通过对相关案例的分析处理,进一步提高前几个学习模块各任务的完成能力。

16.3　知识准备

16.3.1　环境保护基本法律制度

环境保护基本法律制度包括环境规划制度、清洁生产制度、环境影响评价制度、"三同时"制度、排污收费制度、环境保护许可制度和环境标准制度。在此主要介绍与建设工程关系紧密的环境影响评价制度和环境保护设施建设制度。

1) 环境影响评价制度

环境影响评价是指对规划和建设项目实施后可能造成的环境影响进行分析、预测和评估，提出预防或者减轻不良环境影响的对策和措施，进行跟踪监测的方法与制度。建设项目建设过程中，建设单位应当同时实施环境影响报告书、环境影响报告表以及环境影响评价文件审批部门审批意见中提出的环境保护对策措施。建设项目的环境影响评价文件未依法经审批部门审查或者审查后未予批准的，建设单位不得开工建设。

(1) 环境影响报告书的基本内容

①建设项目概况；

②建设项目周围环境现状；

③建设项目对环境可能造成影响的分析、预测和评估；

④建设项目环境保护措施及其技术、经济论证；

⑤建设项目对环境影响的经济损益分析；

⑥对建设项目实施环境监测的建议；

⑦环境影响评价的结论。

解读《环境影响评价法》

相关链接

建设项目环境影响评价的分类管理

建设单位应当按照下列规定组织编制环境影响报告书、环境影响报告表或者填报环境影响登记表（以下统称环境影响评价文件）：

①可能造成重大环境影响的，应当编制环境影响报告书，对产生的环境影响进行全面评价；

②可能造成轻度环境影响的，应当编制环境影响报告表，对产生的环境影响进行分析或者专项评价；

③对环境影响很小、不需要进行环境影响评价的，应当填报环境影响登记表。

解读环境影响评价分类管理

(2) 建设项目环境影响评价文件的编制与审批管理

建设单位可以委托技术单位对其建设项目开展环境影响评价，编制建设项目环境影响报告书、环境影响报告表；建设单位具备环境影响评价技术能力的，可以自行对其建设项目开展环境影响评价，编制建设项目环境影响报告书、环境影响报告表。任何单位和个人不得为建设单位指定编制建设项目环境影响报告书、环境影响报告表的技术单位。

环境影响报告书编制解读

相关链接

编制建设项目环境影响报告书、环境影响报告表应当遵守国家有关环境影响评价标准、技术规范等规定。

国务院生态环境主管部门应当制定建设项目环境影响报告书、环境影响报告表编制的能力建设指南和监管办法。

接受委托为建设单位编制建设项目环境影响报告书、环境影响报告表的技术单位,不得与负责审批建设项目环境影响报告书、环境影响报告表的生态环境主管部门或者其他有关审批部门存在任何利益关系。

建设单位应当对建设项目环境影响报告书、环境影响报告表的内容和结论负责,接受委托编制建设项目环境影响报告书、环境影响报告表的技术单位对其编制的建设项目环境影响报告书、环境影响报告表承担相应责任。

设区的市级以上人民政府生态环境主管部门应当加强对建设项目环境影响报告书、环境影响报告表编制单位的监督管理和质量考核。

负责审批建设项目环境影响报告书、环境影响报告表的生态环境主管部门应当将编制单位、编制主持人和主要编制人员的相关违法信息记入社会诚信档案,并纳入全国信用信息共享平台和国家企业信用信息公示系统向社会公布。

建设项目的环境影响报告书、报告表,由建设单位按照国务院的规定报有审批权的生态环境主管部门审批。

审批部门应当自收到环境影响报告书之日起 60 日内,收到环境影响报告表之日起 30 日内,分别作出审批决定并书面通知建设单位。

国家对环境影响登记表实行备案管理。

特别提示

建设项目的环境影响评价文件经批准后,建设项目的性质、规模、地点、采用的生产工艺或者防治污染、防止生态破坏的措施发生重大变动的,建设单位应当重新报批建设项目的环境影响评价文件。

建设项目的环境影响评价文件自批准之日起超过 5 年,方决定该项目开工建设的,其环境影响评价文件应当报原审批部门重新审核;原审批部门应当自收到建设项目环境影响评价文件之日起 10 日内,将审核意见书面通知建设单位。

(3)环境影响的后评价和跟踪管理

在项目建设、运行过程中产生不符合经审批的环境影响评价文件的情形的,建设单位应当组织环境影响的后评价,采取改进措施,并报原环境影响评价文件审批部门和建设项目审批部门备案;原环境影响评价文件审批部门也可以责成建设单位进行环境影响的后评价,采取改进措施。

生态环境主管部门应当对建设项目投入生产或者使用后所产生的环境影响进行跟踪检查,对造成严重环境污染或者生态破坏的,应当查清原因、查明责任。对属于建设项目环境影响报告书、环境影响报告表存在基础资料明显不实,内容存在重大缺陷、遗漏或者虚假,环境影响评价结论不正确或者不合理等严重质量问题的,依照《中华人民共和国环境影响评价法》(以下简称《环境影响评价法》)第三十二条的相关规定,追究建设单位及其相关责任人员和接受委托编制建设项目环境影响报告书、环境影响报告表的技术单位及其相关人员的法律责任;属于审批部门工作人员失职、渎职,对依法不应批准的建设项目环境影响报告书、环境影响报告表予以批准的,依照《环境影响评价法》第三十四条的相关规定追究其法律责任。

环境影响评价案例

相关链接

2)环境保护设施建设制度

建设项目需要配套建设的环境保护设施,须实行"三同时"制度,即环境保护设施必须与主体工程同时设计、同时施工、同时投产使用。

(1)设计阶段

建设项目的初步设计,应当按照环境保护设计规范的要求,编制环境保护篇章,落实防治环境污染和生态破坏的措施以及环境保护设施投资概算。

(2)施工阶段

建设单位应当将环境保护设施建设纳入施工合同,保证环境保护设施建设进度和资金,并在项目建设过程中同时组织实施环境影响报告书、环境影响报告表及其审批部门审批决定中提出的环境保护对策措施。

(3)竣工验收和投产使用阶段

编制环境影响报告书、环境影响报告表的建设项目竣工后,建设单位应当按照国务院生态环境主管部门规定的标准和程序,对配套建设的环境保护设施进行验收,编制验收报告。建设单位在环境保护设施验收过程中,应当如实查验、监测、记载建设项目环境保护设施的建设和调试情况,不得弄虚作假。除按照国家规定需要保密的情形外,建设单位应当依法向社会公开验收报告。分期建设、分期投入生产或者使用的建设项目,其相应的环境保护设施应当分期验收。

编制环境影响报告书、环境影响报告表的建设项目,其配套建设的环境保护设施经验收合格,方可投入生产或者使用;未经验收或者验收不合格的,不得投入生产或者使用。建设项目投入生产或者使用后,应当按照国务院生态环境主管部门的规定开展环境影响后评价。生态环境主管部门应当对建设项目环境保护设施设计、施工、验收、投入生产或者使用情况,以及有关环境影响评价文件确定的其他环境保护措施的落实情况,进行监督检查。

相关链接

相关测试

单项选择题

公民甲和公民乙准备各出资1 000万元人民币,在某市投资设立一个纸业制品有限公司,专门生产加工办公用的打印纸。该纸业公司的厂房地址已经选好,公司厂房占地约2万m²。由于该纸业公司的厂房建设项目建成后可能会对周围环境造成影响,因此,根据《环境影响评价法》和《建设项目环境保护管理条例》的有关规定,应当办理相应手续。其中:

(1)该纸业公司的厂房建设项目建成后会对周围环境造成重大影响,应当(　　)。

A.编制环境影响报告表,对产生的环境影响进行全面评价

B.编制环境影响报告表,对产生的环境影响进行分析或者专项评价

C.编制环境影响报告书,对产生的环境影响进行全面评价

D.编制环境影响报告书,对产生的环境影响进行分析或者专项评价

(2)该纸业公司建设项目需要配套建设的环境保护设施,必须与主体工程(　　)。

A.同时设计、同时施工、同时完工

B.同时设计、同时竣工、同时投产使用

C.同时设计、同时施工、同时投产使用

D.同时设计、同时完工、同时生产

(3)该纸业公司的厂房建设项目的上述环境评价文件应报(　　)审批。

　　A.公安行政主管部门　　　　　　　　B.所在地的县级以上地方人民政府

　　C.工商行政主管部门　　　　　　　　D.有审批权的生态环境主管部门

(4)纸业公司的厂房建设项目环境影响评价文件在获得批准以后,因故一直没有动工建设,延期若超过(　　),其环境影响评价文件须报原审批部门重新审核。

　　A.1年　　　　　　B.2年　　　　　　C.3年　　　　　　D.5年

(5)根据生态环境主管部门的跟踪检查结果,纸业公司在生产纸制品的过程中,一直向水体排放污染物,应当按规定缴纳(　　)。

　　A.违约金　　　　B.罚金　　　　　　C.排污费　　　　D.滞纳金

16.3.2　噪声污染防治法律制度

我国噪声污染防治坚持统筹规划、源头防控、分类管理、社会共治、损害担责的原则。

噪声污染防治

相关链接

　　根据《中华人民共和国噪声污染防治法》(以下简称《噪声污染防治法》):

　　噪声,是指在工业生产、建筑施工、交通运输和社会生活中产生的干扰周围生活环境的声音。

　　噪声污染,是指超过噪声排放标准或者未依法采取防控措施产生噪声,并干扰他人正常生活、工作和学习的现象。

　　工业噪声,是指在工业生产活动中产生的干扰周围生活环境的声音。

　　建筑施工噪声,是指在建筑施工过程中产生的干扰周围生活环境的声音。

　　交通运输噪声,是指机动车、铁路机车车辆、城市轨道交通车辆、机动船舶、航空器等交通运输工具在运行时产生的干扰周围生活环境的声音。

　　社会生活噪声,是指人为活动产生的除工业噪声、建筑施工噪声和交通运输噪声之外的干扰周围生活环境的声音。

　　噪声排放,是指噪声源向周围生活环境辐射噪声。

　　夜间,是指晚上十点至次日早晨六点之间的期间,设区的市级以上人民政府可以另行规定本行政区域夜间的起止时间,夜间时段长度为八小时。

　　噪声敏感建筑物,是指用于居住、科学研究、医疗卫生、文化教育、机关团体办公、社会福利等需要保持安静的建筑物。

　　交通干线,是指铁路、高速公路、一级公路、二级公路、城市快速路、城市主干路、城市次干路、城市轨道交通线路、内河高等级航道。

1)噪声污染防治的监督管理

我国噪声污染防治实行的是国务院生态环境主管部门对全国噪声污染防治实施统一监督管理,地方人民政府生态环境主管部门对本行政区域噪声污染防治实施统一监督管理的管理体制。

①国务院生态环境主管部门对全国噪声污染防治实施统一监督管理,负责下列主要工作:

a.和国务院其他有关部门,在各自职责范围内,制定和完善噪声污染防治相关标准,加强标准之间的衔接协调。

b.负责制定国家声环境质量标准。

c.根据国家声环境质量标准和国家经济、技术条件,制定国家噪声排放标准以及相关的环境振动控制标准。

d.负责制定噪声监测和评价规范,会同国务院有关部门组织声环境质量监测网络,规划国家声环境质量监测站(点)的设置,组织开展全国声环境质量监测,推进监测自动化,统一发布全国声环境质量状况信息。

②地方人民政府生态环境主管部门对本行政区域噪声污染防治实施统一监督管理,负责下列主要工作:

a.会同有关部门按照规定设置本行政区域声环境质量监测站(点),组织开展本行政区域声环境质量监测,定期向社会公布声环境质量状况信息。

b.加强对噪声敏感建筑物周边等重点区域噪声排放情况的调查、监测。

c.设区的市级以上地方人民政府生态环境主管部门应当按照国务院生态环境主管部门的规定,根据噪声排放、声环境质量改善要求等情况,制定本行政区域噪声重点排污单位名录,向社会公开并适时更新。

d.会同公安机关根据声环境保护的需要,可以划定禁止机动车行驶和使用喇叭等声响装置的路段和时间,向社会公告,并由公安机关交通管理部门依法设置相关标志、标线。

③各级住房和城乡建设、公安、交通运输、铁路监督管理、民用航空、海事等部门,在各自职责范围内,对建筑施工、交通运输和社会生活噪声污染防治实施监督管理。

新建、改建、扩建可能产生噪声污染的建设项目,应当依法进行环境影响评价。建设项目的噪声污染防治设施应当与主体工程同时设计、同时施工、同时投产使用。建设项目在投入生产或者使用之前,建设单位应当依照有关法律法规的规定,对配套建设的噪声污染防治设施进行验收,编制验收报告,并向社会公开。未经验收或者验收不合格的,该建设项目不得投入生产或者使用。

建设噪声敏感建筑物,应当符合民用建筑隔声设计相关标准要求,不符合标准要求的,不得通过验收、交付使用;在交通干线两侧、工业企业周边等地方建设噪声敏感建筑物,还应当按照规定间隔一定距离,并采取减少振动、降低噪声的措施。

2)噪声污染防治措施

(1)工业噪声污染防治

①在噪声敏感建筑物集中区域,禁止新建排放噪声的工业企业,改建、扩建工业企业的,应当采取有效措施防止工业噪声污染。

②排放工业噪声的企业事业单位和其他生产经营者,应当采取有效措施,减少振动、降低噪声,依法取得排污许可证或者填报排污登记表。

实行排污许可管理的单位,不得无排污许可证排放工业噪声,并应当按照排污许可证的要求进行噪声污染防治。

③实行排污许可管理的单位应当按照规定,对工业噪声开展自行监测,保存原始监测记录,向社会公开监测结果,对监测数据的真实性和准确性负责。

④噪声重点排污单位应当按照国家规定,安装、使用、维护噪声自动监测设备,与生态环境主管部门的监控设备联网。

（2）建筑施工噪声污染防治

①建设单位应当按照规定将噪声污染防治费用列入工程造价,在施工合同中明确施工单位的噪声污染防治责任。

施工单位应当按照规定制定噪声污染防治实施方案,采取有效措施,减少振动、降低噪声。建设单位应当监督施工单位落实噪声污染防治实施方案。

②在噪声敏感建筑物集中区域施工作业,应当优先使用低噪声施工工艺和设备。

在噪声敏感建筑物集中区域施工作业,建设单位应当按照国家规定,设置噪声自动监测系统,与监督管理部门联网,保存原始监测记录,对监测数据的真实性和准确性负责。

在噪声敏感建筑物集中区域,禁止夜间进行产生噪声的建筑施工作业,但抢修、抢险施工作业,因生产工艺要求或者其他特殊需要必须连续施工作业的除外。

③因特殊需要必须连续施工作业的,应当取得地方人民政府住房和城乡建设、生态环境主管部门或者地方人民政府指定的部门的证明,并在施工现场显著位置公示或者以其他方式公告附近居民。

（3）交通运输噪声污染防治

①各级人民政府及其有关部门制定、修改国土空间规划和交通运输等相关规划,应当综合考虑公路、城市道路、铁路、城市轨道交通线路、水路、港口和民用机场及其起降航线对周围声环境的影响。

②新建公路、铁路线路选线设计,应当尽量避开噪声敏感建筑物集中区域。

新建、改建、扩建经过噪声敏感建筑物集中区域的高速公路、城市高架、铁路和城市轨道交通线路等的,建设单位应当在可能造成噪声污染的重点路段设置声屏障或者采取其他减少振动、降低噪声的措施,符合有关交通基础设施工程技术规范以及标准要求。

③公路养护管理单位、城市道路养护维修单位应当加强对公路、城市道路的维护和保养,保持减少振动、降低噪声设施正常运行。

城市轨道交通运营单位、铁路运输企业应当加强对城市轨道交通线路和城市轨道交通车辆、铁路线路和铁路机车车辆的维护和保养,保持减少振动、降低噪声设施正常运行,并按照国家规定进行监测,保存原始监测记录,对监测数据的真实性和准确性负责。

④因公路、城市道路和城市轨道交通运行排放噪声造成严重污染的,设区的市、县级人民政府应当组织有关部门和其他有关单位对噪声污染情况进行调查评估和责任认定,制定噪声污染综合治理方案。

噪声污染责任单位应当按照噪声污染综合治理方案的要求采取管理或者工程措施,减轻噪声污染。

⑤因铁路运行排放噪声造成严重污染的,铁路运输企业和设区的市、县级人民政府应当对噪声污染情况进行调查,制定噪声污染综合治理方案。

铁路运输企业和设区的市、县级人民政府有关部门和其他有关单位应当按照噪声污染综合治理方案的要求采取有效措施,减轻噪声污染。

相关测试

(1)根据我国《噪声污染防治法》,建设单位应当按照规定将噪声污染防治费用列入( ),在施工合同中明确施工单位的噪声污染防治责任。

A. 工程预算　　　　B. 工程造价　　　　C. 利润　　　　D. 税金

(2)在交通干线两侧、工业企业周边等地方建设噪声敏感建筑物,应当按照规定间隔一定距离,并采取( )的措施。

A. 减少振动、降低噪声　　　　　　　　B. 增加振动,降低噪声

C. 防止振动,无噪声　　　　　　　　　D. 防止振动,杜绝噪声

【引例1评析】

引例1中的施工方某建筑公司排放的夜间噪声达到60 dB,超过《建筑施工场界环境噪声排放标准》(GB 12523—2011)中规定的限值,在事实上构成环境噪声污染,侵害了原告的相邻权。同时,该建筑公司未依法进行申报和办理夜间开工手续,应受到相应的行政处罚。

16.3.3　建筑节能制度

《中华人民共和国节约能源法》(以下简称《节约能源法》)第三十五条明确规定,建筑工程的建设、设计、施工和监理单位应当遵守建筑节能标准。不符合建筑节能标准的建筑工程,建设主管部门不得批准开工建设;已经开工建设的,应当责令停止施工、限期改正;已经建成的,不得销售或者使用。

解读《节约能源法》

1)各参建单位的节能责任

(1)建设单位

建设单位应按照节能政策要求和节能标准委托工程项目的设计。建设单位不得以任何理由要求设计单位、施工单位擅自修改经审查合格的节能设计文件,降低节能标准。

解读建筑双碳

(2)设计单位

设计单位应当依据节能标准的要求进行设计,保证节能设计质量。

(3)施工图设计文件审查机构

施工图设计文件审查机构在进行审查时,应当审查节能设计的内容,在审查报告中单列节能审查章节;不符合节能强制性标准的,施工图设计文件审查结论应当定为不合格。

(4)监理单位

监理单位应当依照法律、法规以及节能标准、节能设计文件、建设工程承包合同及监理合同对节能工程建设实施监理。

(5)施工单位

施工单位应当按照审查合格的设计文件和节能施工标准的要求进行施工,保证工程施工质量。

(6)房地产开发企业

房地产开发企业在销售房屋时,应当向购买人明示所售房屋的节能措施、保温工程保修期等信息,在房屋买卖合同、质量保证书和使用说明书中载明,并对其真实性、准确性负责。

2）建筑节能的监督管理体制

国务院建设主管部门负责全国建筑节能的监督管理工作。县级以上地方各级人民政府建设主管部门负责本行政区域内建筑节能的监督管理工作。县级以上地方各级人民政府建设主管部门会同同级管理节能工作的部门编制本行政区域内的建筑节能规划。建筑节能规划应当包括既有建筑节能改造计划。建设主管部门应加强对在建建筑工程执行建筑节能标准情况的监督检查。

"十四五"建筑节能与绿色建筑发展规划

相关测试

下列表述中,正确的有(   )。

A. 达不到合理用能标准和节能设计规范要求的项目,依法审批的机关不得批准建设

B. 项目建成后,达不到合理用能标准和节能设计规范要求的,验收结论为不合格

C. 建设单位不得以任何理由要求设计单位擅自修改经审查合格的节能设计文件,降低建筑节能标准

D. 施工图设计文件不符合建筑节能强制性标准的,施工图设计文件审查结论应当定为不合格

E. 监理单位应当依照法律、法规以及建筑节能标准、节能设计文件、建设工程承包合同及监理合同对节能工程建设实施监理

16.3.4 消防法律制度

建设工程的消防设计、施工必须符合国家工程建设消防技术标准。建设、设计、施工、工程监理等单位依法对建设工程的消防设计、施工质量负责。对按照国家工程建设消防技术标准需要进行消防设计的建设工程,实行建设工程消防设计审查验收制度。国务院住房和城乡建设主管部门规定的特殊建设工程,建设单位应当将消防设计文件报送住房和城乡建设主管部门审查,住房和城乡建设主管部门依法对审查的结果负责。特殊建设工程以外的其他建设工程,建设单位申请领取施工许可证或者申请批准开工报告时应当提供满足施工需要的消防设计图纸及技术资料。特殊建设工程未经消防设计审查或者审查不合格的,建设单位、施工单位不得施工;其他建设工程,建设单位未提供满足施工需要的消防设计图纸及技术资料的,有关部门不得发放施工许可证或者批准开工报告。

解读《消防法》

1）消防设计的验收及不同情况的处理

国务院住房和城乡建设主管部门规定应当申请消防验收的建设工程竣工,建设单位应当向住房和城乡建设主管部门申请消防验收。国务院规定应当申请消防验收以外的其他建设工程,建设单位在验收后应当报住房和城乡建设主管部门备案,住房和城乡建设主管部门应当进行抽查。依法应当进行消防验收的建设工程,未经消防验收或者消防验收不合格的,禁止投入使用;其他建设工程经依法抽查不合格的,应当停止使用。

2）工程建设中应采取的消防安全措施

①同一建筑物由两个以上单位管理或者使用的,应当明确各方的消防安全责任,并确定责任人对共用的疏散通道、安全出口、建筑消防设施和消防车通道进行统一管理。住宅区的物业服务企业应当对管理区域内的共用消防设施进行维护管理,提供消防安全防范服务。

②生产、储存、经营易燃易爆危险品的场所不得与居住场所设置在同一建筑物内,并应当与居住场所保持安全距离。

③禁止在具有火灾、爆炸危险的场所吸烟、使用明火。因施工等特殊情况需要使用明火作业的,应当按照规定事先办理审批手续,采取相应的消防安全措施;作业人员应当遵守消防安全规定。

④进行电焊、气焊等具有火灾危险作业的人员和自动消防系统的操作人员,必须持证上岗,并遵守消防安全操作规程。

相关测试

不定项选择题

某建设项目依据《中华人民共和国消防法》属于国务院住房和城乡建设主管部门规定的特殊建设工程,项目开工后,建设单位将编制的消防设计文件报送住房和城乡建设主管部门进行审查。项目竣工验收合格后,建设单位即投入使用。请回答下列问题:

(1)(单选题)特殊建设工程未经消防设计审查或者审查不合格的,建设单位、施工单位不得(　　)。

　　A. 可行性研究　　　　B. 招标　　　　C. 施工　　　　D. 竣工

(2)(多选题)国务院住房和城乡建设主管部门规定应当申请消防验收的建设工程竣工,建设单位应当向住房和城乡建设主管部门申请消防验收,(　　)禁止投入使用。

　　A. 未经消防验收　　　　　　　　B. 消防验收不合格

　　C. 消防验收延期　　　　　　　　D. 边使用边申请消防验收

　　E. 消防给水工程施工质量缺陷验收时重缺陷项 $B=1$ 项

【引例2】

在对某大桥坍塌事故的调查中,国务院事故调查领导小组首先采取的一项措施是封存大桥项目所有档案资料以及工程监理资料待查。

【引导问题2】　什么是工程档案制度?其在建设工程中占有什么地位?

16.3.5　档案法律制度

一个具体的建设工程包含实体和资料两个不可分割的组成部分,而工程档案资料则是工程实体的图文记载,是工程施工全过程的真实写照。因此,相关责任人要以对社会、对历史高度负责的态度,保证档案资料的完整、规范、准确、真实,并按有关规定向城建档案馆移交工程竣工档案资料。

1)建设工程文件

建设工程文件是在工程建设过程中形成的各种形式的信息记录,包括工程准备阶段文件、监理文件、施工文件、竣工图和竣工验收文件,简称工程文件。

(1)工程准备阶段文件

工程准备阶段文件是指工程开工以前,在立项、审批、用地、勘察、设计和招标投标等工程准备阶段形成的文件,主要包括以下内容:

①立项文件,包括项目建议书批复文件及项目建议书,可行性研究报告批复文件及可行性研究报告,专家论证意见、项目评估文件,有关立项的会议纪要、领导批示。

建设工程文件
归档规范

②建设用地、拆迁文件,包括选址申请及选址规划意见通知书,建设用地批准书,拆迁安置意见、协议、方案等,建设用地规划许可证及其附件,土地使用证明文件及其附件,建设用地钉桩通知单。

③勘察、设计文件,包括工程地质勘察报告,水文地质勘察报告,初步设计文件(说明书),设计方案审查意见,人防、环保、消防等有关主管部门(对设计方案)审查意见,设计计算书,施工图设计文件审查意见,节能设计备案文件。

④招投标文件,包括勘察、设计招投标文件,勘察、设计合同,施工招投标文件,施工合同,工程监理招投标文件,监理合同。

⑤开工审批文件,包括建设工程规划许可证及其附件、建设工程施工许可证。

⑥工程造价文件,包括工程投资估算材料、工程设计概算材料、招标控制价格文件、合同价格文件、结算价格文件。

⑦工程建设基本信息,包括工程概况信息表,建设单位工程项目负责人及现场管理人员名册,监理单位工程项目总监及监理人员名册,施工单位工程项目经理及质量管理人员名册。

(2)监理文件

监理文件是指监理单位在工程设计和施工等监理过程中形成的文件,主要包括以下内容:

①监理管理文件,包括监理规划、监理实施细则、监理月报、监理会议纪要、监理工作日志、监理工作总结、工作联系单、监理工程师通知、监理工程师通知回复单、工程暂停令、工程复工报审表。

②进度控制文件,包括工程开工报审表、施工进度计划报审表。

③质量控制文件,包括质量事故报告及处理资料、旁站监理记录、见证取样和送检人员备案表、见证记录、工程技术文件报审表。

④造价控制文件,包括工程款支付、工程款支付证书、工程变更费用报审表、费用索赔申请表、费用索赔审批表。

⑤工期管理文件,包括工程延期申请表、工程延期审批表。

⑥监理验收文件,包括竣工移交证书、监理资料移交书。

(3)施工文件

施工文件是指施工单位在工程施工过程中形成的文件,主要包括以下内容:

①施工管理文件,包括工程概况表、施工现场质量管理检查记录、企业资质证书及相关专业人员岗位证书、分包单位资质报审表、建设单位质量事故勘查记录、建设工程质量事故报告书、施工检测计划、见证试验检测汇总表、施工日志。

②施工技术文件,包括工程技术文件报审表、施工组织设计及施工方案、危险性较大分部分项工程施工方案、技术交底记录、图纸会审记录、设计变更通知单、工程洽商记录(技术核定单)。

③进度造价文件,包括工程开工报审表,工程复工报审表,施工进度计划报审表,施工进度计划,人、机、料动态表,工程延期申请表,工程款支付申请表,工程变更费用报审表,费用索赔申请表。

④施工物资出厂质量证明及进场检测文件,包括出厂质量证明文件及检测报告、进场检验通用表格、进场复试报告。

⑤施工记录文件,包括隐蔽工程验收记录、施工检查记录、交接检查记录、工程定位测量记录、基槽验线记录等36类,详见《建设工程文件归档规范》(GB/T 50328—2014,2019年版)附录A。

⑥施工试验记录及检测文件,包括通用表格,建筑与结构工程39个文件,给水排水及供暖工程14个文件,建筑电气工程10个文件,智能建筑工程6个文件,通风与空调工程11个文件,电梯工程11个文件,详见《建设工程文件归档规范》(GB/T 50328—2014,2019年版)附录A。

⑦施工质量验收文件,包括检验批质量验收记录、分项工程质量验收记录、分部(子分部)工程质量验收记录、建筑节能分部工程质量验收记录、自动喷水系统验收缺陷项目划分记录、程控电话交换系统分项工程质量验收记录等41个文件,详见《建设工程文件归档规范》(GB/T 50328—2014,2019年版)附录A。

⑧施工验收文件,包括单位(子单位)工程竣工预验收报验表、单位(子单位)工程质量竣工验收记录、单位(子单位)工程质量控制资料核查记录、单位(子单位)工程安全和功能检验资料核查及主要功能抽查记录、单位(子单位)工程观感质量检查记录、施工资料移交书、其他施工验收文件。

(4)竣工图

竣工图指工程竣工验收后,真实反映建设工程施工结果的图样,主要包括以下内容:

①建筑竣工图;

②结构竣工图;

③钢结构竣工图;

④幕墙竣工图;

⑤室内装饰竣工图;

⑥建筑给水排水及供暖竣工图;

⑦建筑电气竣工图;

⑧智能建筑竣工图;

⑨通风与空调竣工图;

⑩室外工程竣工图;

⑪规划红线内的室外给水、排水、供热、供电、照明管线等竣工图;

⑫规划红线内的道路、园林绿化、喷灌设施等竣工图。

(5)工程竣工验收文件

工程竣工验收文件指建设工程项目竣工验收活动中形成的文件,主要包括以下内容:

①竣工验收与备案文件,包括勘察单位工程质量检查报告,设计单位工程质量检查报告,施工单位工程竣工报告,监理单位工程质量评估报告,工程竣工验收报告,工程竣工验收会议纪要,专家组竣工验收意见,工程竣工验收证书,规划、消防、环保、民防、防雷、档案等部门出具的验收文件或意见,房屋建筑工程质量保修书,住宅质量保证书,住宅使用说明书,建设工程竣工验收备案表、城市建设档案移交书。

②竣工决算文件,包括施工决算文件、监理决算文件。

③工程声像资料等,包括开工前原貌、施工阶段、竣工新貌照片,工程建设过程的录音、录

像资料(重大工程)。

④其他工程文件。

2)建设工程文件归档整理

(1)归档责任

①在工程文件与档案的整理归档、验收移交工作中,建设单位应履行下列职责:

a.在工程招标及勘察、设计、施工、监理等单位签订协议、合同时,应明确竣工图的编制单位、工程档案的编制套数、编制费用及承担单位、工程档案的质量要求和移交时间等内容。

b.收集和整理工程准备阶段、竣工验收阶段形成的文件,并进行立卷归档。

c.组织、监督和检查勘察、设计、施工、监理等单位的工程文件的形成、积累和立卷归档工作。

d.收集和汇总勘察、设计、施工、监理等单位立卷归档的工程档案。

e.在组织工程竣工验收前,应按《建设工程文件归档规范》(GB/T 50328—2014,2019年版)的要求将全部文件材料收集齐全并完成工程档案的立卷;在组织竣工验收时,应组织对工程档案进行验收,验收结论应在工程竣工验收报告、专家组竣工验收意见中明确。

f.对列入城建档案管理机构接收范围的工程,工程竣工验收备案前,应向当地城建档案管理机构移交一套符合规定的工程档案。

②建设工程项目实行总承包管理的,总包单位应负责收集、汇总各分包单位形成的工程档案,并应及时向建设单位移交;各分包单位应将本单位形成的工程文件整理、立卷后及时移交总包单位。建设工程项目由几个单位承包的,各承包单位应负责收集、整理立卷其承包项目的工程文件,并应及时向建设单位移交。

③建设工程档案验收应纳入建设工程竣工联合验收环节。城建档案管理机构应对工程文件的立卷归档工作进行指导和服务,并按《建设工程文件归档规范》(GB/T 50328—2014,2019年版)的要求对建设单位移交的建设工程档案进行联合验收。

(2)归档要求

对与工程建设有关的重要活动、记载工程建设主要过程和现状、具有保存价值的各种载体的文件,均应收集齐全,整理立卷后归档。

①归档文件必须齐全、系统、完整,全面反映工程建设活动和工程实际状况。归档的文件必须经过分类整理,并应组成符合要求的案卷。

②归档时间:根据建设程序和工程特点,归档可以分阶段进行,也可以在单位或分部工程通过竣工验收后进行。勘察、设计单位应在任务完成后,施工、监理单位应在工程竣工验收前,将各自形成的有关工程档案向建设单位归档。

③勘察、设计、施工单位在收齐工程文件并整理立卷后,建设、监理单位应根据城建档案管理机构的要求,对档案文件完整、准确、系统情况和案卷质量进行审查。审查合格后方可向建设单位移交。

④工程档案的编制一般不少于两套:一套由建设单位保管;另一套(原件)移交当地城建档案管理机构保存。

⑤勘察、设计、施工、监理等单位向建设单位移交档案时,应编制移交清单,双方签字、盖章后方可交接。

⑥设计、施工及监理单位需要向本单位归档的文件,应按国家有关规定的要求单独立卷归档。

3)工程档案的验收与移交

①建设工程档案验收时,应查验下列主要内容:

a. 工程档案齐全、系统、完整,全面反映工程建设活动和工程实际状况;

b. 工程档案已整理立卷,立卷符合《建设工程文件归档规范》(GB/T 50328—2014,2019年版)的规定;

c. 竣工图的绘制方法、图式及规格等符合专业技术要求,图面整洁,盖有竣工图章;

d. 文件的形成、来源符合实际,要求单位或个人签章的文件,其签章手续完备;

e. 文件的材质、幅面、书写、绘图、用墨、托裱等符合要求;

f. 电子档案格式、载体等符合要求;

g. 声像档案内容、质量、格式符合要求。

②列入城建档案管理机构接收范围的工程,建设单位在工程竣工验收备案前,必须向城建档案管理机构移交一套符合规定的工程档案。

③停建、缓建建设工程的档案,可暂由建设单位保管。

④对改建、扩建和维修工程,建设单位应组织设计、施工单位对改变部位据实编制新的工程档案,并应在工程竣工验收备案前向城建档案管理机构移交。

⑤当建设单位向城建档案管理机构移交工程档案时,应提交移交案卷目录,办理移交手续,双方签字、盖章后方可交接。

4)重大建设项目档案验收

《重大建设项目档案验收办法》适用于各级政府投资主管部门组织或委托组织进行竣工验收的固定资产投资项目。所称的各级政府投资主管部门是指各级政府发展改革部门和具有投资管理职能的经济(贸易)部门。

(1)验收组织的组成

①国家发展和改革委员会组织验收的项目,由国家档案局组织项目档案的验收。

②国家发展和改革委员会委托中央主管部门(含中央管理企业,下同)、省级政府投资主管部门组织验收的项目,由中央主管部门档案机构、省级档案行政管理部门组织项目档案的验收,验收结果报国家档案局备案。

③省以下各级政府投资主管部门组织验收的项目,由同级档案行政管理部门组织项目档案的验收。

④国家档案局对中央主管档案机构、省级档案行政管理部门组织的项目档案验收进行监督、指导。项目主管部门、各级档案行政管理部门应加强项目档案验收前的指导和咨询,必要时可组织预检。

(2)项目档案验收组的组成

①国家档案局组织的项目档案验收,验收组由国家档案局、中央主管部门和项目所在地省级档案行政管理部门等单位组成。

②中央主管部门档案机构组织的项目档案验收,验收组由中央主管部门档案机构及项目所在地省级档案行政管理部门等单位组成。

③省级及省以下各级档案行政管理部门组织的项目档案验收,由档案行政管理部门、项目主管部门等单位组成。

④凡在城市规划区范围内建设的项目,项目档案验收成员应包括项目所在地的城建档案接收单位。

⑤项目档案验收组人数为不少于5人的单数,组长由验收组织单位人员担任。必要时可邀请有关专业人员参加验收组。

(3)验收申请

①申请项目档案验收应具备的条件:

a.项目主体工程和辅助设施已按照设计建成,能满足生产或使用的需要;

b.项目试运行指标考核合格或者达到设计能力;

c.完成了项目建设全过程文件材料的收集、整理与归档工作;

d.基本完成了项目档案的分类、组卷、编目等整理工作。

②项目建设单位应向项目档案验收组织单位报送档案验收申请报告,并填报"重大建设项目档案验收申请表"。

③项目档案验收组织单位应在收到申请报告后的10个工作日内作出答复。

④项目档案验收申请报告的主要内容包括:

a.项目建设及项目档案管理概况;

b.保证项目档案的完整、准确、系统所采取的控制措施;

c.项目文件材料的形成、收集、整理与归档情况,竣工图的编制情况及质量状况;

d.档案在项目建设、管理、试运行中的作用;

e.存在的问题及解决措施。

(4)验收要求

项目档案验收应在项目竣工验收3个月之前完成。项目档案验收以验收组织单位召集验收会议的形式进行。

①项目档案验收会议的主要议程。主要议程如下:

a.项目建设单位(法人)汇报项目建设概况、项目档案工作情况;

b.监理单位汇报项目档案质量的审核情况;

c.项目档案验收组检查项目档案及档案管理情况;

d.项目档案验收组对项目档案质量进行综合评价;

e.项目档案验收组形成并宣布项目档案验收意见。

②项目档案质量的评价。检查项目档案,采用质询、现场查验或抽查案卷的方式。抽查档案数量应不少于100卷,抽查重点为项目前期管理性文件、隐蔽工程文件、竣工文件、质检文件、重要合同和协议等。

③项目档案验收意见。项目档案验收意见包括以下内容:

a.项目建设概况;

b.项目档案管理情况,包括项目档案工作的基础管理工作,项目文件材料的形成、收集、整理与归档情况,竣工图的编制情况及质量,档案的种类、数量,档案的完整性、准确性、系统性及安全性评价,档案验收的结论性意见;

c.存在的问题、整改要求与建议。

④项目档案验收结果。档案验收结果分为合格与不合格。项目档案验收组半数以上成员同意通过验收的为合格。项目档案验收合格的项目，由项目档案验收组出具项目档案验收意见。

项目档案验收不合格的项目，由项目档案验收组提出整改意见，要求建设单位(法人)于项目竣工验收前对存在的问题限期整改，并进行复查。复查后仍不合格的，不得进行竣工验收，并由档案验收组提请有关部门对项目建设单位(法人)进行通报批评。造成档案损失的，应依法追究有关单位及人员的责任。

相关测试

单项选择题

1.建设单位在工程招标及与勘察、设计、施工、监理等单位签订合同时，应对工程文件的套数、费用、质量、移交时间等提出明确要求。勘察、设计、施工、监理等单位应将本单位形成的工程文件立卷后(　　)。

A.向建设行政主管部门移交　　　　B.向城建档案馆移交

C.向建设单位移交　　　　D.通过建设单位转交

2.下列表述中正确的是(　　)。

A.归档可以分阶段进行，也可以在单位或分部工程通过竣工验收前进行

B.勘察、设计单位应当在任务完成后，将各自形成的有关工程档案向城建档案馆归档

C.施工、监理单位应当在工程竣工验收后，将各自形成的有关工程档案向建设单位归档

D.凡设计、施工及监理单位需要归档的文件，应按国家有关规定单独立卷归档

3.对改建、扩建和维修工程，建设单位应组织设计、施工单位对改变部位据实编制新的工程档案，并应在(　　)向城建档案管理机构移交。

A.工程竣工验收后3个月内　　　　B.工程竣工验收前3个月内

C.工程竣工验收备案前　　　　D.工程竣工验收备案后

4.项目档案验收组对某重大工程档案进行了验收，并给出验收意见，其中下列各项中不属于项目档案验收意见内容的是(　　)。

A.项目建设概况　　　　B.项目档案管理情况

C.项目档案使用情况　　　　D.存在问题、整改要求与建议

16.4　任务实施与评价

①此次任务完成中存在的主要问题有哪些？

②问题产生的原因有哪些？请提出相应的解决方法。

③你认为还需要加强哪些方面的指导(实际工作过程及理论知识)？

知识回顾

通过完成本任务，我们主要学习了以下知识点：环境影响评价制度；环境保护设施建设制度；噪声污染防治监督管理；噪声污染防治措施；各参建单位的节能责任；建筑节能的监督管理体制；消防设计的验收及不同情况的处理；工程建设中应采取的消防安全措施；建设工程文件的组成；建设工程文件归档整理；工程档案的验收与移交；重大建设项目档案验收。

课后训练

一、案例分析

【案例】 一大型写字楼项目位于城市中心地带,一期工程建筑面积为 300 000 m²,框架-剪力墙结构,箱形基础。施工现场设置一混凝土搅拌站。由于工期紧,混凝土需用量大,施工单位实行"三班倒"连续进行混凝土搅拌和浇筑作业,周边社区居民对此意见很大,纷纷到现场质询并到有关部门进行投诉,有关部门对项目经理部进行了经济处罚,并责成进行整改。

问题:

1. 建筑工程施工对环境造成的影响有哪些?

2. 何谓噪声?影响人们正常生活和工作的环境噪声,按其来源分为哪几种?

3. 请问《建筑施工场界环境噪声排放标准》(GB 12523—2011)对建筑工程土石方施工阶段、打桩施工阶段、结构施工阶段和装修施工阶段的噪声限值是如何规定的?

4. 项目经理部应如何处理噪声扰民问题?

二、实训练习

1. 请就教师所给项目的环保管理进行法律评价。

2. 请就该项目的节能管理进行法律评价。

3. 请就该项目的消防管理进行法律评价。

4. 请就该项目的档案管理进行法律评价。

三、建工拓展与感悟

请扫码观看视频,通过某项目消防验收虚假整改问题分析,思考建工人应具备哪些职业操守?

某项目消防验收
虚假整改问题分析

参考文献

［1］陈会玲,郭海虹.建设工程法规[M].3 版.北京:北京理工大学出版社,2022.

［2］刘镇,王照雯,张建隽.建设法规与案例分析[M].4 版.大连:大连理工大学出版社,2021.

［3］皇甫婧琪.建设工程法规[M].4 版.北京:北京大学出版社,2024.

［4］李海霞,何立志,曾欢.建设工程法规[M].3 版.南京:南京大学出版社,2021.